U0938204

“十四五”时期国家重点出版物出版专项规划项目（重大出版工程）
中国工程院重大咨询项目
长江经济带生态文明建设重大战略研究丛书

第 二 卷

长江经济带产业绿色发展战略研究

中国工程院“长江经济带产业绿色发展战略研究”课题组
郝吉明 陈吕军 唐方成 主编

科 学 出 版 社
北 京

内 容 简 介

本书是中国工程院重大咨询项目“长江经济带生态文明建设重大战略研究”下设的课题二“长江经济带产业绿色发展战略研究”的研究成果。全书包括课题综合报告和专题研究两部分。其中，课题综合报告重点从长江经济带石油化工产业绿色发展战略、长江经济带能源绿色发展战略和长江经济带工业园区绿色发展战略 3 个方面着手，针对长江经济带的产业发展现状，开展产业绿色发展战略研究，对绿色发展提出了重要的战略建议，这些建议对推进长江经济带重点产业的绿色发展具有指导作用。专题研究对以上 3 个方面进行了更深入、更具体的研究。

本书可供从事产业绿色发展政策制定的各级政府部门工作者、关心推动产业绿色发展的科研工作者，以及相关专业的研究生和本科生参考使用，也适合大中型图书馆收藏。

审图号：GS 京（2022）0052 号

图书在版编目(CIP)数据

长江经济带产业绿色发展战略研究/郝吉明，陈吕军，唐方成主编. —北京：科学出版社，2023.6

（长江经济带生态文明建设重大战略研究丛书；第二卷）

“十四五”时期国家重点出版物出版专项规划项目（重大出版工程）

中国工程院重大咨询项目

ISBN 978-7-03-072499-1

Ⅰ. ①长… Ⅱ. ①郝… ②陈… ③唐… Ⅲ. ①长江经济带–绿色经济–经济发展战略–研究 Ⅳ. ①F127.5

中国版本图书馆 CIP 数据核字（2022）第 099253 号

责任编辑：马 俊 孙 青／责任校对：郑金红

责任印制：吴兆东／封面设计：无极书装

科 学 出 版 社 出版

北京东黄城根北街 16 号

邮政编码：100717

http://www.sciencep.com

北京中科印刷有限公司 印刷

科学出版社发行 各地新华书店经销

*

2023 年 6 月第 一 版 开本：787×1092 1/16

2023 年 6 月第一次印刷 印张：14 1/2

字数：338 000

定价：198.00 元

（如有印装质量问题，我社负责调换）

长江经济带生态文明建设重大战略研究丛书
编委会

“长江经济带产业绿色发展战略研究”课题组成员名单

郝吉明　清华大学环境学院，院士，课题组长、专题二负责人
陈建峰　北京化工大学化学工程学院，院士，专题一负责人
陈吕军　清华大学环境学院，教授，专题三负责人

专题一：长江经济带石油化工产业绿色发展战略研究

陈建峰　北京化工大学化学工程学院，院士
唐方成　北京化工大学经济管理学院，院长
初广文　北京化工大学化学工程学院，教授
孙宝昌　北京化工大学化学工程学院，教授
王　丹　北京化工大学化学工程学院，教授
张婷婷　北京化工大学化学工程学院，教授
刘锐剑　北京化工大学经济管理学院，副教授
杨建亮　北京化工大学经济管理学院，讲师
周琦玮　北京化工大学经济管理学院，讲师
孙　硕　北京化工大学经济管理学院，博士研究生
顾世玲　北京化工大学经济管理学院，博士研究生
靳晓曼　北京化工大学经济管理学院，博士研究生
刘莎莎　北京化工大学经济管理学院，博士研究生
段铭琦　北京化工大学经济管理学院，硕士研究生
李瑞莹　北京化工大学经济管理学院，硕士研究生
郭　欢　北京化工大学经济管理学院，硕士研究生
胡　婷　北京化工大学经济管理学院，硕士研究生
贾　凯　北京化工大学经济管理学院，硕士研究生

王冉冉　北京化工大学经济管理学院，硕士研究生
张欣然　北京化工大学经济管理学院，硕士研究生

专题二：长江经济带能源绿色发展战略研究

郝吉明　清华大学环境学院，院士
许嘉钰　清华大学环境学院，副教授
彭　猛　清华大学环境学院，博士后
马思宁　清华大学环境学院，博士研究生
陈柳芮　清华大学环境学院，硕士研究生
曲晨菲　清华大学环境学院，硕士研究生
高宇华　清华大学环境学院，教育职员

专题三：长江经济带工业园区绿色发展战略研究

郝吉明　清华大学环境学院，院士
陈吕军　清华大学环境学院，教授
乔　琦　中国环境科学研究院，研究员
宋雨燕　泰达低碳中心，主任
于志军　中节能宁夏新能源股份有限公司，教授级高级工程师
田金平　清华大学环境学院，研究员
陈亚林　清华大学环境学院，高级工程师
卢琬莹　清华大学环境学院，高级工程师
盛永财　清华大学环境学院，工程师
高　洋　清华大学环境学院，工程师
臧　娜　清华大学环境学院，高级工程师
李　星　清华大学环境学院，工程师
赵佳玲　清华大学环境学院，工程师

丛 书 序

为贯彻落实党中央关于推动长江经济带发展的重大战略部署，深入推动我国生态文明先行示范带建设，中国工程院启动了重大战略研究与咨询项目——“长江经济带生态文明建设若干战略问题研究”。项目聚焦“保护与发展”关系主线，坚持生态优先、绿色发展原则，从长江经济带生态环境承载能力评估、生态环境空间管控与城市群建设、水资源与水生态环境安全保障、产业布局与绿色发展、生态修复与生态农林业发展、生态产品价值实现机制与模式创新等六大重点领域开展了深入研究，在反复研讨和广泛征询意见基础上，综合形成了项目研究报告。研究成果为加快推进长江经济带生态文明建设与绿色发展提供决策参考，得到了国家有关领导和部门的高度重视。

长江经济带是我国人口和经济集聚的核心区域，也是我国重要的生态宝库和水资源富集地区。近年来，长江经济带生态环境保护与修复取得重要成效，但产业结构、城镇化、资源能源、生态环境、体制机制等方面的问题仍十分突出。项目深入分析了长江经济带生态文明建设面临的新形势，并提出了八大挑战：①国土开发强度高，城镇人地矛盾日益突出；②产业布局与生态功能定位错位，局部区域生态环境问题突出；③环境承载力处于超载状态，环境质量改善面临巨大压力；④生态空间受挤占严重，生态安全受到严重威胁；⑤江湖关系受扰严重，水安全形势严峻；⑥能源结构单一化，能源开发与生态环境矛盾突出；⑦环境风险隐患多，饮水安全保障压力较大；⑧生态文明治理体系与治理能力现代化有待提高。

在此基础上，研究从长江经济带生态环境形势、生态环境空间管控与绿色宜居城市建设、水资源-水环境-水生态安全与修复、绿色产业发展、生态修复与生态农林业发展、生态产品价值转化机制、生态文明制度体系与政策创新七个方面系统地提出了长江经济带生态文明建设若干战略。研究进一步提出了优化国土空间格局，加快建立统一的生态空间管控体系，营造良好的长江经济带人居环境；从“产业-能源”多视角，推动长江经济带绿色高质量发展；统筹推进防洪保安工作，调控江湖关系，保护长江经济带水生态系统健康；长江经济带生态保护修复与生态农林业协同发展；加快推动长江经济带生态产品价值转化，保障区域生态公平；围绕“共”字，构建长江经济带生态文明治理新体系等政策建议。

本丛书汇集了项目研究综合卷和各课题分卷，提供了相关研究背景、主要论点和对策建议。本丛书是参与该项目的专家们的集体智慧结晶，期望它的出版能够为相关部门的科学决策和相关研究者提供借鉴，为推动我国生态文明建设发挥积极作用。

长江经济带是我国生态文明建设的先行示范带，对引领区域转型发展，增强区域发展的统筹协调性，带动全国经济与生态环境协调、统一、高质量发展起到了带动作用。生态文明建设，关乎人民福祉和民族未来，是一项长期、复杂的综合性系统建设。由于各种原因，书中难免有疏漏和不够妥当之处，敬请读者批评指正。

中国工程院“长江经济带生态文明建设若干战略问题研究”项目组

2022 年 12 月

前　言

党的十八大以来，我国开展了一系列根本性、开创性、长远性工作，不断推进生态文明顶层设计和制度体系建设，我国生态文明建设进入了新时代。但是，当前经济发展的内外部环境发生深刻变化，贸易摩擦仍有较大不确定性，新技术、新产业、新业态将重塑未来的经济社会形态与结构。因此，全社会应坚持以习近平生态文明思想作为绿色发展的基本遵循，突破传统思维和技术路径锁定，从资源节约入手，以气候友好和环境友好的“双友好”作为经济社会发展的刚性约束，不断构建绿色发展新格局。

长江是中华民族的母亲河，建设长江经济带，必须走绿色低碳循环发展之路。现实地看，推动产业绿色发展是破解长江经济带资源、环境约束的重要突破口，是实现长江经济带生态安全的重要保证，也是当前急需探讨和解决的关键问题。当前推动长江经济带产业实现绿色转型，主要面临以下困难。①产业结构“偏重偏化”特征明显，产业布局不合理，高耗能高污染型产业占比例高，产业布局有待优化。②长江经济带的能源消费情况给实现能源产业绿色发展带来一定的困难：能源消费总量大，其能源消费总量占全国的 38.3%，能源消费增速快，其能源消费增速为 2.6%，高于同期全国（1.4%）和世界（1%）水平；长江经济带上游、中游、下游能源消费相差极大，即使相邻省份能源消费总量和结构也大不相同。③长江经济带上游、中游、下游工业园区众多，且绿色发展水平存在较大差异，部分园区生态文明建设意识薄弱；科技创新动力不强，工业园区生态化滞后。

针对上述问题，本研究重点从长江经济带石油化工产业绿色发展战略、长江经济带能源绿色发展战略和长江经济带工业园区绿色发展战略研究三个专题着手，针对长江经济带的产业发展现状，开展产业绿色发展战略研究。

目前，长江经济带面临着严重的“化工围江”局面，严重威胁长江经济带的生态安全，中国能源消费也聚集于重化工企业密布的长江经济带。专题一以石油化工产业为研究对象，分析长江经济带石油化工产业发展现状及问题，提出石油化工产业绿色发展路径与建议。专题二以能源发展为研究对象，开展长江经济带能源发展问题、能源绿色发展总体思路及发展路径和实施政策研究。在长江经济带能源绿色发展目标下，围绕工业、建筑、交通等重点领域未来发展及其能源消费、生态环境等未来趋势，研究提出各重点领域能源绿色发展的主要路径。针对能源绿色发展的路径，系统分析各领域能源绿色发展面临的问题障碍及综合转型存在的体制机制障碍，研究提出相应保障措施和支撑政策。长江经济带省级及以上工业园区 997 家，占全国省级以上工业园区总数的 41.8%，其中国家级工业园区 192 家，省级工业园区 805 家。工业园区类型包括经济技术开发区、高新技术产业开发区、出口加工区、保税区及各种产业集聚区等。园区绿色发展对推动长江经济带实现高质量发展意义重大，工业园区绿色转型、解决突出环境问题、推动高质量发展所面临的压力更加显著、需求更加迫切。专题三以工业园区为研究对象，以工业园区内的高污染行业及制造业为研究重点开展绿色发展战略研究，提出长江经济带工业园区绿色低碳循环发展的战略路径。

通过研究，我们对长江经济带石油化工产业、长江经济带能源供给与能源产业、长江经济带工业园区与典型污染行业的绿色发展提出了战略建议，这些建议对推进长江经济带重点产业的绿色发展具有一定的指导作用。

本书成稿时间为 2021 年 3 月，书稿中的内容也基本以此时间为准，在编辑出版过程中进行了部分更新。

中国工程院“长江经济带产业绿色发展战略研究”课题组
2022 年 12 月

目　　录

课题综合报告

专 题 研 究

课题综合报告

第一章　长江经济带石油化工产业绿色发展战略

一、长江经济带石油化工产业发展现状

作为新时期国家三大发展战略之一，长江经济带是继我国沿海经济带之后最具活力的经济带，也是未来“中国经济的脊梁”。长江经济带以 21%的土地承载着全国 30%的石油化工产业，仅从重化工业产量看，长江沿岸就占全国的 46%左右，石油化工产业生产能力已占据全国的近“半壁江山”（雷英杰，2017）。根据生态环境部的调查结果，长江沿岸聚集了 40 多万家化工企业，沿江而下的分布基本是围绕钢铁、炼油、石化等产业展开。长江经济带已呈现“化工围江”的局面。党中央、国务院高度重视长江经济带发展，近年来出台了一系列政策措施，全面推进绿色制造，实现绿色增长，提高工业资源能源利用效率，减少工业发展对生态环境的影响。

（一）长江经济带石油化工产业现状

长江经济带战略是中国新一轮改革开放转型实施的区域开放开发新战略。长江经济带是具有全球影响力的内河经济带、东中西互动合作的协调发展带、沿海沿江沿边全面推进的对内对外开放带，也是生态文明建设的先行示范带。

1. 长江经济带经济与人口现状

改革开放以来，我国形成了东部、西部、中部、东北四大经济区以及珠江三角洲、长江三角洲和环渤海三角洲，这三个区域城市密集，大中小城市相互依托，运输半径小。长江经济带生态地位重要、综合实力较强，在我国区域发展中占有重要地位（陈庆俊和吴晓峰，2018）。

长江经济带横跨我国东中西三大区域，包含长三角、长江中游、成渝三大城市群（城市群或城市圈，其中，长江中游的武汉为城市圈。为了行文简洁，后文不再逐一进行解释或区分），覆盖上海、江苏、浙江、安徽、江西、湖北、湖南、重庆、四川、云南、贵州 11 省（直辖市），截至 2019 年长江沿线 11 省（直辖市）总人口数 60 205 万，约占全国总人口的 43%（图 1-1），GDP 约达 45.78 万亿元，贡献全国 GDP 的 46.2%（图 1-2）。

2. 长江经济带石油化工产业生产能力

长江经济带石油化工产业是我国重要的石化、化肥、农药、涂料和无机化工原料的生产基地，在全国占有举足轻重的地位。截至 2019 年底，长江经济带规模以上化工企业数量达到 14 813 家，产量约占全国的 46%。长江经济带面积虽仅占全国的 21%，但废水排放总量占全国的 40%以上，单位面积化学需氧量及氨氮、二氧化硫、氮氧化物、挥发性有机物排放强度是全国平均水平的 1.5～2 倍。长江流域是化工产业的集聚之地，

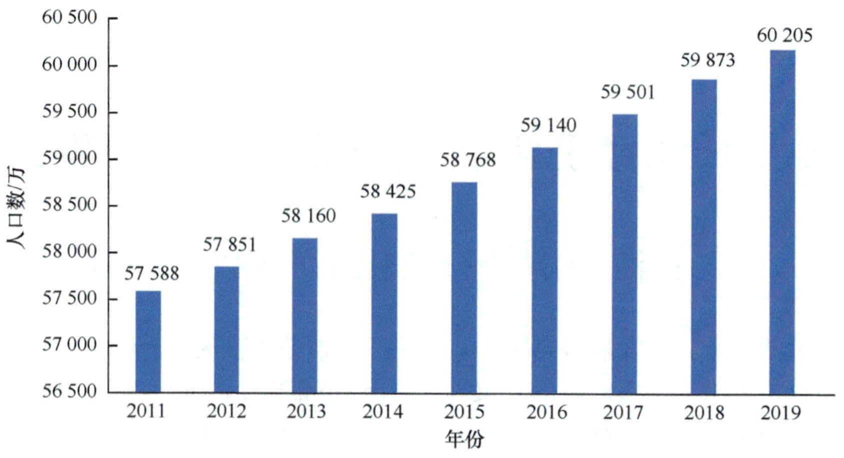

图 1-1　长江经济带 11 省（直辖市）人口趋势图

数据来源于国家统计局

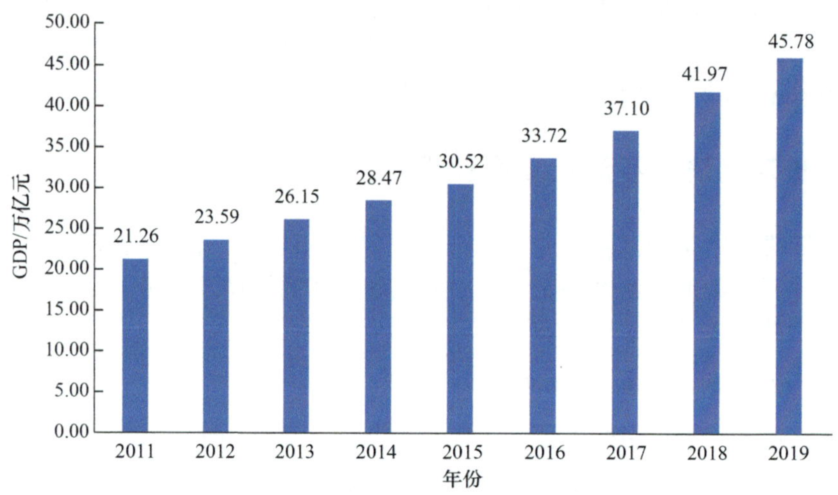

图 1-2　长江经济带 11 省（直辖市）GDP 趋势图

数据来源于国家统计局

长江沿线 29 个中心城市共布局不同规模和门类的工业园区 490 个，以化工为主导的园区有 103 个，两岸分布的化工企业已达 40 多万家，沿江省份化工产量占全国的 46%，临江 1000m 范围内企业数从 2000 年的 149 家增加到 2017 年的 715 家（规模以上企业 489 家，占 68.4%）。

2019 年长江经济带 11 省（直辖市）原油加工量是 16 167.20 万 t，占全国的 24.80%；燃料油产量 759.50 万 t，占全国的 30.75%；农药原药产量 171.48 万 t，占全国的 76.08%；化学纤维产量 4631.69 万 t，占全国的 77.81%；氮肥产量 2325.38 万 t，占全国的 41.34%；塑料制品产量 4775.14 万 t，占全国的 58.35%；乙烯产量 643.88 万 t，占全国的 31.37%；硫酸产量 5493.25 万 t，占全国的 61.48%。具体如图 1-3 所示。

长江三角洲地区现有镇海炼化、高桥石化和上海石化等四家炼油企业，加工能力 5200 万 t/a，原油供应以进口为主，以海洋油和周边自产原油为补充。

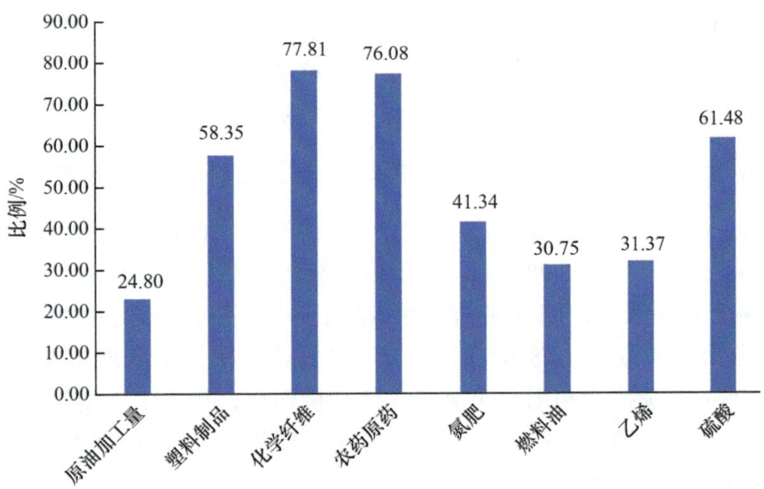

图 1-3　长江经济带石油化工产业生产能力

长江经济带中，化学工业的分布极不均衡，长江三角洲地区占绝对优势，以占长江经济带 55%的规模以上企业，创造 63%的营业收入。长江三角洲地区化学工业在全国也占有举足轻重的地位。长江沿线是中国石化炼厂较为密集的区域，现有金陵石化、扬子石化、安庆石化、九江石化、长岭石化、荆门石化、武汉石化等炼厂十余家，加工能力 6500 万 t/a，原油供应以进口为主，跨区域调运胜利油田原油和海洋油为辅，周边自产原油为补充。

3. 长江经济带石油化工产业园区建设

石油化工产业对于物流依赖颇高，长江干流通航里程达 2800 多千米的优良水道条件，为石油化工产业大进大出提供了优越的物流条件，这也是长江流域的化工园区布点数量众多的原因之一。截至 2019 年，长江经济带的化工企业主要集中在 158 家省级以上化工园区和上千家市级园区。化工园区遍布全流域，主要集中在江、浙、沪、云、贵、川等地区，其排放量在全国化工行业排放总量中占比例高达 37.7%（刘录三等，2020）。

（二）长江经济带石油化工产业布局特点

1. 长江下游形成以消费市场为中心的石油化工产业群

长江下游的上海、江苏、浙江和安徽 4 省（直辖市）是我国经济最发达的地区之一，也是以化工产品为原料的轻工产品包括造纸、包装、香精香料、化妆品、家电、皮革、塑料、日化、玩具、文体用品的集中消费市场。

由于贴近消费市场外加便利的交通和水资源优势，长江下游形成了上海化工园区（产值 886 亿元）、宁波化工园区（产值 1306 亿元）、南京化工园区（产值 1835 亿元）等大型炼化一体化的石化基地，以及以化工新材料、精细化工为特色的宁波大榭开发区（产值 459 亿元）、江苏扬子江国际化学工业园（产值 392 亿元）、江苏省泰兴经济开发区（产值 1325 亿元）、扬州化学工业园区（产值 142 亿元）、中国化工新材料（嘉兴）

园区（产值369亿）等全国20强的化工园区（顾宗勤，2004）。长江经济带67.6%的原油加工量来自于长江三角洲二省一市，与之相关联的有机化学产品、合成材料、涂料、化学农药原药等在长江三角洲二省一市占有绝对优势。

2. 长江中上游形成以原料产地为中心的化肥无机原料产业群

长江中上游是我国磷矿、硫铁矿、天然气的主产地，2018年长江经济带磷矿石产量9458.6万t，占全国产量的98.2%，其中长江经济带产量34.9%分布在湖北，36.2%分布在贵州，22.3%分布在云南；硫铁矿石产量676.2万t，占全国的50.2%，其中长江经济带产量39.2%分布在安徽，41.7%分布在江西。依托当地丰富的矿产资源，已形成了“资源开采—深加工—资源综合利用”的全产业链和价值链，长江中上游地区逐渐发展成为全国最大的磷肥生产基地、硫酸生产基地。重庆、四川、云南等天然气资源地的合成氨产能约占全国总产能的18%。

3. 大型企业靠近长江岸线

根据国家发展改革委与原环境保护部印发的《关于加强长江黄金水道环境污染防控治理的指导意见的通知》（发改环资〔2016〕370号）：除在建项目外，严禁在干流及主要支流岸线1km范围内新建布局重化工园区，严控在中上游沿岸地区新建石油化工和煤化工项目。调研发现，距离长江及主要支流岸线1km内化工生产企业约700个，其中主要为规模以上企业。以江苏省为例，化工生产企业平均营业收入：＜1km∶1～15km∶＞15km≈11∶4∶1，这是由于距离长江或主要支流岸线越近，规模以上企业占比越高，平均营业收入越高。＜1km范围内大型化工生产企业，如中国石油化工股份有限公司金陵分公司、镇江奇美化工有限公司、汉邦（江阴）石化有限公司、江苏索普（集团）有限公司等都是大型原料加工企业，此类企业需依托长江便利的水运条件，一般会选择紧邻长江布置。

因有便利的水运条件、丰富的水资源、可利用的纳污水体，沿江靠海发展化工在世界上是通行做法。例如，美国墨西哥湾沿岸地区石化公司的销售收入占美国石化工业的25%，炼油能力和乙烯产能分别占美国总能力的44%和95%。日本太平洋沿岸化工产业带集中了日本85%的炼油能力和89%的乙烯产能。韩国石油化工产业呈现出“沿海团地”布局模式，即宏观格局上石油化工产业布局在港口便利的沿海地区，微观格局上与相关企业一起集中布局于工业团地。德国境内共有32个化工园区，主要集中在莱茵河—美因河及易北河流域。

4. 企业入园率低

化工园区是近十几年来我国化学工业发展的新型模式，也是国际化学工业发展的主流趋势，其主要特征是通过产业空间集聚和合理配置生产要素来实现化学工业的集约化和可持续发展。近年来我国出台了一系列有关化工园区发展的相关文件，如工业和信息化部《关于促进化工园区规范发展的指导意见》，国务院安全委员会办公室《关于进一步加强化工园区安全管理的指导意见》，生态环境部《关于进一步加强产业园区规划环境影响评价工作的意见》等对化工园区的规范和建设提出了相应的要求。

调研发现，长江经济带化工企业总体入园率为39.4%，以长江经济带化工第一大省江苏省为例，入园率仅有31%，整个长江经济带有大量零星分布的化工企业，给环保行政管理带来了较大的压力：一方面其中部分小企业本身经济实力较弱，可投入环境治理的资金有限，导致小企业的环境绩效往往较差；另一方面，小企业可能无法达到工业园区的入园要求，往往零星分布在各个乡镇，对环保监测、监管都提出了更高的要求。

5. 梯度转移趋势明显

部分长江下游地区化学工业主要产品产能、产量基本保持稳定，中上游地区化学工业产品产量有较大幅度增长。“十二五”期间，长江中游湖北省石油和化学工业经济总量保持年均19.4%的高速增长，实现主营业务收入、资产总量双翻番。主要石化产品产能产量大多保持增长，部分产品产能产量居全国前列。长江上游四川省油气化工产业销售收入由2010年的2323亿元扩大到2015年的4318亿元，年均增长17.17%，高于同期全省工业平均增速。有机化工废水成分多样化，一般都有强烈的耗氧性，毒性较强，污染性强，不易分解，在中上游布局有机化工产业对长江水质影响深远。中上游有机化工产能不断扩张产生较大环境负荷。此外，近年来长三角地区化工专项整治行动，也迫使一部分企业向中上游地区转移。

二、长江经济带石油化工产业绿色发展问题分析

（一）产业内部问题

1. 产业结构重型化，产能结构失衡

第一，石油化工产业的生产方式高能耗。长江经济带各省（直辖市）经济发展水平极不均衡，部分省（直辖市）的产业结构重型化特征明显，高能耗、高物耗、高污染的粗放型生产方式造成“三废”排放量居高不下，行业能源资源利用率与国际先进水平仍有差距，绿色制造技术、工艺、设备亟待提高。

第二，石油化工产业的低端产能过剩。此外，我国炼化企业长期以来偏“大而全”，低端产品产能过剩严重，甚至下游化工相当比例的产品也存在产能过剩问题，缺乏高技术含量、高附加值产品，市场的矛盾不再是供给不足，更多的是结构性失衡问题，亟待形成以技术和品牌为主导的竞争优势（李昌军和段玉科，2012）。

因而，长江经济带的资源型、传统型、重化工型的产业结构亟待升级，将“大而全”修正为“高而尖”，告别石油化工产业的“野蛮生长”，走到可持续发展的健康道路上。应当看到，长江经济带的工业化、城市化的历史任务尚未完成，石油化工产业重型化格局难以在短期内取得根本性转变，这是石油化工产业绿色发展面临的严峻挑战。

2. 顶层设计缺乏协同，产业布局不合理

第一，长江经济带石油化工产业布局同质化严重。由于长江两岸较低的水运成本，以及石化企业对水资源的巨大需求，造成重化工产业沿江高度密集布局，多数产业项目和园区之间的上游、下游梯度产业链条不明显，存在同质化现象。“化工围江”的产业布局导致长江流域污染负荷严重超载，威胁居民区的用水安全，治理难度显著加大。同

时，一些地区排污口、港区、码头与取水口布局不合理，部分企业对环境风险认识不足，防范应急措施不到位，存在诸多风险隐患（张厚明和秦海林，2017）。

第二，长江经济带石油化工产业布局与资源配置失衡。当前，部分沿江地区盲目追求大布局的产业园区、大投资的精尖项目，沿江发展战略忽视本地区的经济发展现状，造成石化企业布局与实际的资源、要素和市场脱节。同时，长期以来形成的上中游地区的能源产业和下游地区的能耗型产业集中布点，进口原油西运加工，天然纤维原料东运生产，产业布局与资源错配导致的物资跨区域流动加大了环境的承载压力。

第三，长江经济带石油化工产业布局缺乏科学规划。沿江各地早期制定的工业布局规划大多缺乏科学性、前瞻性，忽视长江流域的地理环境特点和地区的资源禀赋特点，盲目性、随意性、滞后性特征明显。此外，各地制定的发展战略和产业布局规划各自为政，多从地区利益出发，与中央制定的统筹协调并发挥中下游优势互补、协作互动的长江经济带发展战略相悖，造成严重的低水平重复建设和投资浪费（沈梦姣，2017）。

3. 资源环境负荷重，安全事故频发

石油化工产业的迅速发展提高了长江经济带地区的工业化水平，但也带来了资源环境的巨大压力。产业绿色转型面临着区域性、累积性、复合性等一系列生态环境问题。

第一，能源资源消耗量大，可持续发展面临严峻挑战。2018 年中国一次能源消费总量 46.6 亿 t 标煤。煤炭消费量是 38.5 亿 t，同比增长 1.4%；天然气消费量 2770 亿 m^3，同比增长 17.2%；石油消费量 6.1 亿 t，同比增长 3.8%。同时，资源综合利用率依然较低，合成氨、甲醇、乙烯等重点产品平均能效水平与国际先进水平相比，普遍存在 10%～30%的差距。未来五年行业传统节能技改空间将进一步收窄，节能减排边际效应也将逐步降低，完成“十三五”节能减排的指标任务将更加艰巨。

第二，“三废”排放量高，治理难度显著增加。长期以来，石油化工产业的“三废”排放量位居工业部门前列，而且有机化工废水成分多样化，一般都有强烈的耗氧性、污染性和毒性，不易分解，无害化处置技术要求高，造成污染治理长期达不到效果，治理难度加大。目前长三角区域内长江流域污染形势严峻，沿岸水质基本都在Ⅲ类和Ⅳ类之间，水生态环境问题仍然是制约长江经济带绿色发展的一个重要因素。

第三，重大安全事故多发，危及居民生存环境。石油化工产业的原材料及产品多为易燃易爆、有毒有害物质，生产工艺也以高温高压、真空、深冷等为主，导致石油化工产业生产过程的不安全因素和危险程度远超其他行业，危险事故发生的概率显著提高，也易对周边空气、水域、土壤等人类赖以生存的环境造成不良影响。例如，“8•12”天津滨海新区爆炸事故造成 165 人遇难、8 人失踪，798 人受伤，并对事故中心区及周边局部区域大气环境、水环境和土壤环境造成了不同程度的污染；江苏盐城响水“3•21”爆炸事故造成 78 人死亡，事件发生地下风向环境空气氮氧化物小时均值超标近 1 倍，园区内新民河闸内、新丰河闸内和新农河闸内不同程度地检出三氯甲烷、二氯甲烷、二氯乙烷和甲苯的挥发性有机物组分。

4. 绿色发展理念不强，创新能力亟待提升

第一，企业自身绿色发展理念不强。尽管近些年国家及地方政府一直在强调绿色发

展，适时修复治理长江生态环境，维护长江生态功能和格局稳定，确保全流域生态安全，但是就目前来看，有些企业仍然以经济利益为导向，忽视环境保护（黄娟和程丙，2017）。

第二，石化企业绿色创新能力亟待提高。绿色发展与创新具有明显的相关性，创新是影响绿色发展的重要因素。石化企业对科技创新的基础性投入明显不够，关键技术和集成性技术缺乏，科技竞争能力十分薄弱，绿色制造技术、工艺和装备水平亟待提高。此外，政府对企业自主创新的引导不够，缺乏有利于提高自主创新能力的激励性机制和市场化融资机制，中小企业和节能环保技术在国家创新体系中的潜力仍有待发掘。

（二）产业外部问题

1. 历史欠账多

第一，石油化工产业产值高、税收多、带动效应强，多为长江经济带各地政府的支柱产业，对于地方经济、财政、就业的贡献不言而喻。对石油化工产业的改造、搬迁，甚至是关闭，无异于地方政府的“壮士断腕”“刮骨疗伤”。在一些沿江地区，即使污染事件频发，政府仍会考虑污染企业对当地经济发展的贡献，采取“睁一只眼闭一只眼”的态度，仅仅对其进行象征性的惩罚，实际是纵容了这些污染企业在当地无序发展。

第二，石油化工污染治理工作的历史欠账多。由于地方政府对于石化企业的高度依赖，导致一些重化工基地历史欠账多，生态环境保护的考核问责力度不足，环保处置和产业转型面临不少困难和问题。

2. 协调治理力度不足，发展机制不够完善

第一，长江经济带涉及 11 省（直辖市），一些省（直辖市）存在互为上下游、左右岸的关系，关系比较复杂，难以确定协同绿色发展责权归属问题。区域间大都是以政策协调为主，市场化补偿较弱，所起到的效果也较有限。绿色协同发展理论比较全，但在发展过程中难以明确具有代表性和操作性的指标。

第二，有关环保治理的国家及地方政策支撑不足。目前，长江经济带尚未形成促进经济发展相互协调配合的、完善的绿色发展法律、政策体系，技术标准、税收、补贴等政策工具尚不能对长江经济带绿色发展进行有效的引导和规范。例如，石油化工行业缺乏统一的绿色标准和产品评价体系；绿色税收体系有待进一步完善，资源税种设置不全，环保税实施伊始效果待明朗；企业进行污染治理与技术创新动力待提升等，都制约了绿色经济的持续发展。

第三，有关环保治理的社会发展机制不够完善。地方政府和民间资本参与绿色投资的激励不足，促进绿色经济发展的社会融资机制不健全，制约了绿色经济的持续发展。

3. 治理投入不足，环保力量薄弱

第一，环保治理投入不足。虽然与全国平均水平相比，长江经济带沿线地区对污染治理的投资力度更大，但就其绿色发展的实际需求看，工业企业对污染治理的投入仍显不足。湖南省社会科学院在社会科学文献出版社出版的《长江经济带绿色发展报告

（2017）》指出，2011～2015 年，绿色投入指数由 41.07 提高到 43.96，年均增长率仅为 1.37%，绿色投入严重不足，中央和地方预算投入较少。

第二，环保治理投入动力缺乏。近年来，生产成本上升等因素对企业盈利能力造成较大压力，制造业产品价格和行业利润普遍处于低位，企业对节能减排、污染治理的投入动力不强。同时，环保治理的经济效益无法在短期内得以显现，这也使得地方政府疏于关注环保治理，对其投入不足，积极性不高。

第三，基层环保力量薄弱。石油化工是高资本、高技术密集型产业，生产原料和产品易燃易爆，生产工艺和安全保障体系极为复杂，而基层环保干部却缺乏相关的专业知识和技术，加之我国基层环保管理力量薄弱，人员严重缺编，这些都对环保工作中的监督、检查、执法等工作带来不利影响。“一边费力治理、一边偷排直排”的现象依然存在。

4. 绿色宣传力度不够，社会参与度有待提升

第一，生态文明的宣传力度有待进一步加强。面临环境污染问题，公众普遍“抱怨多、举报少”，制定环保决策的过程，公众也是“告知多，参与少”，这有赖于政府进一步完善和执行政务公开制度，营造公众广泛参与政务并实施监督的良好社会氛围。

第二，公众社会参与度过低。在环保治理方面，大多数公众认为这只是企业和政府的责任，并没有意识到环保也需要自己参与进去。无论是从公众角度监督化工企业，还是给政府治理提出自己的意见，又或者是作为志愿者参与环保志愿组织，公众的力量都不可或缺，“众人拾柴火焰高”（阮清鸳，2017）。

三、长江经济带石油化工产业绿色发展路径与建议

“绿色发展是构建高质量现代化经济体系的必然要求，是解决污染问题的根本之策。”绿色发展是中国特色社会主义发展理论对中国生态环境问题的现实关切和主动回应。推进长江经济带石油化工产业绿色发展必须在注重政策引导、做好管理体制设计、强化目标指引的基础上，紧紧抓住“生态管理”这个关键环节，建立多层次、多类型的省际协商合作机制，在搭建绿色发展评价体系和技术创新体系上实现突破，推进绿色园区建设，推动污染物绿色治理，生态优先、绿色发展才能落地生根、开花结果。为了破解长江经济带面临的日益严峻的“化工围江”难题，实现科学、绿色、可持续发展，应明确创新驱动长江经济带石油化工产业绿色发展的实现路径。

（一）把握绿色发展要求，深化体制机制改革

新时代的长江经济带是中国经济高质量发展的一个样板，是实现“绿水青山就是金山银山”的一块试验田，促进长江经济带石油化工产业绿色发展是深入践行习近平生态文明思想，全力实施长江经济带“共抓大保护”的重要攻坚行动。要用最严格的法规制度对长江经济带企业生产行为进行制约，让制度成为刚性的约束和不可触碰的高压线，同时政府要加大对长江经济带绿色发展企业的支持鼓励，增加政府投入，让硬标准与软约束共同发挥作用，为长江经济带发展保驾护航。

1. 推进长江经济带绿色发展协同体制

（1）建立健全绿色生态化协同发展的政策协调机制。准确把握长江经济带建设绿色发展总体要求，建立具有区域性质的绿色生态化改造的政策协调机制，着力完善纵观全局的绿色发展制度。坚持共商共建原则，建立多层次多类型省际协商合作机制，立足长江上中下游地区的比较优势，统筹石油化工产业布局与资源环境承载能力，协调解决绿色发展问题，构建优势互补、互利共赢的长江经济带发展新格局。强化石油化工产业绿色发展的管控机制，建立东中部城市、省会城市与西部城市和小城市之间合力推进的内生动力机制，充分发挥产业绿色生态化改造的政策引导作用。

（2）构建长江经济带生态环保法制硬性约束机制。建立长江经济带危险物质泄漏事故的报告制度和应急计划制度，强化制度执行力度，提高监管效率，一体化解决长江经济带建设过程中出现的重大生态环境风险。从建立负面清单制度等方面入手，依靠最严格的法规制度保护生态环境，加快建成上中下游相协调、人与自然和谐共生的绿色生态廊道。

（3）充分调动社会力量促进长江经济带绿色发展。成立长江经济带石油化工产业绿色发展委员会。由政府主导，院士领衔，专家学者、民间组织代表共同参与，统筹推进绿色发展和生态文明建设工作，搭建各方充分交流、沟通观点的平台，发挥各方在产业绿色发展中的作用，为长江经济带环境的改善、石油化工产业的发展做出贡献。

（4）构建长江经济带一体化环保监控体系。加快建立健全自然资源登记监测制度，完善污染源实时监控系统，建立健全长效生态环境监测和防控体系。进一步强化环境保护联防联治，推进长江流域水环境监测一体化，推动跨区域石油化工企业环境信用互认合作，搭建资源环境监督管理省际应用平台。

2. 加大长江经济带绿色发展支持力度

（1）构建长江经济带生态补偿机制。修订生态补偿法律制度，完善相关法规和环境标准，建立绿色发展导向的制度体系。加快建立和完善长江经济带沿江地区森林、湿地、农业、矿产、水资源等自然资源保护的生态补偿制度。与此同时，充分利用经济手段促进产业绿色生态化改造的利益补偿机制。

（2）构建长江经济带生态环保资金保障机制。建立长江上游水资源保护和生态建设专项资金，加快建立长江经济带水环境保护治理基金，推动长江经济带生态环保投资主体多元化，共建公平、开放、透明的市场规则，促进长江经济带资本市场一体化。

（3）充分运用石油化工产业绿色发展政策工具。加大政府支持力度，对于长江经济带上的企业以及化工园区，通过技术标准、排污税费、补贴等政策工具，激发企业对绿色技术的应用需求，改变绿色技术产品需求不旺的现状；通过征收资源环境税等措施，促进外部资源环境内部化，提振企业对绿色产品的需求。

（二）科学规划产业布局，培育产业升级新动能

牢固树立“全国一盘棋”思想，建立区域内以及跨区域、跨省份的对于长江生态环境保护规划、生态环境监管责任分配、污染物排放总量指标分配、污染物排放交易与污

染责任保险、水环境质量统一评价、产业结构调整、纠纷处理机制、水污染事故责任追究、生态补偿、社会参与和监督机制、生态文化宣传教育等方面的长江生态保护协商联动机制。加快完善沿江以高端精细化工、化工新材料、石化物流、节能环保为特色的产业链，不断优化产业结构，深入推进绿色改造。

1. 完善长江生态保护和绿色产业协同发展规划

（1）进一步优化石油化工产业区域协同机制。石油化工产业与国家经济和居民生活息息相关，长江经济带是我国重要的石油化工基地，具有良好的制造基础，产业配套能力比较强，长江经济带石油化工产业发展要主动适应社会的进步，进一步优化产业开发格局，充分运用现代化的发展理念，着力推进长江经济带石油化工产业转型发展。充分发挥长江中游地区区位优势、物流成本优势，推进石油化工产业绿色发展，协力打造我国的制造业中心；上游地区资源丰富，经济欠发达，应依托资源加快科学发展，以石油化工资源型产业为主体，对资源进行深加工，延长产业链，提高附加值。

（2）切实做好长江经济带绿色发展规划。坚持生态优先、绿色发展的路径探索，以长江经济带 11 省（直辖市）的环境容量为标准，制定发展目标和规划，各省（直辖市）在处理发展与保护的关系时，要牢固树立大局观、长远观、整体观，切实做到“共抓大保护、不搞大开发”。理顺石油化工产业项目和园区之间的上游、下游梯度产业链条，淘汰一批低端、高污染的落后产能，升级一批促进产业绿色转型的企业。

（3）搭建开放的长江经济带石油化工产业绿色发展平台。建设石油化工产业绿色信息、石化技术知识产权交易、排污指标交易“三位一体”的综合服务平台，强化生态文明的理念，打造绿色发展合作沟通的窗口。加强省际链接，从一个城市到整个长江经济带，拧成一股绳，提升长江经济带协同创新能力，推动合作共建石油化工产业绿色发展平台，共建内河黄金经济带，深化市场一体化体系建设。

（4）明确生态功能分区，解决长江经济带水污染问题。划定生态保护红线、水资源开发利用红线和水功能区限制纳污红线。积极发起和参与跨界断面水质考核，推动协同治理，以生态承载力为底线，严格保护一江清水，努力建成上中下游相协调、人与自然相和谐的绿色生态廊道。处理好发展和保护的关系，避免产业转移带来污染转移。要加强生态系统修复和综合治理，做好重点区域水土流失治理和保护，在全流域建立严格的水资源和水生态环境保护制度，控制污染排放总量，促进水质稳步改善，确保一江清水绵延后世、永续利用，走出一条绿色生态的新路。

2. 推动石油化工产业绿色发展新业态、新模式

（1）优化长江经济带的石油化工全产业链。将目前长江经济带“大而全”的产业结构向“高而尖”转变，告别石油化工产业的“野蛮生长”。协调沿江各省（直辖市）的供给与需求，以及生产、消费、回收利用全过程。根据沿江各地区的资源情况进行合理配置，合理规划石油化工产业结构和经济结构，着力发展绿色产业，加强创新链的统筹，从研发、成果转化到示范推广、培育新兴产业均开展统筹规划。加强政策统筹和分工落实，行动计划要明确牵头单位和配合单位，综合施策，共同打造长江经济带现代化石油化工产业链。

（2）统筹产业前期基础设施建设投入。借助沿江各绿色石油化工产业基地、园区升级改造等措施带动产业绿色发展，为绿色、新型技术留足空间，坚持把生态优先、绿色发展理念植入规划建设的全过程，统筹利用基础设施通道、线位、枢纽等资源，减少不必要的投入，推行适应节约土地要求的基础设施建设工程技术，探索构建以绿色、循环、低碳为特色的工业共生体系。

（3）发挥企业在绿色发展中的主体作用。鼓励资源节约、环境友好型企业发展，大力培育“瞪羚”企业、“独角兽”企业、科技型中小企业，逐步降低资源能源消耗高、污染排放大的落后石化产品比例，持续提升绿色石化产品在市场中的比例，形成节约资源和保护环境的产业结构。

（4）突破绿色产品上游关键配套原料供应瓶颈。围绕绿色生产生活的需要，加快推进长江经济带企业绿色技术创新成果的转化应用，着力推进国内空白品种产业化及推广应用，实现资源配置优化、过程动态优化，引导绿色产品生产企业集聚发展。

（5）强化市场激励，释放绿色技术市场需求。坚持政策引导与沿江产业市场推动相结合，在长江经济带产业建设方面，综合考虑长江流域资源配置以及环境保护等因素，坚持优化布局，完善政府采购、补贴、奖励、贷款贴息及融资担保等政策工具，加强绿色产品的应用示范和消费者补贴，为绿色技术推广应用创造和培育市场。

（三）构建技术创新体系，打造绿色示范工程

绿色技术创新体系是以促进绿色技术研发和应用为主要目标，由政府引导，市场发挥决定性作用，“政产学研用”协调互动的有机系统。石油化工产业的绿色发展，既要政策引领，也要狠抓落实，打好技术创新之牌，拓宽绿色石化示范工程—示范城市—推广应用之路。持续推进长江经济带石油化工产业基地建设、化工园区升级改造，提升基础设施保障能力，打造一批化工类国家新型工业化产业示范基地，充分考虑国家、区域石油化工产业布局规划要求，结合长江经济带石油化工产业特色，建立化工产业园区转型升级示范区和生态环境治理机制创新区，统筹各化工园区发展定位。

1. 加快绿色技术创新体系构建

（1）加强绿色技术创新政策统筹协调和政策配套。坚持优化升级与绿色生产相结合，结合长江经济带技术发展现状，推动行业绿色改造，淘汰落后技术、工艺和装备，提高资源能源利用效率和主要废弃物资源化利用率，降低污染排放强度，加大绿色技术研发投入力度，提高绿色技术供给质量。

（2）加快石油化工企业技术改造。发挥技术改造对传统产业转型升级的促进作用，加快沿江现有重化工企业生产工艺、设施（装备）改造，改造的标准应高于行业全国平均水平，争取达到全国领先水平。推广节能、节水、清洁生产新技术、新工艺、新装备、新材料，推进石化行业智能工厂、数字车间和智慧园区改造，提升产业绿色化、智能化水平，使沿江重化工企业技术装备和管理水平走在全国前列，引领行业发展。

（3）提高绿色企业的自主创新能力。通过技术创新提升企业全要素生产率。重视人才培养和引进。以发展特色现代绿色石油化工产业为基础，制定人才定向培养计划，建

立以绿色发展为导向的学科专业群，强化职业和技能培训，着力培育和引进一批绿色发展专业人才。多渠道、全球化视野引进专业紧缺型人才，推动传统产业提质升级。

（4）积极构建沿江区域创新体系。引导创新要素向企业集聚，在长江经济带地区形成一批拥有核心技术和自主品牌的龙头企业，新建一批国家级创新平台，实现长江经济带与其他经济带跨机构、跨地区的开放运行和共享。支持建设国家和地方联合创新平台，探索建设工业技术研究院等新型研究机构，在沿江重要节点城市建立一批成果转移中心、知识产权运营中心和产业专利联盟，把长江经济带建设成为全国创新示范区。

2. 推进石油化工产业绿色园区建设

（1）对于新建园区，坚持科学规划、合理布局。根据沿江地区的资源存储分布，合理地进行资源配置与产业布局。结合长江经济带产业特色、城乡总体发展和产业发展规划，对其现存的“重化工围江”的产业布局进行改善。制定的产业布局和发展战略，要与中央制定的统筹协调并发挥中下游优势互补的长江经济带发展战略相结合。新建园区和改扩建园区要按照“空间布局合理化、产业结构最优化、产业链接循环化、资源利用高效化、污染治理集中化、基础设施绿色化、运行管理规范化”的要求，统筹区域生态环境保护，科学选址，规范园区设立。沿江流域严格执行新的化学建设项目必须进入产业集中区域或化工园区的规定，同时积极承接退城入园及产业转移的项目，逐步提高化工生产企业入园率。

（2）规范长江经济带化工园区绿色发展，开展化工园区的标准化体系建设。建立化工园区规范建设标准，针对化工园区的空间布局、环境准入条件、产业发展负面清单、清洁生产标准、工艺装备要求，以及废物处理处置措施等方面进行规范化指导，对绿色发展指标进行统一规定和评价。因此入园要与转型升级发展相结合。规范长江经济带化工园区发展，建立入园项目评估制度，入园项目需符合产业政策、行业规范和绿色发展等要求。开展现有化工园区的清理整顿，对不符合规范要求的化工园区实施改造提升或者依法退出。

（3）改善园区安全环保水平的公用工程。长江流域是周围省（直辖市）居民赖以生存的环境，一旦出现事故，会对水域局部大气、水、土壤造成不同程度的影响，因此建设沿江应急救援中心，便于整合和调配应急资源；建立应急资源信息系统，利用互联网开发客户端，逐步实现应急资源的动态管理，将长江经济带中园区的网络信息系统进行互联，加强统筹规划。建立园区监测系统，加强对有毒有害废气及大气环境质量的监测，并进行信息公开。建立应急救援信息系统，确保园区发生突发事故时信息传递准确、高效，提高园区应急处置能力，保证长江上下游园区监测系统信息互通，防止连锁事故的发生。

（4）整合园区内关键资源信息的智慧管理系统。充分运用云计算、物联网和大数据等现代信息技术，开展建设安全环保一体化风险管理的智慧化园区试点，对物质流、能量流、价值流、技术流、信息流进行统一管理，并用信息流将其统一组织协调好，使得资源利用率最高，运营效率最好，安全环保程度提升。

（5）逐步完善化工园区产业升级与退出机制，优化调整化工园区布局，合理配置资源。坚持减量化、资源化、无害化原则，按照源头减排、过程控制、末端治理、综合利用的全过程绿色发展理念，实现“三废”全面达标排放，打造绿色园区。结合长江经济带各省（直辖市）地区不同程度的技术水平及资源利用率，推进园区循环化改造，实现园区内物料闭路循环、产业链接循环；推行清洁生产，促进源头减量；推动能量梯级利用、余热余压利用、企业间废物交换利用和水的循环利用，减少废弃物排放。

（6）加快长江经济带园区环保设施升级改造。经济带内的园区，其污染物的处理很有可能危及长江水源，因此在污染物处理设施建设中，要加快对集中式污水处理厂的提升改造，强化特征化学污染物的处理能力，保障污水处理厂稳定运行，同时加快危险废物集中处置设施建设，实行内部危险废物的资源调配和统一管理，避免危险废物进入长江内而给上下游沿岸地区和人民带来环境风险。

（四）健全环境治理体系，筑牢绿色生态屏障

筑牢绿色生态屏障就是既要发展，又要绿色，推动产业的绿色发展是生态文明建设的题中之义，是促进经济高质量发展的重要支撑。构建一套完整的产业绿色发展评价体系，能够客观反映长江经济带不同区域（如上游成渝经济带、中游城市群、下游长三角地区）、不同石油化工企业绿色发展的程度，从而有针对性地提出相应的解决方案。建立健全环境治理体系是关系人民群众切身利益、关乎子孙后代生存发展的民生工程，把绿色化的要求和标准全面融入新型工业化、新型城镇化、新型农业现代化和信息化建设之中，强化经济发展与污染防治、生态保护的联动协同效应，加大节能环保、污染排放、技术研究、生产安全等方面的管理和调整力度。

1. 构建石油化工产业绿色发展评价体系

（1）建立节能减排“领跑者”标准制度。加快完善长江经济带产业节能环保标准，确立行业标杆，实行创新导向型激励机制。结合长江经济带产业绿色发展要求，严格执行节能环保法律法规，加强环保准入管理，严格控制区域主要污染物排放总量，加强完善区域限批措施。

（2）形成基于工业绿色发展指数和长江指数的评价体系。围绕既要绿色、也要发展和既要资源节约、也要环境友好的两大主题，评价长江经济带石油化工产业绿色发展水平，评估产业资源环境消耗现状以及绿色转型升级进度。

（3）完善工业能源和环保监测、统计体系。建立健全产业装备健康能效监测和评估体系。加强对主要环境敏感区域的环境质量、重点污染源排放情况进行动态监测，严格执行污染物排放和环境质量标准，对长江经济带重点环境敏感区域要提高相关环境标准。对污染严重石化企业强化执法监督检查，对环境质量超标地区及污染物排放超标企业及时限产、停产。

（4）严格执行生态保护负面清单制度。围绕长江流域的岸线、腹地等资源，依据资源环境承载能力和区位条件，严格实施对不同主体功能区制定的鼓励、限制和禁止类产业政策，形成生态保护红线、环境质量底线、资源利用上线和环境准入负面清单，实行差别化的水资源管理、环境总量控制、节能指标考核和绩效考核，强化区域产业功能定位，构建分区环境管控体系。

2. 加强环境保护及污染物绿色治理

（1）优先、从严对沿江 1km 范围内化工生产企业进行分类整治。重点包括各类危、重污染源，生产储运集中区与主要饮用水水源交替配置以及部分取水口、排污口布局不合理，水环境风险大的企业。对于污染物的处理，沿江上下游的园区要统一尺度，统一标准，尽量避免出现处理程度不一的现象。从“源头减排—过程控制—末端治理”等方面着力解决水污染的排放问题，构建“园区环境质量—企业排放—园区无组织排放控制”等标准体系，全力构建“园区—企业—厂界”的立体化监测体系。

（2）着力于从源头消除或减少环境污染。从选址、技术、环境保护、安全生产等环节层层梳理，转移一批、关停一批、升级一批，先从本质安全的角度降低风险。号召长江经济带氮肥、农药行业通过转型升级降低产能，防止产能扩张，长江中上游地区严格控制精炼石油产品制造、基础化学原料制造等产业的规模，防止产能从长江经济带下游向中上游转移。

（3）实施行业清洁生产升级改造。依法依规淘汰能耗和排放不达标、本质安全水平低、职业病危害严重的落后工艺、技术和装备。从基础设计至生产运营阶段，全流程推动工艺、技术和装备不断升级进步，加强企业管理，从源头上减少“三废”产生，实现末端治理向源头减排转变。采用先进技术，提升行业能效水平，鼓励企业开展“智能工厂”“数字车间”升级改造，全面提升企业智能管理和绿色发展水平。

（4）强化突发环境事件预防应对。严格管控环境风险，建设装置级、企业级、园区级、流域级的多级水风险防范体系。加强环境风险防控体系建设，增强园区环境风险防控能力。沿江化工园区应建立统一完善的环境风险三级防控体系建设规范。要对园区企业自身规范构筑首层防控网，按照相关国家标准和规范要求设计和建设行之有效的围堰、防火堤、事故应急池等环境风险防控设施。园区雨水总排口和沿江分水系之间建立可关闭的应急闸门，确保事故状态下进入雨水管网的事故废水与外部环境有效隔离，确保极端事故发生的状态下，事故污水不流入长江。

（五）厚植绿色发展理念，创建百里长江新名片

绿色发展是关系人民群众切身利益、关乎子孙后代发展命运的民生工程，长江经济带的绿色发展更不是一个一蹴而就的过程，是一个长期的发展理念，需要政府、企业、组织以及群众等社会力量的共同参与。积极发挥各方在产业绿色发展中的作用，为长江经济带环境的改善、石油化工产业的发展作出贡献。

1. 深化绿色发展理念，提高公众参与度

（1）深化绿色发展理念。以绿色发展为引领，带动长江经济带石油化工行业高质量发展。打破二元对立的局面，坚持经济发展与生态保护的长期协调统一，打造“创新、协调、绿色、开放、共享”的发展理念，探索生态优先、绿色发展的高质量发展道路。树立正确的绿色环保和经济发展理念，在理念层面形成绿色自觉意识，打造绿色发展氛围。积极构建绿色发展的长效机制，谱写好新时代的长江之歌。

（2）提高全民参与意识，共同促进长江经济带绿色发展。全面提升绿色治理意识，

全面深入推进绿色发展，树立正确的绿色环保和人文主义发展意识，在理念层面形成绿色自觉意识，打造绿色文化氛围，实现“创新、协调、绿色、开放、共享”发展。

2. 开放多重信息渠道，提升绿色石化影响力

（1）加强政府政务信息公开。做到全面公开，主动公开，扩大政府对环境指数、石化企业信息、排污指标交易等信息公开范围，拓宽政府信息公开渠道，促进政府与社会公众关于长江经济带地区的生态文明以及经济发展的良性信息互动。营造公众广泛参与政务并实施监督的良好社会氛围。

（2）加大绿色发展宣传力度。充分利用新媒体进行宣传，加大生态文明的宣传力度，畅通环境污染曝光渠道，形成具有鲜明时代特色的宣传方式，使公众深刻了解石化污染造成的危害，主动加入绿色生态保护阵营，从文化、意识维度推进石油化工产业绿色治理，用宣传和教育的方式展示石油化工产业发展新面貌，使绿色石化和长江经济带的名字紧紧连接在一起，将绿色石化打造成为百里长江的新名片。

第二章　长江经济带能源绿色发展战略

一、长江经济带能源消费与能源供给现状

从驱动因素（人口、城镇化率、GDP、产业结构）、能源消费（消费总量、碳排放、污染物）、能源供给（煤炭、石油、天然气）、绿电现状（水电、风电等），对长江经济带能源消费与能源供给现状进行了研究，最后，以典型直辖市重庆市为例，进行了能源消费趋势情景分析。

（一）驱动因素分析

从人口、城镇化率、GDP、产业结构 4 个角度，对驱动因素进行分析。

1. 人口

如图 2-1 所示，2018 年，长江经济带区域人口总数增至 5.98 亿人，占全国的 42.90%。人口增长率上游先上升后下降；中游相对稳定不变；下游逐年上升。

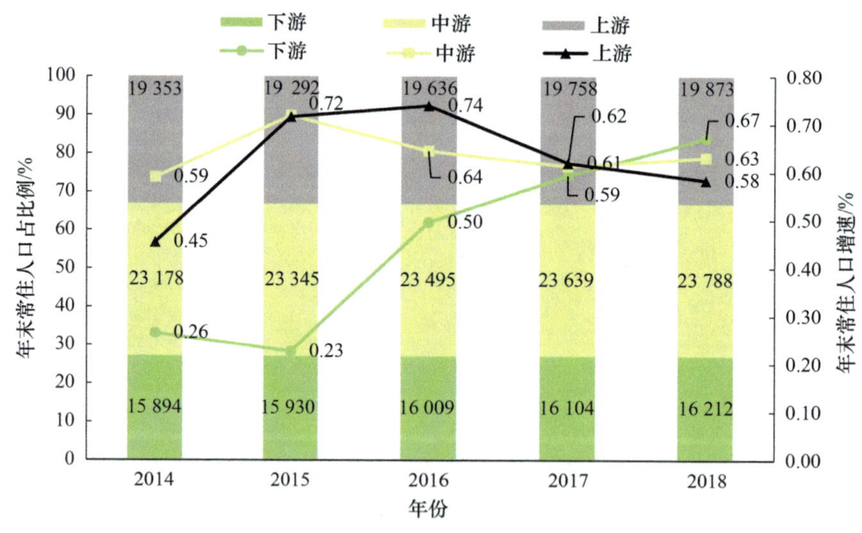

图 2-1　长江经济带人口现状

柱形上面的数字表示上游、中游或下游的人口数，其单位为万人

2. 城镇化率

如图 2-2 所示，2013～2017 年，长江经济带三大城市群城镇化率均有所增加。下游高于全国平均水平，而上游及中游则低于全国平均水平。下游城市群的中心城市上海市的城镇化水平始终最高；上游城市群贵州省最低。

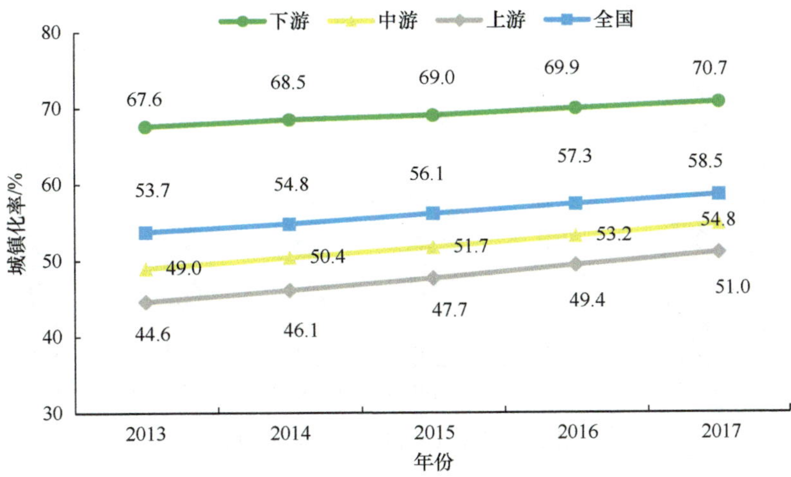

图 2-2　长江经济带城镇化率现状

3. GDP

如图 2-3 所示，长江经济带 GDP 增速高于全国平均水平，增速减缓。

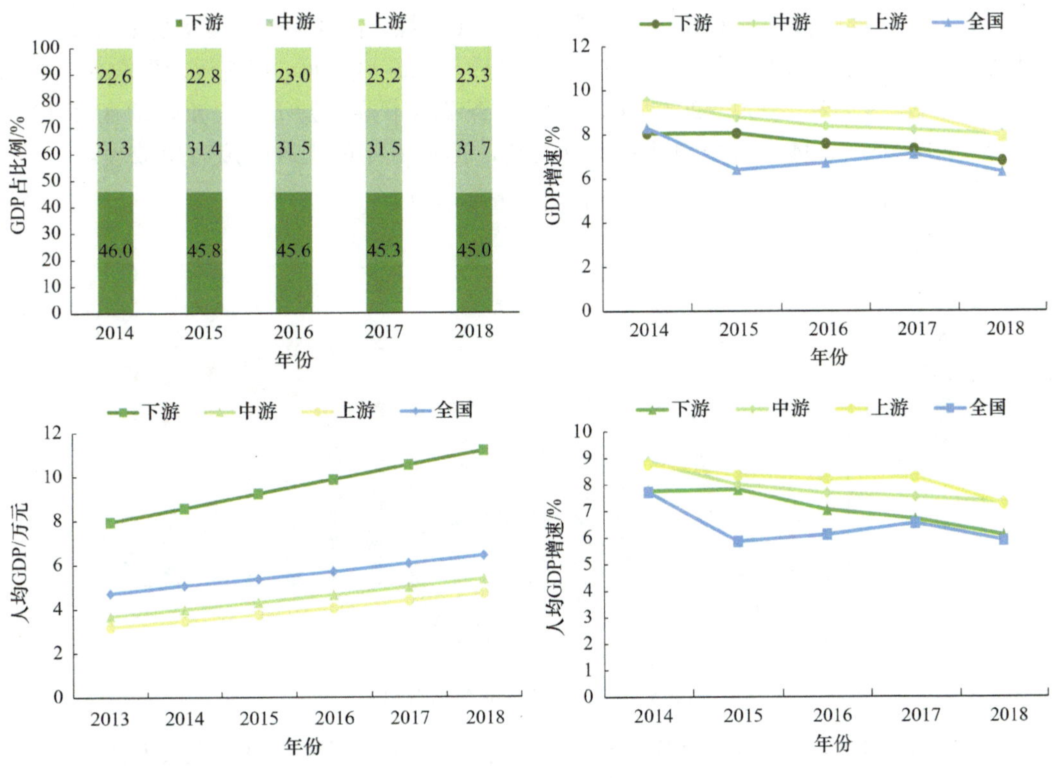

图 2-3　长江经济带 GDP 现状

4. 产业结构

如图 2-4 所示，长江经济带三次产业结构基本保持稳定，第三产业贡献地区生产总值最高。

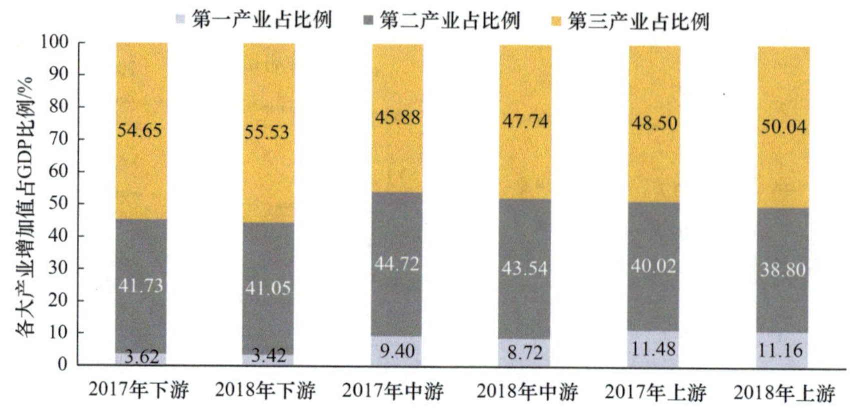

图 2-4　长江经济带产业结构现状

（二）能源消费分析

1. 消费量

如图 2-5 所示，2017 年长江经济带能源消费总量为 16.89 亿 t 标煤，占全国的 37.7%。其中，下游城市群能源消费总量最多，为 6.43 亿 t 标煤，占 38.1%；其次是中游城市群，其能源消费总量为 5.44 亿 t 标煤，占 32.2%；最后是上游城市群，其能源消费总量为 5.02 亿 t 标煤，占 29.7%。2000～2017 年，长江经济带城市群能源消费总量除却在 2013 年有小幅度回落外，总体而言呈现逐年上升态势，但近五年的上升幅度有所放缓。

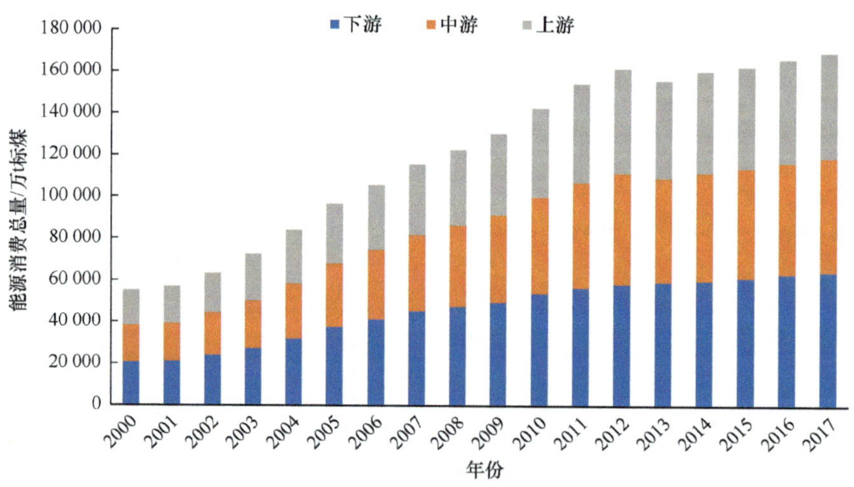

图 2-5　长江经济带能源消费总量

图 2-6 为长江经济带能源消费评价。从煤炭消费来看，长江经济带煤炭消费量占全国的 32%，对煤炭消费量排序，可得：长江经济带下游（17%）＞长江经济带中游（8%）＞长江经济带上游（7%）。

从石油消费来看，长江经济带石油消费量占全国的 39%，对石油消费量排序，可得：长江经济带下游（20%）＞长江经济带中游（10%）＞长江经济带上游（9%）。

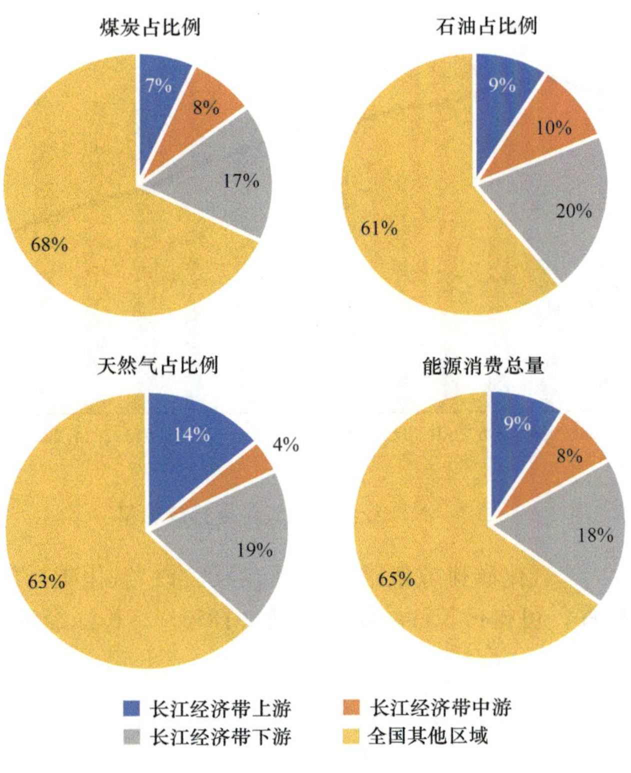

图 2-6　长江经济带能源消费评价

从天然气消费来看，长江经济带天然气消费量占全国的 37%，对天然气消费量排序，可得：长江经济带下游（19%）＞长江经济带上游（14%）＞长江经济带中游（4%）。

从能源消费总量来看，长江经济带能源消费总量占全国的 35%，对能源消费总量排序，可得：长江经济带下游（18%）＞长江经济带上游（9%）＞长江经济带中游（8%）。

总的来看，长江经济带横贯我国东中西三大区域，地域面积约 205 万 km^2，以占全国 21%的区域面积承载着全国 43%的人口和 40%以上的经济总量。相对的，能源消费量却只占 35%，尤其煤炭消费量只占全国的 32%，说明长江经济带在我国绿色低碳发展中作出了突出贡献。

2. 碳排放

如图 2-7 所示，从 2004 年的 209 262 万 t 至 2012 年的 418 846 万 t，长江经济带二氧化碳排放总量增长了 1 倍左右；在各省（直辖市）全面落实执行《大气污染防治行动计划》《环境空气质量标准》等的影响下，2013 年二氧化碳排放量下降，2016 年下降至 402 749 万 t。

其中，上游的碳排放占比例从 2004 年的 28.1%增长至 2015 年的 30.5%，2016 年回落至 25.8%；中游的碳排放占比例从 2004 年的 24.8%增长至 2010 年的 25.6%，此后逐渐下降至 2016 年的 23.8%；下游的碳排放占比例从 2004 年的 47.2%下降至 2015 年的 45.7%，2016 年上涨至 50.5%。

长江经济带单位 GDP 碳排放由 2004 年的 2.17 万 t 标煤/万元下降至 2016 年的 1.16 万 t 标煤/万元，技术的进步带来了能源利用效率的提高。

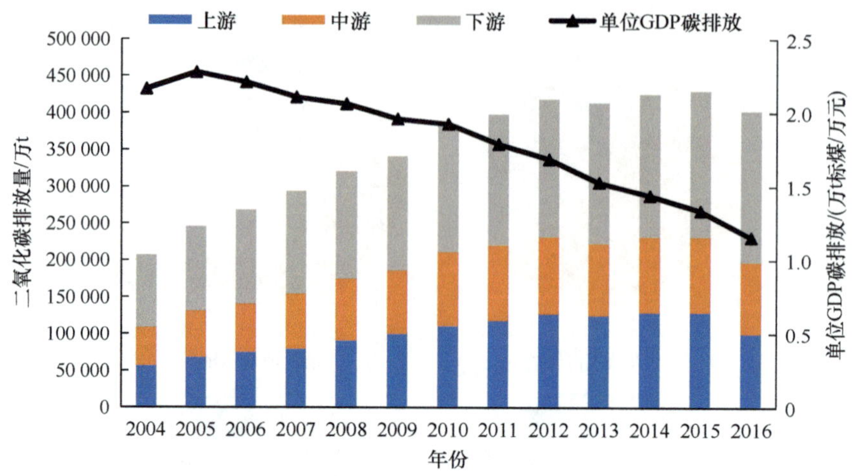

图 2-7　长江经济带二氧化碳排放总量

如图 2-8 所示，从二氧化碳排放量来看，长江经济带二氧化碳排放量占全国的 35%，对二氧化碳排放量排序，可得：长江经济带下游（18%）＞长江经济带上游（9%）＞长江经济带中游（8%）。

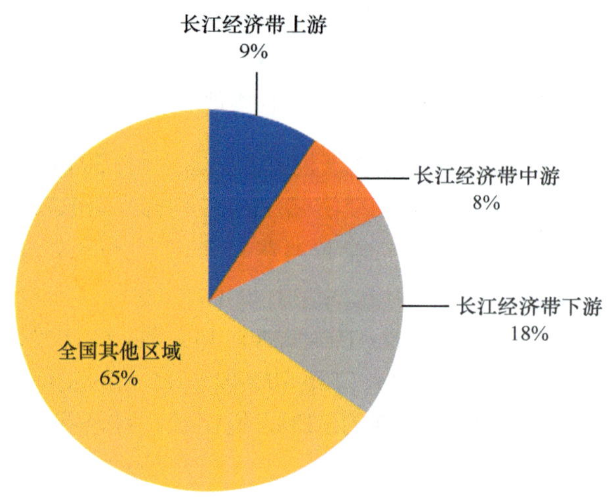

图 2-8　二氧化碳排放总量评价

3．污染物

1）二氧化硫排放情况

如图 2-9 所示，2004～2017 年，长江经济带二氧化硫排放情况与全国接近，基本呈现波折递减的态势，尤其在 2016 年得到了较大幅度的削减。2017 年长江经济带二氧化硫总排放量为 322 万 t，其中上游、中游、下游占比例分别为 53%、27%、20%。2004～2017 年，长江经济带下游二氧化硫排放在整个经济带中占比例由 28.2%下降到 19.2%，得到了大幅度的削减。上游二氧化硫排放量虽有下降，但其在全流域中占比例却在 2016 年、2017 年大幅度增加。中游占比例基本维持在 30%左右的水平。

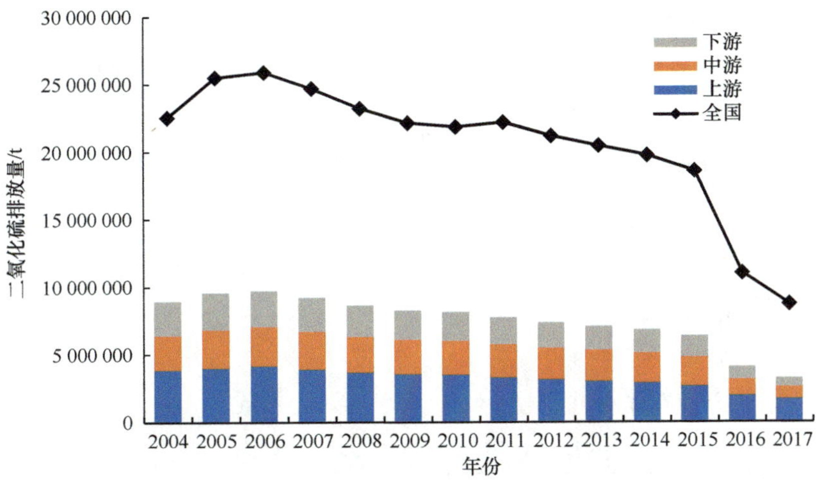

图 2-9　长江经济带二氧化硫排放情况

如图 2-10 所示，2004～2017 年，长江经济带单位 GDP 二氧化硫排放逐年递减，尤其是上游得到了大幅度的削减。下游单位 GDP 二氧化硫排放始终低于全国平均水平，中游和全流域与全国平均水平接近，但上游单位 GDP 二氧化硫排放为 19.7t/万元，仍远高于全国 10.3t/万元的平均水平。

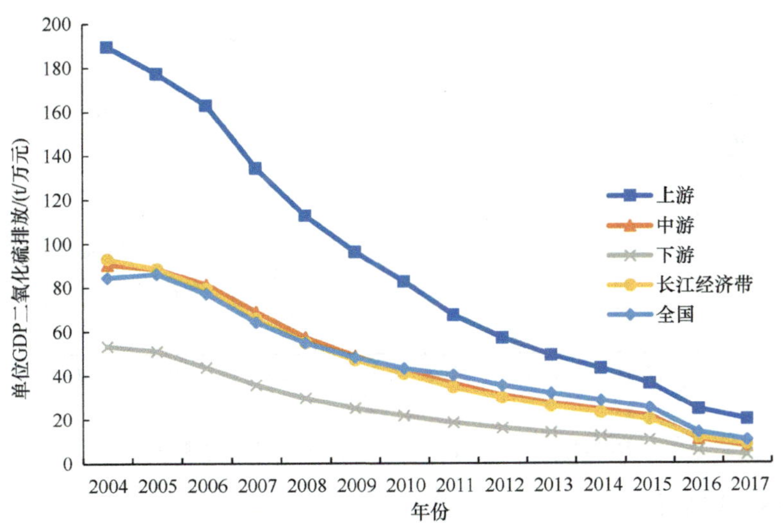

图 2-10　长江经济带单位 GDP 二氧化硫排放

2）氮氧化物排放情况

如图 2-11 所示，2011～2017 年，长江经济带氮氧化物排放趋势与全国接近，基本呈现逐年递减的态势，尤其在 2016 年得到了较大幅度的削减。2017 年长江经济带氮氧化物总排放约为 441 万 t，约占全国的 35%。其中上游、中游、下游在全流域中占比例分别为 29.3%、36.0%、4.8%。2011～2017 年，长江经济带三大区域氮氧化物排放都得到了一定程度的削减，但它们在全流域占比例却基本没有什么变化，下游基本维持在 34%～35%的水平，中游基本维持在 36%～37%的水平。

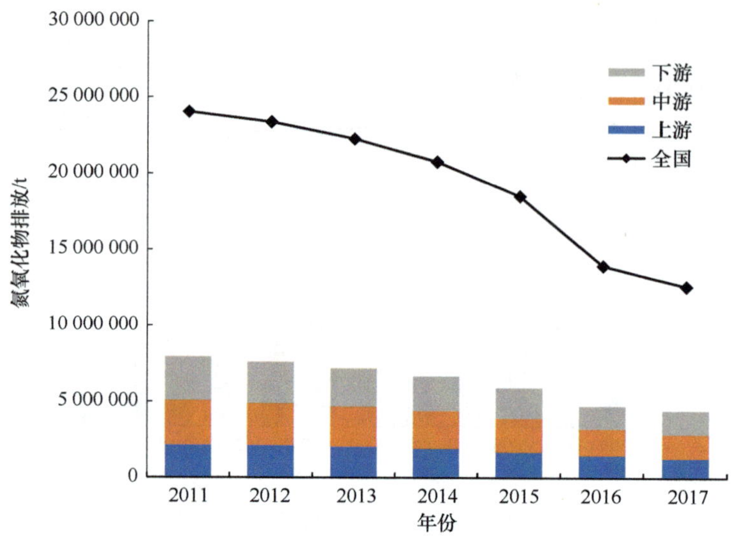

图 2-11　长江经济带氮氧化物排放情况

如图 2-12 所示，2011～2017 年，长江经济带单位 GDP 氮氧化物排放逐年递减，其中上游情况与全国平均水平基本接近，中游略低于全国平均水平，但下游单位 GDP 氮氧化物排放为 9.0t/万元，远优于全国 14.9t/万元的平均水平。

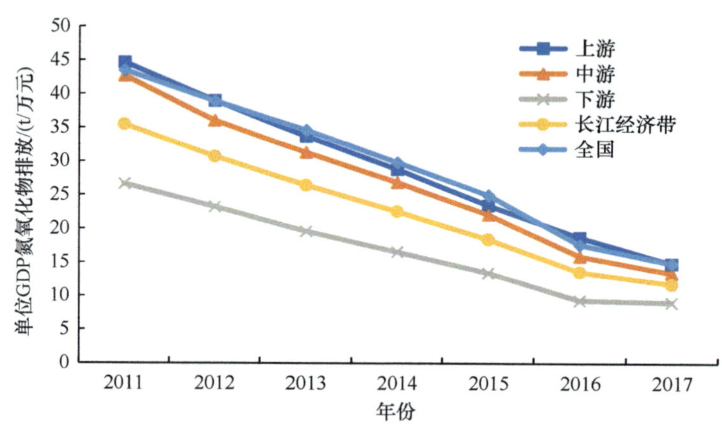

图 2-12　长江经济带单位 GDP 氮氧化物排放

3）烟尘排放情况

如图 2-13 所示，2011～2017 年，长江经济带烟尘排放情况与全国接近，除却 2014 年出现大幅度增长外，基本呈现下降态势。2017 年长江经济带烟尘排放总量约为 227 万 t，占全国的 28.6%。从 2011 年开始，长江经济带三大区域烟尘排放在全流域占比例基本没有大幅度变化，上游维持在 32%～33%的水平，中游维持在 42%左右的水平，下游维持在 26%左右的水平。

如图 2-14 所示，从 2011 年开始，长江经济带单位 GDP 烟尘排放除却 2014 年有显著上升外，基本呈现下降态势，2017 年长江经济带单位 GDP 烟尘排放为 6.1t/万元，低于全国平均水平。从 2011 年开始，长江经济带各区域单位 GDP 烟尘排放情况基本优于全国平均水平，其中下游情况显著优于全国平均水平。

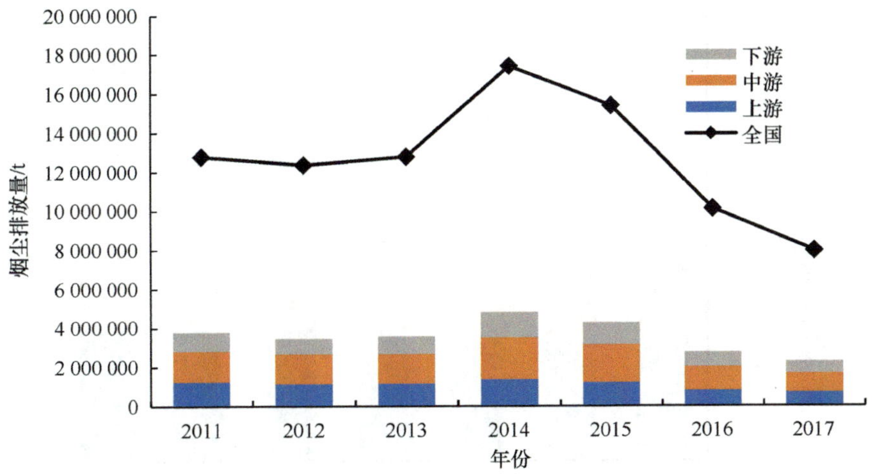

图 2-13　长江经济带烟尘排放情况

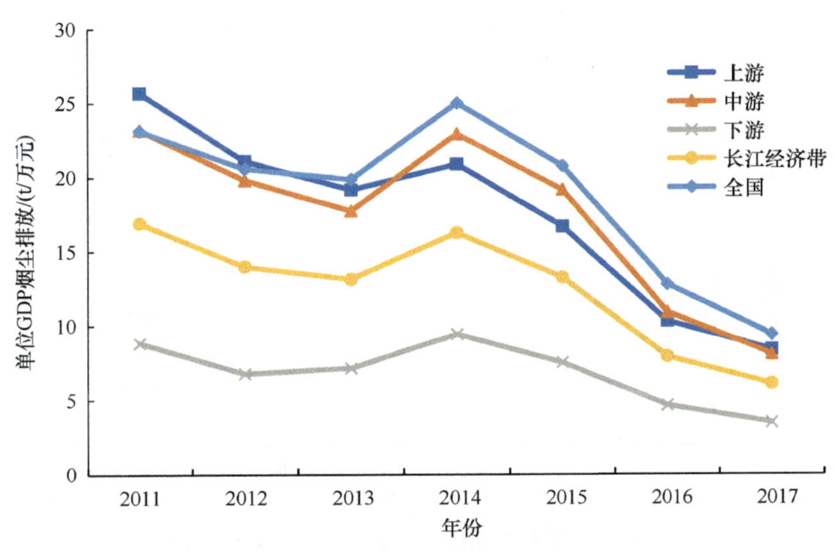

图 2-14　长江经济带单位 GDP 烟尘排放

4. 交通运输能源消费

随着近年来交通运输能力的持续增强和交通运输规模的不断扩大，交通运输行业能源消费量呈现快速增长态势，能耗主要以汽油、煤油、柴油、燃料油等油耗为主，电能消费比例相对较低。2016 年，交通运输领域能源消费量为 4.4 亿 t 标煤（标准煤当量），比上年增长 3.5%，占全国终端能源消费量的 10.0%。发达国家交通运输能源消费量占终端能源消费量的比例为 20%～40%。因此，我国交通用能占全社会用能的比例仍将呈现上升态势。

如图 2-15 所示，2010～2016 年，长江经济带交通部门终端能耗年均增长率达 5.7%。虽然上游、中游、下游交通部门终端能耗总量逐年递增，但下游和中游交通能耗在整个长江经济带交通能耗占比例整体呈现下降态势。

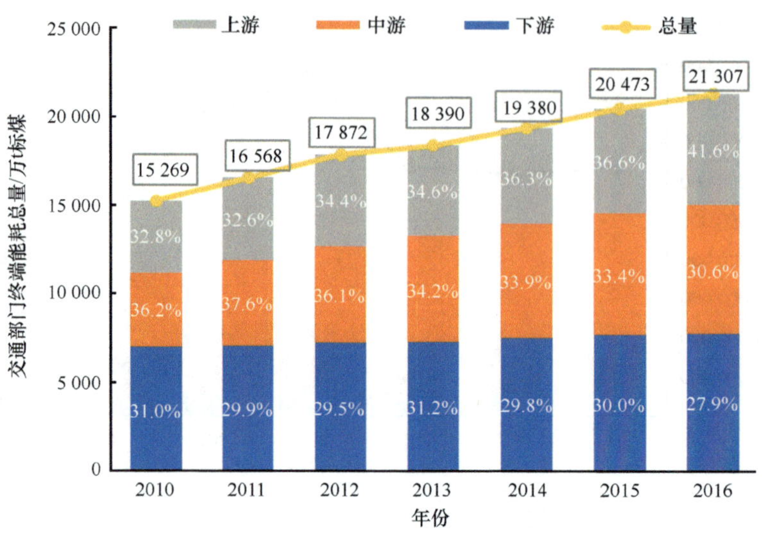

图 2-15　长江经济带交通部门能耗变迁

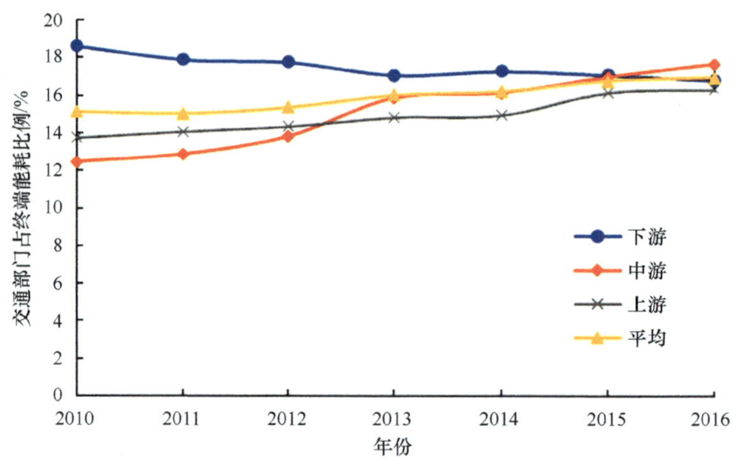

图 2-16　交通部门能耗在终端消费中占比例的变迁

5. 建筑能源消费

如图 2-17 所示，2010～2016 年，长江经济带建筑部门终端能耗由 13 292 万 t 标煤增长至 18 935 万 t 标煤，年均增长率达 6.1%；上游、中游、下游年均增长率分别为 3.3%、3.9%、10.1%。虽然上游、中游、下游建筑部门终端能耗总量逐年递增，但下游和中游在整个长江经济带建筑部门终端能耗中占比例却呈现波折递减态势，与此同时，上游占比例逐年递增。长江经济带上游的经济发展相对落后于中下游较发达地区，因此在西部大开发的背景下要依托基建拉动经济。

如图 2-18 所示，2010～2016 年，长江经济带终端能耗由 100 917 万 t 标煤增长至 125 723 万 t 标煤，年均增长率达 3.2%；其中长江经济带上游、中游、下游建筑终端能耗年均增长率分别为 3.7%、3.0%、3.0%。2010～2016 年，长江经济带建筑部门终端能耗占终端能耗总量的比例从 13.2%增至 15.1%，总体呈现递增态势，其中上游占比例最高且占比例增速最快，从 14.7%增至 18.0%。

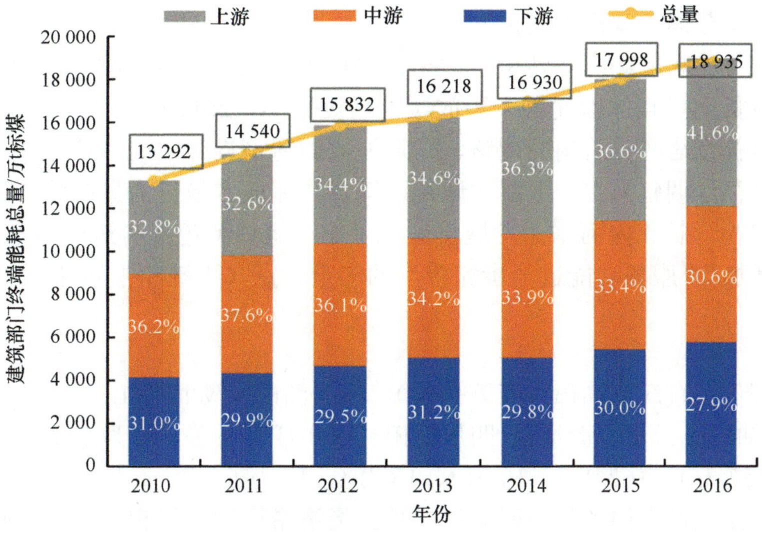

图 2-17　长江经济带建筑部门终端能耗总量

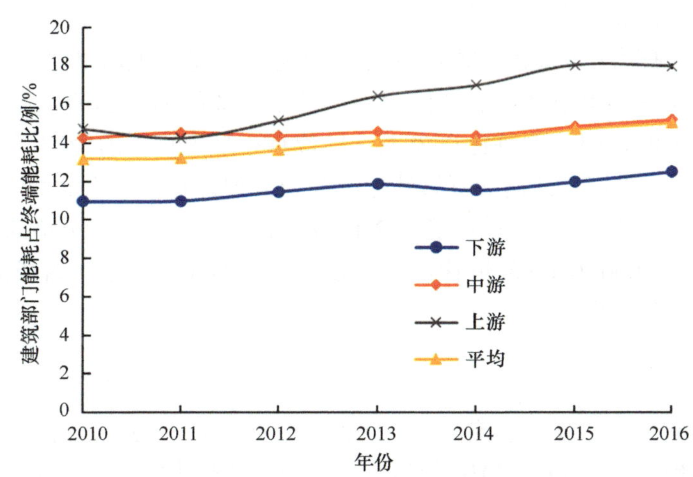

图 2-18　长江经济带建筑能耗占终端能耗比例

（三）能源供给分析

1. 煤炭

我国煤炭生产主要集中在以晋陕蒙为主的“三西”地区（68.9%），而煤炭的消费地高度聚集在华东和华南地区，煤炭下游需求约有 50%集中在火电行业，而我国火电装机及发电量大部分分布在山东、江苏、广东等东部地区，导致煤炭区域性供需失衡严重。煤炭生产和消费的逆向分布，使我国形成了“西煤东送，北煤南运”的物流格局，我国仍面临“西煤东送”运力不高，“北煤南运”通道不足的问题，包括湖北、湖南、江西等中部省份，以及川渝地区等“北煤南运”铁路直达运输比例需进一步提高（雷英杰，2017）。

自 2016 年煤炭行业推进供给侧结构性改革以来，贵州、云南产量适度增加，江西、湖北、湖南、重庆、四川产量下降，安徽由传统的煤炭调出省转为调入省；贵州煤炭调出规模减少；江苏调入规模不断扩大。

大宗干散货受高能耗产业转型、蒙华铁路通道建设等因素影响，货运量增速下降，导致长江干线货运量整体增速进一步放缓（马俊平等，2017）。集装箱是潜力较大的货种，尤其是随着腹地产业结构的调整，高附加值的适箱货源比例将持续提升。长江内河水运发展将以存量调整为主，主要体现在以综合物流成本最优为导向的江海直达、江海联运体系的完善。长江内河水运发展将呈现“中心港口特色优势进一步凸显”“整体协调性进一步增加”“服务功能进一步完善”的多重特点（丁敏和张静姝，2017）。

2．石油

长江经济带拥有江苏油田（江苏扬州）、江汉油田（湖北潜江）、浙江油田（浙江杭州）、滇黔桂油田（云南、贵州）、四川油田（四川成都）等，皆为中小型油田，原油年产量分别为157万t、162万t、10万t、10万t、15万t。

受到自身储量及存储条件禀赋限制，长江经济带原油产量相对较少，原油消费主要来自海外进口，仅浙江年进口量就为2300万t。长江经济带原油进口的主要省份为浙江省、江苏省、上海市和云南省。

下游沿海地区拥有三座炼化基地，分别为江苏连云港、上海漕泾、浙江宁波，三大炼化基地不仅能够保证本地区成品油供应，而且余量成品油还远销东亚和南亚地区。

长江经济带上游以中小型炼化厂为主，尽管有小型生物原油生产厂但不成规模，中上游成品油主要用于内销。西南油气管线已经建成，但是存在严重的油气供应不足问题，若西南原油管道正常供应原油（设计能力2200万t/a），位于昆明安宁草铺镇的1000万t/a和重庆长寿化工园1000万t/a的炼化厂将得以运营，彻底解决中上游成品油困境。石化行业皆为当地的支柱产业。

3．天然气

2017年长江经济带9省（直辖市）（此处主要涉及长江内河运输，不包括上海、浙江）天然气消费量675亿m^3，2010年以来年均增速9%（林丽钦，2013）。从空间分布来看，天然气消费需求主要集中在中下游地区以及川渝等天然气主产地。其中，中下游湖南、湖北、江西、安徽、江苏5省天然气消费近年来呈现高速增长态势，2017年达365亿m^3，2010年以来年均增速17%，占区域比例由2010年的34%提升至目前的54%。未来较长一段时期，长江经济带江苏、安徽等9省（直辖市）天然气需求仍将保持较快增长，初步预计2035年以前将维持7%左右的年均增速。

从供应情况来看，未来沿江地区天然气管网建设将逐步推进，天然气供给能力不断增强（毕珊珊和刘长俭，2018）。其中，川渝地区气源仍以本地自产气为主；中下游5省将形成西气东输、川气东送、沿海液化天然气接卸共同服务的供应格局。长江液化天然气（LNG）运输作为沿江地区天然气供应重要的补充方式，将在区域天然气调峰、液态天然气市场供应等方面发挥重要作用，为长江中下游地区形成多气源供应格局提供保障。为此，依托长江水运开展LNG运输，具备很大的潜在市场需求空间。

但是当前我国内河LNG运输受通航安全管理等因素制约，尚未开展。行业主管部门未对长江LNG运输通航是否放开、是否设置移动安全区等关键问题提出明确意见。

例如，2016 年底江苏实施“两减六治三提升”，提出“清理长江沿岸危化品码头和储罐，规范沿江危化品码头运行管理，严禁新增危化品码头”，限制江苏沿江 LNG 码头规划建设。长江沿线其他省份也对沿江新增岸线，特别是危化品码头岸线的审批更加严格，或直接限制（毕珊珊和刘长俭，2018）。

4. 电力

对长江经济带电气化水平进行分析，如图 2-19 所示，可以发现只有下游地区高于全国水平（下游 28%＞全国 23%），长江上游（19%）和中游（17%）与全国平均水平相比仍有较大差距。其中，长江上游和中游电气化水平仅与2011年全球平均水平（17.7%）相当，与《电力“十三五”规划》重点提到的到 2020 年电能占终端能源消费比例要提升至 27%有较大差距。

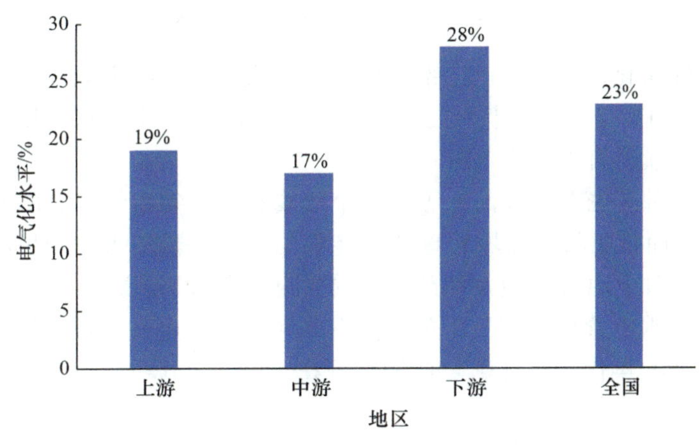

图 2-19 电气化对比图

我国经济新旧动能转化没衔接好，再加上气候影响等因素，西部地区基本上仍沿用投资增长拉动经济的传统模式，高耗能产能不能有效对接国内外终端产品消费市场，产业结构相对单一，造成产能过剩、产品库存积压、用电量增长受到抑制。云南等省份用电增速缓慢，都说明了我国电力消费正在经历经济转型的阵痛期。

（四）绿电现状分析

1. 水电

我国的国土面积和水资源总量都与美国相近，但水库蓄水能力，尤其水库的总有效库容，还不到美国的一半。我国水电资源按经济可开发量统计，总装机容量为 4.02 亿 kW，2018 年新增水电装机容量中国第一，为 8540MW。半数的全球大坝和积极的大坝建设规划都在我国，但目前我国水电年发电量只占能源消费总量的 7%。

长江经济带水电发电情况如图 2-20 所示。长江上游作为“十二五”期间水电开发的主战场，已成为水电“大会战”场地（姚磊等，2016）。金沙江的金安桥、溪洛渡、向家坝等已开工建设，岷江上游水力资源开发殆尽，大渡河成了水电开发的超级大工地，

图 2-20 长江经济带水电发电情况

嘉陵江已完成全线渠化；乌江也已全部完成水电开发，是我国水电开发程度最高的河流之一。长江经济带 11 省（直辖市）已建成小水电 2.41 万多座，水电规划管理不足，需结合功能区划合理统筹开发。

水利部、环保部（生态环境部）等十几个部委和沿江省市的政府职能部门都是长江流域的管理部门，而担负长江流域管理的职能部门——长江水利委员会只是水利部下属的副部级机构，对于地方和强大利益集团的“跑马圈水”无能为力（姚磊等，2016）。部分省市将地方小水电管理权层层下放，把整条河流小水电开发权让渡给民营企业，小水电像 20 世纪 80 年代开小煤矿一样遍地开花。

2. 风电

长江经济带下游沿海及其岛屿，为我国最大风能资源区之一（宁丽苗，2010）。有效风能密度大于、等于 200W/m^2 的等值线平行于海岸线，沿海岛屿的风能密度在 300W/m^2 以上，有效风力出现时间百分率达 80%～90%，大于、等于 8m/s 的风速全年出现时间 7000～8000h，大于、等于 6m/s 的风速也有 4000h 左右，如浙江的南麂、大陈、嵊泗等沿海岛屿上，风能都很大。

云南、贵州、四川、湖南西部为我国最小风能区，有效风能密度在 50W/m^2 以下，可利用的风力仅有 20%左右，大于、等于 3m/s 的风速全年累积时数在 2000h 以下，大于、 等于 6m/s 的风速在 150h 以下。

以江苏为例进行分析。江苏拥有 954km 的海岸线，海岸地形地貌、气候和水文条件良好，发展海上风电具有得天独厚的条件，风电行业装机规模连年增长（图 2-21）。中国华能与江苏省政府签署了战略合作协议，将举全公司之力，投资 1600 亿元打造基地型、规模化千万千瓦级海上风电基地。

江苏风电产业集聚程度较高，在相关地区建成了一批风电特色产业园区，主要有：南京风电装备产业园、溧阳风电产业园、武进风电产业园、无锡风电产业科技园、如东风电产业园、大丰江苏海上风电装备制造基地、金风产业园、华锐（盐都）风电产业园、阜宁风电装备产业园和东台风电产业园等。

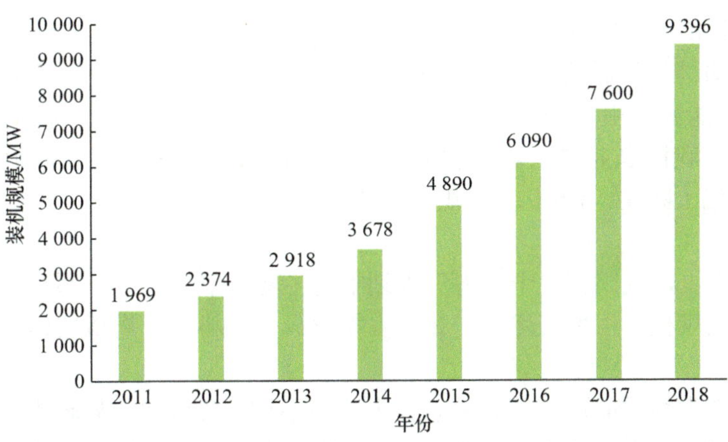

图 2-21　2011～2018 年江苏风电行业装机规模情况

3. 太阳能发电

太阳能发电分为光热发电与光伏发电。光热发电利用大规模阵列抛物或碟形镜面收集太阳热能进行发电，目前在太阳能发电中占比例仅为 4%～5%。光伏发电是利用光生伏特效应直接将光能转化为电能的发电方式，适用范围更广，在太阳能发电中占绝对多数。

从全球范围来看，截至 2018 年底，全球光伏发电装机容量达到 512.3GW，中国占 34.2%，为世界第一。2018 年，全球新增装机量与 2017 年水平持平，尽管中国增量有明显缩小，但全球其他地区仍然显示出强劲的增长势头。

“十二五”规划以来，我国的光伏发电进入高速发展阶段。“十三五”期间，全国多数省市都出台了可再生能源发展的规划，对光伏发电的发展目标进行了明确规划，我国的光伏发电建设规模不断扩大，技术进步和成本下降速度明显加快。目前，无论是年度装机量还是累计装机量，中国都位居世界第一。此外，长江下游的上海、江苏等地形成了光伏产业集群，统领全球太阳能制造业。

2018 年，为促进光伏行业健康可持续发展，提高发展质量，加快补贴“退坡”，国家发展改革委、财政部、国家能源局发布了《关于 2018 年光伏发电有关事项的通知》。这一新政直接导致了 2018 年光伏装机增速明显下降，提高市场化水平也成为光伏发电下一阶段的主要任务。未来，整体光伏新增装机规模逐渐减少，分布式光伏成为新增装机贡献主力，光伏逐步进入无补贴时代，平价上网成为趋势。

关于推进分布式发电的市场化交易机制，“隔墙售电”是一种新的尝试。这一模式可以让能源消费者成为“生产投资型消费者”，赋予他们参与可持续发展的权利，同时还可以促进电网企业向平台化服务的战略转型。江苏作为分布式发电大省，已率先进行了分布式市场化交易园区试点，出台了征求意见稿。但“隔墙售电”面临着市场化交易程度低、公共服务滞后、管理体系不健全等问题，大规模推广仍困难重重。

4. 生物质能

国外生物质能应用具有了相当可观的规模。例如，美国和奥地利生物质能在一次能源消耗量中分别占 4%和 10%；美国生物质发电装机容量超过 1 万 MW；巴西乙醇燃料占该国汽车燃料消费量的50%以上。

我国生物质能发展较慢。目前，我国可再生能源占12%，生物质能仅占可再生能源的8%，占总能源利用量的1%，占生物质能可利用量（约6亿t标煤）的9%。各类生物质资源中，我国农业剩余物、林业剩余物、城市固体垃圾及其他生物质资源的年产量分别为2亿t标煤、1.5亿t标煤、1亿t标煤、0.5亿t标煤，资源较为丰富，但开发不足。

在能源规划上，我国在“十三五”规划中对生物质能作出了一系列部署。同时，对生物质发电装机规模、生物天然气产量、生物质成型燃料、生物质液体燃料等制定了明确的指标。

长江经济带生物质能理论蕴藏量总体上分布不均，省份间差异较大，长江上游为长江经济带生物质能的主要分布区，其中四川、云南占据较大的地理优势，而长江经济带生物质能的可利用量与理论蕴藏量的分布接近。中上游的生物质蕴藏量与煤炭、石油、天然气等能源相当，在一定程度上能够与之形成互补。

但在生物质能源的利用上，长江中下游反而比生物质蕴藏量占据优势的上游要高出许多。以生物质发电为例，2017年江苏、浙江、安徽三省的生物质发电量占据了长江经济带生物质发电量的一半，而四川、云南、贵州三省占据的份额约为七分之一。可见长江经济带的生物质储量与利用并不匹配，有待改善。

二、长江经济带能源消费与能源供给问题分析

（一）基于现状分析的问题分析

1. 能源供给问题

1）铁路运输

2019年底，北煤南运的第一大线路蒙华铁路已经通车，设计运输能力为2亿t/a，蒙华铁路投运后将逐步缓解中部地区的煤炭供应紧张局面。运输的煤炭预计50%到达湖北，30%到达湖南，20%到达江西。蒙华铁路建成后，“三西”地区的煤炭将可直接送达“两湖一江”。对内蒙古地区来说，最大的优势将是极大地节省运输时间，其中内蒙古运至湖北的运费约降低35元/t，但运至湖南、江西的运费无明显下降；陕西地区运至“两湖一江”的运费将下降40～50元/t；山西地区运至湖北地区的运费无明显变化，但运至湖南、江西的运费约降低40元/t（张鹏，2019）。

但是，产地的高度集中以及市场调入区域由沿海扩散至中部，造成煤炭长距离调运量的增加和流向的变化，此外，受环保政策影响，长三角地区煤炭、钢铁等物资由汽运转为铁运，新增1亿t铁路运力需求，原有经过多年调整所达到的煤炭供需、运输的平衡格局被打破，新的供需格局需要运输、集散能力的匹配与调整，市场达到新平衡需要一定时间。

2）水路运输

从运量来看，大宗干散货受高能耗产业转型、蒙华铁路通道建设等因素影响，货运量增速下降，导致长江干线货运量整体增速进一步放缓（马俊平等，2017）。集装箱是

潜力较大的货种，尤其是随着腹地产业结构的调整，高附加值的适箱货源比例将持续提升。长江内河水运发展将以存量调整为主，主要体现在以综合物流成本最优为导向的江海直达、江海联运体系的完善。

长江流域港口发展相对滞后，而且发展不平衡。除长江三角洲地区，大多数内河港口相对于公路、铁路等交通设施发展滞后，存在资金不足、规模较小、缺乏经验等问题，在当地经济发展中所受到的重视程度不够。同时存在地区间发展不平衡、季节间发展不平衡和运力发展不平衡等问题。此外，还存在航道等级低、船舶小而杂乱、港口吞吐能力不足、管理相对落后等问题。

3）公路运输

2012年以来我国公路货物运输量均超过300亿t，占全社会货物运量的四分之三以上，但近年来，环保加严，国家出台了多项关于汽运的相关政策，治超取得成效，逐步常态化，港口禁煤炭汽运、“公转铁”（公路转铁路）等政策不断出台。在不断收紧的“汽运煤”限令和“加码”的铁路运输规定的共同作用下，煤炭铁路运力将加速释放。同时也加速了这些线路煤炭等大宗货物“公转铁”的进程，未来煤炭长途汽运将逐步被铁路替代。

2018年6月底，国务院印发《打赢蓝天保卫战三年行动计划》，旨在通过3年（2018～2020年）努力，大幅减少大气污染、改善环境空气质量。政策明确提出，将优化调整货物运输结构，大幅提升铁路货运比例。同年，交通运输部等部门提出了钢铁、煤炭、矿石等大宗货物运输“公转铁”政策，要求长三角地区等为主战场，以推进大宗货物运输“公转铁、公转水”为主攻方向。受其影响，煤炭公路运输规模将会大大缩减。如果《打赢蓝天保卫战三年行动计划》严格实施，下游用煤企业纷纷建设铁路专用线，并将原料煤、燃料煤改由铁路运输，公路煤炭运输规模会受到显著挤压。

2. 绿电开发利用问题

1）水电

长江流域水利枢纽项目众多，其中小水电达2.41万座，过度、无序开发已给长江流域水生态环境带来严重影响（阮清鸳，2017）。长江上游分布有鱼类286种，其中局限分布在上游各干支流的特有鱼类124种，约占43.4%；长江鲟、白鲟等国家重点保护野生动物，主要在上游水域栖息，这些珍稀和特有鱼类，是上游水生生物多样性的典型代表，需重点保护。然而，始于30多年前的“西电东送”，已在长江上游修建不少水电工程。2018年6月19日，国家审计署发布《长江经济带生态环境保护审计结果》显示，截至2017年底，长江经济带有10省（直辖市）建成小水电2.41万座；8省（直辖市）930座小水电未经环评即开工建设；过度开发致使333条河流出现不同程度断流，断流河段总长 1017km。这些小水电一般建在流量较小的二级或三级支流，一些装机容量仅几百千瓦。20世纪八九十年代，这些小水电确实缓解了当时能源短缺的困境，但它们数量多，并且大量引水式建设使河流断续脱水，而发电收入很可能不够抵偿对水域生态破坏造成的损失。毫无疑问的是长江上游水电开发已经完全处于过度状况。

2018年6月，生态环境部印发《长江经济带小水电无序开发环境影响评价管理专项清理整顿工作方案》的通知，要求切实维护长江经济带河流生态系统健康，坚决制止以牺牲生态环境为代价的小水电开发，严厉打击未批先建、破坏生态环境等违法行为。自

2018 年 5 月 23 日起至当年 12 月底，长江经济带 11 省（直辖市）原则上暂停受理新建、扩建小水电项目环评文件。

长江流域的水电开发已从三峡上溯到金沙江及其他上游支流（姚磊等，2016）。长江上游流域既是西电东送水电基地和矿产能源基地，也是世界地质和自然文化遗产保护区群，还是民族文化积淀深厚和多样性最为富集的地区之一，开发与保护的矛盾并存。

长江上游干支流一系列水库建设装机超限，上下游争水和南水北调都有可能导致汛后水库蓄不满水的问题，这不仅影响水电站实际经济效益，还将加剧长江流域用水矛盾，影响长江中下游及河口生态与环境需水。

2）风电

目前，弃水弃风仍是长江经济带重要问题。弃水方面，仅云南和四川两省的弃水量折合为电量就超过 200 亿 kW·h；弃风方面，流域弃风率达到 20%~28%。入网仍是水电、风电发展瓶颈。

（1）大规模风电并网加大电网安全运行风险。相对于欧洲风电分散式、小规模和接入中低电压等级的特点，我国风电发展是大规模集中接入中高压电网。随着装机容量的增加，风电对电网的影响逐渐从局部配电网发展到主网架。由于目前网架结构相对薄弱、缺乏电源支撑，风电的波动性和反调峰特性，使远距离大容量输电方式严重影响电网安全稳定运行。大规模接入电网的风电场即使发生较小故障也有可能造成接入电网的电压波动，由于风电机组低电压穿越能力较差，容易引起拖网运行，甚至导致区域电网震荡，引发停电事故（曹卫琴，2014）。因此，出于电网安全运行考虑，风电大规模并网发电也受一定限制。

（2）配套电源建设与风电规划不协调。由于风电的随机性和不确定性，且具有反调峰性，大规模风电并网需要电网配备相应的足够容量调峰调频电源。因此，其他电源的调节能力是决定电力系统可接纳风电规模的关键因素。欧美等国在大力发展风电的同时，注重建立配套的灵活调节电源，如抽水蓄能电站、燃油燃气电站等。而我国风电集中地区主要以煤电为主，且供热机组不参与调峰，水电装机偏少，系统调峰调频能力不足。尤其在冬季时，供热机组抢占了风电的供电容量，造成大量的弃风现象。随着风电的快速发展，系统调峰压力日益增大。

（3）调度模式不合理限制风电消纳。目前采用的分省电力平衡调度方式不利于风电在区域范围内消纳，分省就地平衡的调度方式，意味着风电的波动性、间歇性和反调峰特性等均需在本省范围内进行平衡。随着风电比例扩大，省内平衡无法满足风电在区域电网范围内消纳，制约风电的消纳。

（4）风电补偿金额不足。根据《中华人民共和国可再生能源法》的要求，电网企业应当全额收购可再生能源电力，为了支持新能源发展，新能源发电的上网电价也比传统电源要高。因此，电网企业每多收一度新能源电力，就意味着利润相应减少一些（曹卫琴，2014；黄天翔，2012）。虽然国家对电网企业收购风电给予一定的补偿，但是这些补偿相对电网企业总体收入微乎其微，不足以激励电网企业积极接纳风电。而对于电网不接纳风电没有相应的惩罚，对风电企业造成的损失没有补偿措施，使得电网企业没有压力积极接纳风电。

（5）补偿机制不够完善。开发大型风电基地涉及的工程项目众多，不仅需要投资建设风电场，同时需要规划建设跨区域高压输电工程，保证风电送出通道的畅通，另外，仍需建设配套调峰电源和无功补偿装置，以保障大功率风电的消纳问题。我国现行标准规定的风力发电接入系统的补贴费用过低，也缺乏完善的配套投资补偿机制，使得配套投资很难按时收回，在客观上限制了风电的大规模开发与消纳（黄天翔，2012）。

（6）项目审批漏洞。根据政策规定，对于 5 万 kW 以上风电项目由国家发展改革委审批，而 5 万 kW 以下的由地方政府审批，地方政府为了快速发展风电，将大型风电项目拆分建设，项目审批的漏洞导致风电建设缺乏统一规划，造成小型风电场飞速增加，电网建设相对风电项目发展落后，风电消纳困难。

（7）消纳政策不合理。根据政策要求，电网企业需要无条件收购风电，且收购成本不比常规电源低，而由于风电的随机性和波动性特点，电网企业需要付出额外的成本；对于其他电源企业，风电不仅占用了它们的发电空间，还需要为风电提供无偿的辅助服务；对于用户，无法直接从风电企业获得电能（曹卫琴，2014）。因此，当前电网收购风电的政策无法激励电网、电源以及用户主动积极地消纳风电。所以，在某种程度上，目前电力体制的陈旧，束缚了风电的健康有序发展，有必要探索适合我国未来风电发展状况的新政策。

3）太阳能发电

浙江省依托丰富的资源、成熟的技术和政策的支持引导，在光伏发电尤其是分布式光伏发电方面走在长江经济带省份前列。浙江省计划至 2020 年，全省光伏发电总装机规模超过 800 万 kW，其中屋顶分布式光伏电站超过 360 万 kW，地面集中式光伏电站超过 440 万 kW，家庭屋顶户用光伏 100 万户以上。

目前，浙江省通过多种方式充分利用平原、盆地、海岛的太阳能资源，在沿海滩涂、荒山荒坡建设大规模集中式电站，利用大型园区、家庭屋顶建设分布式光伏电站，已经拥有秀洲等具有示范效应的成功案例。同时拥有众多生产光伏组件的龙头企业，已经初步形成技术创新体系，产生了良好的社会经济效益。

4）生物质能发电

四川与浙江在生物质储量以及生物质开发上存在着较大的反差，因此选取这两个省份作为重点研究对象，对长江经济带的生物质开发情况进行分析。就生物质可利用量而言，四川与浙江在禽畜粪便、农作物秸秆两类生物质资源上并无太大差异，而四川的林木薪柴可利用量约为浙江的 2 倍，因此总体而言，四川生物质可利用量高于浙江。但 2017 年，浙江的生物质发电量为 158 万 kW • h，四川仅为 44 万 kW • h，不到浙江的三分之一，表明四川庞大的生物质可利用量并没有得到充分的利用。

在政策上，浙江省出台《“十二五”及中长期可再生能源发展规划》，对生物质的开发利用进行了精细的部署：大力推广各种沼气利用、合理布局生物质燃料发电项目、稳步发展生物质成型燃料、积极推进生物质液体燃料、逐步发展生物相关产业。在政策上，浙江省在生物质能利用上规划更全面，从而以较低的生物质可利用量实现较高的生物质能开发。

3. 交通建筑领域绿色发展问题

1）交通领域

交通运输是全社会节能的重点领域，我国交通运输部门不断加大节能减排的实施力度，从政策激励、专项行动、低碳体系及试点建设、示范项目、技术创新及应用等方面采取了积极措施，在技术、管理、结构节能方面均取得了一定成效，但近年来，我国交通运输能耗降幅收窄，节能减排潜力需进一步挖掘。

交通领域的电气化潜力巨大。我国电动汽车市场规模全球第一、技术创新高度活跃，预计 5 年内电池密度提高一倍/制造成本下降一半、2025 年前电动汽车寿命整体经济性高于传统燃油汽车。从细分方式看，铁路、轨道、公交等公共交通和轻型汽车、小型货运等道路交通已经展现出良好的电气化潜力，但动力电池还面临制造成本高、衰减折耗快、能量密度低等挑战，在补贴快速“退坡”背景下，电动汽车与传统燃油车的竞争压力有所加大；重型货运用电技术还很不成熟，短期内尚难见到电气化的可能。

2）建筑领域

当前，建筑领域用电技术非常成熟，存在 100%电气化的可能性。展望未来，电气化发展的主要趋势是迈向智能化，既包括通过先进控制技术、信息技术实现智慧建筑，也包括通过行为模拟与数据挖掘实现能源服务的自动化。此外，电能作为高品位的“二次能源”，直接用于空间加热的成本很高，若不考虑政策补贴、环境效益等外部性因素，电能尚不具备与廉价煤炭竞争的优势，居民冬季“电采暖”还需要政府财政补贴或廉价新能源电力支持。

本书通过调查问卷方式对城镇居民生活方式与节能状况进行了调查。样本分布如图 2-22 所示，共发放调查问卷 6290 份，收到有效调查问卷 5270 份。

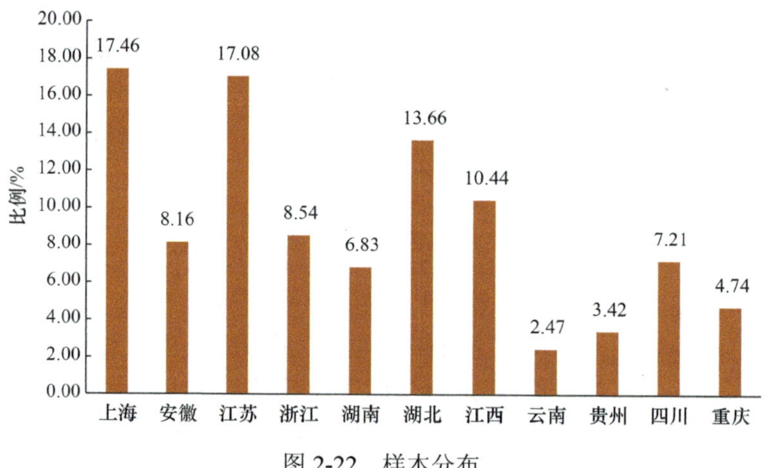

图 2-22　样本分布

长江经济带有 86.34%的居民（4550 人）冬天有采暖需求，且采暖需求集中在 12 月和 1 月（82.73%、82.73%），有 54.46%的居民在 2 月仍有取暖需求。超过 75%的居民采暖以电为主，大多数住宅装有分散采暖设施——冬夏两用的空调热泵，部分住宅有地暖或油汀等电热采暖装置。超过 77%的家庭采取“有人开，无人关”的运行方式，采暖时间主要在傍晚和夜间（19 时至翌日 6 时），81.4%的居民每日采暖时长低于 8h，平均每台空调热泵每天开启的时间不超过 10h，88%的住宅室温保持在 15～22℃。大多数居民在空调使用的过程中主要考虑舒适和费用，半数居民会考虑节能等因素，不同用户之间使用习惯存在相似性也存在差异性。费用方面，超过 82%的居民电费不超过 1000 元/月，其中采暖平均费用 283 元/月，每平方米每月平均采暖费用 2.62 元。

结合气候特点可知，在长江经济带，冬季室内外温差要比北方小得多，使用空调热泵就能达到室内增温效果。室内外温差越小，空调热泵就越省电。因此，空调热泵这种分散的采暖方式最适合在长江经济带使用。进一步结合长江流域10个月的采暖空窗期，认为集中供热将是一种巨大的资源浪费。经统计，长江流域有供热需求的住宅达70亿m^2，每平方米集中供热消耗9kg标煤，南方集中供热增加采暖能耗至少4500万t标煤；按照2016年全国综合碳排放因子2.18kg CO_2/kg标煤，将排放9810 万t CO_2，将带来极其严重的大气环境污染。因此，在南方集中供热并不可行。寻找低能耗采暖方式，才是解决长江经济带居民采暖的必由之路。

（二）基于情景分析的未来关键问题分析

在长江经济带设定煤炭增量控制目标，需要确保煤炭消费量不超过生态红线，并通过能源结构调整实现二氧化碳强度减排目标的实现。在设定煤炭消费总量目标时，应充分考虑地区能源消费特点，明确政策目标，并进行充分的费用效益分析，对设置约束目标的成本进行量化分析；在设定地区碳排放约束目标时应充分考虑各地区经济发展情况，在“自上而下”制定碳排放约束目标的同时，需要“自下而上”对各地区经济、人口、产业结构、排放总量和减排成本等进行预测，科学合理分配地区碳排放约束目标，从而在碳排放和空气质量约束下满足不断增长的电力需求。

1. 污染物减排分析

碳减排政策限制高碳排行业的发展，并对化石燃料进行替代等，这也可以减少化石燃料燃烧的污染物排放和高污染行业的过程排放，因此具有污染物减排的协同效益。总量严控政策通过严控高排放行业产能或煤炭消费总量，可以实现CO_2和污染物的协同削减。末端控制政策更进一步，通过更为严格的污染物末端控制技术，使污染物排放量继续大幅削减。总的来说，多个政策协同可以实现长江经济带大气污染物排放量的大幅下降。

1）SO_2减排

如图2-23和图2-24所示，在基准情景下，对于占整个长江经济带SO_2排放总量很大一部分的上游地区，其民用部门排放持续增加；但是在低碳情景下，随着民用部门电气化程度的提高，民用燃煤消费减少，民用部门的SO_2排放也相应得到削减，但依然是不可忽视的排放源。

在长三角地区，工业锅炉以及发电供热部门是其基年SO_2排放的主要部门；在基准情景和低碳情景下，随着电力的清洁化，电力部门的SO_2排放显著减少，工业锅炉同样成为其SO_2排放的主要部门。相比其他情景，双约束情景对各个城市群的SO_2排放总量均有显著的削减效果。

目前，我国燃煤电厂超低排放技术比较成熟，而工业锅炉实施的标准是《锅炉大气污染物排放标准》（GB 13271—2014），要求相对宽松，在未来有较大的减排空间。因此，更为严格的末端控制政策，如推广炉内脱硫技术、湿式电除尘和布袋除尘等，能够在燃煤工业锅炉的 SO_2 减排方面取得较好的效果。而对武汉城市圈、中游其他城市以及上

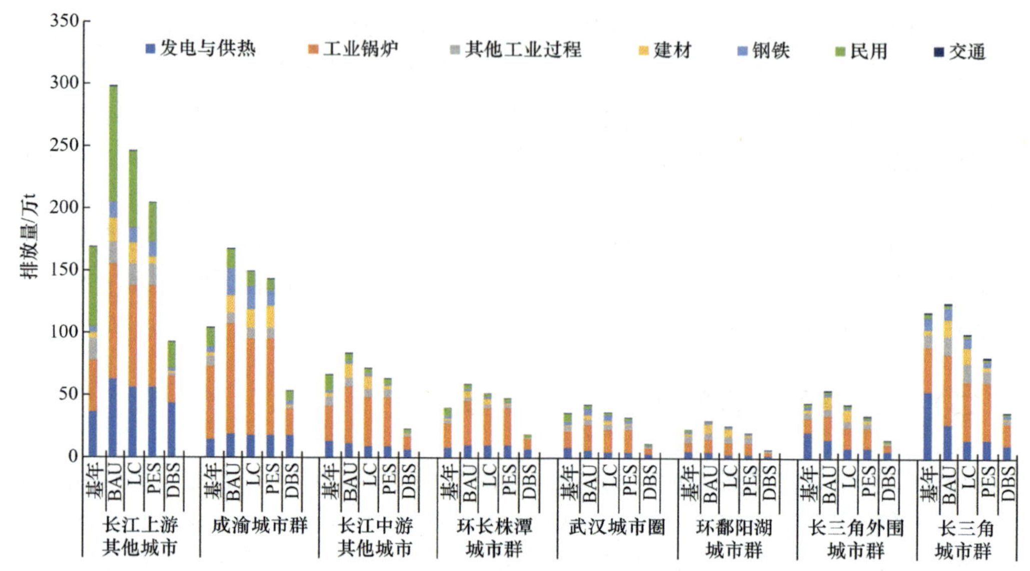

图 2-23　不同情景下各城市群 SO_2 排放的部门组成

BAU，基准情景；LC，低碳情景；PES，总量严控情景；DBS，双约束情景。余同

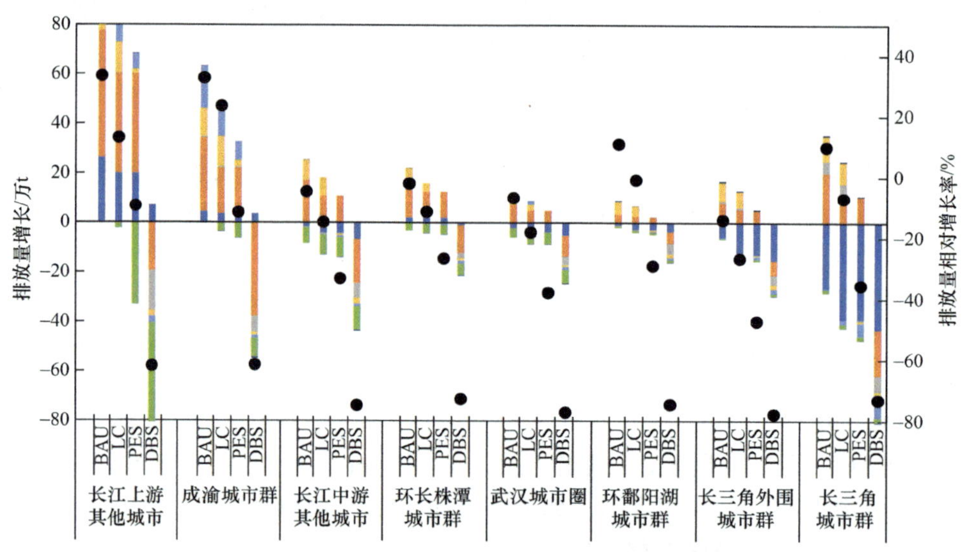

图 2-24　不同情景下各城市群各部门 SO_2 排放相比基年的变化

游地区而言，由于目前燃煤电厂超低排放技术在该地区的渗透率不高，进一步提高末端控制措施，推广超低排放技术也对其电力部门的 SO_2 减排有一定效果。

2）NO_x 减排

如图 2-25 和图 2-26 所示，随着下游地区发电结构的变化，作为基年 NO_x 排放量最高的城市群——长三角城市群，其电力 NO_x 排放将会得到大幅削减。交通、建材、工业锅炉和其他工业过程将成为其 NO_x 排放的主要部门。其他城市群的 NO_x 排放部门与长三角城市群也有类似的特征。但是值得注意的是，在基准、低碳和总量严控情景下，长江中上游的 NO_x 排放增长幅度均大于下游地区，将成为长江经济带 NO_x 排放的主要来源。

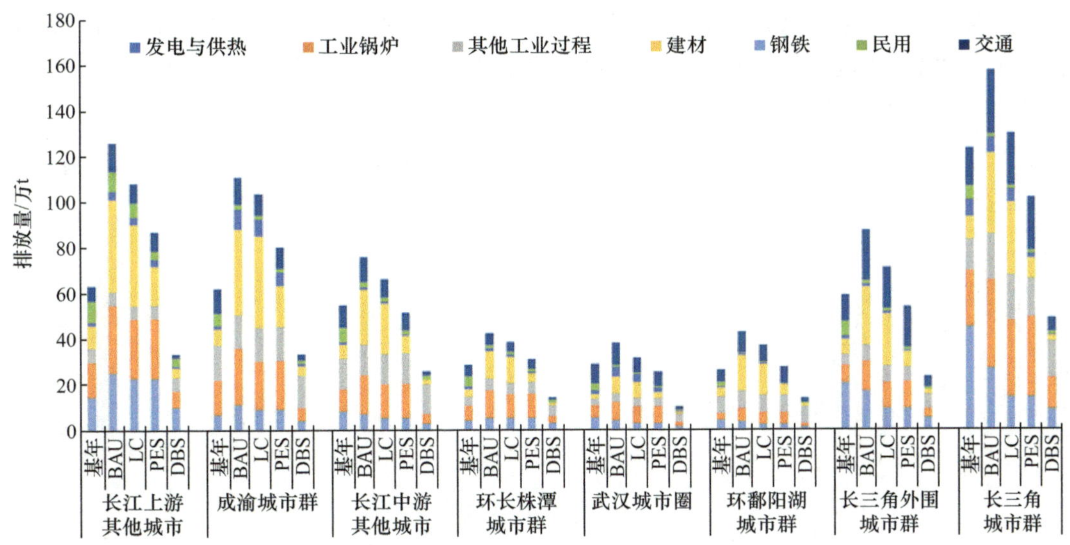

图 2-25　不同情景下各城市群各部门 NO_x 排放相比基年的变化

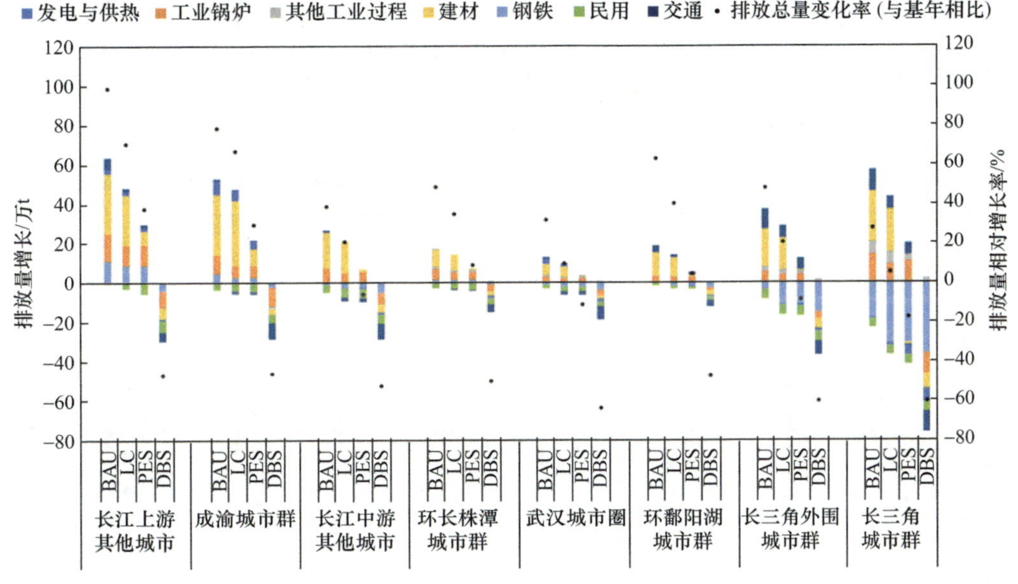

图 2-26　不同情景下各城市群各部门 NO_x 排放相比基年的增长变化

与 SO_2 相比，对 NO_x 而言，仅依靠现行碳减排政策较难实现 NO_x 的协同减排，控制重点地区的水泥、石化行业产能，交通、工业锅炉和建材更为严格的末端控制措施在 NO_x 排放的控制和削减方面具有不可或缺的作用。

3）一次 $PM_{2.5}$ 减排

随着城市化率的提高和居民生活电气化程度的提高，来自开放燃烧和民用燃煤的一次 $PM_{2.5}$ 排放得到削减。因此，未来，工业部门都将成为各个城市群一次 $PM_{2.5}$ 的主要排放源。值得注意的是，随着中上游地区工业的发展，在各个情景下，上游地区和中游地区的一次 $PM_{2.5}$ 排放总量都将超过下游地区。

如图 2-27 和图 2-28 所示，基准情景下，目前空气质量较差的长三角地区和成渝城市群一次 $PM_{2.5}$ 排放依然增长 15%和 32%，基准情景政策对实现这两个地区空气质量达标的目标还远远不够。

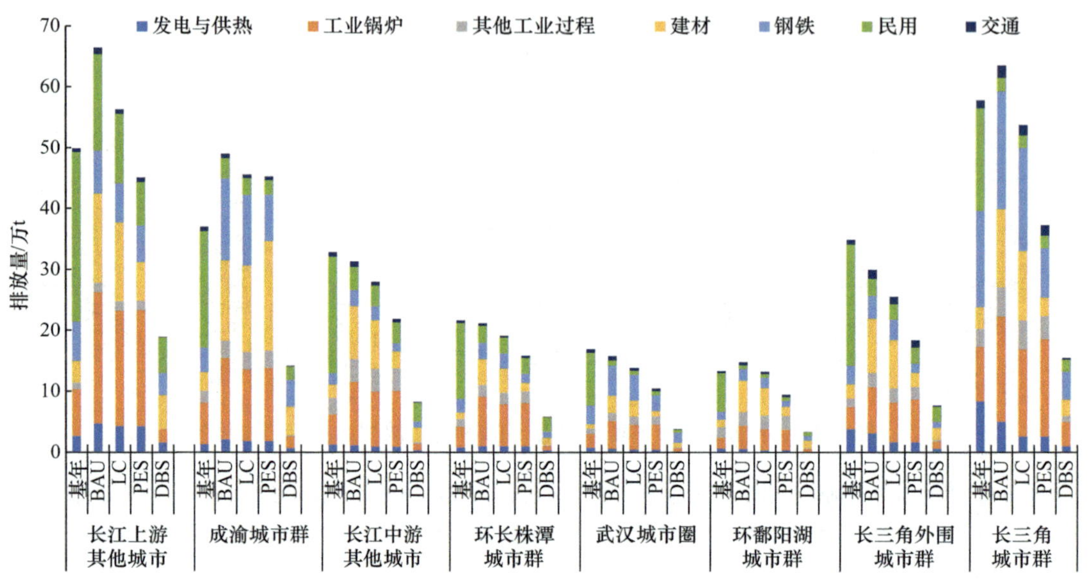

图 2-27　不同情景下各城市群一次 $PM_{2.5}$ 排放的部门组成

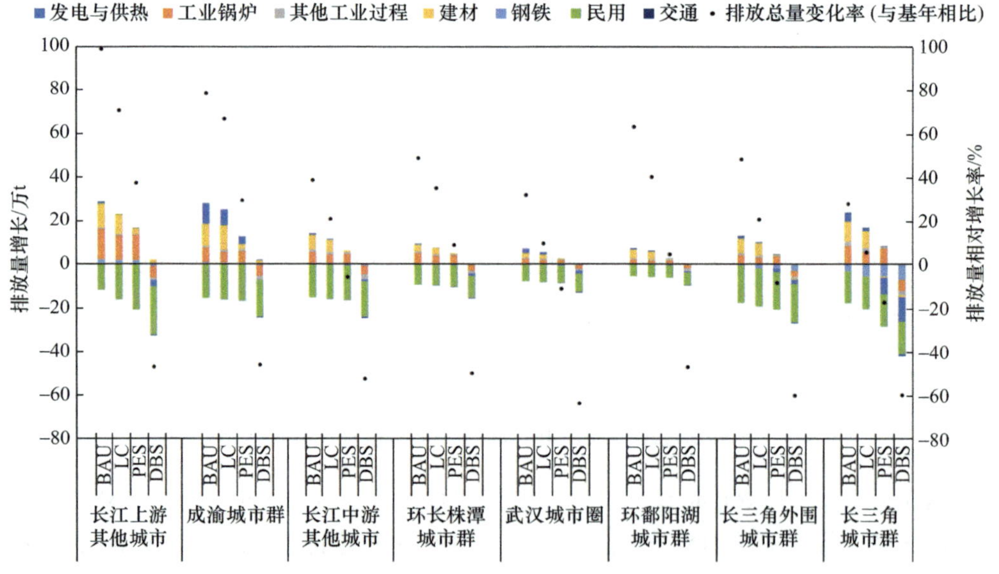

图 2-28　不同情景下各城市群各部门一次 $PM_{2.5}$ 排放相比基年的变化

更为严格的低碳政策在除成渝城市群以外的地区可以实现一次 $PM_{2.5}$ 相比基年的削减。低碳政策促进高碳排产业从下游向上游转移，进而引起上游建材需求的增加；因此，作为上游地区建材主要产地的成渝城市群在低碳情景下的建材行业污染物排放可能高于基准情景。考虑到成渝城市群目前的空气质量状况不佳，依然存在超标现象，这一现象值得引起警惕。同时，这一现象也说明了对重点城市、城市群实行产能控制政策的必要性。

在总量严控情景下，所有城市群都实现了一次 $PM_{2.5}$ 排放相比基年的削减。对上游的成渝城市群和上游其他城市，这主要是由于当地建材部门的排放增长受到了控制。中游地区在这一情景下也实现了一次 $PM_{2.5}$ 排放相比基年削减 28%～39%。下游地区的排放量削减更大，可以实现相比基年削减 57%以上。双约束情景下，各城市群的一次 $PM_{2.5}$ 排放进一步得到削减。特别地，对建材、工业锅炉和交通部门的一次 $PM_{2.5}$ 排放，末端控制政策是其实现相比基年削减的主要政策。

4）挥发性有机物减排

在基准情景下，长三角地区作为我国的石油化工基地，其炼油、石化、化工等工业过程的挥发性有机物（VOC）排放量较大，导致其 VOC 排放总量较大。基准情景和低碳情景下，长三角地区的石油化工工业过程依然排放大量 VOC；但是在对炼化产业进行控制之后的总量严控情景下，长三角地区的工业过程 VOC 排放得到了控制，相比基年削减 40%。除工业过程排放以外，交通和开放燃烧也对该地区的 VOC 排放有一定贡献。成渝城市群 VOC 排放总量随着民用燃烧排放的削减也有一定程度的削减。

如图 2-29 和图 2-30 所示，长三角地区与长江经济带的其他城市群具有不同的特点。在基准情景和低碳情景下，由于工业过程排放和交通部门排放的显著增长，长三角和长三角外围城市群的能源相关 VOC 相比基年分别增长 27%和 17%；但是，在其他地区，居民生活用能电气化程度的提高使其民用燃煤 VOC 排放大幅削减，其能源相关 VOC 排放总量相比基年有一定程度的下降。

在总量严控情景下，长三角地区化工行业产能的控制政策使其能源相关 VOC 排放实现了相比基年的削减。此外，双约束情景下，在各个地区，机动车排放标准的提高都对交通部门的 VOC 排放有进一步的削减作用，使得各个地区的能源相关 VOC 排放总量进一步下降。

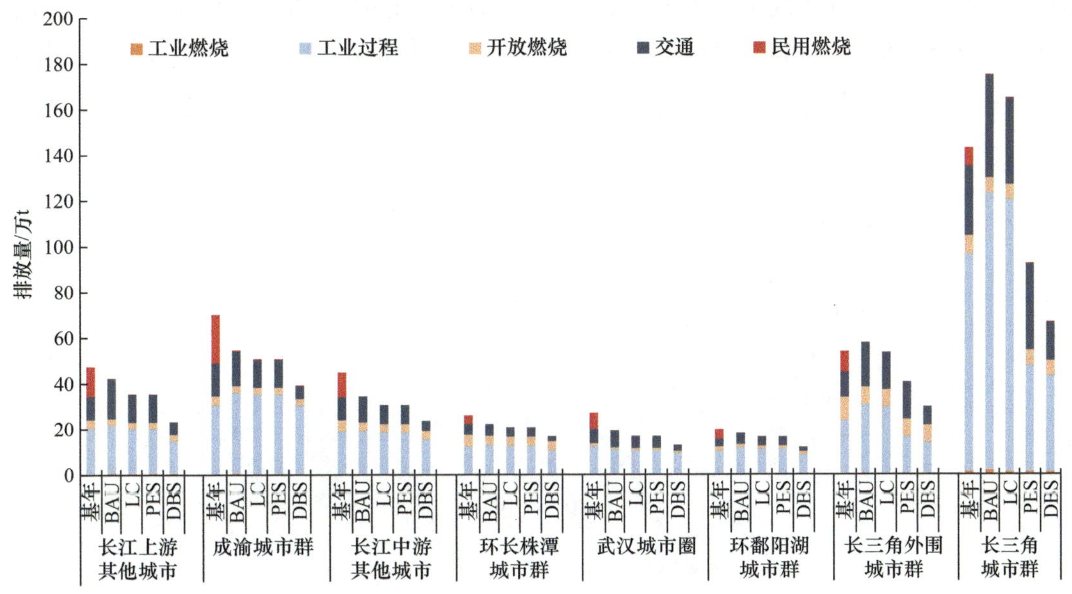

图 2-29 不同情景下各城市群能源相关挥发性有机物排放的部门组成

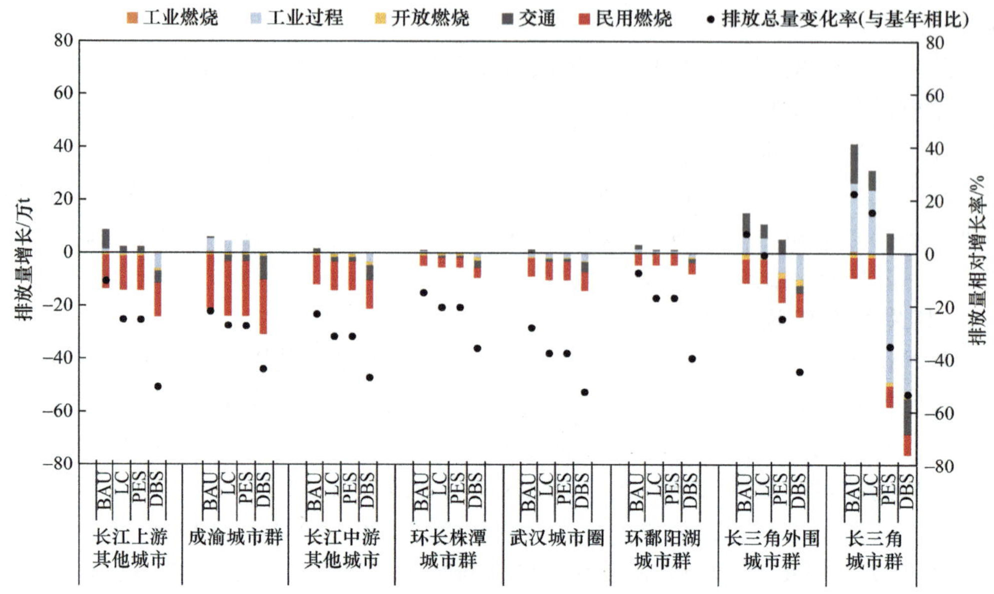

图 2-30　不同情景下各城市群能源相关挥发性有机物排放相比基年的变化

2. 各城市群碳排放及提前达峰分析

采用“自下而上”和“自上而下”相结合的方法，建立了长江经济带 130 个地级市和省直辖县级市的能源数据库，并据此计算了长江经济带城市级别的能源相关的 CO_2 排放清单。将长江经济带主要城市聚合为五大核心城市群（长三角城市群、武汉城市圈、环长株潭城市群、环鄱阳湖城市群、成渝城市群）与其他三个地区进行分析。

对于城市的碳排放核算，一般采用的两种口径：城市行政区范围内发生的直接二氧化碳排放，以及城市行政区内的能源消费引致的碳排放量。对于后者，可以用直接碳排放量与调入电力的碳排放量之和近似估算。采用两种方法计算的长江经济带各城市和各城市群 2015 年的二氧化碳排放量如图 2-31 所示。无论采用哪种方法，长三角城市群均

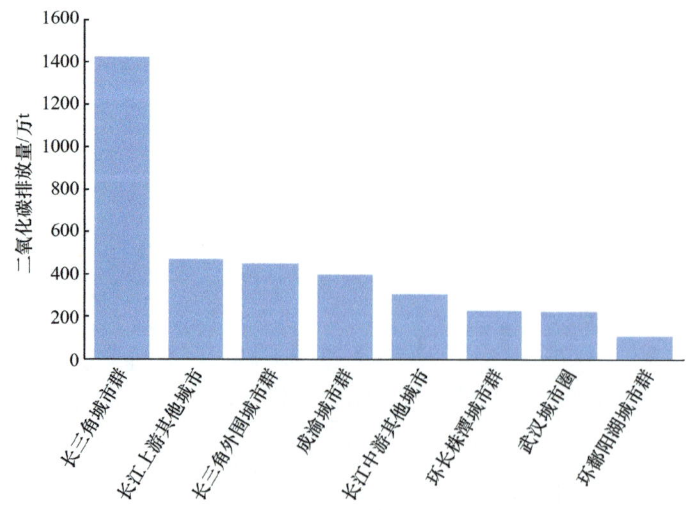

图 2-31　长江经济带各城市群直接二氧化碳排放量

因其发达的经济、密集的人口和城市排放了超过 1400 万 t 二氧化碳，占长江经济带总体碳排放的 40%～50%。

将城市调入电力引致的二氧化碳排放也计算在城市二氧化碳排放中（图 2-32），并对城市的调出电力做相应的调整，长江经济带各城市二氧化碳排放强度和其经济发展水平如图 2-33 所示。昆明、贵阳等省会城市均向第二象限移动，而淮南、六盘水、毕节等能源基地城市则向第三象限方向移动，第四象限的城市数量减少。这是因为省会城市一般依赖于调入电力，因此，将调入电力纳入计算之后会增加这些城市的碳排放量；相应的，能源供应城市的碳排放量则会减少。综合来看，第二种口径统计的城市碳排放更

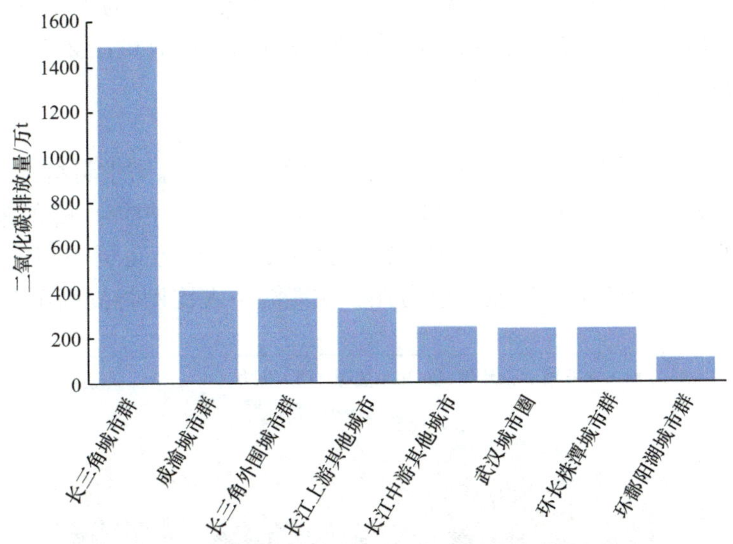

图 2-32　长江经济带各城市群直接二氧化碳排放量与调入电力二氧化碳排放量之和

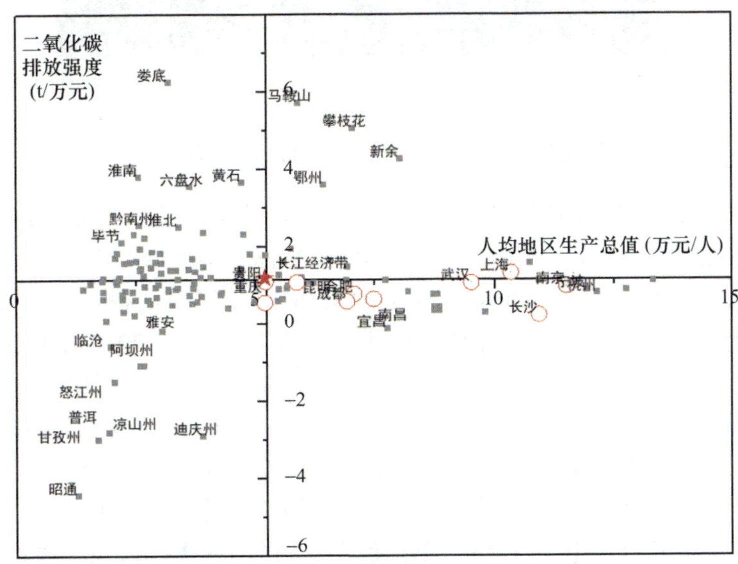

图 2-33　长江经济带各城市二氧化碳排放强度*与人均地区生产总值

*直接二氧化碳排放与调入电力二氧化碳排放之和

能反映一个城市的低碳发展情况，激励经济发达地区进行碳减排。因此，后文里各个城市的碳排放量均为该城市的直接二氧化碳排放与调入电力二氧化碳排放之和。

对未来经济和能源系统的模拟基于张达构建的中国分区能源经济模型 C-REM。该模型以五年为一个步长，计算 2015～2035 年全国各省份在给定碳减排强度下成本最小化的能源系统和经济系统。通过将该模型输出的分省份、分部门、分品种能源消费结果，按各市各部门各品种的能源消费占比进行“自上而下”的分配，得到各产业在各省份内部的布局不发生变化的假设下，各市 2035 年各部门的分品种能源消费量。

本书设计了两种碳排放达峰情景：政策情景与强化碳减排情景。政策情景下，长江经济带总碳排放量在 2030 年左右达峰，每年平均碳强度下降率为 4%，符合中国在《巴黎协定》下的承诺。强化碳减排情景下，长江经济带总碳排放量在 2020～2025 年达峰，长三角城市群碳排放量在 2020 年提前达峰。

1）政策情景

如图 2-34 所示，政策情景下，长江经济带总的一次能源需求将持续上升，在 2035 年达到 225 000 万 t 标煤。煤炭消费总量将在 2030 年前得到控制，峰值为 120 000 万 t 标煤左右。石油和天然气在一次能源中占比例将在 2035 年提高至 40%；使用电热当量法计算，包括水电在内的可再生能源电力在一次能源中占比例将提高至 7.8%。

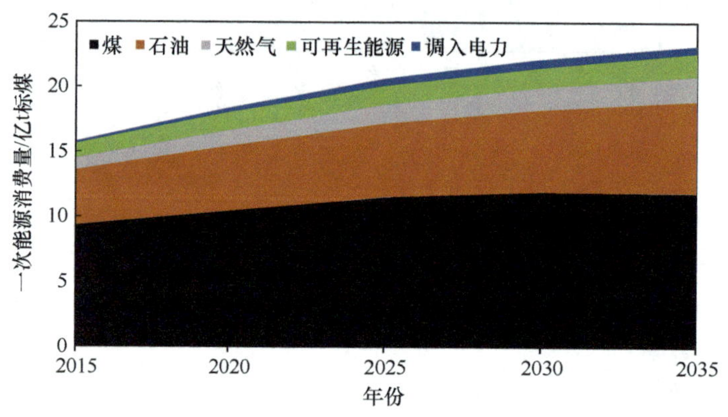

图 2-34　政策情景下长江经济带一次能源消费

各城市群的一次能源需求发展如图 2-35 所示。其中，长三角城市群以及长三角外围一带城市的石油和天然气需求增长较大，相比 2015 年，2035 年煤炭消费总量基本保持不变。而长江中游的三个城市群和上游的城市 2035 年煤炭消费量高于 2015 年。特别是长江上游其他城市和长江中游其他城市，其煤炭消费总量在 2035 年相比 2015 年有较大的增加。

各城市群分部门二氧化碳排放量如图 2-36 所示。由于电力结构的优化，长三角城市群的发电和供热部门直接碳排放将逐年减少，工业和交通排放依然持续上升。调入电力引致的间接碳排放在 2035 年达到 121 万 t，占长三角城市群总碳排放的 6%左右，不可忽视。对于其他城市群，同样地，电力结构的优化使得这一部门的碳排放量不再增加，或呈现下降趋势；而工业部门的碳排放则成为碳排放增长的主要驱动力。对于长江上游较为落后的云南、贵州和成渝城市群，民用部门的散煤、生物质燃烧导致的碳排放也不容忽视。

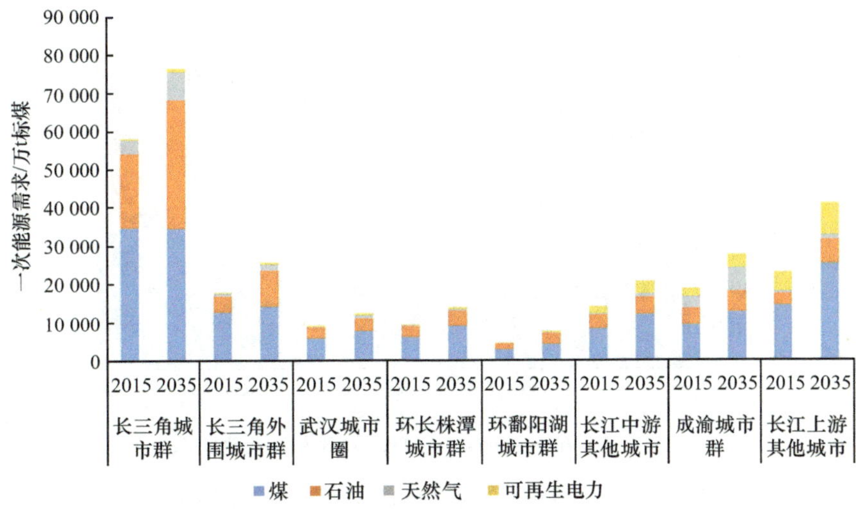

图 2-35　政策情景下长江经济带各城市群一次能源消费

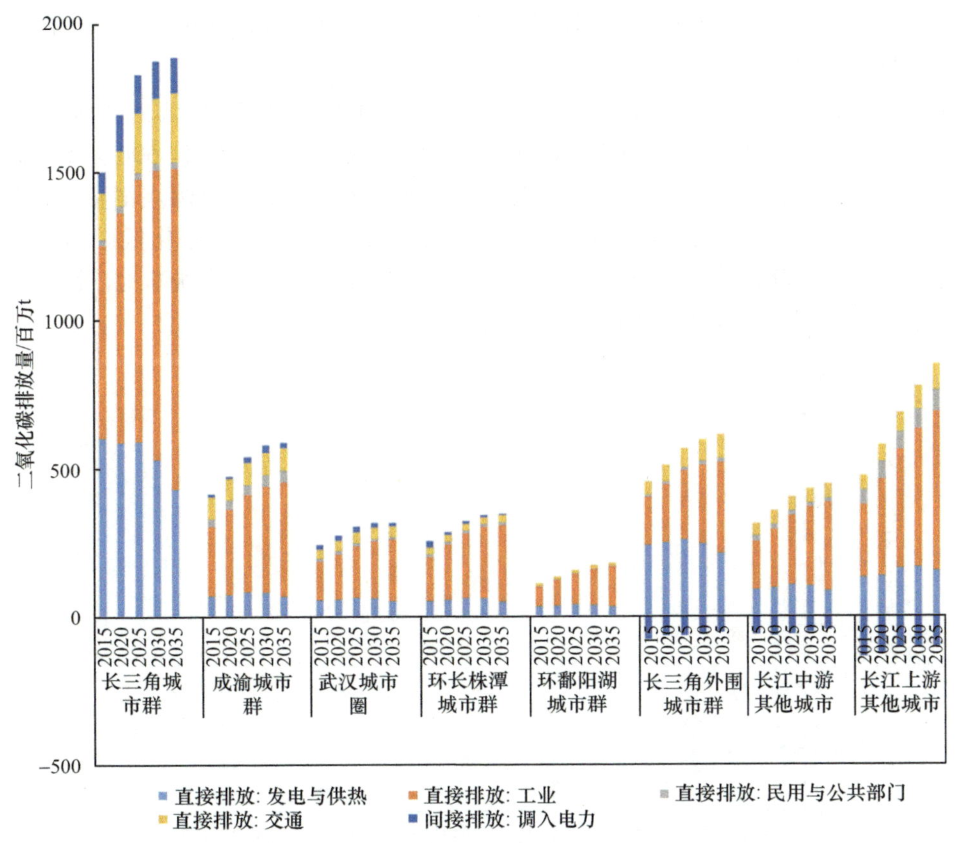

图 2-36　政策情景下长江经济带各城市群能源消费二氧化碳排放

2）强化碳减排情景

强化碳减排情景下，长江经济带整体在未来的一次能源结构如图 2-37 所示。长江经济带总的一次能源需求在 2025 年达到 16 800 万 t 标煤之后不再上升。煤炭消费总量

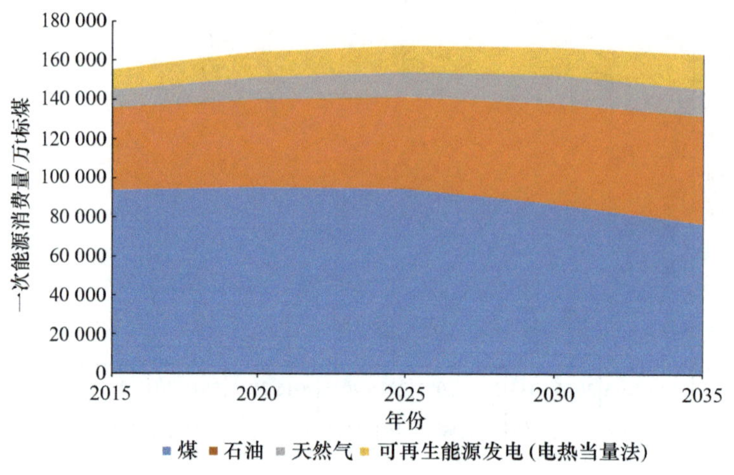

图 2-37 强化碳减排情景下长江经济带一次能源消费

将在 2020～2025 年得到控制，峰值约为 9600 万 t 标煤。石油和天然气在一次能源中占比例将在 2035 年提高至 42%；使用电热当量法计算，包括水电在内的可再生能源电力在一次能源中占比例将提高至 11%。

各城市群的一次能源需求发展如图 2-38 所示。同 2015 年相比，长三角城市群的一次能源消费总量将在 2035 年减少约 3000 万 t 标煤，煤炭消费减少 14 600 万 t 标煤，实现大幅减少。除环长株潭城市群和长江上游其他城市外，各城市群煤炭消费不再增长。环长株潭城市群和长江上游其他城市煤炭消费增长的原因主要是强化低碳情景下长江上游的钢铁等高煤耗行业向中下游转移，所以在攀枝花、娄底等钢铁基地，钢产量大幅提高，导致其煤炭消费量比 2015 年有所增加。

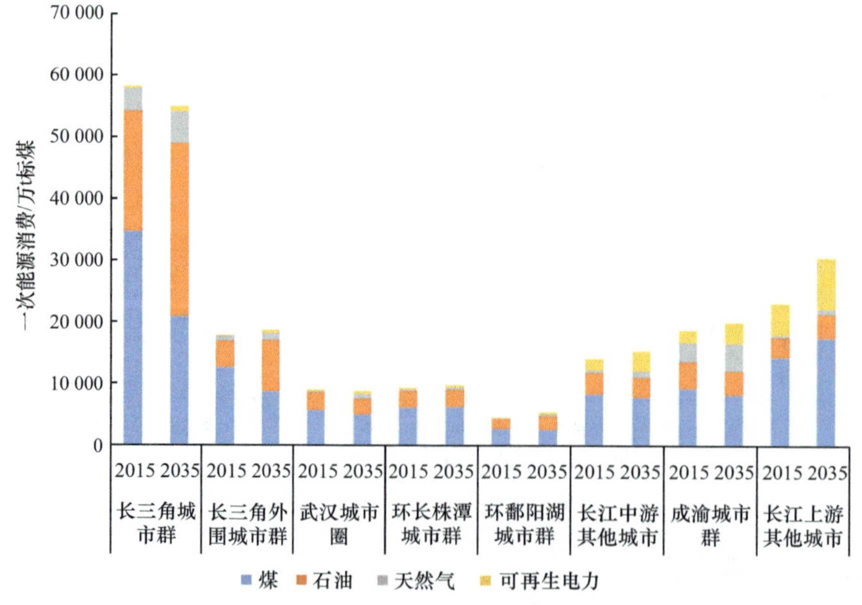

图 2-38 强化碳减排情景下长江经济带各城市群一次能源消费

各城市群分部门二氧化碳排放量如图 2-39 所示。由于电力结构的优化，各个城市群的发电和供热部门直接碳排放将逐年减少，在政策情景下增长迅速的工业部门碳排放，在本情景下的增长得到一定控制。在强化碳减排情景下，2035 年，长江经济带整体的二氧化碳排放量为 3284 万 t，相比政策情景减少 1589 万 t。

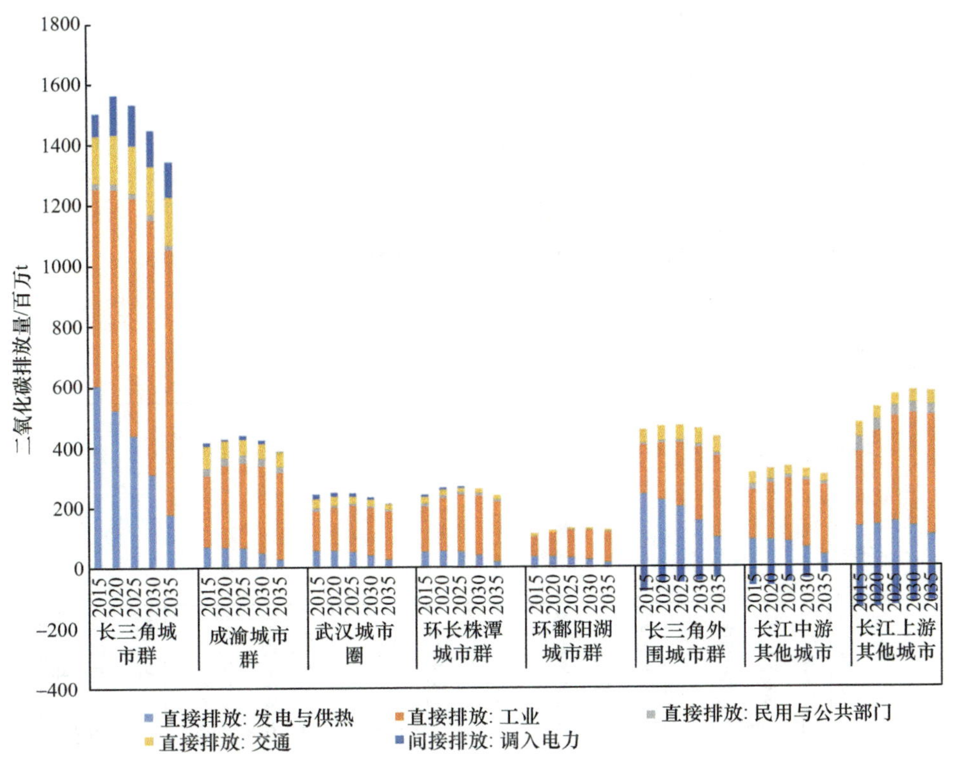

图 2-39 强化碳减排情景下长江经济带各城市群能源消费二氧化碳排放

碳减排政策对煤炭消费总量的控制，可以同时减少 SO_2、NO_x 和颗粒物的排放，从而实现减少污染物排放、改善区域空气质量和提升公众健康水平的协同效益。为区别污染物末端控制带来的污染物减排，引入末端控制情景。末端控制情境下，在强化碳减排政策的基础上，长江经济带各城市各部门的污染物排放末端控制水平相比基年将得到大幅提高，进而使得污染物排放总量进一步增加。

如图 2-40 所示，2015 年，五大城市群 SO_2 排放占长江经济带整体的 50%；在政策情景下，除五大城市群以外的贵州、云南等省工业城市 SO_2 排放的增长将主要驱动长江经济带整体 SO_2 排放的增长。在强化低碳情景和末端控制情景下，各地的 SO_2 排放将等比例下降。

如图 2-41 所示，在碳减排情景下，各大城市群中 SO_2 削减的协同效益主要体现在发电与供热部门和民用化石燃烧部门。长江中上游城市群的民用化石燃烧部门 SO_2 减排潜力较大。各城市群的工业燃烧（INCB）、非金属和金属部门的 SO_2 排放则在各个碳减排情景下都有所升高。在强化碳减排政策的基础上提高末端控制水平，则可以有效控制工业燃烧的 SO_2 排放量，在主要城市群实现 SO_2 排放的大幅度减排。

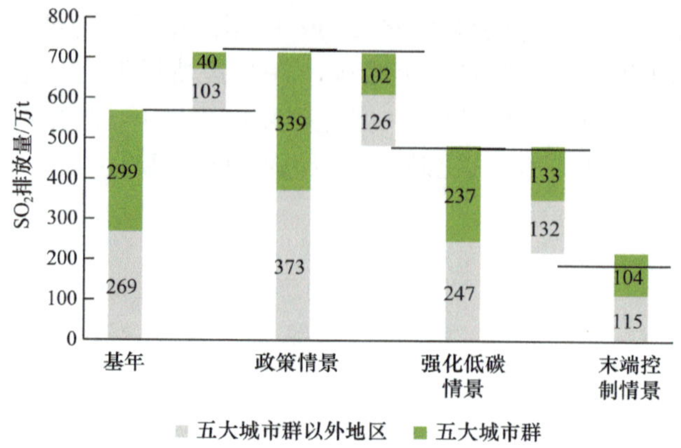

图 2-40　基年与不同情景下 SO_2 排放量

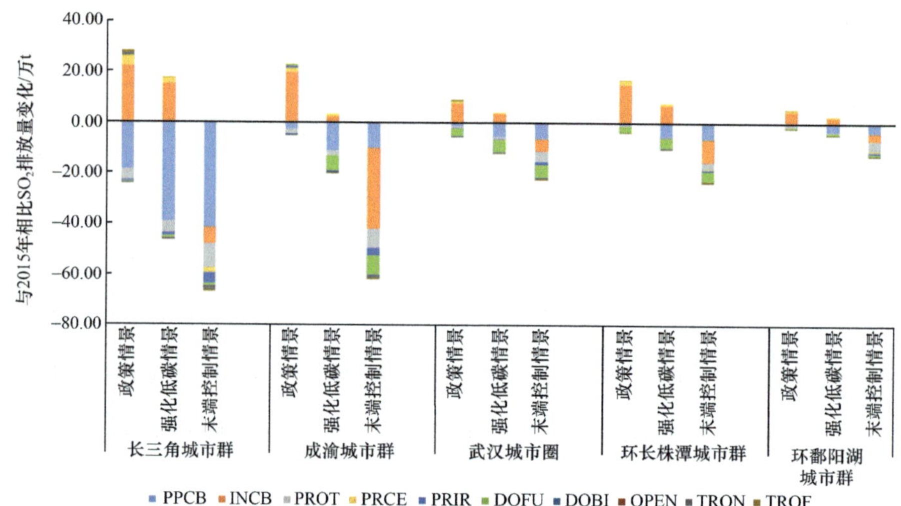

图 2-41　不同情景下 SO_2 减排量

PPCB，发电与供热；INCB，工业燃烧；PROT，其他工业过程；PRCE，水泥生产；PRIR，钢铁生产；DOFU，民用化石燃料燃烧；DOBI，民用生物质燃烧；OPEN，开放燃烧；TRON，道路交通；TROF，非道路交通。后同

如图 2-42 和图 2-43 所示，在 NO_x 的排放上，强化碳减排政策和末端控制在五大城市群所起的作用更为明显，可以在五大城市群地区分别实现 111 万 t 和 175 万 t 的减排量。对碳减排在各部门所起到的协同效益进行比较，发现针对碳减排的政策在交通部门方面可实现的 NO_x 减排协同效益有限，因此在交通部门控制氮氧化物需要末端控制水平的相应提高。

3. 双约束情景下空气质量达标分析

利用 WRF/CMAQ 空气质量模拟系统对大气污染物排放量最低的双约束情景下长江经济带的空气质量进行模拟。$PM_{2.5}$ 和臭氧均为区域性污染物，其浓度能够反映区域大气环境质量的综合状况。因此，选取 $PM_{2.5}$ 浓度和臭氧浓度作为地区空气质量的指示性指标进行模型模拟与分析。

双约束情景下（图 2-44）长江经济带各城市的污染物排放已经得到了较大程度地削减，但 1 月，依然在上游、中游、下游地区的核心城市群存在 $PM_{2.5}$ 浓度超标的现象（图 2-45）。

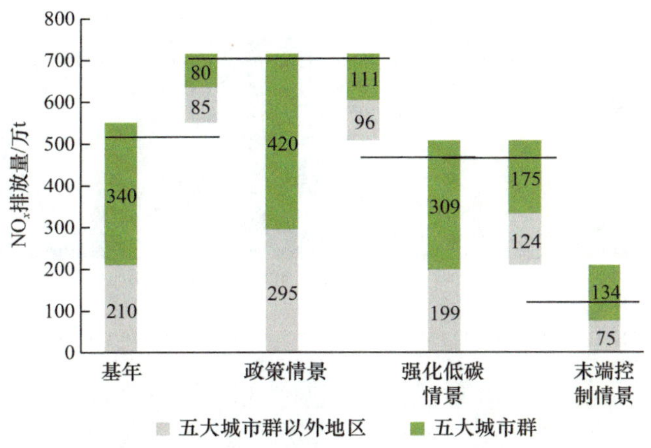

图 2-42　基年与不同情景下 NO_x 排放量

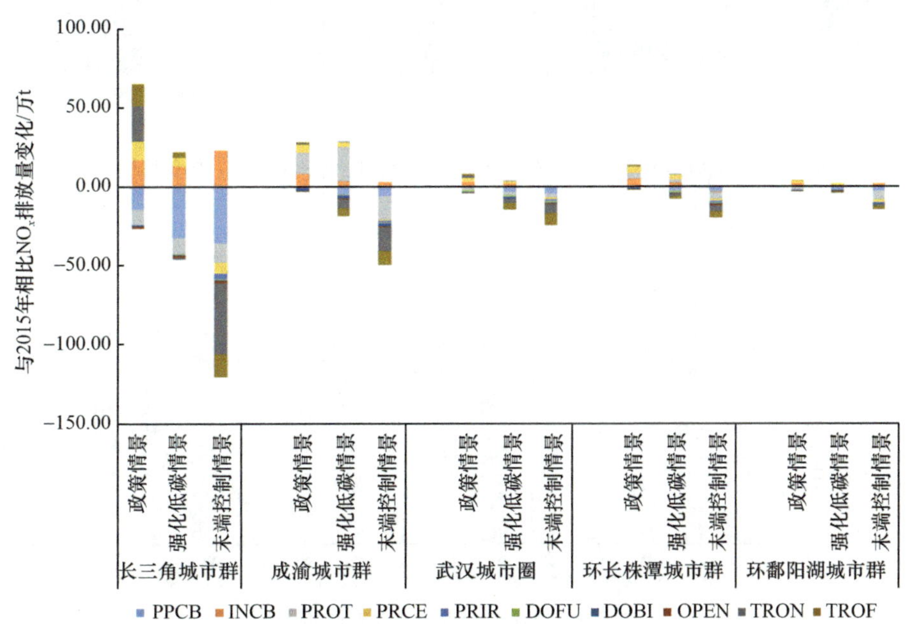

图 2-43　不同情景下 NO_x 减排量

一方面，这一现象与削减后依然较高的本地排放有关。长江下游地区工业城市分布集中，人口密度较大，单位面积污染物排放量较大，因此整个长江下游地区 1 月 $PM_{2.5}$ 浓度较高，在核心城市出现了超标现象。在下游地区，需要在城市群联防联控的宏观思路下对整个下游地区的经济结构和产业布局进行调整，将重污染企业搬出下游；而在中上游地区，则重点控制其中心城市的工业产能，合理调整区域工业的空间布局，适当将中心城区的高排放企业搬迁至周围城市，从而实现经济发展和空气质量改善的“双赢”。

另一方面，除其本地污染物排放较高外，1 月部分地区 $PM_{2.5}$ 浓度不达标的现象也与气象和区域传输有关。从气象角度而言，冬季相比于其他季节降水量较少，气温较低，冷空气下沉，气象条件不利于 $PM_{2.5}$ 的去除和扩散。此外，本研究未考虑长江经济带以外地区的污染物排放削减。华北地区污染物的长距离传输对长三角地区的大气质量也有

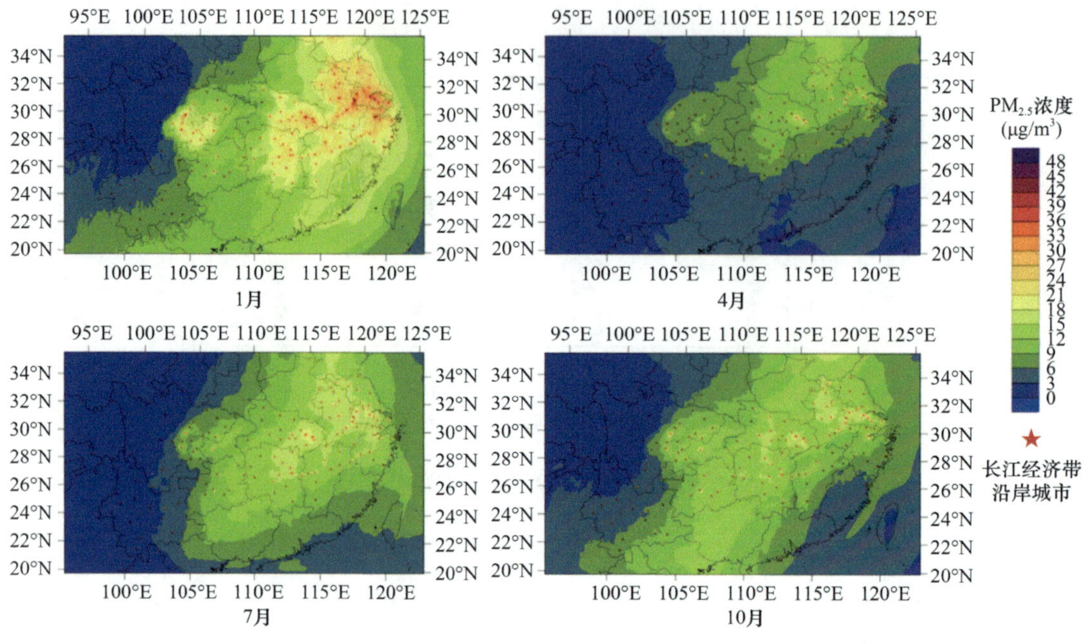

图 2-44 CMAQ 模型模拟双约束情景下长江经济带 $PM_{2.5}$ 浓度月均值

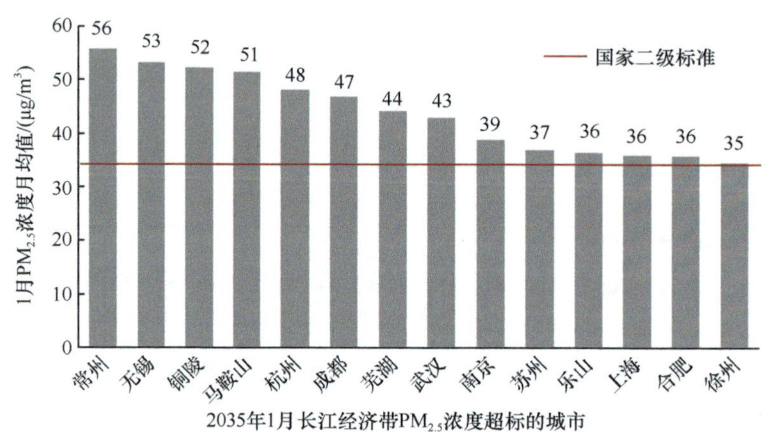

图 2-45 CMAQ 模型模拟双约束情景下 1 月长江经济带 $PM_{2.5}$ 浓度月均值超标的城市

着不可忽视的影响，特别是在秋冬季节，这一影响更为显著（Li *et al.*，2019）。因此，在全国一盘棋的大气污染物减排政策下，可以预期长江经济带秋冬季节的空气质量将相比本研究模拟情景更优。

CMAQ 模型模拟的双约束情景下长江经济带 1 月、4 月、7 月、10 月 4 个月份的臭氧日最大 8 小时滑动平均月第 90 百分位数对应浓度分布如图 2-46 所示。1 月、4 月、10 月，长江经济带全域可以实现臭氧日最大 8 小时滑动平均月第 90 百分位数对应浓度达到 160μg/m^3 的国家二级标准（图 2-47）。

但是，7 月部分地区臭氧浓度超标。在长江下游地区共形成了 3 个臭氧浓度的高值区，3 个区域均有城市臭氧浓度超标。结合臭氧浓度与 $PM_{2.5}$ 浓度的空间分布来看，模型模拟的双约束情景下 7 月（夏季）$PM_{2.5}$ 浓度高于 4 月（春季），7 月局部地区出

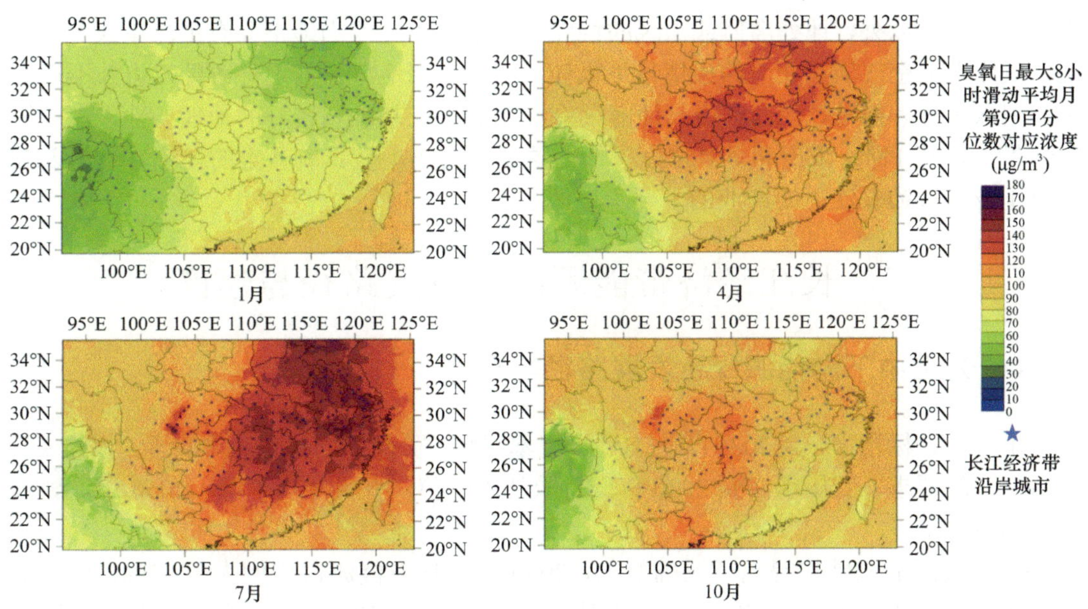

图 2-46 CMAQ 模型模拟双约束情景下长江经济带臭氧浓度日最大 8 小时滑动平均月第 90 百分位数对应浓度

现了高 $PM_{2.5}$ 和高臭氧浓度并存的现象。长江经济带夏季 $PM_{2.5}$ 浓度较高的原因可能与光化学烟雾有关。夏季高强度的紫外辐射加快了光化学反应的进程，NO_x 和 VOC 等臭氧前体物进行光化学反应生成臭氧，增强了大气的氧化性，导致大气中 SO_2、NO_x 和 VOC 等气态前体物被氧化并生成二次颗粒物，在一定程度上增加了大气 $PM_{2.5}$ 的浓度。这一复杂的大气化学机制使得长江经济带在一次 $PM_{2.5}$ 和 SO_2 排放得到大幅削减的情景下，VOC 和 NO_x 排放的影响日益突出，在夏季出现高 $PM_{2.5}$ 和高臭氧浓度并存的现象。

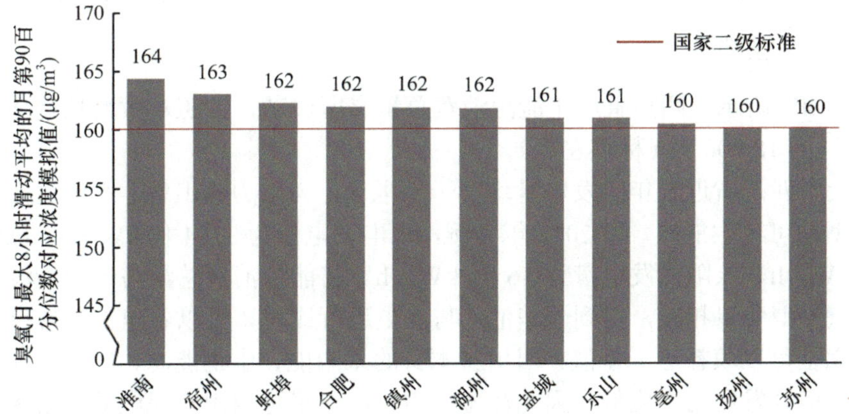

图 2-47 CMAQ 模型模拟双约束情景下长江经济带各城市 7 月臭氧日最大 8 小时滑动平均月第 90 百分位数对应浓度超标的城市

此外，四川西部和云南西部的 $PM_{2.5}$ 浓度和臭氧浓度均较低。除了当地人口稀少，工业活动较少以外，地处高原或山区的特殊地理条件也使得当地不易有重污染天气。因此，虽然当地空气质量在双约束情景下极佳，考虑到当地特殊的地理条件，也并不适宜大量引入工业。但是，江西和贵州地区具有一定的工业基础和较好的地理条件，在双约束情景下，其 $PM_{2.5}$ 浓度和臭氧浓度较低，这意味着该地区具有一定的环境容量引入部分重工业，成为长江下游产业的主要承接地之一。

三、长江经济带能源绿色发展路径与建议

（一）上中下游能源绿色发展路径与建议

十九大目标指出，到 2035 年生态环境根本好转，美丽中国目标基本实现。根据《巴黎协定》的要求，我国承诺到 2030 年碳排放达到峰值，并且逐步下降，2060 年达到碳中和的目标。

这对我国能源结构提出了明确要求，2035 年非化石能源占比例大于 25%，可再生能源占比例大于 20%；2050 年非化石能源占比例大于 50%，可再生能源占比例达到 40%。新增能源由可再生能源满足，进一步由可再生能源替代化石能源的存量，实质性改变能源结构。2050 年后和全球一道逐步完成由化石能源向非化石能源的过渡。我国煤炭占比例至今仍高达近 60%，而油气占比例较低，且对外依存度比较高。同时，我国可再生资源极其丰富，技术可开发的风能资源约为 35 亿 kW，技术可开发的太阳能光伏资源为 22 亿 kW。除此之外，还有非常可观的水电、地热、生物质、海洋能、太阳能的热利用以及固体废弃物的资源化利用，把这些都考虑进去，我国可再生能源的资源量是足够丰富的。可见，逐步发展可再生能源，使其达到高比例是完全可能的。

本部分选取长江经济带上游、中游、下游典型省份，按照削减 1%的煤炭消费总量情景计算出未来能源消费总量，再根据现在的发展模式或各省份给出的目标对绿色能源发展进行预测，找出差值，并结合各省份资源禀赋进一步分析能源绿色发展路径。

1. 上游典型省份

如图 2-48 所示，四川省历年能源消费总量有所波动，按照对数增长趋势，预计到 2035 年将达到 18 000 万 t 标煤左右。

电力上，四川省近 5 年的发电量均大于用电量，为电力输出省。水电占比例明显高于其他类型的可再生能源，以 2017 年为例，水电发电量为 3164 亿 kW • h，风电发电量为 35 万 kW • h，太阳能发电量为 16 万 kW • h。将能源消费总量与一次能源（煤、石油、天然气）消费量相减，得到一差值，与水电进行比较，可以看出按照现有的发展速度，水电完全可以填补这一差值。四川省本身的太阳能、生物能源、风能、地热资源也较为丰富，但开发利用程度低。因此在短期内，水电将是四川省绿电的主要来源，其他类型的绿电也有开发潜力。四川省水能理论蕴藏量为 1.43 亿 kW，其中技术可开发量 1.03 亿 kW，占全国的 27.2%，经济可开发量 7611.2 万 kW，占全国的 31.9%。2015 年水电装机量为 6939 万 kW，到 2020 年装机量达到 8301 万 kW，这一数据已超过经济可开发量，加之四川全面停止小型水电项目开发，水电的增长速度将放缓。因此，未来因

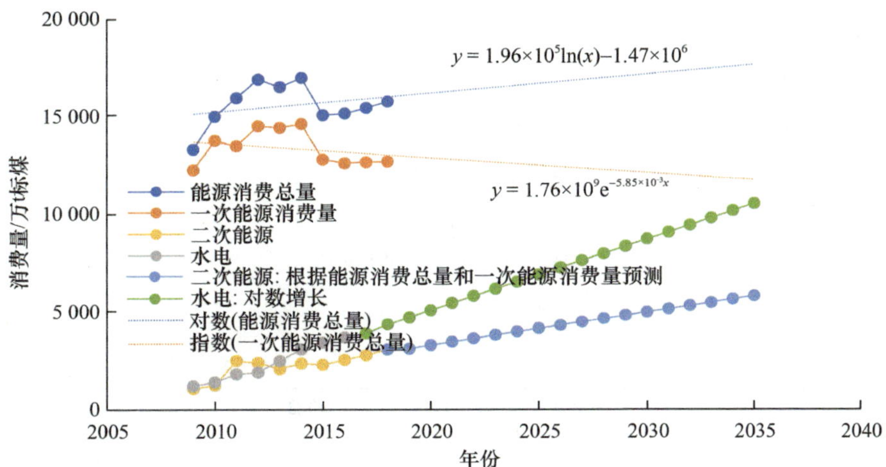

图 2-48　四川省能源消费总量、一次能源消费量、水电历史值及预测值

一次能源占比例减少而带来的能源缺口不能只依赖水电。四川省应该在发挥水电优势的基础上，逐步尝试其他类型的绿电。

根据 2013～2017 年四川省水电、太阳能、风电装机量数据，对 2030 年的装机量进行预测，如图 2-49 所示。由于水电存在技术可开发容量限制，故以 1.03 亿 kW 作为水电装机量的峰值。由于太阳能发电和生物质能开发率很低，且近 5 年的增长速度在不断加快，故不对两者设置增长上限，按照多项式增长进行预测。可以看出，到 2030 年，太阳能发电和生物质能发电的总和接近水电的一半。

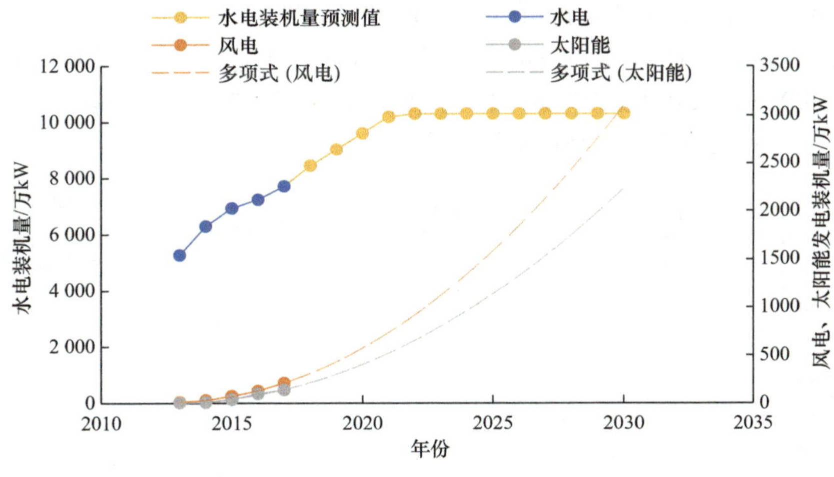

图 2-49　四川省三种绿电装机量预测

2. 中游典型省份

如图 2-50 所示，2015 年，湖南省的煤炭消费在一次能源占比例为 59.92%，按照指数递减和每年削减 1%分别进行预测，得到的结果接近，即在 2030 年，湖南省煤炭消费占比例将下降至 50%左右。

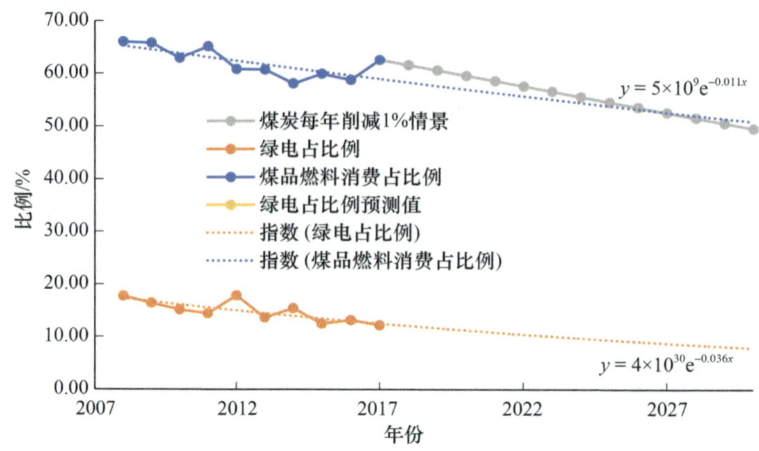

图 2-50　湖南省能源消费总量、一次能源消费量、水电历史值及预测值

2015 年，湖南省的非化石能源在一次能源占比例为 12.4%，到 2020 年达 15.6%。从历年数据来看，湖南的绿电占比例有下降趋势，2018～2020 年年均增长 1%达到 15.2%，与 15.6%的目标才会比较接近。

湖南省的煤品燃料消费、绿电消费占比例均有降低趋势，主要是由于油品和天然气的消费比例有所上升。

能源消费总量上，根据历史数据进行线性预测，如果按照原有的速度继续增长，2030 年湖南省的能源消费总量将超过 20 000 万 t 标煤。与煤炭占比例每年下降 1%的情景结合，可以看出煤品燃料消费量将稳定在 10 300 万 t 标煤左右。与绿电指数递减的情景结合，到 2030 年，绿电的消费量约相当于 1500 万 t 标煤。

再分别预测单个品种的绿电发电量，到 2030 年，水电、风电、太阳能发电量分别达到 800 亿 kW • h、210 亿 kW • h、24 亿 kW • h，折合 1271 万 t 标煤。尽管绿电占比例有下降趋势，但是绿电总量是在稳步上升的（图 2-51）。

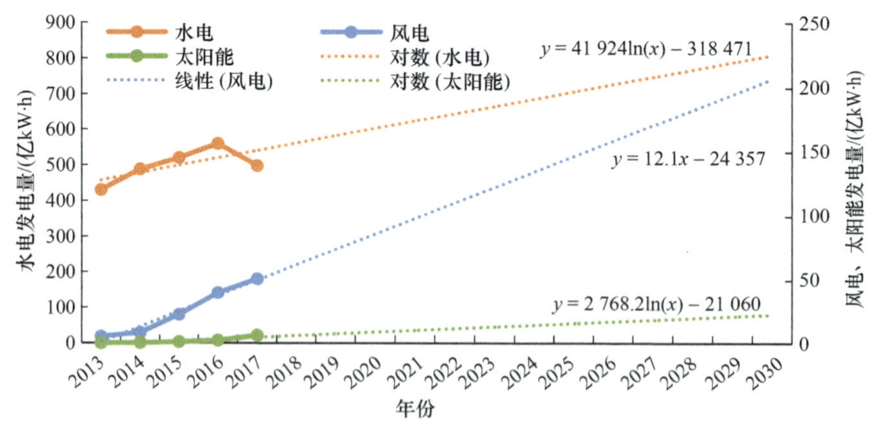

图 2-51　湖南省风电、太阳能、水电发电量历史值及预测

3. 下游典型省份

如图 2-52 所示，2011～2017 年，江苏省能源消费总量稳步上升，按照对数增长形

式对其进行拟合，预计到 2030 年将达到 43 000 万 t 标煤。同时期，江苏省一次能源消费量增长趋势稍有波动，但总体呈现稳步增长趋势，按对数形式拟合，预计到 2030 年将达到 34 000 万 t 标煤。以 2017 年为基准，一次能源消费占比例每年按 1%递减，则 2035 年预计达到 32 000 万 t 标煤。

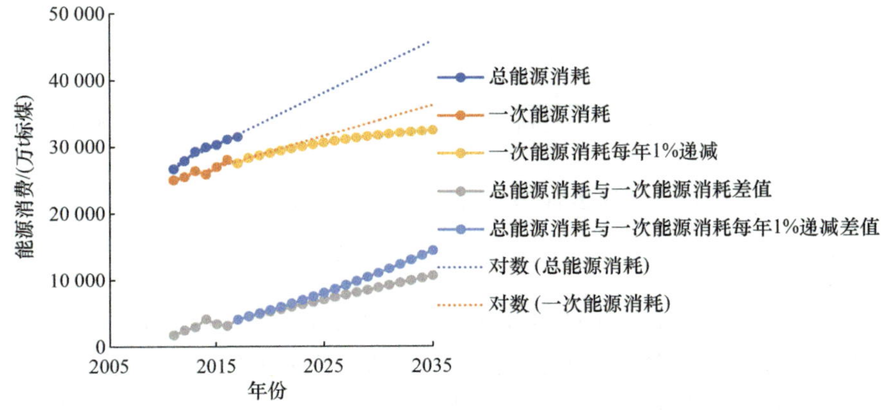

图 2-52　江苏省总能源消费、一次能源消费及预测

按原增长模式进行计算，2030 年对二次能源的需求量将达到 9000 万 t 标煤；按一次能源消费每年递减 1%计算，2030 年该需求量将扩大为 11 000 万 t 标煤，接近于 2017 年江苏省发电量的 2 倍。

根据 2014～2017 年江苏省太阳能、风电、水电、核电以及火电的发电量，分别对 5 种能源的发电量进行预测。保持现有趋势发展，2030 年火电仍为江苏省电力的主导力量，但太阳能发电比例将有大幅提高，其次为水电与核电，风电发展速度较慢（图 2-53、图 2-54）。一次能源消耗量按每年 1%递减情况下，2030 年总发电量与总能源消耗和一次能源消耗间的差值接近，但仍有 500 万～1000 万 t 标煤的缺口，需要外调能源进行补充。

整体而言，江苏省绿电有较大的发展潜力，可着重发展太阳能，其次为水电及核电，但绿电仍不足以补充一次能源削减的缺口，需要火电及外调能源进行补充。

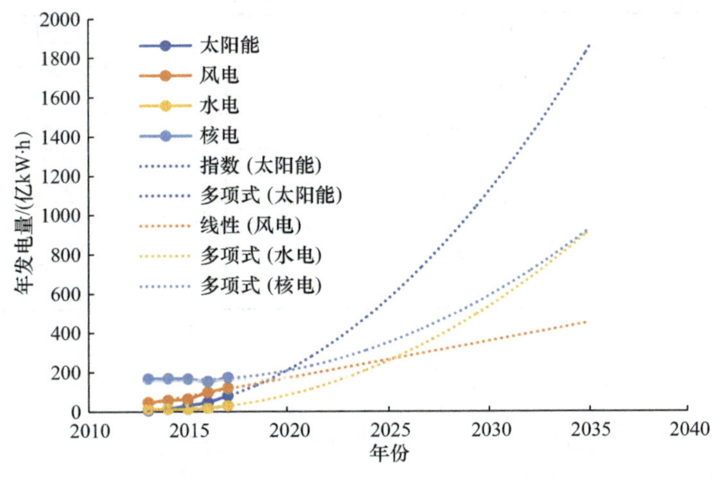

图 2-53　江苏省太阳能、风电、水电、核电发电量预测

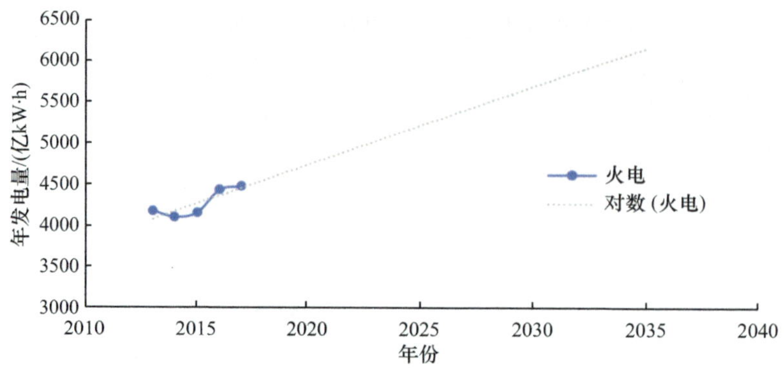

图 2-54　江苏省火电发电量预测

4. 总结

综上所述，可提出如下长江经济带能源绿色发展路径与建议如下。

四川等上游绿电丰富省份应利用资源优势，进一步发展绿电；江苏、上海等下游经济实力雄厚、技术发达省份应进一步利用技术优势和风电、海洋资源丰富优势，广泛采取远方来和身边来相结合，规模化能源和分布式能源相结合的发展模式；湖南等中部省市需提前布局，做好外调能源的提前规划。

此外，中部城市的高消耗也说明当下的发展模式仍有问题，仅靠“腾笼换鸟”式的产业结构调整不足以实现“绿色发展，环境友好”的发展目标，应该注重“腾笼换鸟”式产业结构调整与“凤凰涅槃，浴火重生”式产业结构转型升级相结合，以产业结构转型升级为重点，实现工业产业高质量绿色发展。

（二）碳排放与空气质量双约束下的能源绿色发展战略

根据我国碳减排和污染物减排的主要措施，设定了 4 个情景：基准情景（BAU）、低碳情景（LC）、总量严控情景（PES）和双约束情景（DBS）（表 2-1）。

表 2-1　各情景主要特点

2035 年情景	碳减排相关政策	大气污染物末端控制政策
基准情景（BAU）	碳减排约束维持现状，即与全国 CO_2 排放量 2030 年达峰的 NDC 目标基本保持一致	能源相关的排放末端控制技术应用比例保持基年水平；随着城市化率的提高，开放燃烧排放相比 2015 年削减 18%～25%
低碳情景（LC）	碳减排力度加大，重点地区于 2020 年提前达峰，其他地区于 2025～2030 年达峰	
总量严控情景（PES）	在低碳情景的基础上，出于对污染物减排的考虑，对重点地区的钢铁、水泥、化工等高排放行业产能进行控制，同时也达到一定的碳减排效果	工业部门保持基年水平；重点地区对民用散煤燃烧进行总量控制
双约束情景（DBS）		先进末端控制技术达到 100%渗透率，开放燃烧排放相对基年进一步削减至 2015 年的 10%～40%，VOC 排放总量削减约 42%（非能源相关排放削减 35%）

1. 不同情景下长江经济带能源发展路径

图 2-55 为各情景下长江经济带一次能源消费量。基准情景下，煤消费总量在 2030 年得到控制，控制在 12 亿 t 标煤；而在低碳情景下，随着新能源和外调电力占比例增加，

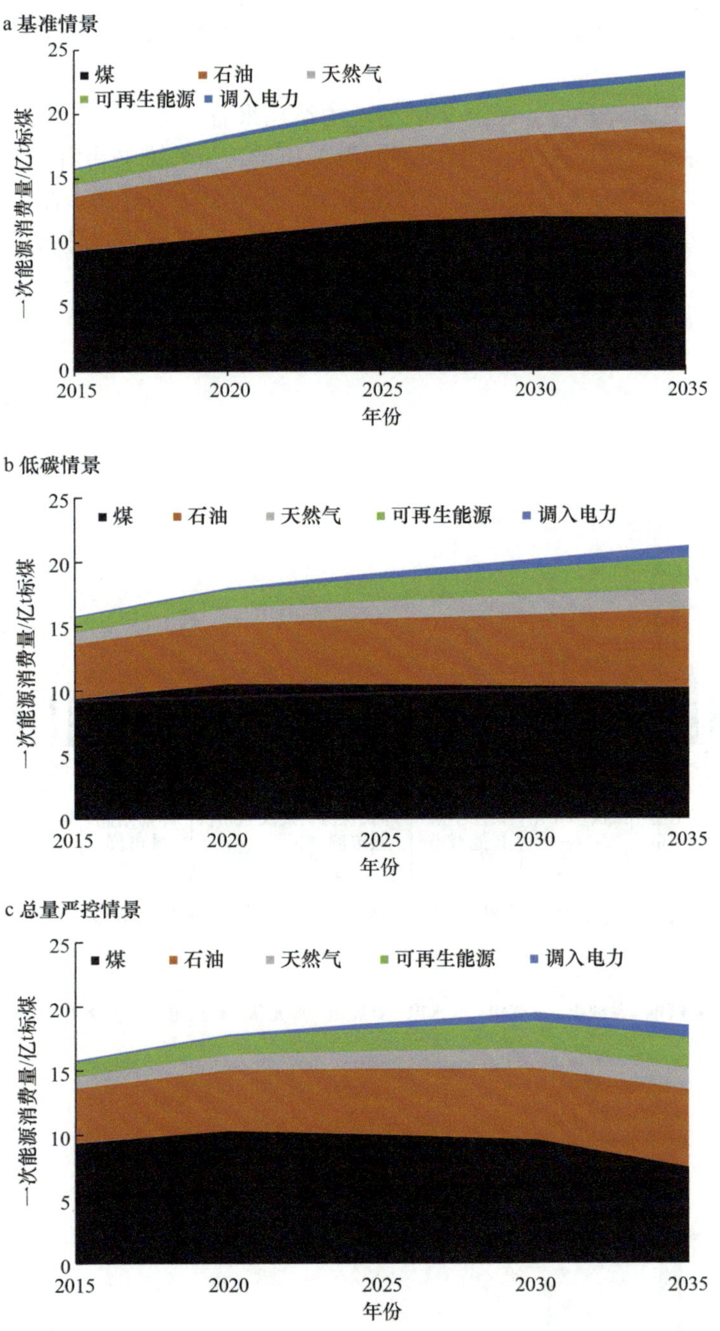

图 2-55 各情景下长江经济带一次能源消费量

煤炭消费总量将进一步得到控制。从整体上来讲，长江经济带的可再生能源开发潜力有限；核电的发展又受到社会和安全角度的考虑，无法承担太高的发电比例，因此长江经济带未来整体对调入电力的依赖性将增大。

总量严控情景发电结构与低碳情景一致。低碳情景下，长江下游地区的发电量增长将大大放缓，更多地依靠调入电力；而上游地区的发电总量在低碳情景下则增长得更快。

因此，长江经济带的绿色转型发展还需依靠西电东输政策背景下的跨区域、长距离电网系统的完善。

如图 2-56 和图 2-57 所示，就各地区的电力结构来看，基准情景下，煤电的发展得到了一定的限制。特别是环长株潭、环鄱阳湖城市群和长三角外围城市群以及长三角城市群，气电逐渐替代煤电，成为未来满足其电力需求增长的主要化石能源。在低碳情景下，可再生能源电力和核电（以下简称绿电）比例进一步提高，下游绿电占比提升最大。

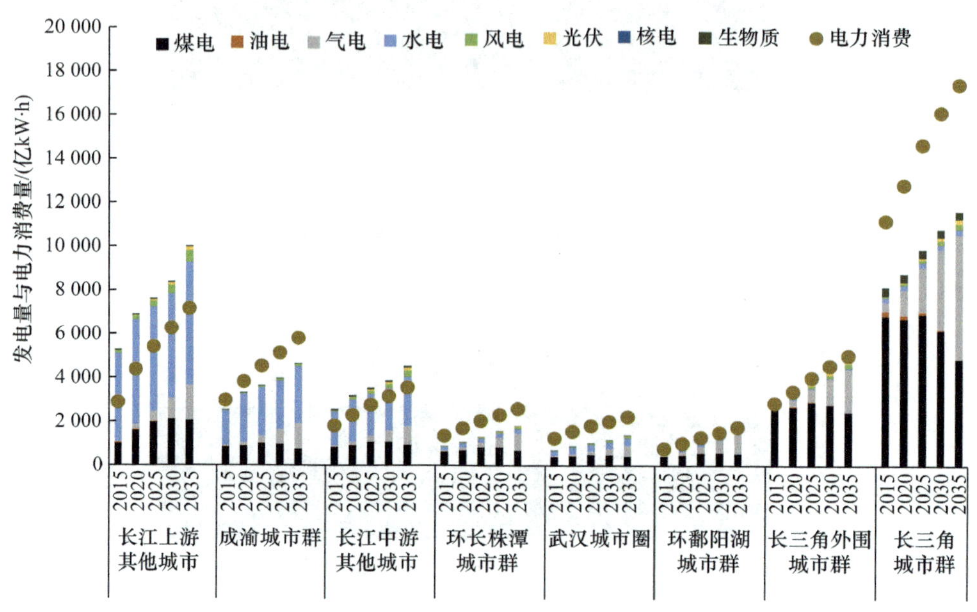

图 2-56　基准情景下各城市群发电量与电力消费量

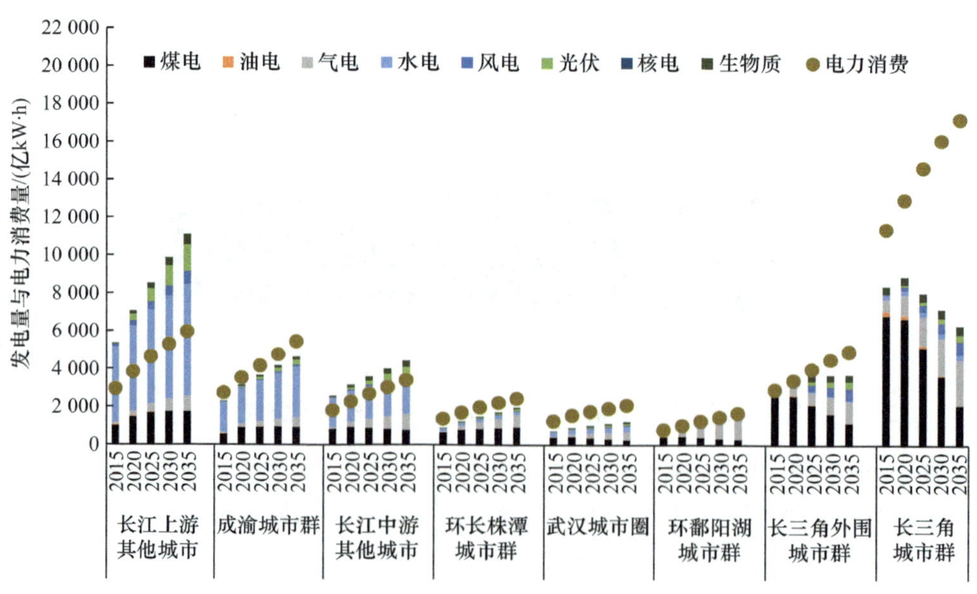

图 2-57　低碳情景下各城市群发电量与电力消费量

2. 碳排放和空气质量双约束下的政策建议

长江经济带整体的单位 GDP CO_2 排放强度低于全国水平，现行的碳减排目标未能使长江经济带的能源结构显著优化。长三角下游地区产业绿色化程度较高，现行碳减排政策（NDC 目标）对长江经济带的限制相对较为宽松。长三角地区仅依靠节能措施与电力结构的清洁化即可实现其 CO_2 排放强度目标，其高碳排、高污染的钢铁、化工和建材行业的产能依然在增加，且 CO_2 排放和污染物排放未能得到削减。中上游地区目前经济发展水平较为落后，未来有较大的经济增长潜力，使其能源消费和 CO_2 排放量增长幅度也较大。因此，现行碳减排政策和目标对长江经济带各城市污染物减排的协同效益十分有限，无法实现长江经济带未来空气质量达标的目标。

更为严格的低碳政策可以实现长江经济带部分地区提前达峰。在长三角及其周边城市以及中游的武汉城市圈，通过进一步节能措施提高能源利用效率，充分开发风电、光伏和生物质发电等可再生能源电力，在沿海地区发展海上风电和核电，在工业园区密集的地区通过分布式光伏和分散式风电充分利用绿电，完善区域电网，提高调入电力占比例等方式可以使其 CO_2 排放在 2025 年左右提前达峰。而在长江中上游目前经济尚不发达的地区，进一步提高工业部门、民用部门和交通部门的电气化程度，利用电力替代化石燃料等政策也可以实现对其 CO_2 排放增长的控制。CO_2 排放提前达峰的政策对污染物排放也有一定的协同减排作用。在长三角地区，提前达峰政策将能实现 SO_2 和一次 $PM_{2.5}$ 相比基年的削减，说明了在发达城市和城市群推行 CO_2 排放提前达峰的严格措施，以城市为单位进行碳排放管理是有效的。

实现空气质量改善，不仅需要低碳政策的支持，还需要针对污染物减排的总量控制与末端控制政策。对长三角及其周边地区，低碳政策很难实现对 NO_x 和 VOC 排放的大幅削减。对长江中上游地区，低碳政策仅能在一定程度上限制重化工业、工业锅炉和交通等部门排放的增长，无法从根本上改变其增长的态势，导致其总排放量依然相比基年增加。因此，在目前空气污染较重的地区，总量控制政策和末端控制政策是实现其污染物排放削减和空气质量达标的关键。具体来说，在长三角地区，应重点针对化工行业、钢铁和水泥工业进行产能控制，提高机动车和工业锅炉排放标准。在中上游地区的重点城市群，也应控制其钢铁工业的产能，控制民用燃煤排放量，并在各个工业部门普及先进末端控制技术，提高末端排放标准。

严格的低碳政策将在一定程度上促使下游地区的建材、发电等工业向上游地区转移。若上游地区的环境规制水平（如对核心城区的总量控制政策、末端控制水平、机动车排放标准等）未能及时提高，则有可能会在成渝核心城市群的部分城市出现大气污染物排放量不降反增的情况，使其空气质量进一步恶化。但是，由于其周边城市在双约束情景下空气质量较好，如果使其核心城区，如成都、武汉市的石化、建材等重工业向周边城市迁移，合理调整区域工业的空间布局，便可有更大的空间承接下游地区产业。

根据 WRF/CMAQ 的模拟结果，双约束情景下，总体上长江经济带的空气质量得到了改善，但依然有部分地区 1 月 $PM_{2.5}$ 浓度超标，7 月臭氧浓度超标。下游地区工业城市分布集中，人口密度较大，单位面积污染物排放量较大，导致整个下游地区 $PM_{2.5}$ 浓度均较高，部分城市超标。由于整个长三角地区和长三角外围城市在其本地排放大幅度削减的情况下空气质量依然比长江中游、上游地区差，该地区内部进行产业重新布局也很难从根本上实现其空气质量的大幅改善。因此，对该地区应当实行更为严格的工业产能控制和末端控制措施，将重污染企业向长江中游和上游地区搬迁，方能实现其环境空气质量改善的目标。上游地区成都和武汉也有 $PM_{2.5}$ 浓度超标的现象，但是在中上游的高值区周边即围绕成都和武汉的其他城市空气质量较好。因此，通过控制中上游城市群中心城市的工业产能，将中心城区的高排放企业搬迁至周围城市，可进一步改善其空气质量。

（三）交通领域绿色发展路径与建议

交通运输系统涵盖了公路、铁路、水运、航空等多种运输方式，且各运输方式又拥有多种类型的交通工具，在燃油类型、能耗等方面存在较大差异。因此，每种运输方式在结合整个交通领域节能减排路径及措施的情况下，根据自身用能种类、用能结构及用能特征的不同，均可以采取有针对性的节能减排措施。

1. 前景预判

如图 2-58 所示，预计我国交通部门电气化水平从当前的 3%提升至 2035 年的 15%，2050 年的 32%，主要是电动汽车对燃油汽车的替代进程持续加快，电气化铁路、城市轨道交通成为公路交通的重要补充。

从细分方式看，公路运输电气化水平从当前的 1%提升至 2035 年的 18%、2050 年的 37%，近期主要由公交汽车、私家汽车、城市货运等拉动，远期长途运输、重型货运等接续发力；铁路运输电气化水平从当前的 60%提升至 2035 年的近 80%、2050 年的约 95%，主要由高铁建设加快铁路电气化进程、城市发展带动轨道交通稳步发展；在航空、航运、管道运输等领域，当前电气化水平基本为 0，受技术所限预计 2050 年电气化水平仍不超过 5%。

2. 公路运输

1）加强节能型汽车及新能源汽车的推广应用

通过汽车轻量化挖掘汽车节能潜力。汽车轻量化，是指在保证汽车安全等各项重要指标都满足国家和行业标准要求的情况下，为了增加能源的利用效率，使其更加节能、安全，通过采用各种先进的技术或特殊材料尽可能地减轻汽车质量的过程。根据工信部发布的《乘用车燃料消耗量第四阶段标准》，我国明确到 2020 年乘用车新车平均燃料消耗量达到 5L/100km，到 2025 年，乘用车新车平均燃料消耗量比 2020 年降低 20%，节能减排的压力较大。在当前诸多节能减排路径中，汽车轻量化是最容易实现、潜力相对较大的方式，对于乘用汽油车，每降低 100kg，最多可节油 0.39L/100km。另外，对于新能源汽车来说，也需要通过汽车的轻量化来提升续航能力。

持续加大新能源汽车推广力度。2017 年，受双积分政策、新能源汽车继续免征购置税和新能源车补贴调整等多因素影响，我国新能源汽车的销量持续增长。2017 年，我

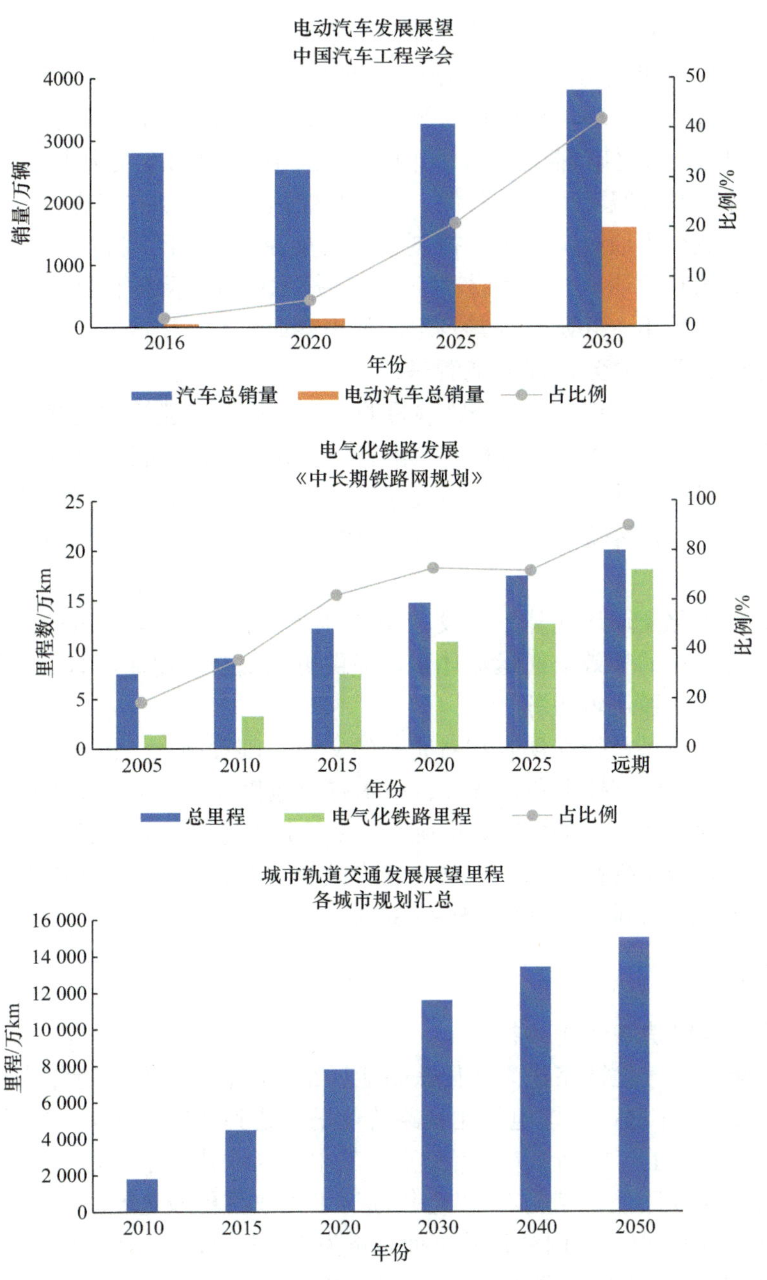

图 2-58　交通电气化水平预判

国新能源电动汽车全年实现 77.7 万辆销售规模，同比增长 53.3%。电池技术得到快速发展，续航里程持续提高，充电速度进一步加快，以经济型家用电动汽车为例，续航里程由 2015 年的 200km 提高到近期的 400～500km；充电设施建设持续高增长，截至 2017 年底，我国电动汽车公共类充电桩达到 21.4 万个，全年新增 7.3 万个，同比增长达 51%。

2）加强节能新技术的推广应用

冷再生技术。采用大型冷再生设备对原破旧沥青路面的面层和基层，进行就地回收和破碎后，掺入一定比例的水泥，再进行现场拌和、摊铺并碾压成型。该技术实现了对破旧路面材料的充分利用，具有节约、环保、施工简便、路面使用性能好等优点。

公路隧道通风照明联动技术。隧道通风照明联动控制系统，主要是利用监控计算机，对隧道内交通运行状况、环境指标状况等进行有效的综合分析，根据隧道内环境的相关参数，如CO/VI（一氧化碳/能见度）、洞内外亮度、隧道内温度及火灾探测、风速风向、电力检测等，并严格按照隧道监控条件，对各系统预设的控制方案进行预算、对比之后形成控制指令，然后再通过隧道中央控制系统以及各个相关区域的控制器，执行指令，从而实现隧道内的有效通风、照明联动控制。该技术可有效降低公路隧道的运营管理能耗，减少隧道运营费用，并延长灯具及电源使用寿命。

3）开展公路项目的全过程节能管理

加强项目的全过程节能管理。公路项目的全生命周期节能管理是将节能环保的理念贯穿于项目设计、建设、运营全过程的节能管理工作。目前，我国交通运输部开始高度重视该节能管理模式，并开展了大量研究和试点工作，针对公路运输线路长、建设规模大、建设及运营周期长等特点，开展全方位节能分析及管理工作，该模式可大幅提升节能水平。

推进智能信息化交通运输体系建设。2017 年 12 月，我国交通运输部强调构建一体化、网络化、智能化的高效交通运输体系，提供更加安全、便捷、智慧、绿色、舒适、多元、经济的现代交通运输服务。

高效交通运输体系是指在现有相对完善的交通基础设施上，将先进的信息技术、通信技术、控制技术、传感技术和系统综合技术有效地集成，并应用于地面运输系统，从而建立起大范围内发挥作用的实时、准确、高效的运输系统。据预测，完善的智能交通系统可使路网运行效率提高 80%～100%，堵塞减少 60%，交通事故死亡人数减少 30%～70%，车辆油耗和 CO_2 排放量降低 15%～30%。

3．铁路运输

1）构建节能型铁路运输结构

电气化铁路。电气化铁路作为优化铁路能耗结构的重要措施，近年来在我国得到了快速发展。至 2017 年底，全国电气化铁路营业里程达到 8.7 万 km，比上年增长 7.8%，电气化率 68.5%，比上年提高 3.7 个百分点。其中，高铁营业里程达 2.5 万 km。电气化铁路的发展优化了铁路能耗结构，“以电代油”工程取得积极进展。

移动装备。2017 年，全国铁路机车拥有量为 2.1 万台，比上年减少 372 台，其中，内燃机车占 40.4%，比上年下降 1.4 个百分点，电力机车占 59.5%，比上年提高 1.4 个百分点。全国铁路客车拥有量为 7.3 万辆，比上年增加 0.2 万辆。其中，动车组 2935 标准组、23 480 辆，比上年增加 349 标准组、2792 辆。全国铁路货车拥有量为 79.9 万辆。

2）加大新能源和可再生能源的推广利用

在牵引动力上引入新能源和可再生能源替代技术。牵引能耗在铁路能耗中占有比较大的比例，有些国家甚至在 60%以上（周新军，2016）。目前的趋势就是采用新能源替代化石能源。例如，新能源发电替代传统的煤电、生物柴油替代燃油等。

在铁路车站、沿线设施等建筑推广新能源发电。我国在铁路客货枢纽和综合车站建设大量采用地源热泵、三联供热泵、太阳能等新能源技术，大力推广中水利用和节能光源，对提高铁路行业能源利用效率效果显著。以北京南站为例，在站房中央采光带屋面，铺设了 3264 块太阳能光伏板，面积 6700m^2，占全部采光带的 50%左右，每年可发电 18 万 kW•h，减排 CO_2 198t，替代标煤 70t。

3）加大节能技术及节能产品推广应用力度

重载列车的轻量化。重载运输的主要特点是轴重大、编组长、运量大、密度较小、效率高、成本低，重载运输较传统运输已经起到了较好的节能作用。我国重载列车主要采用钢制车体，美国新造高速重载列车 95%以上为铝合金车体，而铝合金具有质量轻、成型优、强度高、耐腐蚀、可再生等一系列特性，是减轻重载列车自重、降低能耗、提高运输效益的较好选择，因此，重载列车轻量化将进一步提升节能水平。

推广新型节能机车。列车能耗主要体现在机车上，因此，机车是否节能是降低列车运行能耗的关键，因此，我国加强新型节能机车的研发，积极开展铁路行业节能降耗。2018 年 6 月，我国首台 3000 马力节能环保型调车机车下线试运行，该机车采用柴油机和动力电池作为动力，装用 12V240H 型柴油机，装车功率 2500kW，机车最大运行速度 100km/h。并通过安装动力蓄电池，回收制动能量，为机车单机运行和辅助系统提供能量，从而减少柴油机的排放、噪声和工作时间，达到节能环保的目的。

4）加强铁路运输管理节能

提高铁路信息化水平。利用现代化信息技术开发高度智能化的列车调度指挥系统、运行图编制系统、信息系统等，实现铁路运输资源的最优化设置，更科学合理地调度指挥，进而优化火车组的运用，设计好道路的衔接，减少空车等待，提高列车利用效率，降低能耗，节约能源。

对机车及车站等基础设施用能实现全过程监控管理。对机车用能，一是消除跑、冒、滴、漏；二是提高乘务员操作水平，保持机车的经济运行；三是加强空调客车制冷、制热管理，采用自控装置，降低能耗。对车站用能，如照明、取暖等进行严格监控，结合人员密集度、时间进行优化调整，减少能源消耗。

4. 水路运输

1）优化港口用能结构

在具备条件的港口推广港口岸电利用。港口岸电利用是指停靠在码头的船舶利用清洁、环保的“岸电”替代船舶辅机燃油供电。自 2010 年连云港首次采用高压岸电开始，靠港船舶使用岸电技术逐步在全国推开，交通运输部先后出台了《推进交通运输生态文明建设实施方案》《船舶与港口污染防治专项行动实施方案（2015—2020 年）》《推进长江经济带绿色航运发展的指导意见》，要求大力推广靠港船舶使用岸电，并在近年来取得了积极的节能成效。

2）加大节能技术和设备的推广应用

LNG 驱动技术。柴油-LNG 双燃料船舶技术是在保持原有柴油机主体结构和燃烧方式不变的前提下，增加一套 LNG 供气系统和柴油 LNG 双燃料电控喷射系统，通过电子转换开关，实现单纯柴油燃料状态下和油气双燃料状态下两种运行模式的转换。

船用冷热全效热泵技术。船用冷热全效热泵系统是以江水（海水）作为冷（热）源的热泵系统：可在夏季提供冷量的同时提供生活热水，冬季充分利用江水（海水）里的低品位热能，满足空调采暖和热水的需求，完全（或部分）取代传统的燃油锅炉系统，实现冷热全效。

加大新能源船舶研发、推广力度。新能源船舶研发和推广改变了以往单纯燃油船舶的用能模式，开始逐步研发出电动船舶以及混合动力船舶，通过新能源的利用减少污染物排放。2017 年 11 月，由我国建造的世界上首艘 2000t 级新能源电动自卸船下水，是全球第一艘千吨级纯电池推动载重船舶，填补世界同吨位内河双电驱动散货船的空白。2018 年 4 月，国内首艘 48TEU 纯电动内河集装箱船研发项目启动。

3）加强港口、船舶节能管理

船舶智能化管理。船舶智能化是在综合传感、通信、信息、计算机等多种先进技术的基础上，结合船舶具体应用环境，构建基于大数据、信息物理系统和物联网等特征的智能系统，使船舶航行、管理与服务更高效、更低耗、更安全和更环保。当前，船舶交通服务系统（VTS）、船舶自动识别系统（AIS）、港口调度系统、电子航道图、船岸一体化的应用构成了智能化的船舶管理系统。

加强能耗实时监测，加强能源管理。选取航运船舶作为监测对象，通过分析船舶燃料消耗影响因素，确定统计指标，通过整理船舶数据库，确定船舶燃料消耗统计调查方法、典型船舶及燃料消耗监测方法，将船舶燃料消耗模块纳入现有综合监管系统，并根据船型选择合适的燃油监测设备，开发软件系统，实现对船舶能耗的实时监测。

（四）建筑领域绿色发展路径与建议

1. 前景预判

据统计预计，我国建筑电气化水平从当前的较低水平加速提升，2035 年总体达到当前发达国家平均水平，2050 年进入领先梯队。分领域看，居民电气化水平预计从当前的略超 20%提升至 2035 年的 45%、2050 年的 70%，商业电气化水平预计从当前的约 33%提升至 2035 年的 55%、2050 年的 75%，主要得益于城市化进程的稳步推进、现代电器的推广应用、制热制冷的需求增长。

2. 绿色发展路径建议

1）大力发展分布式能源

分布式能源是近年来兴起的利用小型设备向用户提供能源供应的新的能源利用方式。与传统的集中式能源系统相比，分布式能源接近负荷，不需要建设大电网进行远距离高压或超高压输电，可大大减少线损，节省输配电建设投资和运行费用；由于兼具发电、供热等多种能源服务功能，分布式能源可以有效地实现能源的梯级利用，达到更高的能源综合利用效率。分布式能源设备起停方便，负荷调节灵活，各系统相互独立，系统的可靠性、安全性较高；此外，分布式能源多采取天然气、可再生能源等清洁能源为燃料，较之传统的集中式能源系统更加环保（韩晓平，2010；林世平，2011；钟史明，2012；侯健敏，2014）。热电联产是目前典型的分布式能源利用方式，在发达国家已得到广泛推广利用。

2）大力发展装配式建筑

装配式建筑是用预制部品部件在工地装配而成的建筑。装配式建筑以工厂生产为主的部品制造取代现场建造方式，工业化生产的部品部件质量稳定；以装配化作业取代手工砌筑作业，能大幅减少施工失误和人为错误，保证施工质量；装配式建造方式可有效提高产品精度，解决系统性质量通病，减少建筑后期维修维护费用，延长建筑使用寿命；推进住宅全装修，发展装配式装修，不仅提升了装修的品质，节约了资源能源，而且减少了噪声扰民和建筑垃圾的排放（侯博等，2014）。

3）积极推广绿色建筑

研究表明，在目前常用的绿色建筑节能技术中，集中空调系统排风全热回收技术节能效益最大，达到35%的节能率，过渡季节充分利用新风，会带来10%的节能率；合理设置可调节外遮阳和改变围护结构热工性能，可产生 7%左右的节能率；采用光控措施控制照明系统，可形成12.3%的节能率；绿色建筑节能技术的选择及其应用效果受技术相互关联性影响较大，节能方案需要整体综合考量；节能技术的应用可使建筑在现行节能标准基础上再实现46.9%的节能率，达到建筑节能75%的要求（何玥儿等，2018）。因此推广绿色建筑对于建筑节能至关重要。

4）推广建筑能耗监测平台

针对我国大型公共建筑的节能减排工作，财政部、住房和城乡建设部等在“十一五”期间便已相继出台了一系列大型公共建筑节能监管的导则、规范、标准及方案。截至2017年底，我国已在 33 个省份建立了机关办公建筑和大型公共建筑能耗监测平台，其中长江经济带的上海市、重庆市、江苏省和安徽省4省（直辖市）的公共建筑能耗监测平台已通过国家验收，初步建立了建筑节能信息化管理体系。

5）BIM 技术应用

运用BIM技术，可减少建筑的耗能，实现建筑的绿色节能设计。BIM技术，是Building Information Modeling 的简称，也就是建筑信息管理模型化，将建筑物所包含的信息，通过数字表达的形式进行数字信息的仿真模拟，包括建筑的三维模型、材料、力学、结构、设备、各种物理属性及数据统计等的综合（侯博等，2014）。在设计工作阶段，BIM 技术不仅可以方便快捷地绘制 3D 模型，还可以提高建筑的可施工性，提高资源能源的利用率，有利于建筑的可持续性设计。传统的技术，是在建筑设计完成之后，再进行能耗分析，相比而言，BIM 技术在设计的初期就利用具备强大兼容性的三维模型，进行能耗分析，这样一来，不仅可注入可持续发展理念，也可避免通过设计修改降低能耗设计需求。除此之外，BIM 技术与多种软件数据兼容，大大提高了设计项目的整体质量。

6）可再生能源建筑应用

可再生能源在建筑领域得到了大力推广，尤其是太阳能利用得到了大幅推广。太阳能建筑供热需求量达到 10 亿 m^2 以上（集热面积），是目前全国太阳能热水器保有量的10倍。

第三章　长江经济带工业园区绿色发展战略

一、长江经济带工业园区绿色发展现状

中国工业园区建设始于 1979 年，是我国改革开放的一项重大创举，在社会经济发展中发挥着举足轻重的作用，是工业发展的先行者和中坚力量，在推动城市化进程中也扮演着重要角色。工业园区对经济的突出贡献与发展中的人地矛盾问题，在长江经济带 11 省（直辖市）发展中尤为突出，同时工业园区环保欠账较多，在长江工业污染问题上能见度较高，长江经济带工业园区绿色发展对长江经济带高质量发展至关重要。研究从工业园区的共性特点出发，工业园区在长江经济带各省（直辖市）发展的经济贡献、区位分布、产业布局、能源基础设施、环境基础设施及取排水情况等方面，梳理出长江经济带工业园区的发展现状。准确理解园区发展特点，把握好园区绿色发展方向。

（一）工业园区是长江经济带工业经济发展的主阵地

根据 2018 年《中国开发区审核公告目录》，长江经济带 11 省（直辖市）国家级经济技术开发区（经开区）、国家级高新技术产业开发区（高新区）及省级开发区等各类园区共 1045 家，其中国家级经开区 108 个，国家级高新区 69 个，省级工业园区或开发区 868 个。长江经济带分布的工业园区总体占我国省级及以上园区总数的 44.2%，其中，国家级经开区占比例为 49.3%，国家级高新区占比例为 44.2%，省级工业园区或开发区占比例为 43.6%（表 3-1）。长江经济带集中分布了我国近一半的省级及以上工业园区。

表 3-1　长江经济带各类工业园区占比例

工业园区类别	全国/个	长江经济带/个	占比例/%
国家级经济技术开发区	219	108	49.3
国家级高新技术产业开发区	156	69	44.2
省级工业园区或开发区	1991	868	43.6
合计	2366	1045	44.2

长江经济带省级及以上 1000 余家工业园区在各省（直辖市）的工业发展中占据了重要的位置。以地处长江经济带上游的贵州省为例，2018 年，全省工业园区规模以上工业企业完成工业总产值 8411.43 亿元，同比增长 14.6%，占全省工业总产值的 79%；完成工业投资 946 亿元（不含基础设施），占全省工业投资的 62%；园区规模以上企业达 4122 户，占全省规模以上企业的 73%。

在 2018 年对浙江省高新区进行的统计分析显示，高新区以占全省 0.2%的土地面积，创造了全省 1/4 的工业增加值、近 1/5 的出口额、超过 1/3 的高新技术产业产值。高新

园区规模以上工业增加值达 5039.5 亿元，同比增长 12.6%，增速高于全省规模以上工业 4.28%，园区对全省规模以上工业增加值的贡献率达 40.5%。

可见，无论是上游、中游还是下游，各级各类工业园区对长江经济带各省（直辖市）的经济都有至关重要的贡献，已经是各省（直辖市）经济发展的主阵地和主引擎，已越来越多地成为进一步推进经济高质量发展的主战场。

（二）上中下游园区布局形成多中心但主导产业类型呈趋同态势

1. 上游到下游，工业园区数量分布整体增多

图 3-1 和表 3-2 为长江经济带上游、中游、下游各省（直辖市）省级及以上 1045 家园区的空间分布及具体数量。长江经济带上游四川、重庆、云南、贵州 4 省（直辖市）布局了 311 家园区；中游湖北、湖南、江西 3 省布局了 322 家园区；下游安徽、江苏、浙江、上海 4 省（直辖市）布局了 412 家园区。从上游到下游，工业园区数量分布整体增多。

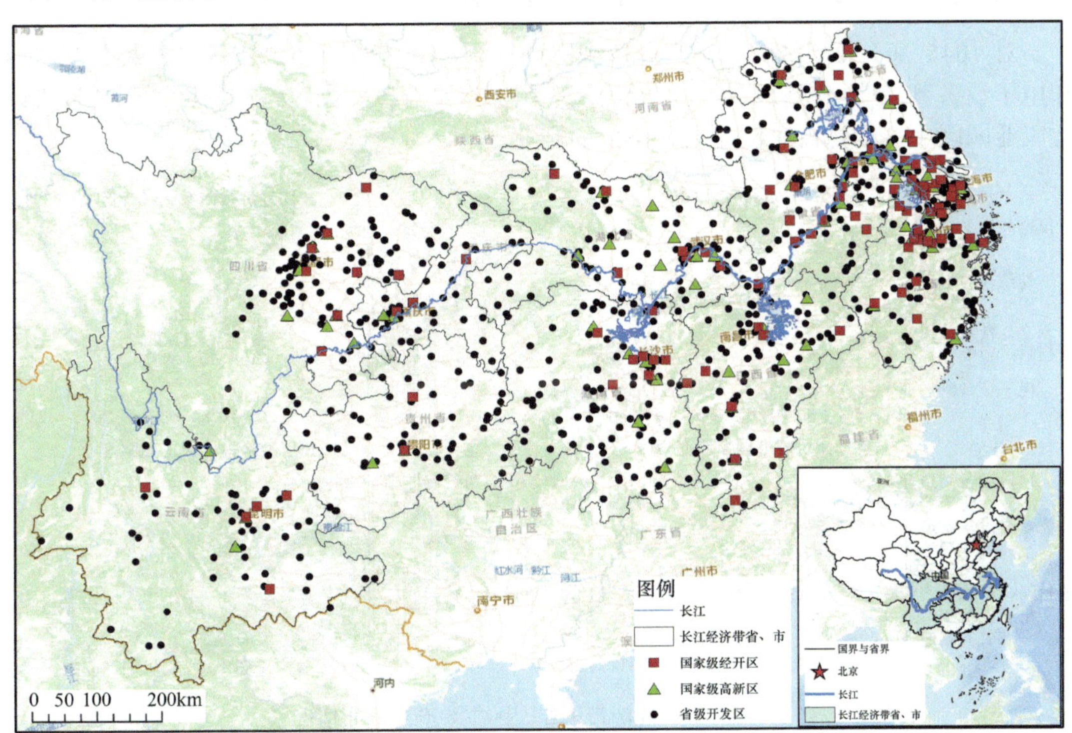

图 3-1　长江经济带省级及以上工业园区空间分布

表 3-2　长江经济带上中下游工业园区数量

工业园区类别	长江经济带全范围/个	上游		中游		下游	
		数量/个	占比例/%	数量/个	占比例/%	数量/个	占比例/%
国家级经济技术开发区	108	18	16.67	25	23.15	65	60.19
国家级高新技术产业开发区	69	14	20.29	23	33.33	32	46.38
省级工业园区/开发区	868	279	32.14	274	31.57	315	36.29
合计	1045	311	29.76	322	30.81	412	39.43

以国家级经开区为例，其集中分布在以上海市为中心的长江三角洲地区，共 65 家，占长江经济带国家级经开区总数的 60.19%；在上游和中游地区，则以四川省和湖南省分布相对集中。国家级高新区的空间分布特征与国家级经开区的空间分布特征相似。省级开发区的分布呈现出明显的空间聚集特征，其中四川省东部、湖南省和上海市省级开发区密度更高。

长江经济带工业园区的分布具有两个显著特征。

（1）从上游到下游，工业园区数量呈现出逐步增加的趋势，并形成一些明显的聚集区域。

（2）长江经济带工业园区空间分布呈现区域中心特点，上游围绕重庆市和成都市为中心的成渝城市群聚集分布，中游围绕武汉市为中心的中游城市群聚集分布，下游围绕以南京市和上海市为中心的长江三角洲城市群聚集分布。工业园区的发展以当地城市发展为重要依托，两者相互促进、共同发展。

2. 上中下游工业园区主导产业分布呈趋同态势

对 1045 家工业园区的主导产业按频次进行统计分析（图 3-2），可见，装备制造业和电子设备制造业出现频次最高，无论是在国家级经开区、国家级高新区，还是省级以上工业园区中，均是占比例排名前两位的产业。

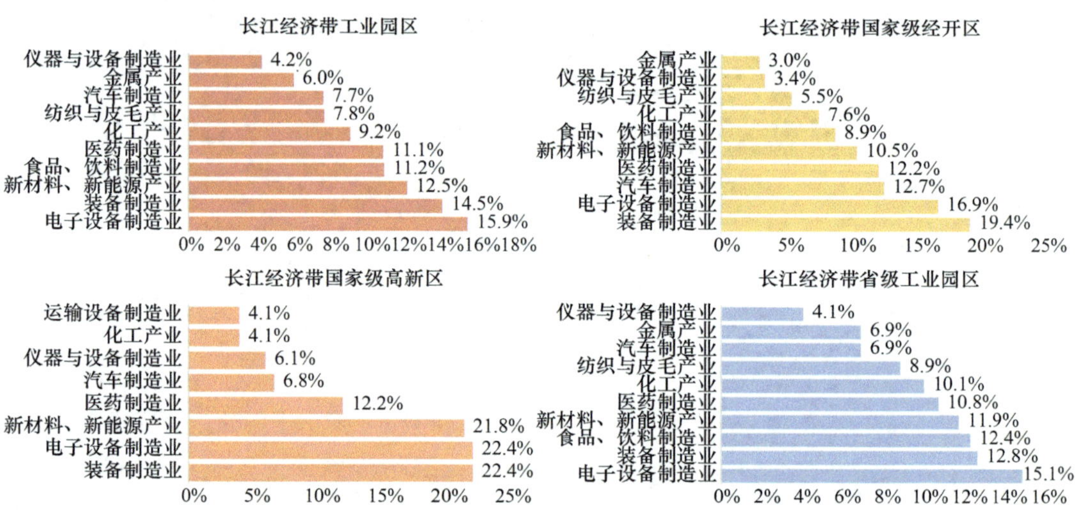

图 3-2 长江经济带工业园区主导产业分布情况

总体而言，长江经济带国家级经开区的主导产业以装备制造业，电子设备制造业，汽车制造业，医药制造业，新材料、新能源产业 5 个产业为主，出现频次占 69.4%；国家级高新区这 5 个产业出现频次则达到 80.3%。在省级工业园区中，各类产业作为主导产业的频次分布比较均衡，制造业类占比例有所下降，化工产业、纺织与皮毛产业、金属产业占比例上升。

长江经济带上游、中游、下游工业园区的主导产业分布情况如图 3-3 所示。上游工业园区的主导产业，出现频次前 5 位依次为食品、饮料制造业（17.3%），装备制造业（15.4%），化工产业（14.4%），医药制造业（13.2%），电子设备制造业（11.7%）；中游

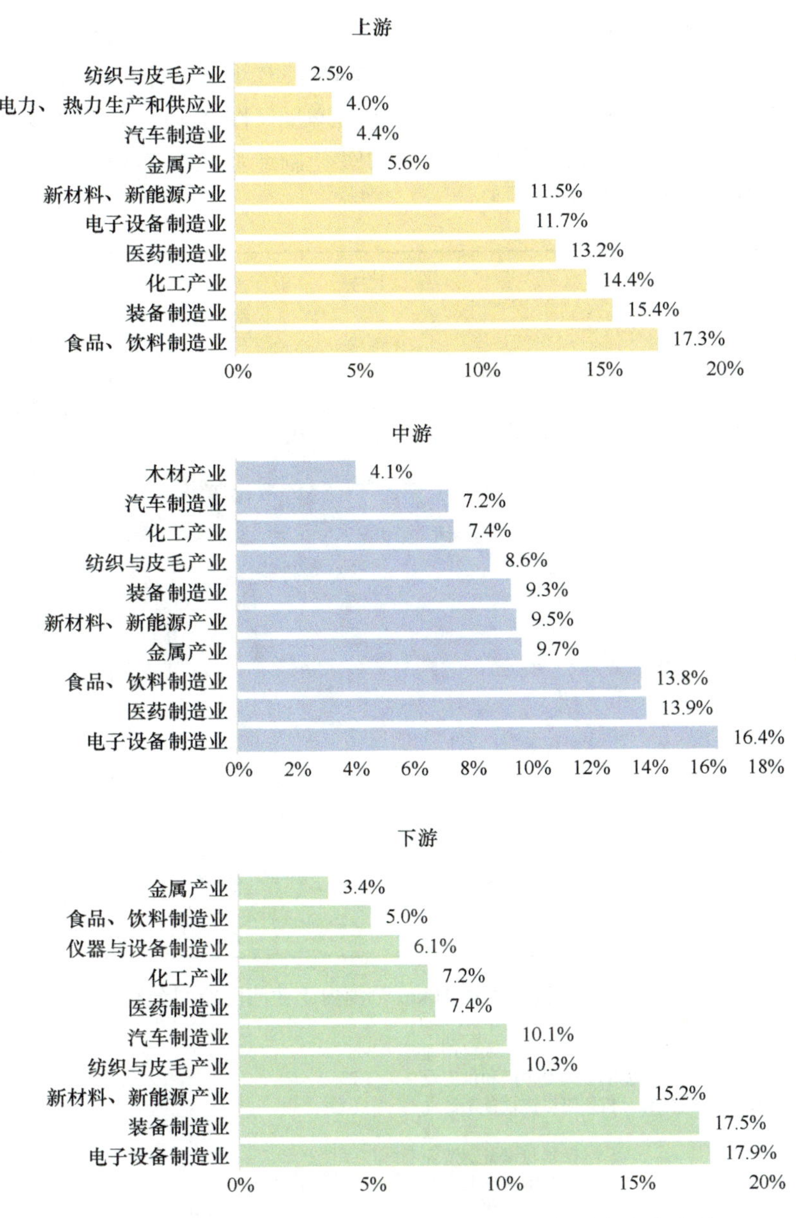

图 3-3　长江经济带上游、中游、下游工业园区主导产业分布情况

工业园区的主导产业类别整体较为分散；下游工业园区的主导产业较多集中在电子设备制造业（17.9%）、装备制造业（17.5%）和新材料、新能源产业（15.2%）这 3 类产业。值得注意的是，上游地区以化工作为主导产业的园区较多；上游、中游、下游主导产业的差异反映出区域经济发展水平对高科技、高附加值、低污染产业吸引力的差异。近年来，产业结构优化升级和供给侧结构性改革，推动了东部发达地区产业向中西部转移，需要重视工业园区产业升级、“腾笼换鸟”过程中，污染产业向中上游转移的风险隐患。

3. 长江沿线 10km 范围内工业园区布局及主导产业分布

为揭示长江流域沿江工业园区空间布局和产业结构特征，报告研究了长江一级支流

10km 范围内工业园区的布局。研究发现，长江一级支流及沿江 10km 范围内，布局有工业园区 349 家，占全流域工业园区总数的 33.4%；其上下游空间分布与长江经济带整体的工业园区分布情况一致，从上游到下游逐渐增加（图 3-4）。主导产业出现频次排名靠前者为装备制造业，新材料、新能源产业和医药制造业（图 3-5）。与整体产业分布情况相比，医药制造业分布占比例上升。

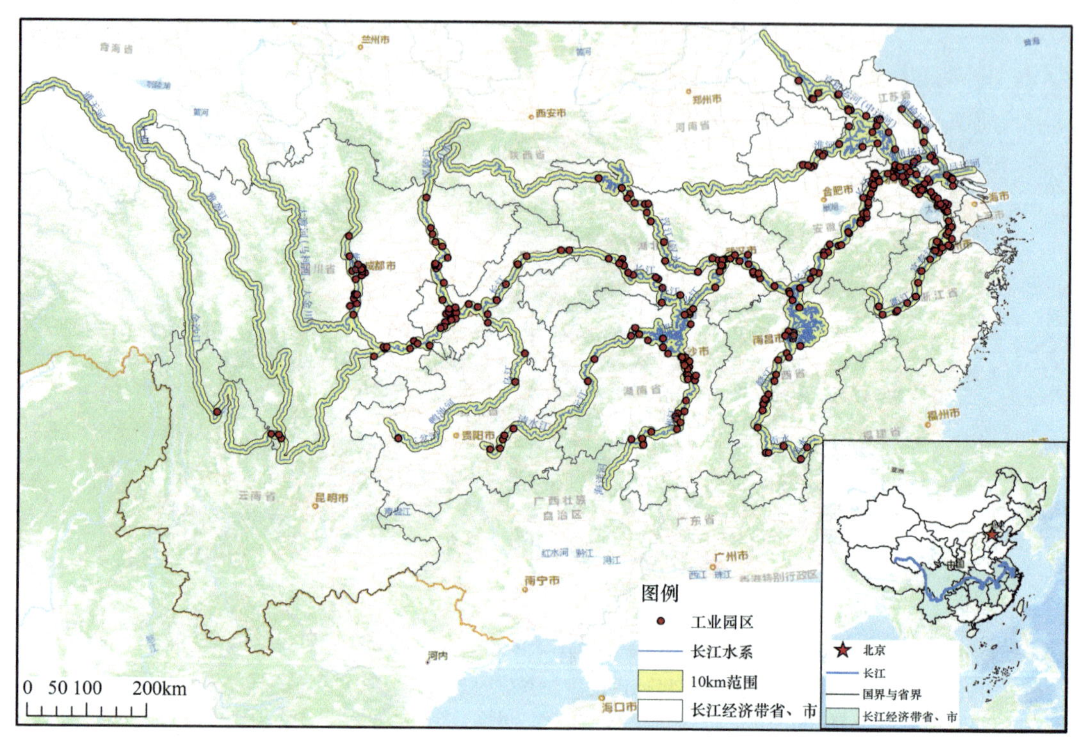

图 3-4　沿长江水系 10km 范围内工业园区空间分布

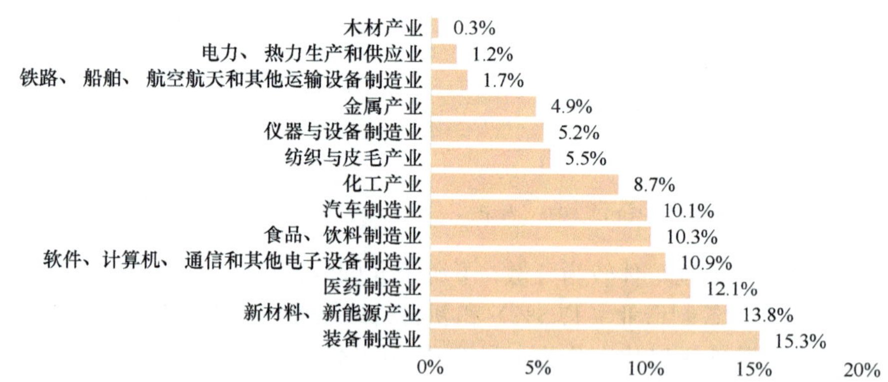

图 3-5　沿长江水系 10km 范围内工业园区主导产业情况

从长江上中下游来看（图 3-6），沿江 10km 范围内，上游工业园区有 82 家，主导产业出现频次排名靠前的为医药制造业，食品、饮料制造业，新材料、新能源产业，装备制造业。中游有工业园区 122 家，高频主导产业为医药制造业，食品、饮料制造业和装备制造业。下游有工业园区 145 家，主导产业主要为装备制造业，新材料、新能源产业。

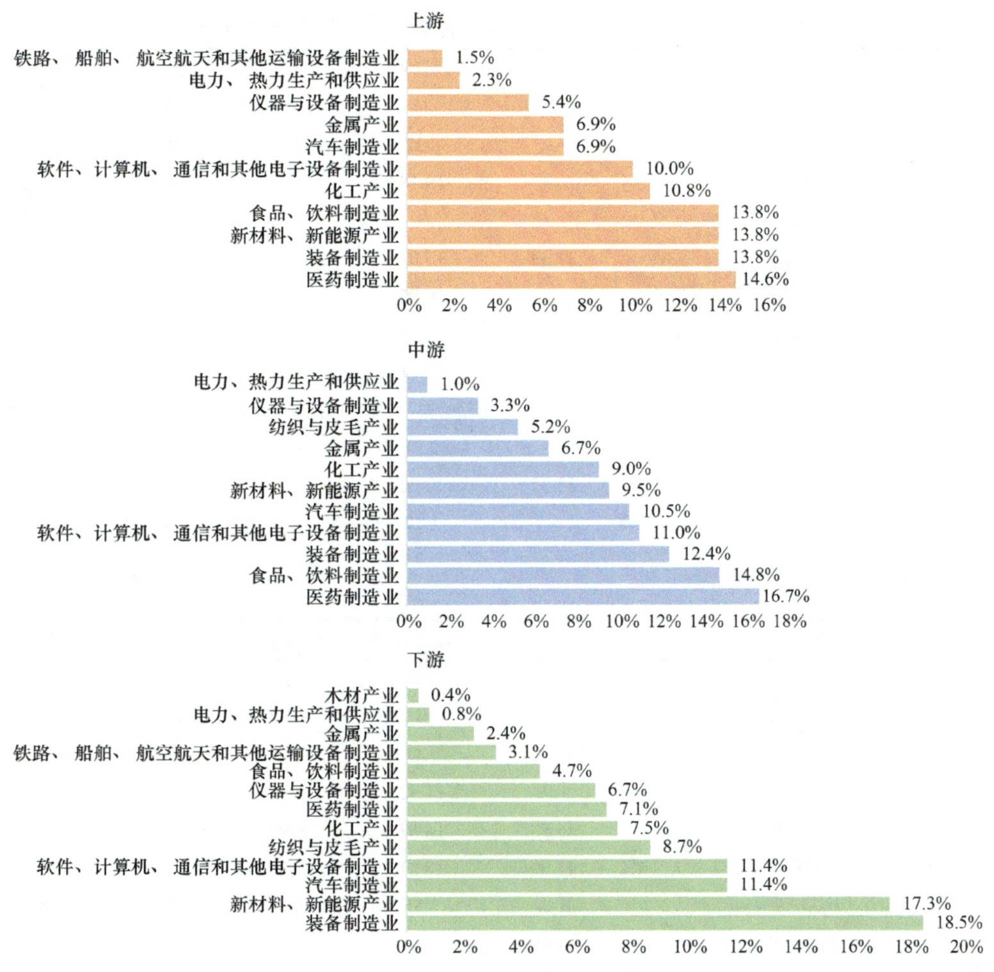

图 3-6　沿长江水系（上游、中游、下游）10km 范围内工业园区主导产业情况

从 11 省（直辖市）来看，沿江 10km 范围内，各省（直辖市）工业园区及其主导产业如表 3-3（除上海）所示。云南省沿江 10km 有 2 个工业园区，主导产业为医药制造业。四川省沿江 10km 有 46 个工业园区沿江布局，主导产业为新材料、新能源产业，食品、饮料制造业。贵州省沿江 10km 有 8 个工业园区，主导产业以装备制造业和医药制造业为多。重庆市沿江 10km 有 26 个工业园区，主导产业多为装备制造业。湖北省沿江 10km 有 48 个工业园区布局，产业多为食品、饮料制造业，医药制造业和装备制造业。湖南省沿江 10km 有 43 个工业园区近江布置，产业主要为医药制造业、金属产业。江西省沿江 10km 有 31 个工业园区临江，医药制造业和软件、计算机、通信和其他电子设备制造业占了较大份额。安徽省沿江 10km 布局了 32 个园区，主导产业多为装备制造业。江苏省沿江 10km 布局的工业园区数量最多，共有 89 个，主导产业中新材料、新能源产业，装备制造业尤为突出。浙江省沿江 10km 有 24 个工业园区，也以装备制造业居多。

（三）长江经济带园区能源基础设施现状及效益分析

基础设施共享是工业园区的主要特征，与企业生产活动及能源环境问题密切相关的

表 3-3 长江水系 10km 范围内各省份工业园区与产业情况

省份	云南省	四川省	贵州省	重庆市	湖北省
沿江 10km 园区总数	2	46	8	26	48
装备制造业/%	—	8.22	33.33	20.00	15.00
新材料、新能源产业/%	—	19.18	—	8.89	6.25
汽车制造业/%	—	—	—	—	15.00
医药制造业/%	33.33	15.07	33.33	8.89	16.25
软件、计算机、通信和其他电子设备制造业/%	—	10.96	—	11.11	3.75
化工产业/%	33.33	10.96	—	11.11	12.50
食品、饮料制造业/%	—	17.81	11.11	8.89	16.25
纺织与皮毛产业/%	—	—	—	—	11.25
仪器与设备制造业/%	—	2.74	—	11.11	1.25
金属产业/%	33.33	10.96	—	—	—
铁路、船舶、航空航天和其他运输设备制造业/%	—	1.37	11.11	—	—
电力、热力生产和供应业/%	—	2.74	11.11	—	2.50
木材产业/%	—	—	—	—	—
省份	湖南省	江西省	安徽省	江苏省	浙江省
沿江 10km 园区总数	43	31	32	89	24
装备制造业/%	11.69	9.43	20.97	16.88	21.05
新材料、新能源产业/%	12.99	9.43	14.52	18.83	15.79
汽车制造业/%	5.19	11.32	14.52	10.39	10.53
医药制造业/%	15.58	18.87	9.68	4.55	13.16
软件、计算机、通信和其他电子设备制造业/%	12.99	18.87	12.90	13.64	
化工产业/%	6.49	7.55	9.68	7.14	5.26
食品、饮料制造业/%	11.69	16.98	6.45	3.25	7.89
纺织与皮毛产业/%	1.30	1.89	8.06	8.44	10.53
仪器与设备制造业/%	7.79	—	3.23	9.09	2.63
金属产业/%	14.29	5.66	—	0.65	13.16
铁路、船舶、航空航天和其他运输设备制造业/%	—	—	—	5.19	—
电力、热力生产和供应业/%	—	—	—	1.30	—
木材产业/%	—	—	—	0.65	—

主要基础设施为能源基础设施和环境基础设施，这两类基础设施服役周期长，运行过程的能源消耗及环境排放在园区整体消耗或排放中往往占有较大比例。园区基础设施的绿色低碳转型对于支撑园区绿色发展，实现区域环境质量改善和应对气候变化目标等具有重要现实意义和普遍性。项目重点研究了工业园区的能源基础设施和环境基础设施。研究过程中一个主要难题是基础数据获取难度大，因为园区在国民经济统计体系中不是一个独立的统计单元，园区大量的数据在统计体系中难以获得。

目前，中国工业园区普遍建有的集中式能源基础设施的形式以热电联产、热力厂、发电厂等为主。能源基础设施是园区物质能量代谢的关键节点，将能源、水、污染物等要素耦合在一起，同时也是园区温室气体和大气污染物排放的主要来源。中国工业园区能源基础设施存量仍在持续积累，能源基础设施投运后服役期长，其性能对能源效率有着决定性影响。因此能源基础设施一旦投运，则对于园区环境影响具有长期的锁定效应。应对气候变化和改善环境质量需实现能源服务与温室气体、大气污染物排放的解耦，能源基础设施是研究园区绿色低碳发展的关键着力点。

本研究定义园区能源基础设施应满足以下两个属性，一是布局在园区物理边界内部，二是为园区提供公共的能源服务，如直接供应能源（如热力）或间接供应能源（如电力）。

图 3-7 为园区能源基础设施功能示意图。发电或热电设施对园区的电力供应是间接的，产出的电力输送至电网，企业从电网购电；产出的热力直接供给园区企业。通常，一座能源基础设施包含若干个机组，每个机组由燃烧系统（以锅炉为核心）、汽水系统（由汽轮机、各类泵、给水加热器、凝汽器、管道、水冷壁等组成）、电气系统（以发电机、主变压器等为主）及控制系统等组成。

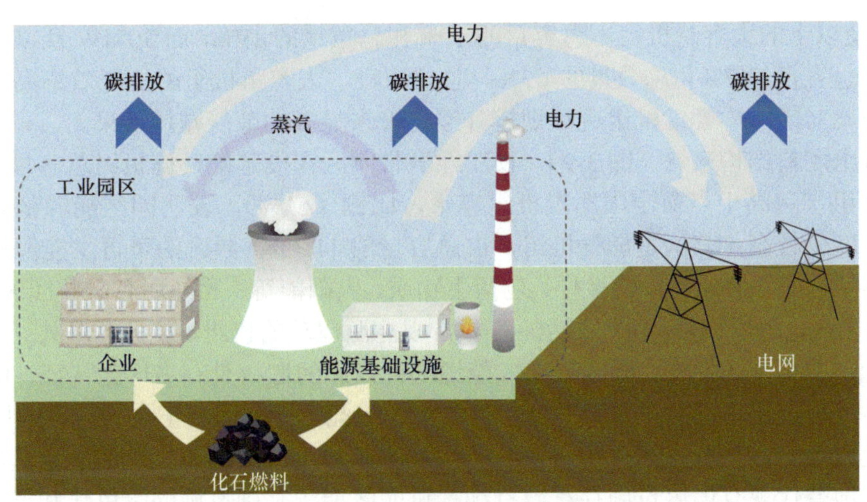

图 3-7　工业园区能源基础设施功能示意图

限于园区统计数据的可得性，本研究以清华大学环境学院清洁生产与工业生态研究中心多年积累的工业园区基础设施数据库为依托，以 2015 年为时间节点，分析园区行政边界内在役的热电联产、热力厂、发电厂、垃圾发电厂、生物质发电等能源基础设施的建设发展，包括各园区所有机组的投产时间、装机规模、燃料类型、能源输出类型及技术类型等参数。基于机组规模结构、服役时间、能源输入输出及技术类型多角度分析园区能源基础设施存量的结构演化，从燃料类型的多样化及低碳化、机组规模及技术类型变化、能源基础设施多功能化发展等角度识别园区能源基础设施存量的演化特征。分析能源基础设施建设与园区建设、园区主导产业发展之间的关系。

1. 长江经济带工业园区能源基础设施建设情况

长江经济带 1000 余家园区中，共 386 家园区在其物理边界内建设有集中式能源基础设施（热电厂、发电厂、供热厂等），共包括 1820 个在役机组，总装机容量 209GW，占 11 省（直辖市）同年发电装机总容量的 37%。从图 3-8 可见，长江经济带园区在役基础设施机组的容量结构呈现“大容量机组少，小容量机组多”的特点，具体表现为：

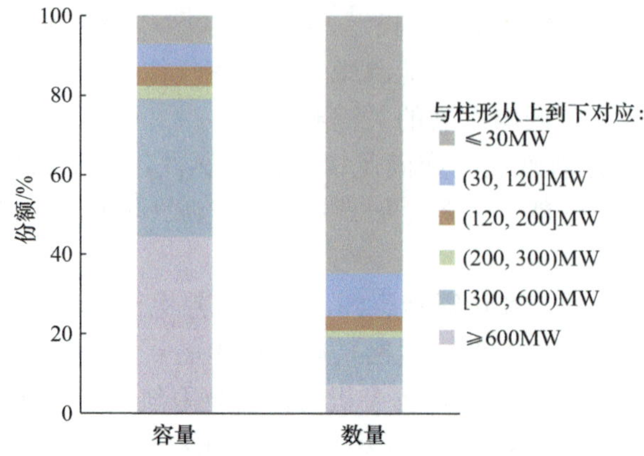

图 3-8　园区能源基础设施机组容量结构

300MW 及以上的大容量机组占总容量的 79%和总数量的 19%，而 30MW 及以下的小容量机组占总容量的 7%和总数量的 65%。总体而言，大容量机组的能源效率高于小容量机组，因此对园区小容量机组进行规模升级将带来显著的节能减排效果。

从机组燃料结构来看（图 3-9），长江经济带园区在役基础设施机组总容量的 84.2%为燃煤机组，远高于当前全国燃煤机组容量占比例（61%），表明园区能源基础设施对煤的依赖度仍较高；其次是燃气机组，占总容量的 11.3%；园区的可再生能源机组虽然总装机容量较小，但类型丰富多样，包括生物质、太阳能等；此外还有一些园区有柴油、煤矸石、煤气、余热、生活垃圾、污泥等非常规能源驱动的机组，装机容量共计占 3.6%。总体来看，长江经济带工业园区集中式能源基础设施的燃料具有多样化特征，但燃煤机组和天然气机组仍占绝对主导，共计占 95.5%。因此，一方面要下大力气提高园区化石能源的使用效率，另一方面要大力发展非常规能源和可再生能源驱动的能源基础设施，因地制宜地替代现有燃煤设施存量，持续推进园区能源基础设施的绿色化和低碳化。

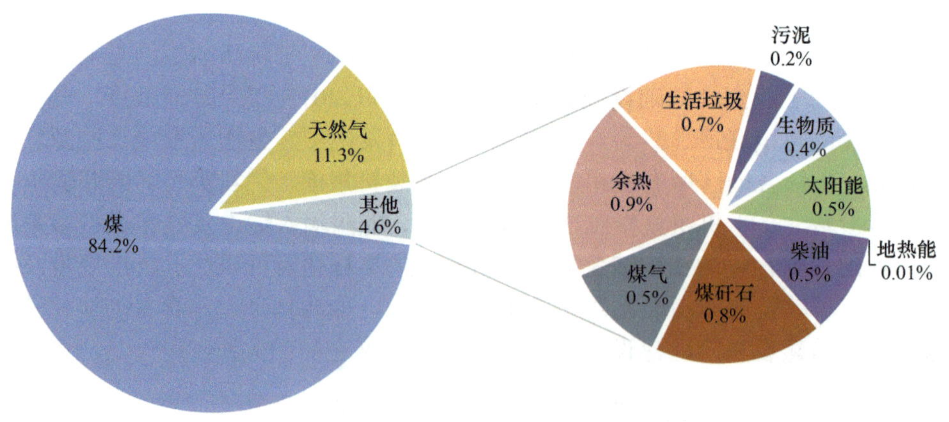

图 3-9　园区能源基础设施机组燃料结构

表 3-4 为长江经济带工业园区在役能源基础设施存量的技术结构。研究发现，纯凝机组，即纯发电机组的容量占比例最高，达到 58.5%；抽凝热电机组数量最多，占总数量的 42.6%和总容量的 27.8%。从能源产出来看，热电联产是机组的主要输出形式，包

表 3-4　园区能源基础设施技术结构

技术类型	容量		数量	
	数值/MW	占比例/%	数值/台	占比例/%
纯凝（PC）	122 061	58.5	591	32.5
抽凝（EC）	57 993	27.8	775	42.6
背压（BP）	3 446	1.7	257	14.1
天然气联合循环（NGCC）	22 862	11.0	101	5.5
煤气联合循环（CGCC）	285	0.1	2	0.1
仅供热或可再生能源（无汽轮机）	1 958	0.9	94	5.2
总计	208 605	100	1 820	100

括抽凝机组、背压机组以及部分煤气联合循环机组。2014 年全国热电机组总容量为 283GW，占火电机组总容量的 30.8%，可见长江经济带园区中热电机组容量占比例高于全国平均水平。这与工业园区蒸汽热力使用集中直接相关。

2. 园区能源基础设施绿色低碳转型的能源环境绩效研究

通过进一步量化分析长江经济带工业园区在役能源基础设施的能源效率和环境绩效，将设施绩效和全国平均水平及先进水平分别进行对标分析，以识别园区能源基础设施的发展水平和提升潜力。

从能源效率来看，根据清华大学环境学院清洁生产与工业生态研究中心的研究，全国 1820 个园区在役能源基础设施机组的平均供电效率为 39.0%，与同年全国供电效率平均水平（38.5%）基本持平。考虑到园区虽然燃料类型具有多样化特征，且部分非常规燃料（如垃圾、污泥焚烧）机组效率低于常规火电机组，但由于园区热电联产机组的数量占主导（60%），这部分热电机组的供电效率通常较高，对园区能源基础设施的平均能源效率有一定拉升效果。然而，研究发现园区能源基础设施的总体供电效率相比全国平均水平并无显著优势，进一步分析其原因：结合机组技术结构来看，严格按照“以热定电”原则设计的背压式热电机组仅占 1.7%，背压机组避免了冷凝器造成的热力损失，蒸汽压差发电后其余热力全部外供；而抽凝机组的运行机制与纯发电机组相似，并无明显效率优势，且两者共占机组总容量的 86.3%。因此，园区能源基础设施如要进一步提升能源效率，在当前“上大压小”措施（新建大容量高效燃煤机组替代小容量低效机组）受限的条件下，本研究提出优先将 200MW 及以下的在役纯凝和抽凝机组改造为背压式热电机组。

从环境影响来看，长江经济带工业园区能源基础设施 2014 年度温室气体排放、二氧化硫排放、氮氧化物排放分别为 8.6 亿 t、80 万 t 和 113 万 t，分别占长江经济带 11 省（直辖市）总排放的 26%、12%和 17%。园区能源基础设施年淡水消耗 11 亿 m^3，占同年长江流域工业园区工业耗水量（工业取水量 708.2 亿 m^3，按耗水量与取水量比值为 0.1 估算得出工业耗水量为 70.8 亿 m^3）的 16%。结果显示，长江经济带工业园区能源基础设施对长江经济带的环境影响较为显著。

进一步分析其环境绩效，长江经济带工业园区能源基础设施平均每度电温室气体排放、二氧化硫排放、氮氧化物排放、淡水消耗分别为 832g/（kW·h）、0.64g/（kW·h）、

1.00g/（kW·h）、1.16kg/（kW·h），而同年全国火电温室气体、二氧化硫和氮氧化物排放绩效和淡水消耗分别为850g/（kW·h）、1.47g/（kW·h）、1.47g/（kW·h）、1.6kg/（kW·h）。通过对比分析，园区能源基础设施总容量的99.5%为火力发电，其环境绩效整体优于全国火电平均水平，这是由于园区设施燃料消费具有多样化特征。但进一步看，除煤、天然气之外的其他能源品种仅占 4.6%，表明非常规能源消费份额仍具有较大提升空间。

特别地，随着我国垃圾分类工作的推进和污水处理厂在园区中建设的普及，生活垃圾和污泥的焚烧资源化将成为今后的主流废物消纳和能源回收方式，尤其是园区人口稀疏，离居民区普遍较远，且工业企业的热力需求稳定，相对于城区而言布局垃圾焚烧设施进行废物能源化处理更具优势。此外，在资源禀赋条件具备的园区部署分布式光伏与风力发电，也将是重要的园区能源基础设施绿色低碳发展途径，产生的可再生能源电力就近消纳，避免长距离电力传输损耗和弃风限电现象。

总体来看，长江经济带工业园区能源基础设施在区域环境中具有较显著的影响，园区能源基础设施总体的能源效率与全国平均水平相当，环境绩效则明显优于全国水平。针对其存量设施的技术特征和发展水平，建议从设备升级提效和燃料低碳化两个方面入手推进园区在役能源基础设施的绿色低碳转型，具体而言：①推进在役200MW及以下抽凝/纯凝机组改造为背压式热电机组，进一步提升能源效率；②推进园区建设垃圾/污泥焚烧设施，为园区企业供应热力和电力，并因地制宜部署分布式光伏与风电设施满足园区企业的部分电力需求，进一步将这2类设施连接形成园区综合能源供应微网，为园区低效燃煤设施的改造或退役提供基础条件。

（四）长江经济带工业园区水环境基础设施及取用水分析

1. 长江经济带工业园区环境基础设施建设情况

根据《水污染防治行动计划》（以下简称《水十条》）要求，2017年底前，工业集聚区应按规定建成污水集中处理设施，并安装自动在线监控装置，京津冀、长三角、珠三角等区域提前一年完成；逾期未完成的，一律暂停审批和核准其增加水污染物排放的建设项目，并依照有关规定撤销其园区资格。生态环境部、国家发展改革委于2018年12月联合发布《长江保护修复攻坚战行动计划》，要求规范工业园区环境管理，工业园区应按规定建设污水集中处理设施并做到稳定达标运行。

根据生态环境部公布的数据，截至2018年9月底，全国2411家涉及废水排放的工业园区污水集中处理设施建成率为97%，自动在线监控装置安装完成率为96%。长江经济带工业园区污水集中处理设施建设平均完成率为96.8%，其中上海、江苏、浙江、重庆、四川的省级及以上园区全部完成污水集中处理设施建设，其他6省还有58家园区尚未完成《水十条》规定的污水集中处理设施建设任务。长江经济带工业园区在线监控装置建设平均完成率为96%。

目前园区工业废水处理方式分为园区自建集中式污水处理厂和依托城镇污水厂处理两种方式，分别占总数的40%和60%。

在具体废水排放情况上，限于数据可得性，研究以长江经济带108家国家级经开区为例，研究了其 2016 年用水、排水及节水潜力。全国有 219 家国家级经开区，长江经济带布局了 49.3%的国家级经开区。长江经济带 108 家国家级经开区物理边界内共建有 209 座集中式污水处理厂，总设计规模 1060 万 t /d。绝大多数集中式污水处理厂同时处理园区内的工业废水和园区外的生活污水。长江经济带国家级经开区每年实际处理污水 29.7 亿 t，其中 21.1 亿 t 为生活污水，占 71%，8.6 亿 t 为工业废水，仅占 29%。

长江经济带不同区域的国家级经开区工业废水排放去向差异较大（图 3-10）。上游和中游地区工业废水排放量分别为 1.1 亿 t/a 和 1.0 亿 t/a，下游地区为 9.8 亿 t/a。通常，水污染物排放量与废水排放量呈正相关关系。园区的 COD 排放量基本满足这种相关关系，而氨氮的排放量则不完全与废水排放量成正比。下游地区园区总的工业废水排放量为 9.8 亿 t，其对应的氨氮排放量仅为 0.6 万 t，氨氮排放浓度的算术平均值仅为 6mg/L，已经接近污水处理厂排放标准对氨氮排放浓度的要求（一级 A 标：5mg/L，一级 B 标：8mg/L）。这间接说明下游地区的园区对氨氮的去除率较高，一个重要原因是下游部分地区较为严重的水环境污染倒逼园区及企业加强生产废水处理及水污染去除技术的升级所致。

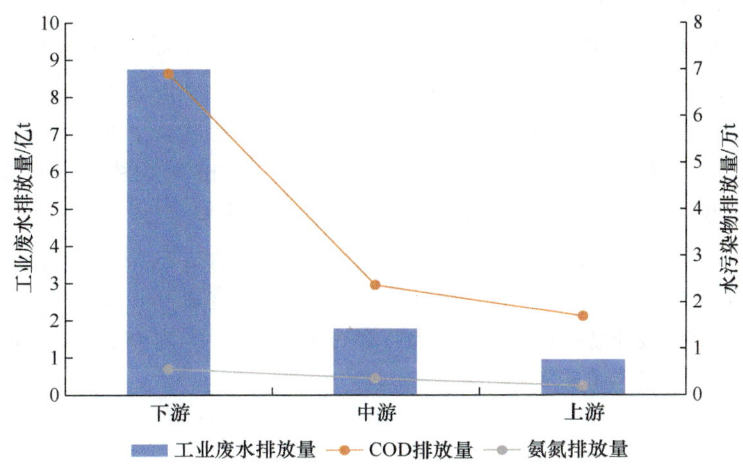

图 3-10　分区域园区工业废水及水污染物排放情况

2. 长江经济带工业园区取用水特征

长江经济带 108 家国家级经开区的总取水量为 57.5 亿 m^3，占当年全国总供水量（6040 亿 m^3）的 0.95%。相比于全国平均水平，园区的单位水资源产出效率较高。

按园区地理边界划分，取水量由园区用水量和外供水量两部分构成。其中，外供水量指园区内的取水设施向区外供水的量。园区总外供水量为 27.9 亿 m^3，占总取水量的 49%；总用水量为 29.6 亿 m^3，占当年全国工业用水总量（1307.8 亿 m^3）的 2.3%。共有 78 家园区的用水量大于外供水量。

园区取水水源类型丰富，但结构不均。如图 3-11 所示，园区取水来自 10 种水源。其中，“自来水”为区外水源通过市政给水管网向区内供水；其余水源为区内自备水源。与中国整体水源结构类似，地表淡水仍为最主要的用水来源。园区共取地表淡水 38.2 亿 m^3，约占总取水量的 68%。区外自来水供应为园区第二大水源，共供给 15.4 亿 m^3，约占总取水量的 27%。“地下淡水”水源共向园区供给 0.88 亿 m^3 新鲜水，约占总取水量的 1%。

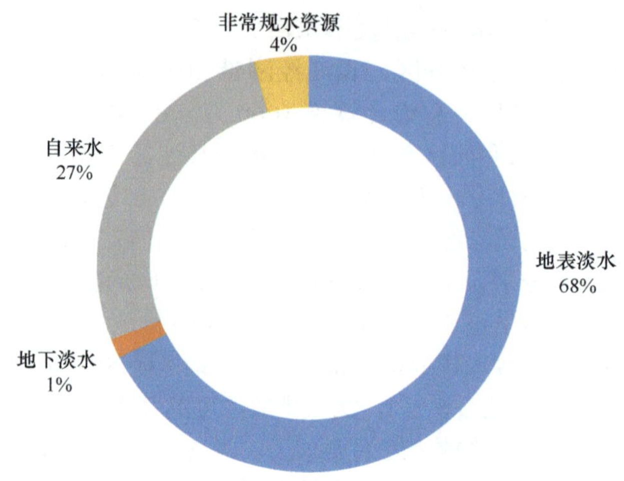

图 3-11 园区取水水源结构

1）上中下游园区取用水情况

108 家国家级经开区中，下游共有 75 家园区，分别为中游（15 家）和上游（18 家）地区园区总数的 5 倍和 4.2 倍；其中又以江苏、浙江两省分布最为密集，共 47 家园区。因此，下游地区园区的总取用水量也远高于中游和上游地区。下游地区的园区取水量总计 43.2 亿 m^3，分别为中游（8.3 亿 m^3）和上游（6.0 亿 m^3）（图 3-12）地区园区的 5.2 倍和 7.2 倍。从取用水结构上看，下游园区内总新鲜水用量（24.2 亿 m^3）高于总外供水量（19.0 亿 m^3）。与此相反，中游和上游地区园区内总新鲜水用量均高于其外供水量。主要原因有两个：一是下游地区工业企业向园区的聚集度更高，园区内工业需水量相较区外更大；二是中游及下游地区的园区大多依水而建，园区内有充沛的淡水资源，因此也承担着向区外供水的任务。

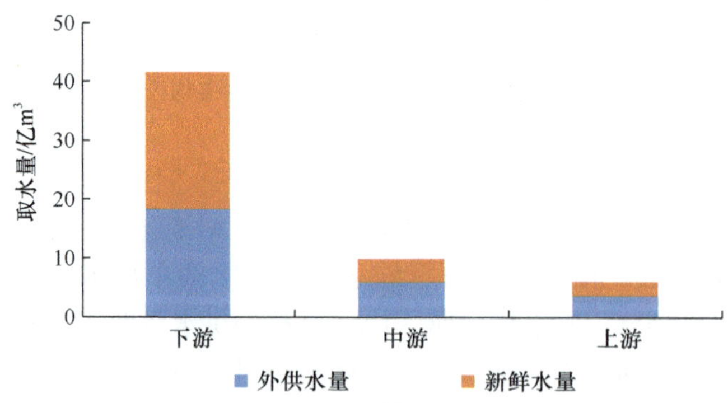

图 3-12 分区域园区取用水结构

如图 3-13 所示，上游、中游、下游区域园区的水源结构差异较大。下游地区地表淡水供水比例相对较小（65%），区外自来水供水比例较大（29%）。而中游和上游地区园区取水量主要来源于地表淡水，供水比例分别占区域总取水量的 79.2%和 69%。值得注意的是，下游地区取地下淡水比例极少，共 0.43 亿 m^3，仅占下游园区总取水量的 1%；而中游和上游地区园区不仅取地表淡水比例高，取地下淡水比例也较下游地区高，占比例

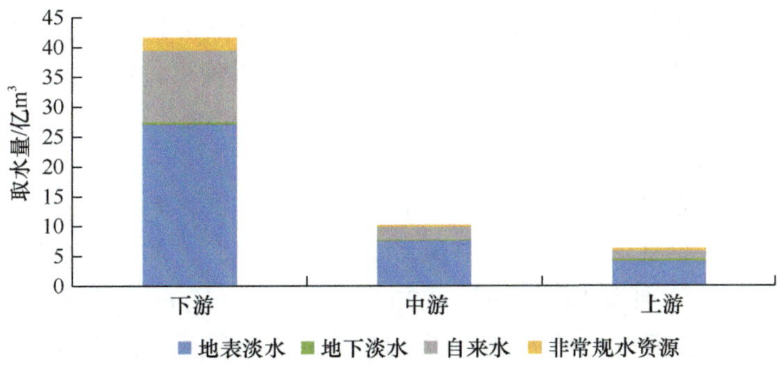

图 3-13　分区域园区取水水源结构

分别为 1.6%和 5.2%。下游地区园区取非常规水资源（包括海水、陆地苦咸水、矿井水、雨水、再生水/中水、海水淡化水及其他水）比例较高，共取 2.2 亿 m^3，占下游园区总取水量的 5%。这是由于下游地区，尤其是长三角地区，工业废水排放导致了区域的水质性缺水，部分地表及地下淡水资源遭受污染，水环境压力较大；而中游和下游地区地表和地下淡水资源均较丰富，水资源流动性强、水循环速度较快，加之工业远不如下游地区发达，因此水环境压力相对较低。

2）各省份国家级经开区取用水情况

长江经济带江苏、浙江、安徽、江西 4 个省份国家级经开区数量最多，分别为 26 家、21 家、12 家、10 家，共占长江经济带国家级经开区总数的 64%。各省份园区的取用水量与园区数量有一定关联，但不完全呈正相关关系。如图 3-14 所示，江苏和浙江取水量分别为 19.8 亿 m^3 和 17.8 亿 m^3，显著高于其他省份。而取水总量位于第三、第四位的省份分别是湖北（7 个园区，5.8 亿 m^3）和四川（8 个园区，3.7 亿 m^3），而不是园区数量位于第三、第四位的安徽和江西。从取水结构来看，除江苏、湖北、四川、云南 4 个省份外，其余省份园区内新鲜水用量均大于外供水量。总体来看，除江苏外，下游地区其他省份园区向外供水量均较少，这与该地区工业向园区高度集中有关。

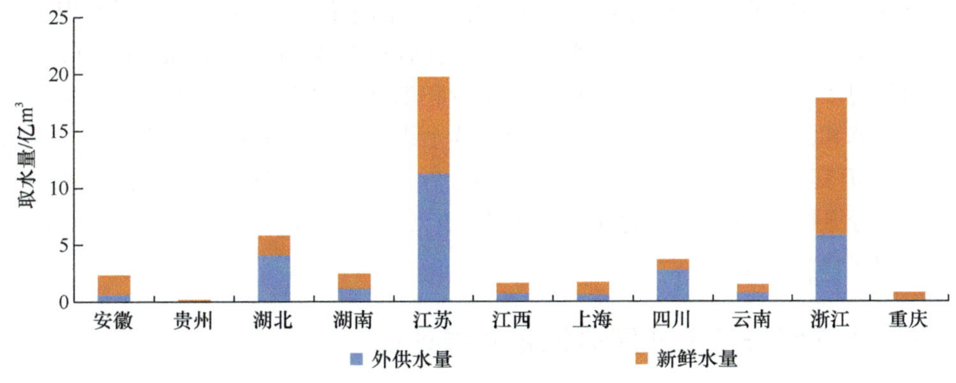

图 3-14　分省份园区取用水结构

不同省份国家级经开区的取水水源类型也呈现出明显的地域特征。如图 3-15 所示，尽管所有省份国家级经开区均以地表淡水和自来水为第一和第二取水水源，其比例却差异较大。江苏、浙江、上海的地表淡水取水量分别为 14.4 亿 m^3、10.7 亿 m^3、0.67 亿 m^3，分别占各自省份总取水量的 73.1%、60.3%、39.4%；而中游和上游省份国家级经开区的地表淡水取水量绝对值虽然较小，但占取水总量比例却较高。例如，湖北、云南、四川的国家级经开区地表淡水取水量分别为 4.8 亿 m^3、1.2 亿 m^3、2.7 亿 m^3，分别占各省份园区总取水量的 83.4%、77.7%、73.7%。

对于非常规水资源的利用，各省份也有其鲜明的特征。无论是非常规水资源取水总量还是占比例，长三角地区国家级经开区均较高。浙江、江苏、上海的国家级经开区非常规水资源取水总量分别为 1.6 亿 m^3、0.33 亿 m^3、0.19 亿 m^3，占各自园区取水总量的 8.9%、1.7%、11.1%。值得注意的是，浙江的国家级经开区非常规水资源取水量已经超过了江西、云南、重庆、贵州 4 省（直辖市）各自的园区取水总量。浙江省国家级经开区的非常规水资源主要来自于再生水、雨水，也有少部分来自于海水淡化水、陆地苦咸水等。上述现象从侧面反映出，下游尤其是长三角地区的淡水资源相对较为匮乏，因此国家级经开区在非常规水资源利用方面较为领先；而中游和上游地区的淡水资源较为丰富，推进国家级经开区非常规水资源利用，尚缺乏经济和环境的双重驱动力。

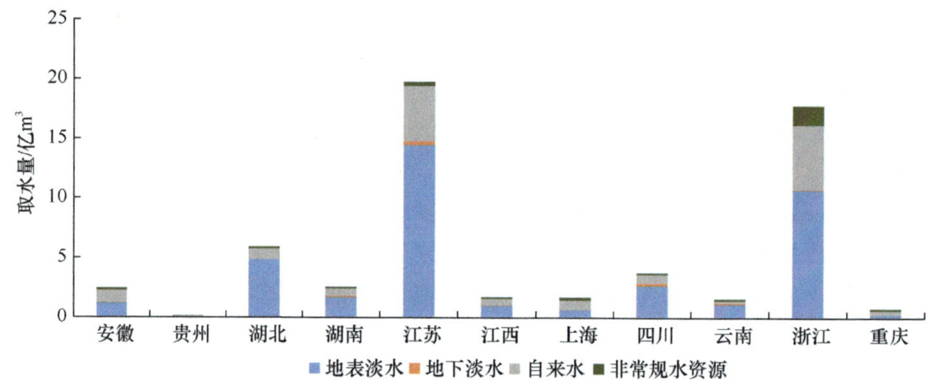

图 3-15　分省份园区取水水源结构

水资源利用方面，各省份也有各自鲜明的特征，这些特征与省份的地理位置和经济发展状况存在一定关联。如图 3-16 所示，浙江的国家级经开区平均新鲜水用量和消耗强度呈现“双高”特征，平均新鲜水用量和消耗强度分别为 0.57 亿 m^3 和 22.8m^3/万元；而贵州则呈现“双低”特征，平均新鲜水用量和消耗强度分别为 0.03 亿 m^3 和 1.7m^3/万元。虽然江苏和湖北的国家级经开区平均新鲜水用量绝对值较高，分别为 0.33 亿 m^3 和 0.25 亿 m^3，但其消耗强度相对较低，分别为 8.7m^3/万元和 8.3m^3/万元。总体来看，除浙江的国家级经开区平均新鲜水消耗强度（22.8m^3/万元）较高外，其余园区新鲜水消耗强度均处于相对合理的水平。

（五）长江经济带工业园区绿色发展评价

1. 园区开展国家级绿色发展示范试点创建情况

中央政府大力推进工业园区的绿色、低碳、循环、生态发展。生态环境部、科技部、商务部、工信部、国家发展改革委、国土资源部等部委相继发布各项政策，推动园区绿色发展（杜真，2019）。图 3-17 为上述部委针对工业园区开展的绿色发展相关示范试点项目。

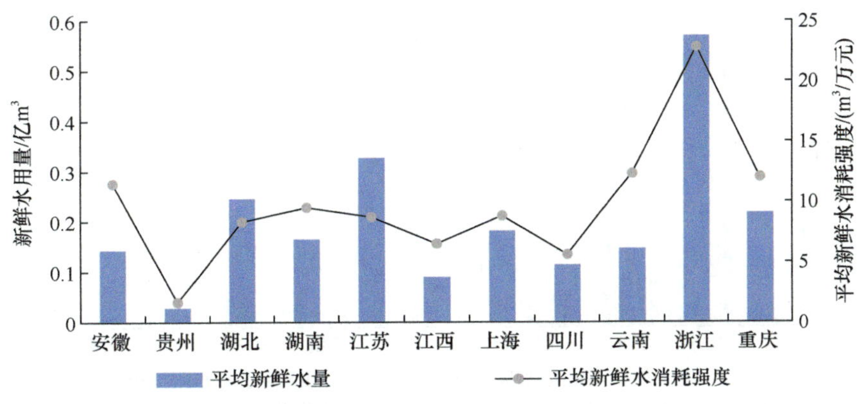

图 3-16 分省份园区用水特征

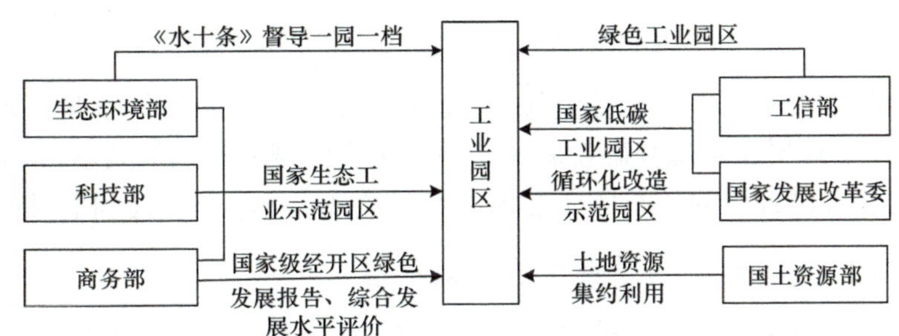

图 3-17 各部委推进工业园区绿色发展示范试点项目示意

长江经济带的工业园区中，较多园区积极开展了图 3-17 所示的绿色发展相关创建工作，并获得了国家相关部委的认证。其中，有 38 家园区已经被生态环境部、商务部和科技部三部委联合命名为国家生态工业示范园区，有 21 家园区被三部委批准创建国家生态工业示范园区。有 59 家园区被工信部评选为绿色工业园区，24 家园区被工信部和国家发展改革委两部委联合列为低碳工业园区试点单位。有 56 家园区获得国家发展改革委支持开展循环化改造示范试点工作。

图3-18是长江经济带各省（直辖市）示范试点园区数量分布示意图，可以看出，下游4省（直辖市）获得各部委认证的绿色发展类园区，在总体数量上明显占据优势。以国家生态工业示范园区为例，下游地区已被命名和批准创建的国家生态工业示范园区共有49家，而上游和中游地区一共只有10家园区。

在开展上述绿色发展相关的示范园区创建过程中，园区在企业清洁生产、园区基础设施建设、资源循环利用、污染物治理、产业结构优化等方面开展了大量针对性的工作，切实提升了园区的环境管理水平和绿色发展绩效，对长江经济带其他工业园区实现绿色化转型起到了积极的示范作用。

这些示范项目在推进过程中总体形成了“有标准可依、依标准建设、据标准考核、示范试点带动、建立长效机制”的发展路线图。由政府、市场和企业三个方面共同推进，从微观、产业集群、园区和社会四个层面建设实践。微观层面“以企业为主体”，通过理念革新和技术进步提高资源生产力和资源能源利用效率，减少废弃物产生量。产业集群层面引入龙头企业带动产业集群，构建“园中园”的发展模式，提升竞争力和环境管理能力。

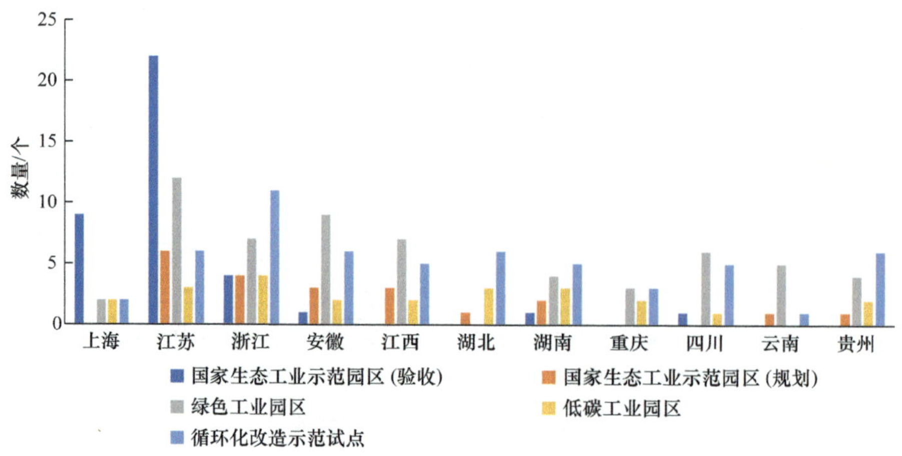

图 3-18　长江经济带各省份示范试点园区数量

园区层面完善基础设施，积极发展热电冷多联供，实施清洁能源和可再生能源替代，以及再生水回用。宏观层面实现基础设施和服务在更大区域内的延伸共享，加强社会分工，鼓励公众参与，提高公众的生态环保意识，实现经济、环境和社会和谐发展。

2. 基于典型指标的园区绿色发展绩效评价

国家级经开区是地区经济发展质量的排头兵，在一定程度上代表了地区绿色发展水平。本书从能源方面（能源产出率）、水资源方面（水资源产出率）、碳排放强度、污染物排放方面（COD 排放强度和二氧化硫排放强度）对长江经济带国家级经开区 2017 年绿色发展绩效以及 2015～2017 年绿色发展趋势进行分析。

1）能源产出率

长江经济带国家级经开区能源产出率指标分布见图 3-19。长江经济带国家级经开区能源产出率范围在 0.40 万～82 万元/ t 标煤。能源产出率在 5 万元/t 标煤及以上的国家级经开区占 47%；能源产出率在 15 万元/ t 标煤及以上的国家级经开区占 16%，其中上游 4 家，中游 7 家，下游 6 家。

2）水资源产出率

长江经济带国家级经开区水资源产出率指标分布见图 3-20。国家级经开区水资源产出率范围在 0.01 万～3.75 万元/ m^3，各经开区之间的水资源产出率差异较大。

3）水污染物

水污染物排放以化学需氧量为代表指标进行分析，长江经济带国家级经开区单位 GDP 化学需氧量排放分布见图 3-21。

国家级经开区 GDP 化学需氧量排放量范围在 0.01～2.98kg/万元。单位 GDP 化学需氧量排放量低于 0.1kg/万元的国家级经开区占 51%；单位化学需氧量排放量高于 0.2kg/万元的国家级经开区占 25%。中下游园区污染排放集中。

长江经济带国家级经开区 COD 排放强度变化空间分布如图 3-22 所示。与 2015 年相比，单位 GDP 化学需氧量排放量增加的国家级经开区占 12%，主要集中在中下游地区；单位 GDP 化学需氧量排放量下降 60%以上的国家级经开区占 53%；多数园区在近 5 年污染物排放强度呈下降趋势，但减排压力仍存在，且园区间差异较大。

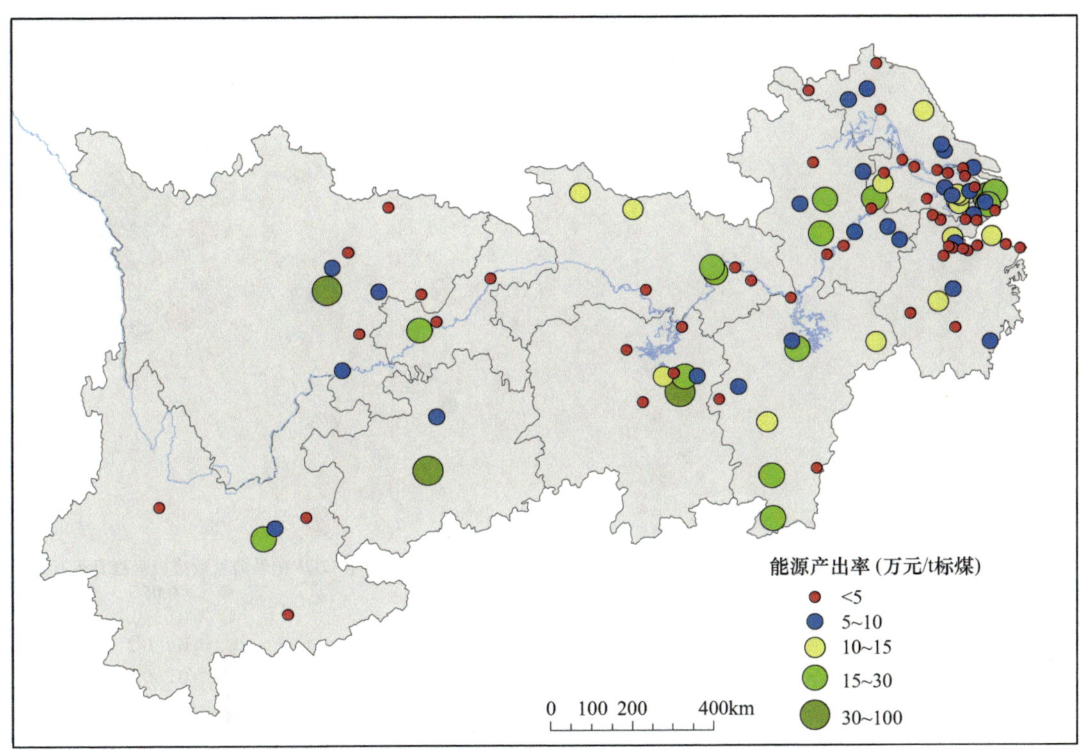

图 3-19　长江经济带国家级经开区能源产出率分布

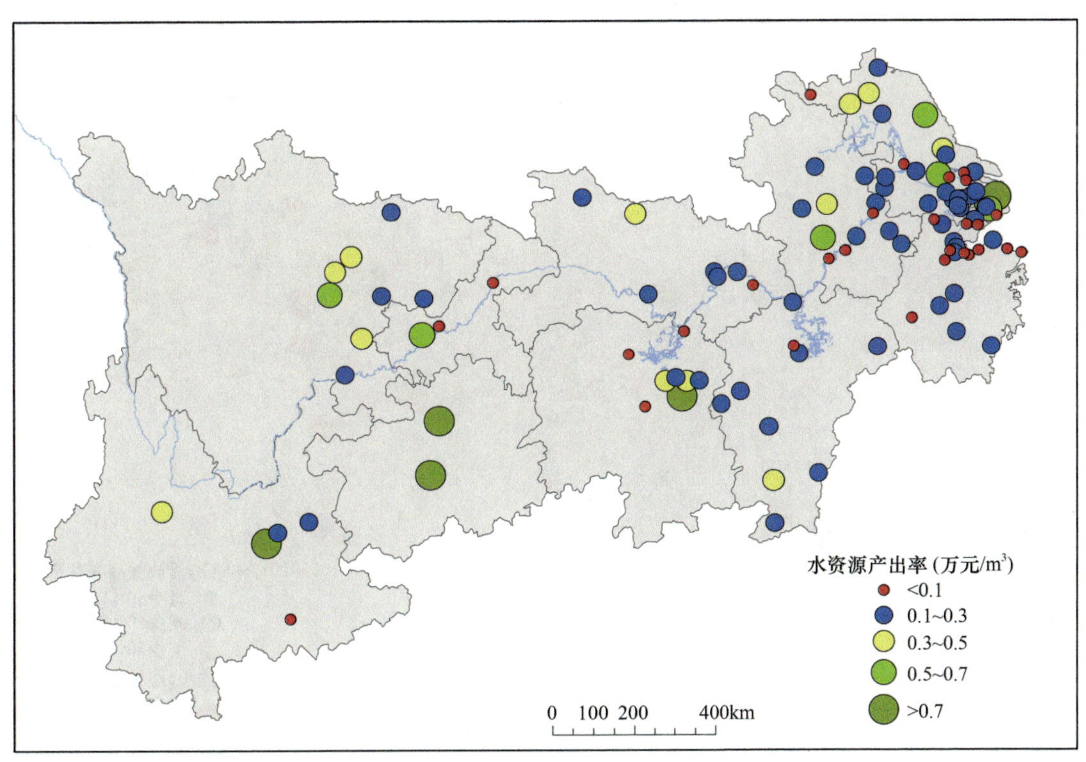

图 3-20　长江经济带国家级经开区水资源产出率分布

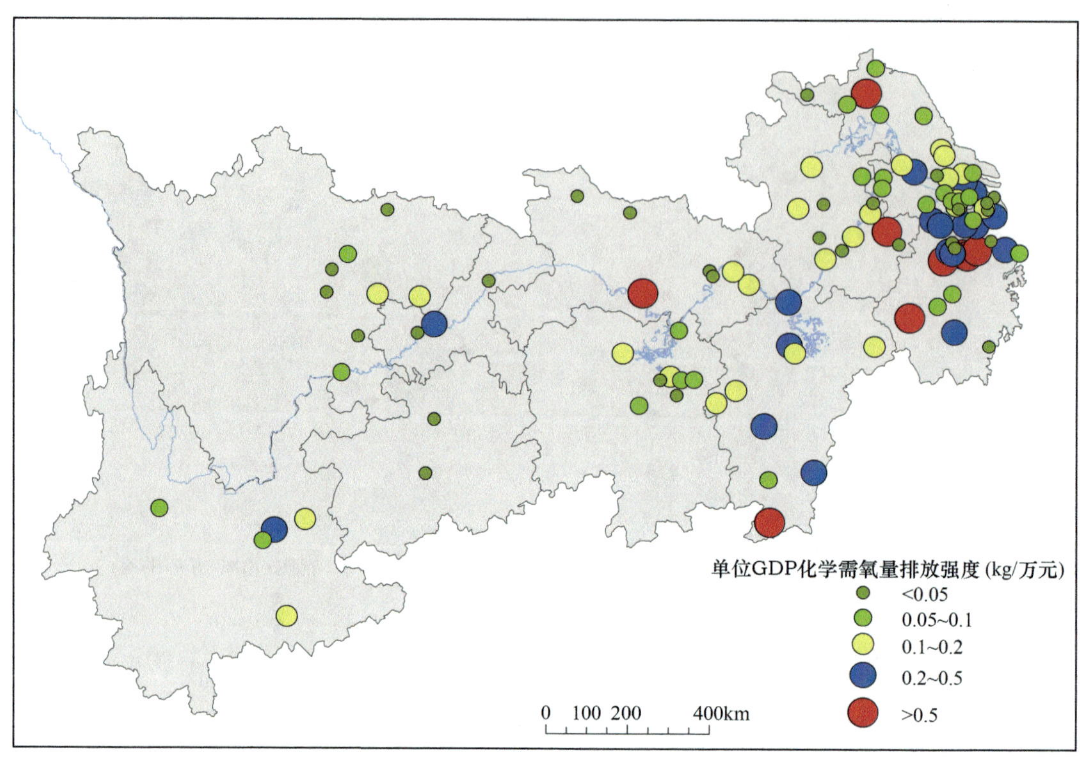

图 3-21 长江经济带国家级经开区单位 GDP 化学需氧量排放强度分布

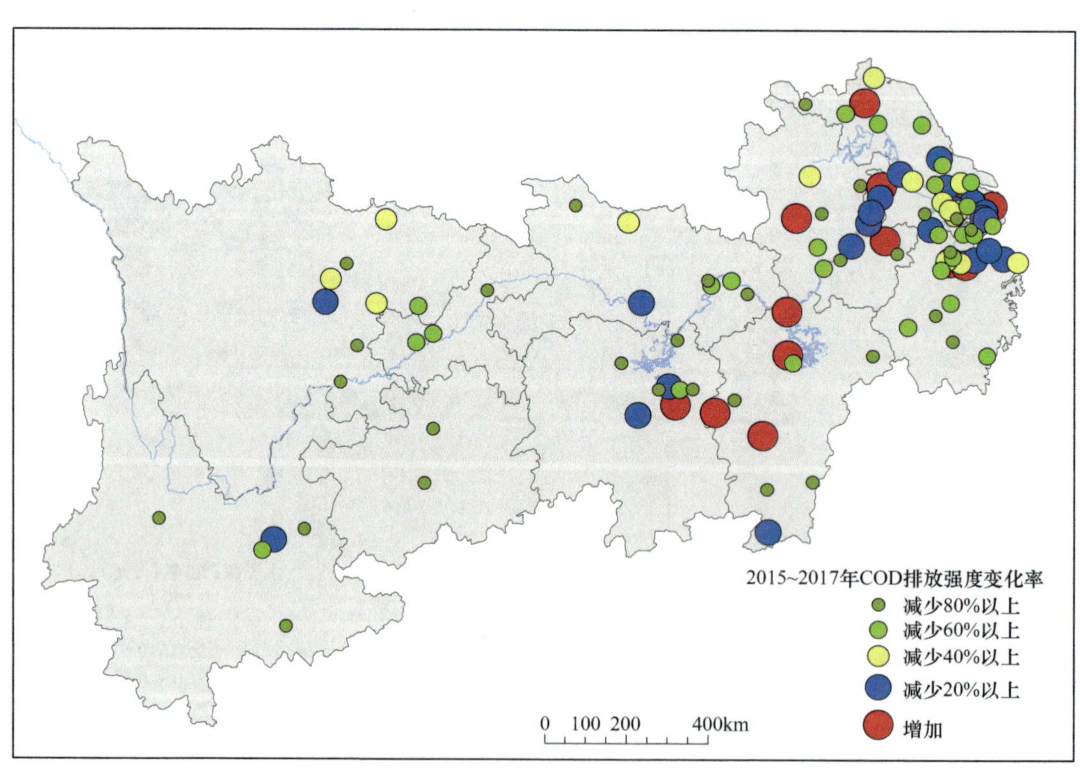

图 3-22 长江经济带国家级经开区 COD 排放强度变化空间分布

3. 长江经济带工业园区绿色发展指数评价

1）绿色发展指数评价方法

本书通过建立绿色发展指标体系，对长江经济带和其他国家级经济技术开发区进行横向和纵向比较。本研究报告提出国家级经开区绿色发展指标体系（田金平等，2018），由经济发展、资源能源、生态环境、区域带动4个准则层共11项基本指标构成（表3-5）。

表3-5 国家级经开区绿色发展指标体系

一级指标	二级指标	单位	指标含义
经济发展	1. 人均GDP	万元/人	体现经济发展的质量，间接体现产业的自动化、信息化水平和科技水平
	2. 单位土地面积地区生产总值产出	亿元/ km^2	体现土地集约程度和发展的质量
	3. 单位土地面积税收收入	亿元/ km^2	
	4. 第三产业增加值占比例	%	体现经济发展中二类、三类产业结构的演变，体现国家级经开区产城融合的发展趋势
资源能源	5. 能源产出率	万元/t标煤	体现能源利用效率，间接体现控制能源消费总量的目的
	6. 水资源产出率	万元/ m^3	包括直接消耗的新鲜水量和电力消费间接的新鲜水用量；体现水资源利用效率，间接体现用水总量控制及生命周期思考理念
生态环境	7. 单位地区生产总值温室气体排放量	t CO_2e/万元	体现经开区温室气体排放现状和经济发展的碳足迹，间接体现能源结构调整
	8. 单位地区生产总值 SO_2 排放量	kg/万元	SO_2 排放包括经开区直接排放量和电力消费的间接排放，体现全生命周期视角
	9. 单位地区生产总值COD排放量	kg/万元	经开区通常建有集中式污水处理厂，间接体现经开区水污染物减排及总量控制
区域带动	10. 四上企业年末从业人数占所在省份常住人口的比例	%	体现经开区在解决就业方面的吸纳和带动作用，与指标1结合间接体现了经开区产业发展向知识密集型和价值链高端发展的导向
	11. 园区地区生产总值占全国GDP比例	%	一方面，体现经开区对经济发展的带动作用；另一方面，经开区发展必须有较大的经济总量，方能支撑环境改善和社会公共事业投入，体现发展与保护协同的环境保护理念

注：①"四上企业"是指规模以上工业企业、资质等级建筑业企业、限额以上批零住餐企业、规模以上服务业企业四类规模以上企业的统称。②指标体系中未选择氮氧化物和氨氮相关指标，是基于氮氧化物排放和二氧化硫排放，以及COD和氨氮排放之间有很强的相关性。③未选择非化石能源或清洁能源相关指标，是基于已选择温室气体排放指标，两类指标之间关联性强。④科技创新及管理相关的指标未纳入，是基于指标选择原则之5——突出绿色发展的绩效，科技创新及管理提升均是促进绿色发展的关键行动。

绿色发展指数方法是在评价指标体系基础上，进一步将各项指标经无量纲化处理和加权得到单一指数表征的园区综合绩效的方法，便于进行园区间的量化比较。指数计算过程分为数据预处理、权重确定和综合指数计算。对指标1～11按此流程进行处理，得到综合指数。

（1）数据统计分析

首先对各指标的数据特征进行统计分析，为减少各项指标中极值对指数结果的拖动效应，根据统计分析结果对指标分别进行缩尾处理并二次赋值（表3-6）。以人均GDP为例，将指标按从小到大排序，前5%的园区的实际值重新赋值为5%所在点的值；后10%的经开区其实际值重新赋值为10%所在点的值。缩尾前后指标分布变化见图3-23（以人均GDP和单位土地面积GDP产出为代表）。

表 3-6　各指标缩尾程度

准则层	指标	缩尾范围
经济发展	1. 人均 GDP	[5%；90%]
	2. 单位土地面积地区生产总值产出	
	3. 单位土地面积税收收入	
	4. 第三产业增加值占比例	—
资源能源	5. 能源产出率	[5%；75%]
	6. 水资源产出率	
生态环境	7. 单位地区生产总值温室气体排放量	[25%；90%]
	8. 单位地区生产总值 SO_2 排放量	
	9. 单位地区生产总值 COD 排放量	
区域带动	10. 四上企业年末从业人数占所在省份常住人口的比例	[5%；95%]
	11. 园区地区生产总值占全国 GDP 比例	

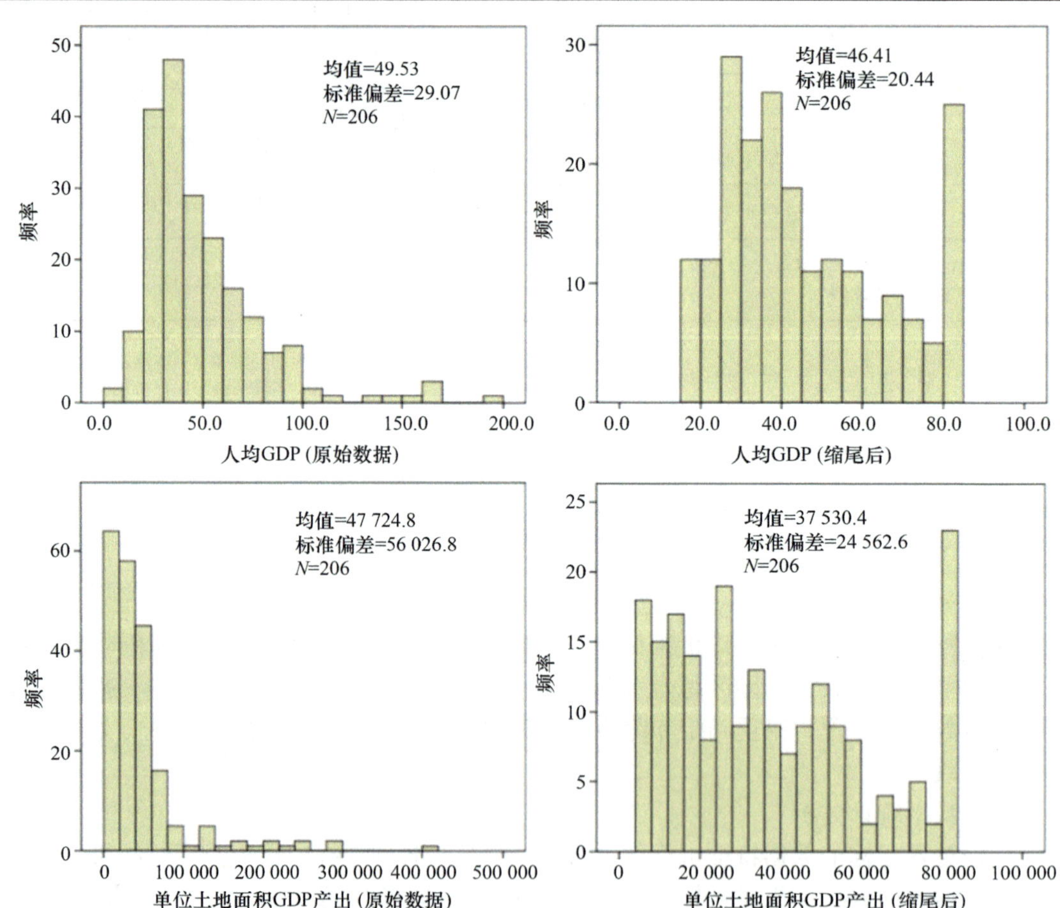

图 3-23　指标原始数据缩尾预处理前后统计分布特征

（2）各指标数据处理采用极值法进行归一化处理

$$\text{正指标：}Z_{ij}=(X_{ij}-X_{i\min})/(X_{i\max}-X_{i\min})$$

$$逆指标：Z_{ij} = (X_{i\max} - X_{ij})/(X_{i\max} - X_{i\min})$$

式中，i 为某项指标；j 为某个国家级开发区；X_{ij} 为该指标的实际值；$X_{i\min}$ 为 2015 年该指标的最小值；$X_{i\max}$ 为静态评价 2015 年该指标的最小值；Z_{ij} 为 j 开发区的 i 项指标得分。

（3）确定权重（W）

采用专家评分法确定权重。

（4）各园区绿色发展指数计算（EPI_{i_0}）

$$\mathrm{EPI}_{i_0} = \sum_{j=1}^{p} w_j Z_{ij}$$

式中，w_j 为第 j 项指标的权重值。

国家级经开区绿色发展指标体系权重设置见表 3-7。

表 3-7　国家级经开区绿色发展指标体系权重设置

准则层		指标层			
指标	权重	指标	权重	指标缩写	单位
经济发展	40	1. 人均 GDP	10	GDP/Cap.	万元/人
		2. 单位土地面积地区生产总值产出	10	LandProd.	亿元/ km^2
		3. 单位土地面积税收收入	5	Tax/Land	亿元/ km^2
		4. 第三产业增加值占比例	15	TertiaryInd.	%
资源能源	20	5. 能源产出率	10	EnergyProd.	万元/ t 标煤
		6. 水资源产出率	10	WaterProd.	万元/ m^3
生态环境	25	7. 单位地区生产总值温室气体排放量	5	GHG/GDP	t CO_2e/万元
		8. 单位地区生产总值 SO_2 排放量	10	SO_2/GDP	kg/万元
		9. 单位地区生产总值 COD 排放量	10	COD/GDP	kg/万元
区域带动	15	10. 四上企业年末从业人数占所在省份常住人口的比例	10	Labor%	%
		11. 园区地区生产总值占全国 GDP 比例	5	GDP%	%

2）绿色发展指数评价结果

长江经济带各国家级经开区与其他国家级经开区的评价结果与对比见图 3-24。长江经济带国家级经开区绿色发展指数为 6～86 分，其中在平均分（50 分）以上的国家级经开区上游占 13%，中游占 22%，下游占 65%，下游园区绿色发展指数得分较高。

长江经济带国家级经开区绿色发展指数分布并不均衡，主要表现在以下方面。

（1）地域差异

2015 年长江经济带上游国家级经开区的绿色发展指数分值为 15.7～75.5 分，平均为 47.7 分；中游国家级经开区的绿色发展指数分值为 5.27～85.7 分，平均为 49.8 分；下游国家级经开区的绿色发展指数分值为 18.0～81.6 分，平均为 53.4 分；中下游国家级经开区绿色发展指数平均高于上游国家级经开区，地域差异明显，尤其是下游国家级经开区发展差异更为明显，详见图 3-25 和图 3-26。

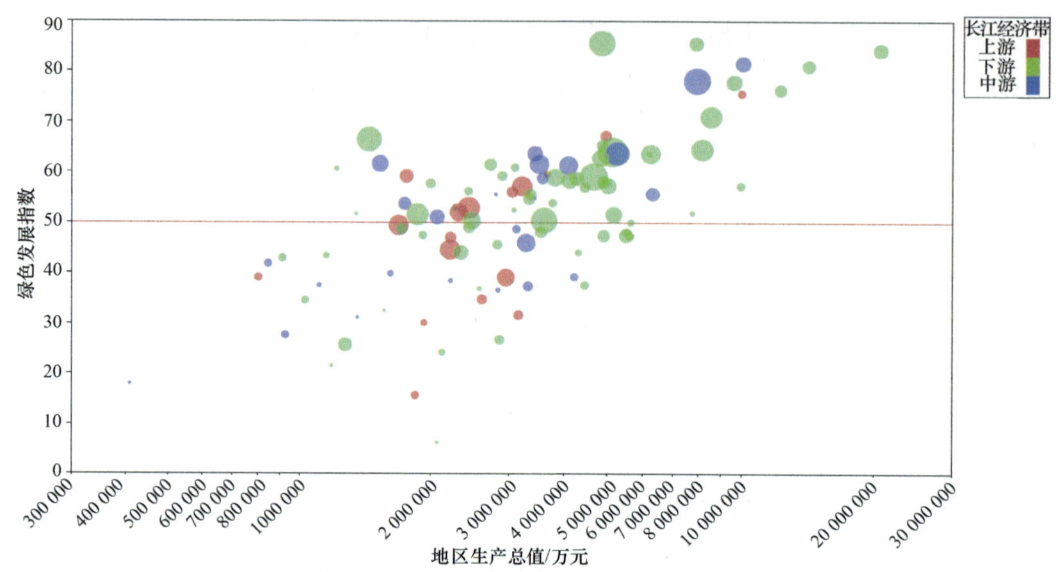

图 3-24 长江经济带国家级经开区绿色发展指数

图中三条线分别代表全国国家级经开区的最高水平、平均水平和最低水平；图中气泡大小依照水资源产出率，产出率越高气泡越大

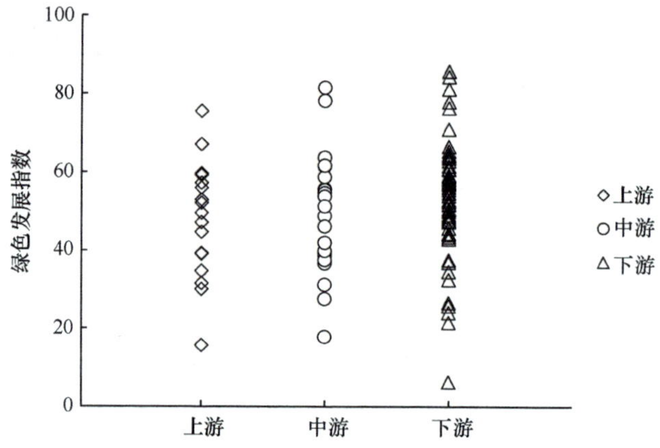

图 3-25 2015 年长江经济带上中下游国家级经开区绿色发展指数分布

（2）开展国家生态工业示范园区建设与国家级经开区绿色发展指数间的关系

国家生态工业示范园区是生态环境部、商务部、科技部联合推进的面向全国工业园区推动产业转型升级，实现节能、低碳、绿色发展的重要抓手，是中国最早开展的面向园区的生态化发展实践活动。在已命名和列入创建名录的国家生态工业示范园区中国家级经开区占了大多数。图 3-27 列出了国家级经开区国家生态工业示范园区建设与绿色发展指数之间的关联。

总体而言，已命名为国家生态工业示范园区的国家级经开区，其绿色发展指数优于批准建设中的国家级经开区和尚未开展国家生态工业示范园区建设的经开区。在已命名为国家生态工业示范园区的国家级经开区中，绿色发展指数分值为 32.6～85.8 分，平均为 65.8 分；而批准建设中的 22 家国家级经开区其绿色发展指数为 50.5～81.6 分，平均为 60.7 分；尚未开展国家生态工业示范园区建设其绿色发展指数为 6.37～65.4 分，平均为 46.4 分。这一定程度上说明了国家生态工业示范园区建设对促进国家级经开区绿色低碳循环发展的积极作用，体现了先进性和示范作用。

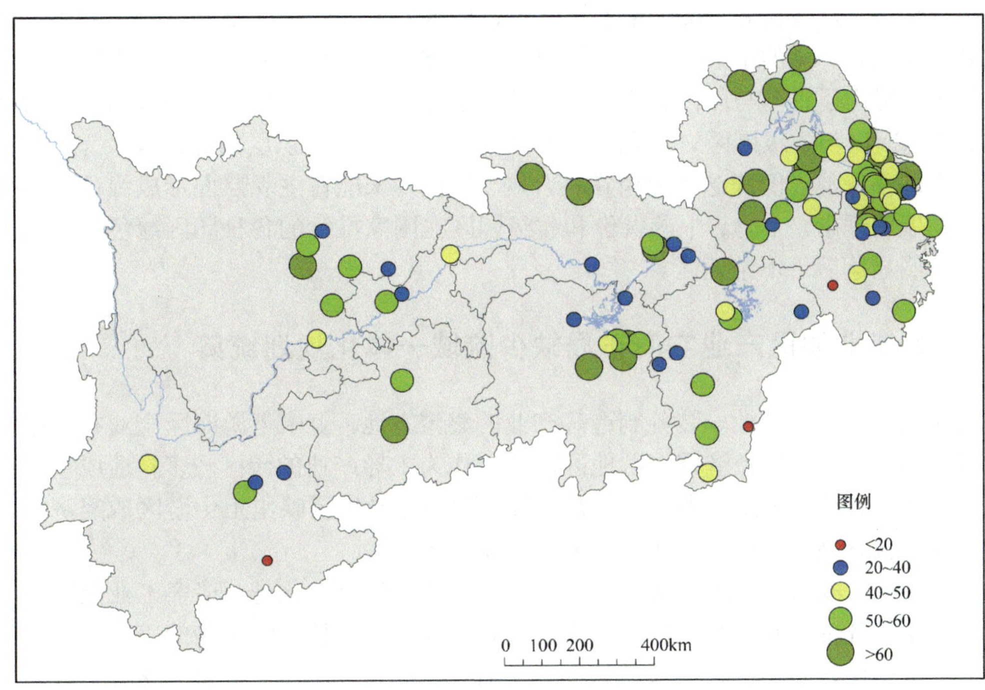

图 3-26 2015 年长江经济带国家级经开区绿色发展指数分布

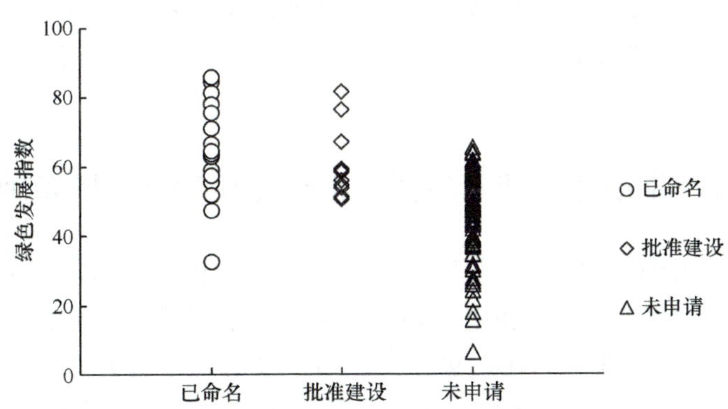

图 3-27 2015 年按生态工业示范园区建设状态分类的绿色发展指数分布

二、长江经济带工业园区绿色发展问题分析

（一）上中下游园区绿色发展水平存在较大差异，部分园区生态文明建设意识薄弱

长江经济带工业园区，因经济发展而建，因长江而兴。工业园区的首要任务是发展经济，通过集聚集约的生产方式，实现企业集群、产业集群、基础设施共建共享，获得经济效益的最大化，提升本地区产业竞争力和特色化。但同时，工业园区集聚发展，也

带来了污染的集中排放，加剧了区域环境保护的压力。

长江经济带 11 省（直辖市）在资源环境、经济基础、交通环境等方面发展条件差异较大，造成长江经济带 1000 余家园区中，园区发展和管理水平存在显著差异，地区间发展差距明显。党的十八大以来，国家尤其重视园区绿色创新转型，各类国家层面重要文件中，提出了许多与园区生态化、绿色发展相关的内容。但上游地区与中下游地区之间、国家园区与省级园区之间在园区开展生态文明建设意识层面存在较大差异，多数园区对生态环保建设的理念仍停留在“合规”层面，未能在主观层面形成绿色低碳循环生态化发展的理念。上游、中游省份和省级园区在国家推行的各种园区绿色发展相关创建工作中明显落后于下游地区。

（二）工业园区产业空间布局缺少流域一体化规划统筹

长江流域是化工产业、装备制造等产业的集聚之地，上中下游园区产业布局空间一体化特征不明显。长江经济带上游地区以化工作为主导产业的园区较多，造成了上重下轻的产业布局态势，上游、中游、下游主导产业的差异也反映出上中游区域经济发展水平对对高科技、高附加值、低污染产业的吸引力差。

沿江运输、取水、排污等支撑工业发展的基础条件十分优越，诸多工业园区沿江而建，与长江经济带休戚与共、紧密相连。工业园区推动了长江经济带的工业发展，但空间布局的敏感性、脆弱性，让长江长期背负着过重的包袱，也给长江带来了安全隐患。

此外，在管理上还存在思维误区，认为只要将园区空间区域搬离长江沿岸就可解决各种生态环境问题。没有污染的行业，只有企业的污染，不做到真正地将工业企业的污染问题解决好，仅仅靠搬离长江岸线远一点，解决不了根本的问题，而且往往会适得其反，老污染源没有解决，又开辟了新的污染源。

（三）园区绿色发展潜力仍待挖掘，精细化科学化环境管理能力亟待提升

当前工业园区的污染控制大多仍以末端治理及达标排放为重点，缺乏全链条统筹清洁生产、过程减排、废物资源化利用等系统优化的控制措施；工业园区内部清洁生产、产业共生、循环经济、产业生态化污染预防和资源能源效率提升工作还有潜力可挖，园区资源能源利用效率和产出率仍较低，循环利用程度仍偏低，污染物产生量仍较大。部分园区管理机构对企业及园区整体环境管理的底数不清，对区内企业用水用能特点、废物发放特征、特征污染物排放等基本信息不掌握或掌握不清。

以水污染排放为例，现阶段，在《水十条》的要求下，省级及以上工业园区虽已基本做到污水集中处理设施全覆盖，但污染治理理念仍存在局限。园区工业废水水质成分复杂，在现行标准及实际管理中过于重视 COD、氨氮等常规指标，缺少对有毒有害、持久性有机物等特征污染物和新兴污染物，以及生态安全等指标的考虑，污水处理厂工艺设计难以满足工业废水特征污染物的消除问题，仍存在用生活污水作为难降解工业废水的稀释剂的现象，污染物总量未得到削减，带来严重的环境风险，制约了区域环境质量的改善。

在对江苏、浙江等地的国家级经开区现场调研过程中发现，这些园区均完成了《水

十条》规定的任务，在集中治污、实施在线监测、达标排放等方面均执行较好，但所调研园区在可持续水管理方面也存在共性问题，主要表现为：园区或企业管理者普遍认为区域水量丰沛，用水成本在生产成本中占比例很小，尚未控制从河湖取水的总量，对全过程水管理的认识尚不到位，缺少从生命周期的角度认识园区及企业用水的直接成本和间接成本，尚未建立从取水到排水的全流程水管理体系。

园区工业固废管理机制及监管仍有欠缺，大多数园区一般工业固体废物产生种类、数量以及去向未建立完善的全过程统计跟踪机制，一般工业固体废物的全口径统计、全过程监管不全面；缺少固体废物信息管理平台与再生资源流通交易平台，固体废物的循环再生和综合利用仍有缺口。

园区精细化环境管理能力亟待提升。工业园区企业数量多、污染物种类复杂，对园区精细化环境管理能力要求高。但是，大部分园区存在环境管理机构人员配置不够，人员业务能力不高，管理技术手段落后，监管能力薄弱等困难。此外，园区存在数据缺乏、数据不准确的现象。调研发现，大多数园区尚未建立完善的环境信息档案，一些园区的环境管理部门对园区内企业污水排放量和主要污染物种类等基本信息掌握不足，园区精细化管理水平偏低。

（四）科技要素不足，工业园区绿色发展软实力欠缺

科技创新在工业园区绿色发展中的地位不突出，科技驱动的园区转型动力机制不足。在产业发展方面，大数据+、智能制造、互联网+已成为大多数园区转型发展的目标与方向，但多停留在口号阶段，如何围绕科技创新来增强技术底蕴和创新资源，实现现有制造业和研发相结合，增加制造业的科技含量水平，实现创新成果快速转移转化并推动产业结构转型升级，仍是发展的难点。

对国家级高新技术园区，也存在“高新区不高”的现象。以长江中游沿江某国家级园区为例，园区规模以上高新技术企业仅占全部规模以上企业的三分之一，多数企业生产工艺低端、产业链短、科技含量不高，此外，园区基础设施老旧，不能有效支撑园区经济发展转型。

在管理方面，长江经济带许多园区都在建设以安全、环保管理为核心的园区“智慧”管理平台。但目前，园区智慧平台建设多以基础的环境监测和安全管理为主，完成监督性监测任务安排、社会化环境检测机构管理、水气自动站数据采集等，强化重点污染源自动监控体系建设，发展“一企一策”的环境监管模式。但是基于大数据驱动的园区精细化环境管理能力仍然不足，数据挖掘与二次开发尚待深入，真正实现智慧化管理仍处于早期阶段。

三、长江经济带工业园区绿色发展路径与建议

（一）加快工业园区绿色转型升级，构建流域产业和生态空间一体化

1. 上中下游协同发展，构建以工业园区为载体的现代产业体系

树立全流域一盘棋，统筹上中下游，充分发挥长江东中西部交通运输的黄金水道作

用，积极发挥沿江城市群纽带作用，发挥对内对外两个优势，注重发挥地理条件优势、资源禀赋优势、产业基础优势、水运港口优势，打造特色园区、科技园区、智慧园区，提升园区智能化、绿色化水平，构建绿色化工、汽车制造、新材料等现代产业体系。

建立“三线两单”，即生态保护红线、环境质量底线、资源利用上线和环境准入负面清单、环境准入绿色正面清单环境管控体系。根据长江上中下游不同的生态功能定位，对限制性开发区、禁止性开发区的正面清单产业给予扶持。在满足空间管控和总量管控的前提下，提出生态环境准入门槛和标准；限制下游、中游重化工产业结构往上中游转移。

一园一策，大力推动园区特色化，深化要素优化配置机制，推动产业平台、产业链发展。依托长江经济带已有产业基础，进一步聚集资源要素，整合产业链上下游优质资源，延伸全产业链，不断打造一流产业链，育强特色产业集群。

2. 加强科创引领，全面推进企业及园区产业数字化生态化转型

全面推动长江经济带工业园区企业数字化转型，加速线下产业线上化，推进产业互联网平台加速赋能实体产业，解决制造业在产业链协同、供给需求匹配方面的不足。加大技术服务，推动更多企业运用云计算、大数据、人工智能等技术实现产业数字化。

加快各类工业园区绿色化、生态化改造，全面推进绿色工厂、绿色设计、绿色园区、绿色供应链管理，构建绿色制造体系。在园区大力实施能源和资源高效化利用改造工程，进一步提升工业用能效率、用水效率和亩均效益。

推进先进制造业和现代服务业深度融合发展。一方面加快生产型制造向服务型制造转变，传统产业与新一代信息技术融合；另一方面，加速制造业服务化转型，发展服务衍生制造，鼓励服务企业向制造环节延伸。

3. 推动化工园区发展变革转型，破解“化工围江”局面

大力开展沿江化工园区和企业污染防控专项整治，大幅压减沿长江干支流两侧 1km 范围内、环境敏感区域、城镇人口密集区、化工园区外、规模以下等化工生产企业，鼓励探索和尝试具有地方特色的解决方案，针对压减的化工园区和企业，采取关停、搬迁、转移、承接等措施，综合施策，破解“化工围江”之困。

抓住企业入园契机，实施入园化工企业和合规接纳园区共同改造提升，提前规避产能过剩、同质化竞争等问题，实现上中下游地区化工园区差异化、联动发展，促进化工园区布局与长江生态环境资源相协调。

鼓励建设智慧化工园区，强化环境风险防控与应急能力建设，在上中下游开展重点化工园区环境风险预警和防控体系建设试点示范，努力打造绿色高质量发展示范区。

（二）推进工业园区生态化建设，实现资源节约环境友好绿色发展

1. 深化园区能源水资源双控，推动国家级园区率先脱钩发展

深化能源结构调整，落实能源生产和消费革命。鼓励工业园区开展余热暖民，推进能源梯级利用。完善企业及园区能源管理体系、计量体系和能耗在线监测智慧管理系统。深入开展重点企业能源、水资源总量和强度“双控”行动；深化用能权、用水权、排污

权改革，在能耗强度/能耗绩效达标的前提下，保障能效标杆企业、制造业重大项目，保障制造业高质量发展优势平台、优势企业、优势项目。

2. 深入园区循环化改造，显著提升园区资源能源利用水平

立足于园区资源禀赋优势和区域地理条件优势，通过引导园区企业形成上下游关系建设园区内部的循环经济产业链；通过采取“飞地模式”等途径，规划园区间的循环经济产业链。引导推进园区和产业统一规划、整体布局，促进产业、管理、资源等要素在上中下游园区间和产业高效流动，提高产业协同发展效率，减少园区之间同质竞争，实现园区差异化发展，推动长江经济带工业园区组团循环化发展整体水平的提高，打造绿色低碳循环园区升级版。

3. 强化工业园区可持续水管理，构建多级水风险防控体系

深入开展长江入河排污口整治提升专项行动，严控排污口设置，一个园区只设一个排污口，封堵并取消多个排污口。加强排污口监控，设立明显标志牌，完善入河排污口在线监测设施，加强入河排污口监督管理的数字支撑。

园区工业污水和生活污水实行统一纳管，且工业废水必须达到园区处理厂纳管标准，实现园区企业污水处理全覆盖。推动园区污水处理厂提标改造，为提升和保障长江流域水质作出贡献。

巩固“政府-部门-园区-企业”四级应急管理和污染事故联防联控体系，修订完善区级重大环境污染和生态破坏事故灾难应急预案，制定实施园区特别是沿江岸线环境风险防控方案，完成沿江沿岸化工园区突发环境事件应急预案备案。

4. 加大基础设施建设与改造提升，夯实绿色发展基础

推进园区污水集中处理设施建设。加快园区污水收集管网全覆盖工程建设，鼓励有条件的地区对化工企业废水实行“分类收集、分质处理”。加强园区工业固废运转处理管控。制定化工园区 VOC 排放及控制标准，加强监测技术、监管体系建设。提升能源基础设施效能，在新规划建设的热电基础设施或已有设施升级改造中，应积极拓展其服务功能，在实现蒸汽、电、热水、冷、纯水等多联供的同时，引导能源基础设施成为解决区域环境问题的重要载体，在区域循环经济发展中承担分解者作用的独特优势。

通过“集约建设，共享治污”，帮助中小企业降低污染治理成本。如因地制宜建设焚烧污泥供热工程，在解决污泥问题的同时，增加了蒸汽热能；在印染、喷涂集聚区，兴建印染同质废水预处理设施、喷涂污染集中治理设施等。发挥集中治污优势，降低一次性固定设施投资，依托治污规模经济优势，降低治污成本，提升专业化治污水平，积极打造低成本竞争力工业园区。

（三）创新政策制度保障，助力园区经济高质量发展转型

1. 推动长江经济带工业园区绿色发展纳入国家规划

全面落实《长江经济带生态环境保护规划》《长江保护修复攻坚战行动计划》，以及

国家各项专项行动计划，细化出台具体实施方案。积极推动把长江经济带工业园区绿色发展纳入长江经济带“十四五”规划，推动将园区绿色发展共性关键问题纳入国家科技攻关计划，争取在国家污染防治“十四五”规划中列入工业园区专题。同时，推动长江经济带 11 省（直辖市），专门出台面向“十四五”工业园区绿色发展专项，从政策、资金、科技等方面予以倾斜、重点支持。

2. 制定《长江经济带工业园区绿色发展指导意见》

建议由生态环境部牵头，会商工信部、商务部、科技部等部门，针对国家级经开区、国家级高新区、省级开发区，整合已出台的各类园区优惠政策，又突出各类园区重点，对各级园区绿色发展提出不同标准要求，分级、分类提出绿色发展指导意见。

发挥国家级经开区和高新区标杆引领示范作用，重点创建国家生态工业示范园区。省级园区和上游、中游地区的大部分园区，着重于环境基础设施和管理能力建设，同时学习先进园区的绿色发展经验和方式方法，改造传统“高投入、高消耗、高污染”的产业发展模式。

3. 运用经济手段，激发园区绿色发展新动能

从国家及省市层面建立政策激励机制，鼓励和引导园区绿色发展，加强政策研究，力争从财政、税收、奖励等多方面开辟渠道，给予优惠。鼓励园区推进绿色供应链、绿色信贷、环境保险、风险防控平台、第三方环境治理、环保管家等改革试点。加强对先进园区经验的总结和传播，总结绿色发展较好的园区的典型经验与可推广的实施方法，梳理不同园区类型不同产业特色的绿色发展典型，树立可推广、可复制创新模式，加大园区间交流学习。

搭建绿色金融平台，集聚银行、券商、产业资本等各类金融服务机构，为企业提供“一站式”绿色金融服务。实行企业环境信用评价，建立环保诚信企业名单，为环境信用好的企业提供绿色金融支持。积极开展环境污染强制责任保险试点。妥善引导园区排污企业与污水处理厂洽商机制（纳管标准）、园区企业废物交换。

4. 强化信息公开，建立园区绿色发展报告制度

充分调动企业、园区、公众积极性，积极参与投身工业园区绿色发展事业。维护公众生态环境权益，规范公众环保行为，引导公众参与，及时化解矛盾，多元化提供法律服务。依法保障企业合法权益，强化排污企业环境信息公开。分年度由园区组织或委托第三方编制《长江经济带工业园区绿色发展报告》，客观、专业、科学地对工业园区绿色发展的实践及成效进行评价，发现实施“生态优先、绿色发展”中存在的短板，提出针对性的政策建议。

专 题 研 究

专题一　长江经济带石油化工产业绿色发展战略研究

一、长江经济带石油化工产业绿色发展的现状及问题分析

作为新时期国家三大发展战略之一，长江经济带是继我国沿海经济带之后最具活力的经济带，也是未来“中国经济的脊梁”。长江经济带以 21%的土地承载着全国 30%的石油化工产业，仅从重化工业产量看，长江沿岸就占全国的 46%左右，石油化工产业生产能力已占据全国的近“半壁江山”（雷英杰，2017）。根据生态环境部的调查结果，长江沿岸聚集了 40 多万家化工企业，沿江而下的分布基本是围绕钢铁、炼油、石化等产业展开，长江经济带已呈现“化工围江”的局面。党中央、国务院高度重视长江经济带发展，近年来出台了一系列政策措施，全面推进绿色制造，实现绿色增长，提高工业资源能源利用效率，减少工业发展对生态环境的影响。

（一）长江经济带石油化工产业概况

1. 长江经济带石油化工产业现状

长江经济带战略是中国新一轮改革开放转型实施的区域开放开发新战略。长江经济带是具有全球影响力的内河经济带、东中西互动合作的协调发展带、沿海沿江沿边全面推进的对内对外开放带，也是生态文明建设的先行示范带。

1）长江经济带经济与人口现状

改革开放以来，我国形成了东部、西部、中部、东北部四大经济区，以及珠江三角洲、长江三角洲和环渤海三角洲，这三个区域城市密集，大中小城市相互依托，运输半径小。长江经济带生态地位重要、综合实力较强，在我国区域发展中占有重要地位（陈庆俊和吴晓峰，2018）。

长江经济带横跨我国东中西三大区域，包含长三角、长江中游、成渝三大城市群，覆盖上海、江苏、浙江、安徽、江西、湖北、湖南、重庆、四川、云南、贵州 11 省（直辖市），截至 2019 年长江沿线 11 省（直辖市）总人口 60 205 万人，约占全国总人口的 43%（专题图 1-1），GDP 达 45.78 万亿元，贡献全国 GDP 的 46.2%（专题图 1-2）。

2）长江经济带石油化工产业生产能力

长江经济带石油化工产业是我国重要的石化、化肥、农药、涂料和无机化工原料的生产基地，在全国占有举足轻重的地位。据统计，长江经济带 11 省（直辖市）仅石化、化工、医药等行业的企业就超过了 1.2 万家。长江经济带面积虽仅占全国的 21%，但废水

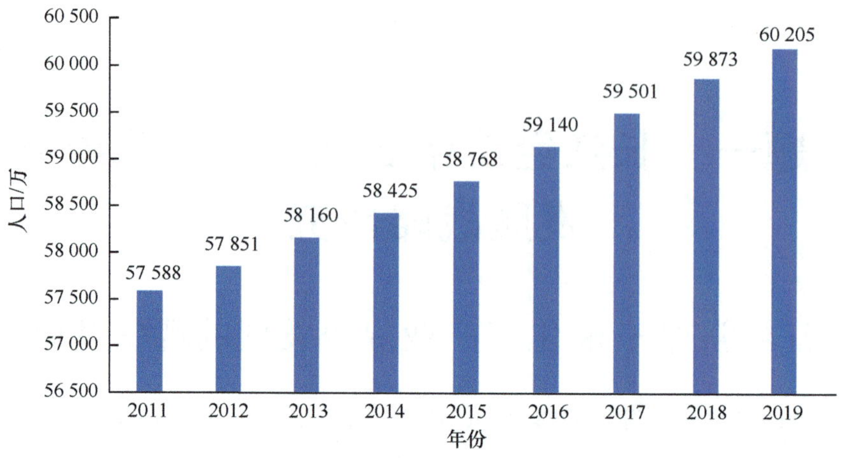

专题图 1-1　长江经济带 11 省（直辖市）人口趋势图

数据来源于国家统计局

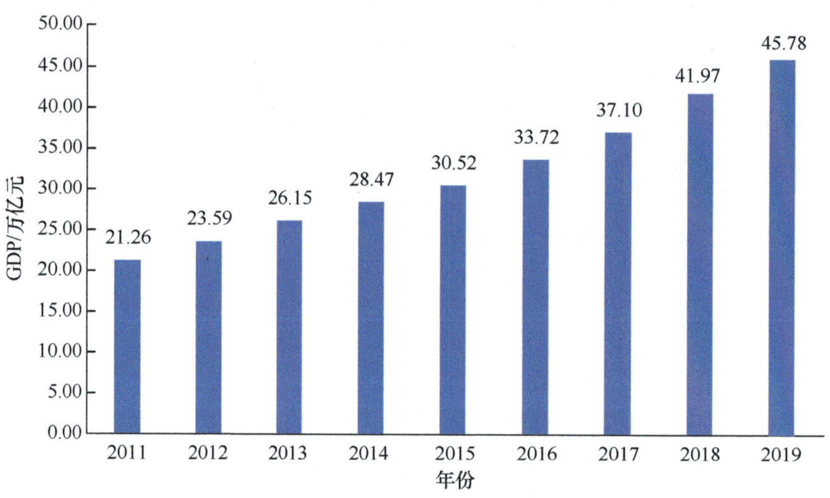

专题图 1-2　长江经济带 11 省（直辖市）GDP 趋势图

数据来源于国家统计局

排放总量占全国的 40%以上，单位面积化学需氧量及氨氮、二氧化硫、氮氧化物、挥发性有机物排放强度是全国平均水平的 1.5～2 倍。长江流域是化工产业的集聚之地，根据《中国化工报》报道，长江沿线 29 个中心城市共布局不同规模和门类的工业园区 490 个，以化工为主导的园区有 103 个，两岸分布的化工企业已达 40 多万家，沿江省份化工产量占到全国的 46%，临江 1000m 范围内企业数从 2000 年的 149 家增加到 2017 年的 715 家（规模以上企业 489 家，占 68.4%）。

2019 年长江经济带 11 省（直辖市）原油加工量是 16 167.20 万 t，占全国的 24.80%；燃料油产量 759.50 万 t，占全国的 30.75%；农药原药产量 171.48 万 t，占全国的 76.08%；化学纤维产量 4631.69 万 t，占全国的 77.81%；氮肥产量 2325.38 万 t，占全国的 41.34%；塑料制品产量 4775.14 万 t，占全国的 58.35%；乙烯产量 643.88 万 t，占全国的 31.37%；硫酸产量 5493.25 万 t，占全国的 61.48%。具体如专题图 1-3 所示。

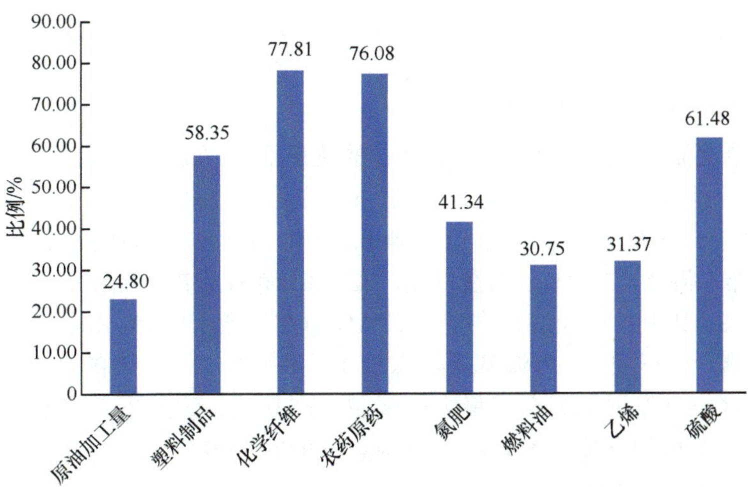

专题图 1-3 长江经济带石油化工产业生产能力

长江三角洲地区现有镇海炼化、高桥石化和上海石化等四家炼油企业，加工能力 5200 万 t/a，原油供应以进口为主，以海洋油和周边自产原油为补充。

长江经济带中，化学工业的分布极不均衡，长江三角洲地区占绝对优势，以占长江经济带 55%的规模以上企业，创造 63%的营业收入。长江三角洲地区化学工业在全国也占有举足轻重的地位。长江沿线是中国石化炼厂较为密集区域，现有金陵石化、扬子石化、安庆石化、九江石化、长岭石化、荆门石化、武汉石化等大小炼厂十余家，加工能力 6500 万 t/a，原油供应以进口为主，跨区域调运胜利油田原油和海洋油为辅，周边自产原油为补充。

3）长江经济带石油化工产业园区建设

石油化工产业对于物流依赖颇高，长江干流通航里程达 2800 多千米的优良水道条件，为石油化工产业大进大出提供了优越的物流条件，这也是长江流域的化工园区布点数量众多的原因之一。截至 2019 年，长江经济带的化工企业主要集中在 158 家省级以上化工园区和上千家市级园区。化工园区遍布全流域，主要集中在江、浙、沪、云、贵、川等地区，其排放量在全国化工行业排放总量中占比例高达 37.7%。

2. 长江经济带石油化工产业布局特点

1）长江下游形成以消费市场为中心的石油化工产业群

长江下游的上海、江苏、浙江和安徽 4 省（直辖市）是我国经济最发达的地区之一，也是以化工产品为原料的轻工产品包括造纸、包装、香精香料、化妆品、家电、皮革、塑料、日化、玩具、文体用品的集中消费市场。

由于贴近消费市场外加便利的交通和水资源优势，形成了上海化工园区（产值 886 亿元）、宁波化工园区（产值 1306 亿元）、南京化工园区（产值 1835 亿元）等大型炼化一体化的石化基地；形成了以化工新材料、精细化工为特色的宁波大榭开发区（产值 459 亿元）、江苏扬子江国际化学工业园（产值 392 亿元）、江苏省泰兴经济开发区（产值 1325 亿元）、扬州化学工业园区（产值 142 亿元）、中国化工新材料（嘉兴）园区（产值 369

亿）等全国20强的化工园区（顾宗勤，2004）。长江经济带67.6%的原油加工量来自长江三角洲两省一市，与之相关联的有机化学产品、合成材料、涂料、化学农药原药等在长江三角洲两省一市占有绝对优势。

2）长江中上游形成以原料产地为中心的化肥和无机原料产业群

长江中上游是我国磷矿、硫铁矿、天然气的主产地。来自中国产业竞争情报网的数据显示，2018年长江经济带磷矿石产量9458.6万t，占全国产量的98.2%，其中长江经济带34.9%分布在湖北，36.2%分布在贵州，22.3%分布在云南；硫铁矿石产量676.2万t，占全国的50.2%，其中长江经济带产量39.2%分布在安徽，41.7%分布在江西。依托当地丰富的矿产资源，已形成了"资源开采—深加工—资源综合利用"的全产业链和价值链，长江中上游地区逐渐发展成为全国最大的磷肥生产基地、硫酸生产基地。重庆、四川、云南等天然气资源地的合成氨产能约占全国总产能的18%。

3）大型企业靠近长江岸线

根据《关于加强长江黄金水道环境污染防控治理的指导意见的通知》（发改环资［2016］370号）：除在建项目外，严禁在干流及主要支流岸线1km范围内新建布局重化工园区，严控在中上游沿岸地区新建石油化工和煤化工项目。调研发现，距离长江及主要支流岸线1km内化工生产企业约700个，其中主要为规模以上企业。以江苏为例，化工生产企业平均营业收入：＜1km∶1～15km∶＞15km≈11∶4∶1，这是由于距离长江或主要支流岸线越近，规模以上企业占比例越高，平均营业收入越高。＜1km范围内大型化工生产企业，如中国石油化工股份有限公司金陵分公司、镇江奇美化工有限公司、汉邦（江阴）石化有限公司、江苏索普（集团）有限公司等都是大型原料加工企业，此类企业需依托长江便利的水运条件，一般会选择紧邻长江布置。

因有便利的水运条件、丰富的水资源、可利用的纳污水体，沿江靠海发展化工在世界上是通行的做法。例如，美国墨西哥湾沿岸地区石化公司的销售收入占美国石化工业的25%，炼油能力和乙烯产能分别占美国总能力的44%和95%。日本太平洋沿岸化工产业带集中了日本85%的炼油能力和89%的乙烯产能。韩国石油化工产业呈现"沿海团地"布局模式，即宏观格局上石油化工产业布局在港口便利的沿海地区，微观格局上与相关企业一起集中布局于工业团地。德国境内共有32个化工园区，主要集中在莱茵河—美因河及易北河流域。

4）企业入园率低

化工园区是近十几年来我国化学工业发展的新型模式，也是国际化学工业发展的主流趋势，其主要特征是通过产业空间集聚和合理配置生产要素来实现化学工业的集约化和可持续发展。近年来我国出台了一系列有关化工园区发展的相关文件，如工业和信息化部《关于促进化工园区规范发展的指导意见》，国务院安委办《关于进一步加强化工园区安全管理的指导意见》，环保部《关于加强工业园区环境保护工作的指导意见》等对化工园区的规范和建设提出了相应的要求。

调研发现，长江经济带化工企业总体入园率为39.4%，以长江经济带化工第一大省江苏省为例，入园率仅为31%，整个长江经济带有大量零星分布的化工企业，为环保行政管理带来了较大的压力，一方面其中部分小企业本身经济实力较弱，可投入环境治理的资金有限，导致小企业的环境绩效往往较差；另一方面，小企业可能无法达到工业园区的入园要求，往往零星分布在各个乡镇，对环保监测、监管都提出了更高的要求。

5）梯度转移趋势明显

长江下游地区化学工业主要产品产能、产量基本保持稳定，中上游地区化学工业产品产量有较大幅度增长。“十二五”期间，长江中游湖北省石油和化学工业经济总量保持年均 19.4%的高速增长，实现主营业务收入、资产总量双翻番。主要石化产品产能产量大多保持增长，部分产品产能产量居全国前列。长江上游四川省油气化工产业销售收入由 2010 年的 2323 亿元扩大到 2015 年的 4318 亿元，年均增长 17.17%，高于同期全省工业平均增速。有机化工废水成分多样化，一般都有强烈的耗氧性，毒性较强，污染性强，不易分解，在中上游布局有机化工产业对长江水质影响深远。中上游有机化工产能不断扩张产生较大环境负荷。此外，近年来长三角地区化工专项整治行动，也迫使一部分企业向中上游地区转移。

（二）长江经济带石油化工产业绿色发展问题分析

1. 产业内部问题

1）产业结构重型化，产能结构失衡

第一，石油化工产业的生产方式高能耗。长江经济带各省（直辖市）经济发展水平极不均衡，部分省（直辖市）的产业结构重型化特征明显，高能耗、高物耗、高污染的粗放型生产方式造成“三废”排放量居高不下，行业能源资源利用率与国际先进水平仍有差距，绿色制造技术、工艺、设备亟待提高。

第二，石油化工产业的低端产能过剩。此外，我国炼化企业长期以来偏“大而全”，低端产品产能过剩严重，甚至下游化工相当比例的产品也存在产能过剩问题，缺乏高技术含量、高附加值产品，市场的矛盾不再是供给不足，更多的是结构性失衡问题，亟待形成以技术和品牌为主导的竞争优势（李昌军和段玉科，2012）。

因而，长江经济带的资源型、传统型、重化工型的产业结构亟待升级，将“大而全”修正为“高而尖”，告别石油化工产业的“野蛮生长”，走到可持续发展的健康道路上。同时也应当看到，长江经济带的工业化、城市化的历史任务尚未完成，石油化工产业重型化格局难以在短期内取得根本性转变，这是石油化工产业绿色发展面临的严峻挑战。

2）顶层设计缺乏协同，产业布局不合理

第一，长江经济带石油化工产业布局同质化严重。由于长江两岸较低的水运成本，以及石化企业对水资源的巨大需求，造成重化工产业沿江高度密集布局，且多数产业项目和园区之间的上游、下游梯度产业链条不明显，存在同质化现象。“化工围江”的产业布局导致长江流域污染负荷严重超载，威胁居民区的用水安全，治理难度显著加大。同时，一些地区排污口、港区、码头与取水口布局不合理，部分企业对环境风险认识不足，防范应急措施不到位，存在诸多风险和隐患（张厚明和秦海林，2017）。

第二，长江经济带石油化工产业布局与资源配置失衡。当前，部分沿江地区盲目追求大布局的产业园区、大投资的精尖项目，沿江发展战略忽视本地区的经济发展现状，造成石化企业布局与实际的资源、要素和市场脱节。同时，长期以来形成的上中游地区的能源产业和下游地区的能耗型产业集中布点，进口原油西运加工，天然纤维原料东运生产，产业布局与资源错配导致的物资跨区域流动加大了环境的承载压力。

第三，长江经济带石油化工产业布局缺乏科学规划。沿江各地早期制定的工业布局规划大多缺乏科学性和前瞻性，忽视长江流域的地理环境特点和地区的资源禀赋特点，盲目性、随意性、滞后性特征明显。此外，各地制定的发展战略和产业布局规划各自为政，多从地区利益出发，与中央制定的统筹协调并发挥中下游优势互补、协作互动的长江经济带发展战略相悖，造成了严重的低水平重复建设和投资浪费（沈梦姣，2017）。

3）资源环境负荷重，安全事故频发

石油化工产业的迅速发展提高了长江经济带地区的工业化水平，但也带来了资源环境的巨大压力。产业绿色转型面临着区域性、累积性、复合性等一系列生态环境问题。

第一，能源资源消耗量大，可持续发展面临严峻挑战。根据《2019 中国能源化工产业发展报告》，2018 年中国一次能源消费总量 46.6 亿 t 标煤。煤炭消费量是 38.5 亿 t，同比增长 1.4%；天然气消费量 2770 亿 m^3，同比增长 17.2%；石油消费量 6.1 亿 t，同比增长 3.8%。同时，资源综合利用率依然较低，合成氨、甲醇、乙烯等重点产品平均能效水平与国际先进水平相比，普遍存在 10%～30%的差距。未来五年行业传统节能技改空间将进一步收窄，节能减排边际效应也将逐步降低，完成“十三五”节能减排的指标任务将更加艰巨。

第二，“三废”排放量高，治理难度显著增加。长期以来，石油化工产业的“三废”排放量位居工业部门前列，而且有机化工废水成分多样化，一般都有强烈的耗氧性、污染性和毒性，不易分解，无害化处置技术要求高，造成污染治理长期达不到效果，治理难度加大。目前长三角区域内长江流域污染形势严峻，沿岸水质基本都在三类和四类之间，水生态环境问题仍然是制约长江经济带绿色发展的一个重要因素。

第三，重大安全事故多发，危及居民生存环境。石油化工产业的原材料及产品多为易燃易爆、有毒有害物质，生产工艺也以高温高压、真空、深冷等为主，导致石油化工产业生产过程的不安全因素和危险程度远超其他行业，危险事故发生的概率显著提高，也易对周边空气、水域、土壤等人类赖以生存的环境造成不良影响。例如，“8•12”天津滨海新区爆炸事故造成 165 人遇难、8 人失踪、798 人受伤，并对事故中心区及周边局部区域大气环境、水环境和土壤环境造成了不同程度的污染；江苏盐城响水“3•21”爆炸事故造成 78 人死亡，事件发生地下风向环境空气氮氧化物小时均值超标近 1 倍，园区内新民河闸内、新丰河闸内和新农河闸内不同程度地检出三氯甲烷、二氯甲烷、二氯乙烷和甲苯的挥发性有机物组分。

4）绿色发展理念不强，创新能力亟待提升

第一，企业自身绿色发展理念不强。尽管近些年国家及地方政府一直在强调绿色发展，适时修复治理长江生态环境，维护长江生态功能和格局稳定，确保全流域生态安全，但是就目前来看，有些企业仍然以经济利益为导向，忽视环境保护（黄娟和程丙，2017）。

第二，石化企业绿色创新能力亟待提高。绿色发展与创新具有明显的相关性，创新是影响绿色发展的重要因素。石化企业对科技创新的基础性投入明显不够，关键技术和集成性技术缺乏，科技竞争能力十分薄弱，绿色制造技术、工艺和装备水平亟待提高。此外，政府对企业自主创新的引导不够，缺乏有利于提高自主创新能力的激励性机制和市场化融资机制，中小企业和节能环保技术在国家创新体系中的潜力仍有待发掘。

2. 产业外部问题

1）历史欠账多

第一，政府依赖石油化工产业拉动GDP。石油化工产业产值高、税收多、带动效应强，多为长江经济带各地政府的支柱产业，对于地方经济、财政、就业的贡献不言而喻，对石油化工产业的改造、搬迁，甚至是关闭，无异于地方政府的“壮士断腕”“刮骨疗伤”。在一些沿江地区，即使污染事件频发，政府仍会考虑污染企业对当地经济发展的贡献，采取“睁一只眼闭一只眼”的态度，仅仅对其进行象征性的惩罚，实际是纵容了这些污染企业在当地无序发展。

第二，石油化工污染治理工作的历史欠账多。正是由于地方政府对于石化企业的高度依赖，导致一些重化工基地历史欠账多，生态环境保护的考核问责力度不足，环保处置和产业转型面临不少困难和问题。

2）协调治理力度不足，发展机制不够完善

第一，长江经济带涉及11省（直辖市），一些省（直辖市）存在互为上下游、左右岸的关系，关系比较复杂，难以确定协同绿色发展责权归属问题。区域间大都是以政策协调为主，市场化补偿较弱，所起到的效果也较有限。绿色协同发展理论比较全，但在发展过程中难以明确具有代表性和操作性的指标。

第二，有关环保治理的国家及地方政策支撑不足。目前，长江经济带尚未形成促进经济发展相互协调配合的、完善的绿色发展法律、政策体系，技术标准、税收、补贴等政策工具尚不能对长江经济带绿色发展进行有效的引导和规范。例如，石油化工行业缺乏统一的绿色标准和产品评价体系；绿色税收体系有待进一步完善，资源税种设置不全，环保税实施伊始效果待明朗；企业进行污染治理与技术创新动力待提升等都制约了绿色经济的持续发展。

第三，有关环保治理的社会发展机制不够完善。地方政府和民间资本参与绿色投资的激励不足，促进绿色经济发展的社会融资机制不健全，制约了绿色经济的持续发展。

3）治理投入不足，环保力量薄弱

第一，环保治理投入不足。虽然与全国平均水平相比，长江经济带沿线地区对污染治理的投资力度更大，但就其绿色发展的实际需求看，工业企业对污染治理的投入仍显不足。湖南省社会科学院发布的《长江经济带绿色发展报告（2017）》中指出，2011～2015年，绿色投入指数由41.07提高到43.96，年均增长率仅为1.37%，绿色投入严重不足，中央和地方预算投入较少。

第二，环保治理投入动力缺乏。近年来，生产成本上升等因素对企业盈利能力造成较大压力，制造业产品价格和行业利润普遍处于低位，企业对节能减排、污染治理的投入动力不强。同时，环保治理的经济效益无法在短期内得以显现，这也使得地方政府疏于关注环保治理，对其投入不足，积极性不高。

第三，基层环保力量薄弱。石油化工是高资本、高技术密集型产业，生产原料和产品易燃易爆，生产工艺和安全保障体系极为复杂，而基层环保干部却缺乏相关的专业知识和技术，加之我国基层环保管理力量薄弱，人员严重缺编，这些都对环保工作中的监督、检查、执法等工作带来不利影响。“一边费力治理、一边偷排直排”的现象依然存在。

4）绿色宣传力度不够，社会参与度有待提升

第一，生态文明的宣传力度有待进一步加强。面临环境污染问题，公众普遍“抱怨多、举报少”，制定环保决策的过程，公众普遍“告知多，参与少”，这有赖于政府进一步完善和执行政务公开制度，营造公众广泛参与政务并实施监督的良好社会氛围。

第二，公众社会参与度过低。在环保治理方面，大多数公众认为这只是企业和政府的责任，并没有意识到环保也需要自己参与进去。无论是从公众角度监督化工企业，还是给政府治理提出自己的意见，亦或是作为志愿者参与环保志愿组织，公众的力量不可或缺，“众人拾柴火焰高”（阮清鸳，2017）。

二、国内外石油化工产业绿色发展经验借鉴

（一）国外石油化工产业绿色发展经验

1. 欧洲莱茵河流域石油化工产业绿色发展经验

莱茵河是欧洲重要的河流之一，同时也是欧洲文明重要的发祥地。莱茵河流经 9 个国家，德国段占总流域面积的 55.6%，位居沿岸各国之首。在下游，以世界第一大港、“欧洲门户”鹿特丹为中心，壳牌、英国石油、ESSO、海湾石油等跨国石油公司绵延 50km，形成化工产业的“莱茵梦地”；在中游，同时拥有三大化工巨头——拜耳、巴斯夫和赫希斯特公司，形成了莱茵河沿河化工产业带；在上游，瑞士地巴塞尔的桑多兹公司大本营是国际重要的石化和化工生产基地（马静和邓宏兵，2016）。由于化工行业的快速发展使早期莱茵河流域环境遭到严重的破坏，生物多样性严重受损。通过各个国家以及国家间的相互协作和整改，莱茵河流域的石油化工产业发展得到改善，绿色技术突出、相关法律法规完善、建立了量化指标体系。

建立流域多国间高效合作机制。为了防治莱茵河污染加剧，政府间开始频繁的合作，最终促进了对于莱茵河管理而言最重要的政府间组织——莱茵河国家管理委员会（张璐璐，2013）的成立。既有政府间的协调与合作，又有政府与非政府间的合作，以及专家学者与专业团队的合作。它不仅设有政府组织和非政府组织参加的监督各国计划实施的观察员小组，而且设有许多技术和专业协调工作组，可将治理、环保、防洪和发展融为一体。

生态环境治理得到重视。由于河流的上下游分布着大量的化工等企业，水环境污染问题严重，德国兴建了许多污水处理厂，实行严格的污染排放和环保法案，加大环保执法力度，并实施生物多样性恢复工程。产业进行适时调整升级。莱茵河大部分流域在德国境内，对于莱茵河流域的治理有着重要的意义。德国莱茵河沿岸分布着许多老工业基地，为了促进产业退出和转型升级，德国把许多厂区改造为文化创造、研发设计中心和工业旅游景点等（郑人瑞等，2018）。现阶段，随着国家市场环境的变化和环境规制的升级，德国莱茵河流域经济带产业布局正在进行相应调整，化工、制药等企业将生产基

地逐步转移到新兴的发展中国家，以便接近市场和节约成本，同时腾出空间发展产业链的高端环节或新兴产业（叶振宇和汪芳，2016）。

发展循环、生态经济。随着各类资源的短缺，各个国家意识到循环经济的重要性，尤其是德国，率先发展了循环经济，制定严格的垃圾回收利用法律，并严格执行；运用市场机制调节，采取双元回收系统，实行生产者责任扩大制度，推动企业技术改造。各个国家组成的国家委员会在生态经济中发挥重要作用，严格控制工业、农业等固体废弃物的排入，各个部门严格把控，分别负责水质检测、恢复重建莱茵河流域生态系统以及监控水污染源等工作（宁立苗，2010）。

2. 美国密西西比河流域石油化工产业绿色发展经验

为了尽量减少石油化工产业发展过程中对环境造成的负面影响，实现石油化工的可持续发展，众多国家开始重视绿色石化技术的研发和应用，推动石油化工产业向绿色方向发展。密西西比河是北美洲流程最长、流域面积最广的水系，具有显著的能源资源优势，是美国重要的工业聚集地，尤其在河流下游分布着三大石油产地之一的路易斯安那。美国是全球重要的石油大国，其石油和天然气储量较大，同时开采生产技术水平较高，在全球范围内，美国石油化工产业的发展一直处于领导位置。美国石油化工产业绿色发展以及密西西比河的治理离不开美国相关的政策和措施。首先，美国实施的“再工业化”战略推动美国产业结构和经济结构合理化发展绿色产业。其次是财税政策措施，美国采取多种财政税收和支出政策发展绿色经济，着重于鼓励提高石油化工产业的利用效率，研究开发清洁能源，推动绿色产业发展。美国以绿色产业为核心，不断增加对基础设施建设投入，开发石油化工产业技术，改善美国基础设施状况。根据美国石油化工产业绿色发展可得如下经验。

第一，完善法律法规。美国国会很早就开始讨论发展内河航运的法令。之后通过了多项法律法规，使水资源、水利、水电、水运工程建设与管理均有法可依，保障了内河开发有序进行（张万益等，2018）。必须要顺应世界经济发展潮流，发展绿色经济，又要提高在全球经济发展中的作用。为此，要借鉴发达国家的法律法规，加快与国际准则接轨，逐步完善以发展绿色产业、防止污染为核心的相关法律体系，同时，完善财税的法律法规。从法律层次确定发展绿色经济的税收政策和补贴政策，利用税收优惠政策和补贴政策，给予相关产业税收激励，推动石化发展绿色经济。

第二，发展高新技术。技术是产业结构优化的核心，是发展绿色经济根本的推动力，想顺利实现绿色经济的发展，不能依赖发达国家提供资金和技术援助，只能依靠本国的科技进步和科技创新。应积极开展高新技术的研究和开发，引进发达国家成熟的高新技术，促进高新技术的更新，鼓励国内、国外资金投入到高新技术的研发中。同时，改造传统产业，发展绿色石油化工产业，推进石油化工产业体制改革，培育石油化工产业绿色发展市场，推动石化绿色产业开发与利用，改善石化结构，形成完善的石化绿色产业结构体系。

第三，顺畅有利的管理措施。美国国会很早就开始讨论发展内河航运的法令。之后通过了多项法律法规，使水资源、水利、水电、水运工程建设与管理均有法可依，保障了内河开发有序进行；制定专项国家行动计划，有计划、有目标地进行合理地改造和调整内河产业；提高石油化工产业绿色发展意识。石油化工产业绿色发展经济需要借助全社会的力量，在生产、流通和消费等各个环节确立绿色发展意识，使绿色经济观念深入到全体公民心中。借助新闻媒介大力宣传石油化工产业绿色发展及相关知识，并通过举办公益活动，增强居民对石化绿色发展的认识（中国石油和化学工业联合会，2016）。

3. 日本石油化工产业绿色发展经验

日本是资源严重紧缺的国家，石化原料几乎全部依赖进口，引发的结构性问题在两次石油危机中都验证过。日本要赢得市场，不仅要改善传统的生产技术和生产方法，更要正确把握现状，建立新的发展理念。为此，日本石油化工产业采取措施，降低成本、提高产品性能、实施原料多样化并开发产品新的市场用途等以扭转不利局面。

第一，降低成本。要降低石油化工产业的整体成本，则要考虑运输成本因素。因此以在资源国生产基础化学品和中间产品、在消费地区生产最终产品的方式使包括生产成本、运输成本在内的整体成本削减。

第二，开发高性能产品，需要优异技术的支撑。开发出应对消费需求的高性能产品，并持续发挥技术优势，寻求行业领先尤其重要。

开发多元化原料来源，考虑石化产品生产状况、生产基地、生产时期及供应量等，竭力开发出多种原料生产多样产品的技术。原料多样化有助于实现原料供应的稳定性。

第三，技术引领产业转型。日本石油化工产业始终贯彻的是技术方针。但是，仅靠技术改善是远远不够的，需要具有绝对优势的技术开发，同时具备保护环境、降低能源消耗、碳减排等效应，该技术才能够广泛普及并带来经济效益（傅向升，2017）。

4. 韩国石油化工产业绿色发展经验

虽然韩国原料匮乏，不具有中东那样的原料优势，也不具有中国那样巨大的消费市场，但韩国却发展成为当今世界的石油化工强国，出口导向型战略是一个重要原因。韩国石油化工产业在40年内取得了令人瞩目的发展，根据KPIA统计，2018年韩国主要石油化工产品（合成树脂、纤维、橡胶等）的产量为2163.8万t，同比增长1.8%；其中出口量为1141.4万t，同比增长0.2%。其石油化工产业绿色发展主要分为三部分。

第一，建立负责石油化工产业绿色发展战略的机构。2009年，韩国建立绿色增长委员会，不仅要有政府相关部门官员参与事务，而且民间专家也共同参与其中。为了能够加强官方与民间交流，绿色增长委员会增设绿色增长民间协议会。

第二，制定符合国情的绿色发展道路。要摒弃粗放、高污染、以牺牲环境为代价的发展道路，要根据石油化工企业的经济发展水平和要求，强调石油化工产业绿色发展又不能因此而偏废经济的持续发展与结构调整。

第三，开发石油化工产业新技术，全面推进清洁能源。逐步减少煤炭使用权，稳步推动石油安全及石油化工产业发展，积极开发可再生能源，同时激发石油化工产业可再生能源使用，保证体系的整体完整（李海涛和张顺，2018）。

5. 新加坡石油化工产业绿色发展经验

石油化工产业是新加坡制造业支柱产业之一，主要板块包括能源和石油化工、液体仓储、油气装备、公用工程等。纵观新加坡石油化工产业发展，主要可分为三大阶段。初始发展阶段 20 世纪六七十年代，以生产成品油等产业链上中游产品为主。在产业规划的指引下，新加坡引进了首批大型跨国企业，并成为全球第三大炼油中心。第二阶段为 20 世纪 70 年代末至 90 年代中后期，新加坡主要聚焦石油化工产业链延伸、升级与附加值提升。联合多家大型企业，通过投资扩建综合石化专区，一方面持续扩大产能，另一方面通过外商独资与合资等形式成立各类石化公司，推动石化产品向乙烯、丙烯和芳烃类产品以及各类塑料、聚合物、添加剂等下游产业延伸。第三阶段为 2000 年之后，以裕廊化工岛建成启用为标志，新加坡油气石油化工产业发展进入高度聚集阶段。裕廊化工岛使得新加坡油气石油化工产业链进一步整合聚集，涉及多种基础设施以及物流服务，创造了生产协同效应，由此发挥出高效的集群和一体化产业优势，又最大限度降低了企业的投资成本和物流成本（林丽钦，2011）。

通过新加坡石油化工产业的发展，可见新加坡在科学决策、政策实施以及规划方面有着稳定性和延续性。自 19 世纪 60 年代以来，新加坡政府一直高度重视油气与石化工业，将其视为制造业核心产业之一（闫彦明，2016）。根据各时期比较优势，基于全球视野的发展机遇、发展前景，以及早期市场信号的深入分析，新加坡政府及时调整产业发展政策，不断推动产业升级并形成新的竞争优势。鉴于工业园区与港口的联动关系，新加坡将港口运作提升至国家发展战略高度，不断提升软硬件能力，维持高效率运营与管理。

首先，充分利用跨国企业带来的先进技术和管理经验。新加坡启动了“本地工业提升计划”，将本地中小型公司定位为跨国公司关键供应商与支援厂商，积极培育本地公司与跨国公司的联系与合作，带动本地企业发展与能力建设。在石油化工产业转型升级过程中，新加坡政府采取有限干预的方式，一方面通过资金补贴和税收优惠鼓励投资、奖励研发和技术突破；另一方面通过与原料进口国和产品销售对象国签订自贸协定，积极融入全球市场，通过市场竞争优胜劣汰。

其次，一站式投资服务为企业提供高水平公共服务和营商环境。新加坡并无油气资源，却能吸引上百家全球石化龙头企业入驻，从无到有发展出世界领先的产业集群。为企业和投资者提供包括企业注册、政策与法律咨询、税费谈判，以及土地、供水、电力、环境、安全等方面的解决方案，减少引资招商落地的冗余环节。针对企业对劳动技能的需求，经济发展局主动提供场地和设施，帮助企业成立培训中心。通过加强基础设施建设和升级改造促进油气石油化工产业上下游产业一体化，对发展循环经济、集聚经济和知识溢出效应起到了强有力的支撑作用。

最后，人才引进与培养双措并举。为支撑产业发展，新加坡主要通过两种渠道引进关键人才。一是通过引进有实力的跨国企业，引入高级工程师、职业经理人、技术人员等。二是根据产业发展需要，由政府部门有计划地重点招揽，并十分注重本土劳动力向高素质、高技能、高附加值方向发展。与此同时，加大对人才的职业教育，制定职业教育发展规划，令其融入企业的环境中，创造企业开发项目面临的成本、质量及性能等问题的解决方案，真正做到“产学研”密切结合。

（二）国内石油化工产业绿色发展经验

1. 惠州大亚湾石油化工产业基地

大亚湾经济技术开发区（大亚湾区）成立于 1993 年 5 月，是全国七大石化基地之一。从珠三角的小渔村成长为世界级石化基地的历程表明，生态优先战略是真正算大账、算长远账的发展战略。从中海壳牌南海石化项目开始，大亚湾区开始逐渐成长起来，公共配套设施建设步伐的加快，中下游项目的相继落户，配套政策的不断完善，使得大亚湾成为全国石化园区绿色发展的典范，也为绿色发展提供了可供借鉴的经验（黄伟才，2013）。

第一，以高环保门槛夯实绿色发展基础。大亚湾区制定环保审批正负面清单和差别化准入指标，严格执行“三个限批”和“三个一律不批”，严格执行环保“一票否决”制度，从源头控制污染，严守环保安全底线（龚健勇，2013）。因此，其需要严格的监管组织，不仅需要政府的监管，还要邀请群众进行监督，加强环境信息的公开，使企业自律，严守生态底线，致力绿色发展。同时，落实最严格生态环境保护制度的重要保障。

第二，以高标准打造石化区“优等生俱乐部”。大亚湾区紧紧围绕链条化、集群化、集聚化发展，委托全国权威专业机构编制石油化工产业“招商图谱”，瞄准世界 500 强及行业领先企业，实行精准招商、绿色招商；并实施由 15 项刚性量化指标组成的投资项目评估体系，先后引进优质项目。

第三，实现生产、生活、生态和谐共处。大亚湾的生态建设不简单着眼于经济与环境之间矛盾的化解，而是立足于生产、生活和生态三大系统之间的和谐共处的新高度。加强生产和生活空间的生态隔离，不断扩大生态空间，推进森林公园建设和湿地保护等系列工程，同时加强生态惠民，因地制宜打造多类型、多层级公园体系建设，使大亚湾逐渐变成生态之城。

2. 宁波石化经济技术开发区

宁波石化经济技术开发区（宁波石化开发区）按照党的十八届五中全会提出的“创新、协调、绿色、开放、共享”五大发展理念，在努力打造“国内领先、国际一流”的石油化工产业基地方面做了大量工作，取得了一定成效（宋玉春，2018）。园区坚持按照“规划先导、基础先行、分步实施、内外资并举”和“可持续发展”的工作要求，本着“外向型、高起点”和“持续、快速、安全、健康”的发展理念，结合石油化工行业的特点，努力营造一个以炼油和乙烯项目为支撑、以液体化工码头为依托、上下游产业一体化、资源配置集约化、生产与生态环境均衡协调的石化和化工新材料专业园区。未来几年，紧紧围绕宁波建设国际港口名城、打造东方文明之都发展战略，坚定不移地走高质量发展之路，积极推动石油化工产业绿色发展、融合发展、协同发展，助推名城名都建设，努力打造一个极具竞争力的世界级的绿色石化基地。这也给其他石油化工产业的绿色发展道路提供了丰富的经验。

第一，争抢绿色发展机遇。最重要的是要打造以绿色石化为主要内容的产业提升，持续聚焦循环化改造，提升产业链紧扣度，提高资源利用率，实现主要污染物零排放，推进产业转型升级。逐步发展成为具有完整产业链的石油和化工专业园区，走向绿色发展、融合发展、协同发展的转型升级新路。

第二，加强安全生产工作。安全，对一家石化企业的重要性毋庸置疑。宁波石油化工产业基地为了改善安全问题，其管委会引入第三方技术服务安全管理模式，以政府引导、企业主体落实、政府奖励的方式给予园区企业一定的资金补助，来推动这一新模式的实施。要持续夯实区域安全基础，强化源头管理，分类、分级网格化、数字化的进行危险源的管理，并建立企业自查、网格员驻点、部门检查、管委会负责人带队督查相结合的执法监管体系（王璟，2017）。

第三，循环经济纵横推进。在产业发展中，宁波石化开发区始终遵循“资源利用最大化、产品效率最优化、污染排放最小化、经济发展持续化”的原则，从纵向、横向不断丰富、延伸循环经济产业链，逐渐形成了园区内外、区内企业、企业内部的大小循环，不仅有效地降低了企业生产成本，也极大地发挥出了石油化工产业集聚发展的优势效应（胡祖友，2008）。也就是说要建立企业间能源微网，把园区循环经济由点及面推向深入，探索一条具有石化行业特色的“企业小循环、产业中循环、区域大循环”绿色低碳发展之路。

3. 南京江北新材料科技园

在 2019 年中国化工园区与产业发展论坛上，中国石油和化学工业联合会公布了2019 年中国化工园区 30 强名单，南京江北新材料科技园排名第三（高尚荣，2019）。2003 年 1 月 8 日，南京化学工业园区总体规划获批，成为全国第二家国家级石油化工产业基地。经过多年发展，该园区的产业规模、项目集聚度与区域集约开发水平位居全国同类园区前列。如今，该园区作为国家级江北新区重要的产业转型与创新发展平台，在前期发展的基础上，集聚先进制造业，发展现代服务业，推动可持续发展，正在向世界一流化工园区迈进。

第一，奠定基础，形成主导优势。园区自成立以来，就始终坚持产业发展、公用工程、物流输送、环保安全、管理服务“五个一体化”的发展方针，目前，园区主导产业优势明显，遵循“资源整合、深度加工、布局调整、结构优化”的发展要求，形成以“石化、碳一”两大产业链为主要支撑，新材料、生命科学与高端精细化工为发展导向的现代化工产业体系。

第二，转型升级，优化产业结构。近年来，园区紧紧围绕高质量发展的要求，强化企业服务、着力招商选资、突出项目推进、促进提质增效。不断优化产业结构，坚持新兴产业“加法”与传统产业“减法”并举。一方面，积极发展新材料、生物医药等新兴产业；另一方面，园区以工业布局调整为抓手，加快淘汰低端落后产能。

第三，搭建平台，提高自主创新能力。在发展过程中，园区采用多种措施，积极为企业、院校人才搭建创新平台，自主创新能力不断提升。依托南京化工科技人才优势，积极推进人才创业、科技创新，初步形成以企业为主体、市场为导向、产学研结合的科技创新体系。

第四，坚持可持续发展，注重绿色安全。在化工园区的发展过程中，安全和环保一直是产业发展的首要任务。全面加强绿色生态发展，始终把发展循环经济、建设绿色园区、实现可持续发展作为各项工作的基础。注重循环化发展，通过关联企业集中布局，上下游项目协调发展，推动企业间产品原料配套协作、互通互供，形成“资源—产品—再生资源”的封闭循环，实现可持续发展。在发展中，园区通过各种措施加强监管，提高本质安全水平。认真落实“党政同责、一岗双责、失职追责”制度，夯实安全监管基础，强化隐患排查治理，安全生产形势始终保持了平稳态势。

第五，突出规划引领，坚持集群发展。结合江北新区规划，认真组织园区产业发展规划修编工作。按照产业集聚、链接互补的原则严格项目准入，突出落后产能压减、传统产能改造与新兴产业集聚，着力去产能、优结构、促升级，加快形成可持续、有效益、能创新的产业发展新格局。坚持集群发展，加大“招商选资”力度，充分发挥龙头企业的集聚带动效应进行产业链招商，努力形成以大企业为龙头、关联企业合理分工、紧密联系、上下游产业一体化发展的产业集群。

三、长江经济带石油化工产业绿色发展实现路径

“绿色发展是构建高质量现代化经济体系的必然要求，是解决污染问题的根本之策。”绿色发展是中国特色社会主义发展理论对中国生态环境问题的现实关切和主动回应。推进长江经济带石油化工产业绿色发展必须在注重政策引导、做好管理体制设计、强化目标指引的基础上，紧紧抓住“生态管理”这个关键环节，建立多层次多类型省际协商合作机制，在搭建绿色发展评价体系和技术创新体系上实现突破，推进绿色园区建设，推动污染物绿色治理，生态优先、绿色发展才能落地生根、开花结果。为了破解长江经济带日益严峻的“重化工污染围江”难题，实现科学、绿色、可持续发展，应明确创新驱动长江经济带石油化工产业绿色发展的实现路径（专题图 1-4）。

（一）把握绿色发展要求，深化体制机制改革

新时代的长江经济带是中国经济高质量发展的一个样板，是实现“绿水青山就是金山银山”的一块试验田，促进长江经济带石油化工产业绿色发展是深入践行习近平生态文明思想，全力实施长江经济带“共抓大保护”的重要攻坚行动。要用最严格的法规制度对长江经济带企业生产行为进行制约，让制度成为刚性的约束和不可触碰的“高压线”，同时政府要加大对长江经济带绿色发展企业的支持鼓励，增加政府投入，让硬标准与软约束共同发挥作用，为长江经济带发展保驾护航。

1. 推进长江经济带绿色发展协同体制

（1）建立健全绿色生态化协同发展的政策协调机制。准确把握长江经济带建设绿色发展总体要求，建立具有区域性质的绿色生态化改造的政策协调机制，着力完善纵观全局的绿色发展制度。坚持共商共建原则，建立多层次多类型省际协商合作机制，立足长江上中下游地区的比较优势，统筹石油化工产业布局与资源环境承载能力，协调解决绿色发展问题，构建优势互补、互利共赢的长江经济带发展新格局。强化石油化工产业绿色发展的管控机制，建立东中部城市、省会城市与西部城市和小城市之间合力推进的内

生动力机制，充分发挥产业绿色生态化改造的政策引导作用。

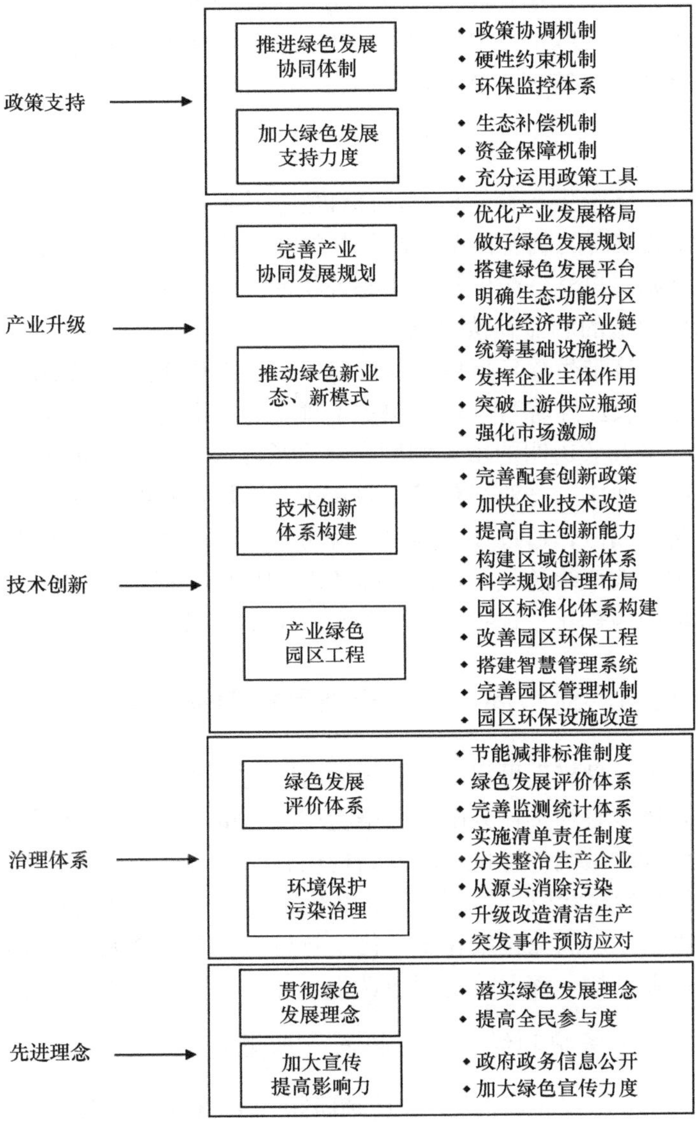

方面	路径	措施
政策支持	推进绿色发展协同体制	• 政策协调机制 • 硬性约束机制 • 环保监控体系
	加大绿色发展支持力度	• 生态补偿机制 • 资金保障机制 • 充分运用政策工具
产业升级	完善产业协同发展规划	• 优化产业发展格局 • 做好绿色发展规划 • 搭建绿色发展平台 • 明确生态功能分区 • 优化经济带产业链
	推动绿色新业态、新模式	• 统筹基础设施投入 • 发挥企业主体作用 • 突破上游供应瓶颈 • 强化市场激励
技术创新	技术创新体系构建	• 完善配套创新政策 • 加快企业技术改造 • 提高自主创新能力 • 构建区域创新体系
	产业绿色园区工程	• 科学规划合理布局 • 园区标准化体系构建 • 改善园区环保工程 • 搭建智慧管理系统 • 完善园区管理机制 • 园区环保设施改造
治理体系	绿色发展评价体系	• 节能减排标准制度 • 绿色发展评价体系 • 完善监测统计体系 • 实施清单责任制度
	环境保护污染治理	• 分类整治生产企业 • 从源头消除污染 • 升级改造清洁生产 • 突发事件预防应对
先进理念	贯彻绿色发展理念	• 落实绿色发展理念 • 提高全民参与度
	加大宣传提高影响力	• 政府政务信息公开 • 加大绿色宣传力度

专题图 1-4　长江经济带石油化工产业绿色发展实现路径

（2）构建长江经济带生态环保法制硬性约束机制。建立长江经济带危险物质泄漏事故的报告制度和应急计划制度，强化制度执行力度，提高监管效率，一体化解决长江经济带建设过程中出现的重大生态环境风险。从建立负面清单制度等方面入手，依靠最严格的法规制度保护生态环境，加快建成上中下游相协调、人与自然和谐共生的绿色生态廊道。

（3）充分调动社会力量促进长江经济带绿色发展。成立长江经济带石油化工产业绿色发展委员会。由政府主导，院士领衔，专家学者、民间组织代表共同参与，统筹推进绿色发展和生态文明建设工作，搭建各方充分交流、沟通观点的平台，发挥各方在产业绿色发展中的作用，为长江经济带环境的改善、石油化工产业的发展做出贡献。

（4）构建长江经济带一体化环保监控体系。加快建立健全自然资源登记监测制度，完善污染源实时监控系统，建立健全长效生态环境监测和防控体系。进一步强化环境保护联防联治，推进长江流域水环境监测一体化，推动跨区域石油化工企业环境信用互认合作，搭建资源环境监督管理省际应用平台。

2. 加大长江经济带绿色发展支持力度

（1）构建长江经济带生态补偿机制。修订生态补偿法律制度，完善相关法规和环境标准，建立绿色发展导向的制度体系。加快建立和完善长江经济带沿江地区森林、湿地、农业、矿产、水资源等自然资源保护的生态补偿制度。与此同时，充分利用经济手段促进产业绿色生态化改造的利益补偿机制。

（2）构建长江经济带生态环保资金保障机制。建立长江上游水资源保护和生态建设专项资金，加快建立长江经济带水环境保护治理基金，推动长江经济带生态环保投资主体多元化，共建公平开放透明的市场规则，促进长江经济带资本市场一体化。

（3）充分运用石油化工产业绿色发展政策工具。加大政府支持力度，对于长江经济带上的企业以及化工园区，通过技术标准、排污税费、补贴等政策工具，激发企业对绿色技术的应用需求，改变绿色技术产品需求不旺的现状；通过征收资源环境税等措施，促进外部资源环境的内部化，提振企业对绿色产品的需求。

（二）科学规划产业布局，培育产业升级新动能

牢固树立“全国一盘棋”思想，建立区域内以及跨区域、跨省份的对于长江生态环境保护规划、生态环境监管责任分配、污染物排放总量指标分配、污染物排放交易与污染责任保险、水环境质量统一评价、产业结构调整、纠纷处理机制、水污染事故责任追究、生态补偿、社会参与和监督机制、生态文化宣传教育等方面的长江生态保护协商联动机制。加快完善沿江以高端精细化工、化工新材料、石化物流、节能环保为特色的产业链，不断优化产业结构，深入推进绿色改造。

1. 完善长江生态保护和绿色产业协同发展规划

（1）进一步优化石油化工产业区域协同机制。石油化工产业与国家经济和居民生活息息相关，长江经济带是我国重要的石油化工基地，具有良好的制造基础，产业配套能力比较强，长江经济带石油化工产业发展要主动适应社会的进步，进一步优化产业开发格局，充分运用现代化的发展理念，着力推进长江经济带石油化工产业转型发展。充分发挥长江中游地区区位优势、物流成本优势，推进石油化工产业绿色发展，协力打造我国的制造业中心；上游地区资源丰富，经济欠发达，应依托资源加快科学发展，以石油化工资源型产业为主体，对资源进行深加工，延长产业链，提高附加值。

（2）切实做好长江经济带绿色发展规划。坚持生态优先、绿色发展的路径探索，以长江经济带 11 省（直辖市）的环境容量为标准，制定发展目标和规划，各省（直辖市）在处理发展与保护的关系时，要牢固树立大局观、长远观、整体观，切实做到“共抓大保护、不搞大开发”。理顺石油化工产业项目和园区之间的上游、下游梯度产业链条，

淘汰一批低端、高污染的落后产能，升级一批促进产业绿色转型的企业。

（3）搭建开放的长江经济带石油化工产业绿色发展平台。建设石油化工产业绿色信息、石化技术知识产权交易、排污指标交易“三位一体”的综合服务平台，强化生态文明的理念，打造绿色发展合作沟通的窗口。加强省际链接，从一个城市到整个长江经济带，拧成一股绳，提升长江经济带协同创新能力，推动合作共建石油化工产业绿色发展平台，共建内河黄金经济带，深化市场一体化体系建设。

（4）明确生态功能分区，解决长江经济带水污染问题。划定生态保护红线、水资源开发利用红线和水功能区限制纳污红线。积极发起和参与跨界断面水质考核，推动协同治理，以生态承载力为底线，严格保护一江清水，努力建成上中下游相协调、人与自然相和谐的绿色生态廊道。处理好发展和保护的关系，避免产业转移带来污染转移。要加强生态系统修复和综合治理，做好重点区域水土流失治理和保护，在全流域建立严格的水资源和水生态环境保护制度，控制污染排放总量，促进水质稳步改善，确保一江清水绵延后世、永续利用，走出一条绿色生态的新路。

2. 推动石油化工产业绿色发展新业态、新模式

（1）优化长江经济带的石油化工全产业链。将目前长江经济带“大而全”的产业结构向“高而尖”转变，告别石油化工产业的“野蛮生长”。协调沿江各省（直辖市）的供给与需求，以及生产、消费、回收利用全过程。根据沿江各地区的资源情况进行合理配置，合理规划石油化工产业结构和经济结构，着力发展绿色产业，加强创新链的统筹，从研发、成果转化到示范推广、培育新兴产业统筹规划。加强政策统筹和分工落实，行动计划要明确牵头单位和配合单位，综合施策，共同打造长江经济带现代化石油化工产业链。

（2）统筹产业前期基础设施建设投入。借助沿江各绿色石油化工产业基地、园区升级改造等措施带动产业绿色发展，为绿色、新型技术留足空间，坚持把生态优先、绿色发展理念植入规划建设的全过程，统筹利用基础设施通道、线位、枢纽等资源，减少不必要的投入，推行适应节约土地要求的基础设施建设工程技术，探索构建以绿色、循环、低碳为特色的工业共生体系。

（3）发挥企业在绿色发展中的主体作用。鼓励资源节约、环境友好型企业发展，大力培育“瞪羚”企业、“独角兽”企业、科技型中小企业，逐步下降资源能源消耗高、污染排放大的落后石化产品比例，持续提升绿色石化产品在市场中的比例，形成节约资源和保护环境的产业结构。

（4）突破绿色产品上游关键配套原料供应瓶颈。围绕绿色生产生活的需要，加快推进长江经济带企业绿色技术创新成果的转化应用，着力推进国内空白品种产业化及推广应用，实现资源配置优化、过程动态优化，引导绿色产品生产企业集聚发展。

（5）强化市场激励，释放绿色技术市场需求。坚持政策引导与沿江产业市场推动相结合，在长江经济带产业建设方面，综合考虑长江流域资源配置以及环境保护等因素，坚持优化布局，完善政府采购、补贴、奖励、贷款贴息及融资担保等政策工具，加强绿色产品的应用示范和消费者补贴，为绿色技术推广应用创造和培育市场。

（三）构建技术创新体系，打造绿色示范工程

绿色技术创新体系是以促进绿色技术研发和应用为主要目标，由政府引导，市场发挥决定性作用，“政产学研用”协调互动的有机系统。石油化工产业的绿色发展，既要政策的引领，也要狠抓落实，打好技术创新之牌，拓宽绿色石化示范工程—示范城市—推广应用之路。持续推进长江经济带石油化工产业基地建设、化工园区升级改造，提升基础设施保障能力，打造一批化工类国家新型工业化产业示范基地，充分考虑国家、区域石油化工产业布局规划要求，结合长江经济带石油化工产业特色，建立化工产业园区转型升级示范区和生态环境治理机制创新区，统筹各化工园区发展定位。

1. 加快绿色技术创新体系构建

（1）加强绿色技术创新政策统筹协调和政策配套。坚持优化升级与绿色生产相结合，结合长江经济带技术发展现状，推动行业绿色改造，淘汰落后技术、工艺和装备，提高资源能源利用效率和主要废弃物资源化利用率，降低污染物排放强度，加大绿色技术研发投入力度，提高绿色技术供给质量。

（2）加快石油化工企业技术改造。发挥技术改造对传统产业转型升级的促进作用，加快沿江现有重化工企业生产工艺、设施（装备）改造，改造的标准应高于行业全国平均水平，争取达到全国领先水平。推广节能、节水、清洁生产新技术、新工艺、新装备、新材料，推进石化行业智能工厂、数字车间和智慧园区改造，提升产业绿色化、智能化水平，使沿江重化工企业技术装备和管理水平走在全国前列，引领行业发展。

（3）提高绿色企业的自主创新能力。通过技术创新提升企业全要素生产率。重视人才培养和引进。以发展特色现代绿色石油化工产业为基础，制定人才定向培养计划，建立以绿色发展为导向的学科专业群，强化职业和技能培训，着力培育和引进一批绿色发展专业人才。多渠道、全球化视野引进专业紧缺型人才，推动传统产业提质升级。

（4）积极构建沿江区域创新体系。引导创新要素向企业集聚，在长江经济带地区形成一批拥有核心技术和自主品牌的龙头企业，新建一批国家级创新平台，实现长江经济带与其他经济带跨机构、跨地区的开放运行和共享。支持建设国家和地方联合创新平台，探索建设工业技术研究院等新型研究机构，在沿江重要节点城市建立一批成果转移中心、知识产权运营中心和产业专利联盟，把长江经济带建设成为全国创新示范区。

2. 推进石油化工产业绿色园区建设

（1）对于新建园区，坚持科学规划、合理布局。根据沿江地区的资源存储分布，合理地进行资源配置与产业布局。结合长江经济带产业特色、城乡总体发展和产业发展规划，对其现存的“重化工围江”产业布局进行改善。制定的产业布局和发展战略，要与中央制定的统筹协调并发挥中下游优势互补的长江经济带发展战略相结合。新建园区和改扩建园区要按照“空间布局合理化、产业结构最优化、产业链接循环化、资源利用高

效化、污染治理集中化、基础设施绿色化、运行管理规范化”的要求，统筹区域生态环境保护，科学选址，规范园区设立。沿江流域严格执行新的化学建设项目必须进入产业集中区域或化工园区的规定，同时积极承接退城入园及产业转移的项目，逐步提高化工生产企业入园率。

（2）规范长江经济带化工园区绿色发展，开展化工园区的标准化体系建设。建立化工园区规范建设标准，针对化工园区的空间布局，在环境准入条件、产业发展负面清单、清洁生产标准、工艺装备要求以及废物处理处置措施等方面进行规范化指导，对绿色发展指标进行统一规定和评价。因此入园要与转型升级发展相结合。规范长江经济带化工园区发展，建立入园项目评估制度，入园项目需符合产业政策、行业规范和绿色发展等要求。开展现有化工园区的清理整顿，对不符合规范要求的化工园区实施改造提升或者依法退出。

（3）改善园区安全环保水平的公用工程。长江流域是区域及周边范围内居民赖以生存的环境，一旦出现事故，会对水域局部大气、水、土壤造成不同程度的影响，因此建设沿江应急救援中心，便于整合和调配应急资源；建立应急资源信息系统，利用互联网开发客户端，逐步实现应急资源的动态管理，将长江经济带中园区的网络信息系统进行互联，加强统筹规划。建立园区监测系统，加强对有毒有害废气及大气环境质量的监测，并进行信息公开。建立应急救援信息系统，确保园区发生突发事故时信息传递准确、高效，提高园区应急处置能力，保证长江上下游园区监测系统信息互通，防止连锁事故反应的发生。

（4）整合园区内关键资源信息的智慧管理系统。充分运用云计算、物联网和大数据等现代信息技术，开展建设安全环保一体化风险管理的智慧化园区试点，对物质流、能量流、价值流、技术流、信息流进行统一管理，并用信息流将其统一组织协调好，使得资源利用率最高，运营效率最好，安全环保程度提升。

（5）逐步完善化工园区产业升级与退出机制，优化调整化工园区布局，合理配置资源。坚持减量化、资源化、无害化原则，按照源头减排、过程控制、末端治理、综合利用的全过程绿色发展理念，力争实现“三废”全面达标排放，打造绿色园区。结合长江经济带各省市不同程度的技术水平及资源利用率，推进园区循环化改造，实现园区内物料闭路循环、产业链接循环；推行清洁生产，促进源头减量；推动能量梯级利用、余热余压利用、企业间废物交换利用和水的循环利用，减少废弃物排放。

（6）加快长江经济带园区环保设施升级改造。经济带内的园区，由于其污染物的处理很有可能危及长江水源，在污染物处理设施建设中，要加快对集中式污水处理厂的提升改造，强化特征化学污染物的处理能力，保障污水处理厂稳定运行，同时加快危险废物集中处置设施建设，实行内部危险废物的资源调配和统一管理，避免危险废物进入长江内而给上下游沿岸地区和人民带来环境风险。

（四）健全环境治理体系，筑牢绿色生态屏障

筑牢绿色生态屏障就是既要发展，又要绿色，推动产业的绿色发展是生态文明建设的题中之义，是促进经济高质量发展的重要支撑。构建一套完整的产业绿色发展评价体

系，能够客观反映长江经济带不同区域（如上游成渝经济带、中游城市群、下游长三角地区）、不同石油化工企业绿色发展的程度，从而有针对性地提出相应的解决方案。建立健全环境治理体系是关系人民群众切身利益、关乎子孙后代生产发展的民生工程，把绿色化的要求和标准全面融入新型工业化、新型城镇化、新型农业现代化和信息化建设之中，强化经济发展与污染防治、生态保护的联动协同效应，加大节能环保、污染排放、技术研究、生产安全等方面的管理和调整力度。

1. 构建石油化工产业绿色发展评价体系

（1）建立节能减排“领跑者”标准制度。加快完善长江经济带产业节能环保标准，确立行业标杆，实行创新导向型激励机制。结合长江经济带产业绿色发展要求，严格执行节能环保法律法规，加强环保准入管理，严格控制区域主要污染物排放总量，加强完善区域限批措施。

（2）形成基于工业绿色发展指数和长江指数的评价体系。围绕既要绿色、也要发展和既要资源节约、也要环境友好的两大主题，评价长江经济带石油化工产业绿色发展水平，评估产业资源环境消耗现状以及绿色转型升级进度。

（3）完善工业能源和环保监测、统计体系。建立健全产业装备健康能效监测和评估体系。加强对主要环境敏感区域的环境质量、重点污染源排放情况的动态监测，严格执行污染物排放和环境质量标准，对长江经济带重点环境敏感区域要提高相关环境标准。对污染严重的石化企业强化执法监督检查，对环境质量超标地区及污染物排放超标企业及时限产、停产。

（4）严格执行生态保护负面清单制度。围绕长江流域的岸线、腹地等资源，依据资源环境承载能力和区位条件，严格实施对不同主体功能区制定的鼓励、限制和禁止类产业政策，形成生态保护红线、环境质量底线、资源利用上线和环境准入负面清单，实行差别化的水资源管理、环境总量控制、节能指标考核和绩效考核，强化区域产业功能定位，构建分区环境管控体系。

2. 加强环境保护及污染物绿色治理

（1）优先、从严对沿江 1km 范围内化工生产企业进行分类整治。重点包括各类危、重污染源，生产储运集中区与主要饮用水水源交替配置以及部分取水口、排污口布局不合理，水环境风险大的企业。对于污染物的处理，沿江上下游的园区要统一尺度，统一标准，尽量避免出现处理程度不一的现象。从“源头减排—过程控制—末端治理”等方面着力解决水污染的排放问题，构建“园区环境质量—企业排放—园区无组织排放控制”等标准体系，全力构建“园区—企业—厂界”的立体化监测体系。

（2）着力于从源头消除或减少环境污染。从选址、技术、环境保护、安全生产等环节层层梳理，转移一批、关停一批、升级一批，先从本质安全的角度降低风险。号召长江经济带氮肥、农药行业通过转型升级降低产能，防止产能扩张，长江中上游地区严格控制精炼石油产品制造、基础化学原料制造等产业的规模，防止产能从长江经济带下游向中上游转移。

（3）实施行业清洁生产升级改造。依法依规淘汰能耗和排放不达标、本质安全水平低、职业病危害严重的落后工艺、技术和装备。从基础设计至生产运营阶段，全流程推动工艺、技术和装备不断升级进步，加强企业管理，从源头上减少“三废”产生，实现末端治理向源头减排转变。采用先进技术，提升行业能效水平，鼓励企业开展“智能工厂”“数字车间”升级改造，全面提升企业智能管理和绿色发展水平。

（4）强化突发环境事件预防应对。严格管控环境风险，建设装置级、企业级、园区级、流域级的多级水风险防范体系。加强环境风险防控体系建设，增强园区环境风险防控能力。沿江化工园区应建立统一完善的环境风险三级防控体系建设规范。要对园区企业自身规范构筑首层防控网，按照相关国家标准和规范要求设计和建设行之有效的围堰、防火堤、事故应急池等环境风险防控设施。园区雨水总排口和沿江分水系之间建立可关闭的应急闸门，确保事故状态下进入雨水管网的事故废水与外部环境有效隔离，确保极端事故发生的状态下，事故污水不流入长江。

（五）厚植绿色发展理念，创建百里长江新名片

绿色发展是关系人民群众切身利益、关乎子孙后代发展命运的民生工程，长江经济带的绿色发展更不是一个一蹴而就的过程，是一个长期的发展理念，需要政府、企业、组织以及群众等社会力量的共同参与。积极发挥各方在产业绿色发展中的作用，为长江经济带环境的改善、石油化工产业的发展作出贡献。

1. 深化绿色发展理念，提高公众参与度

（1）深化绿色发展理念。以绿色发展为引领，带动长江经济带石油化工行业高质量发展。打破二元对立的局面，坚持经济发展与生态保护的长期协调统一，打造“创新、协调、绿色、开放、共享”的发展理念，探索生态优先、绿色发展的高质量发展道路。树立正确的绿色环保和经济发展理念，在理念层面形成绿色自觉意识，打造绿色发展氛围。积极构建绿色发展的长效机制，谱写好新时代的长江之歌。

（2）提高全民参与意识，共同促进长江经济带绿色发展。全面提升绿色治理意识，全面深入推进绿色发展，树立正确的绿色环保和人文主义发展意识，在理念层面形成绿色自觉意识，打造绿色文化氛围，实现“创新、协调、绿色、开放、共享”发展。

2. 开放多重信息渠道，提升绿色石化影响力

（1）加强政府政务信息公开。做到全面公开，主动公开，扩大政府对环境指数、石化企业信息、排污指标交易等信息公开范围，拓宽政府信息公开渠道，促进政府与社会公众关于长江经济带地区，生态文明以及经济发展的良性信息互动。营造公众广泛参与政务并实施监督的良好社会氛围。

（2）加大绿色发展宣传力度。充分利用新媒体进行宣传，加大生态文明的宣传力度，畅通环境污染曝光渠道，形成具有鲜明时代特色的宣传方式，使公众深刻了解石化污染造成的危害，主动加入绿色生态保护阵营，从文化、意识维度推进石油化工产业绿色治理，用宣传和教育的方式展示石油化工产业发展新面貌，使绿色石化和长江经济带的名字紧密围绕在一起，将绿色石化打造成为百里长江的新名片。

四、长江经济带石油化工产业绿色发展政策机制

目前，长江经济带石油化工产业的绿色发展取得了一定进展，但形势依然严峻。一方面，可能会触及众多石油化工企业以及地方政府的经济利益；另一方面，还需要不同主体之间的协调合作，因此，需要建立一套完备的体制机制来保障长江经济带石油化工产业的绿色化健康、快速发展。

（一）法律保障机制

（1）加强政府组织领导和政策支持力度。贯彻落实习近平总书记关于"共抓大保护、不搞大开发"的重要指示精神，推动长江经济带高质量发展。加强政府组织领导和政策支持力度，加强推动长江经济带发展领导小组对长江经济带石油化工产业绿色发展工作的领导，强化其在战略和规划制定中的作用。长江经济带各级政府要高度重视长江岸线开发利用和保护工作，按照各自职责，综合运用行政、经济、市场等措施积极推动工作，对炼油产业，要采取有效措施，严控产能新布点，加大落后产能淘汰力度，化解产能过剩；对现代煤化工产业，建立由国家发改委、能源局负责，环保、水利、财税、国土、金融等部门参加的跨部门协调机制，做好产业升级示范。利用现有资金渠道，对符合条件的危化品生产企业搬迁、行业绿色升级改造、绿色产品发展、技术创新平台、创新战略联盟、创新示范基地给予支持。加大对绿色产品、绿色工厂、绿色园区的支持力度，在项目核准、土地审批等方面依法依规建立绿色通道。督促石油化工企业建立健全环境和社会风险管理体系，加强与利益相关方的沟通交流，切实防范环境和社会风险。搭建企业污染排放、环境违法违规记录等信息共享平台，建设绿色信用体系。支持企业自主创新和技术改造，运用市场化手段淘汰和转移过剩产能。加快各类资源环境产权制度改革，形成利益驱动的市场运行机制。发挥市场机制作用，优化产业转移项目，引导沿江及内陆地区的石油化工产业加快向沿海地区搬迁，新建项目应符合国家法规和相关规范条件要求，企业投资管理、土地供应、节能评估、环境影响评价等要依法履行相关手续。实施最严格的资源能源消耗、环境保护等方面的标准，对重点行业加强规范管理，推动长江经济带形成优势互补、一体联动、合作共赢的新格局。

近几年来，长江经济带沿江省（直辖市）不断加大法律法规建设力度，如《重庆市环境保护条例》的制订等。这些条例有力保障了长江经济带环境保护工作顺利展开，但还需以区域为中心，以经济带为依托，制定如《长江流域产业发展管理法》《长江环境和资源保护法》等类似的法律法规，保障长江经济带规划及政策实施的稳定性和延续性，进一步保障长江经济带石油化工产业高质量发展（李春艳和文传浩，2015）。

（2）规范石油化工产业的制造过程。首先，应提出对装备制造业的财税优惠政策，并加大扶持力度，规范市场管理，完善装备制造所需基础设施建设，保证装备制造走向智能化、信息化、自动化的数字化转型；其次，保障工业数据的灵活交流和信息安全是装备制造业智能、数字化发展的基础，相关部门应加强网络安全管理，防止产业数据外泄；此外，应建立有效的人才培养机制，对高级技术人才给予优厚待遇，唯才是用；最后，倡导创新、绿色制造理念，加快引导步伐，对装备制造自始至终全过程进行检测、

评估，健全标准体系，加快制定现代煤化工的安全标准、环保标准和方法类标准等产业发展急需的标准，促进现代煤化工规范发展。加强对原材料及制造工艺的控制，规范标准，实现整个产业资源高效利用和产品高能输出。

（3）严格执法监督，切实抓好违法违规问题整改。各级政府形成执法合力，加大执法监管力度，针对石油化工产业重点区域开展专项执法和集中整治。对应淘汰的落后工艺、技术和装备，依法依规予以取缔和关停。严格执行安全、环保、节能等相关政策法规，加强能耗强度和总量控制、排污总量控制，提高污染排放标准，强化排污者责任，健全环保信用评价、信息强制性披露、严惩重罚等制度，推动落后和低效产能退出，为绿色产能创造更大市场空间。将严重违反产业政策和污染排放标准的石化企业纳入失信企业“黑名单”，实施失信联合惩戒，将相关信息纳入全国信用信息共享平台。要切实抓好长江经济带石化企业环保问题整改，加大处罚力度，重典治乱，形成有效震慑，对新发现的问题要从严从重处罚，不见成效决不收手。

（二）市场导向机制

（1）强化监管，维护公平的市场环境。建立长江经济带石油化工产业绿色发展的科学监管体系，明晰监管部门职责，细化技术、环境、安全以及市场准入标准，重点开展针对突出问题的专项督查行动，保障产业持续健康发展。

（2）健全推进有利于绿色发展的市场机制。完善生态环境保护市场交易机制，根据环境容量、能源消费总量和污染物排放总量控制的要求，研究制定相应政策和管理办法，开展节能、排污权、碳排放权、水权等市场交易。通过确立市场交易原则、规则，规范和引导企业积极参与，培育第三方核证机构，监督和维护市场交易公开、公平、公正、有序进行。

（3）各地要处理好市场与政府的关系，慎用、巧用政策手段发挥市场在资源配置中的决定性作用。强化政府的宏观管理职能，弱化微观管理职能，扎实推进供给侧结构性改革，推动长江经济带发展动力转换，形成“市场主导—社会自治—政府服务”的现代治理结构，建设现代化经济体系。

（4）支持企业自主创新和技术改造，运用市场化手段淘汰和转移过剩产能。加快各类资源环境产权制度改革，形成利益驱动的市场运行机制。发挥市场机制作用，优化产业转移项目，引导沿江及内陆地区的石油化工产业加快向沿海地区搬迁，推动长江经济带形成优势互补、一体联动、合作共赢的新格局。

（三）企业责任机制

（1）增强石油化工企业绿色发展主体责任意识。牢固树立安全环保的红线意识，认真履行社会责任，加强行业自律，自觉遵守各项法律法规。全面高水平地推进“责任关怀”力度，要在更高水平、更大范围持续推进责任关怀。建立严格的检测体系、运行指标和认证程序，促进生产绿色化，持续改善职工健康、安全生产和环境质量；要贯彻我国关于安全生产的法律法规和标准要求，加强责任关怀宣传培训，编制年度责任关怀报告、制订责任关怀实施情况评估准则，组织开展单位自评、企业互评和关键绩效指标（KPI）征集等工作，努力探索具有中国特色、具有世界水平的中国责任关怀工作新高度、新业绩，勇于挑起行业与社会和谐发展的历史重任。形成产业发展与民生改善相得益彰、和谐共荣的格局。

（2）企业应严格按照排放标准要求，通过源头预防、过程控制和末端治理等综合措施确保污染物稳定达标排放。企业应增强持证排污、依证排污责任意识，建立自行监测、台账记录、定期报告和信息公开制度，把企业全员安全生产责任制向各层级延伸，纳入职工群众全员查隐患、社会全员安全宣教培训、应急演练等内容，检查一线员工熟悉和落实岗位安全责任制的情况，落实所有岗位安全生产责任、安全生产责任范围、安全生产责任考核标准，使人人都树立第一安全责任者意识，不断激发全员参与安全生产工作的积极性和主动性。夯实安全生产工作基础，遏制有影响的事故发生，最终构建起安全生产责任体系。

（3）强化隐患排查和风险防控，筑牢科学管理的安全防线，防范各类事故发生。把企业主体责任、风险防控体系、隐患排查治理体系具体化、实体化，指导监管部门和企业在实践中将思想转化为行动。健全环境应急预案管理和风险预警机制，建立企业—园区—政府应急联动体系，提高事故应急处置能力。建立健全职业健康、安全生产、环境保护、节能降耗等内部管理制度，提高从业人员专业素质，充分利用能源资源并使废物排放最小化，通过公开化学品信息，加强与社会公众沟通，从而全面提升企业绿色生产水平。

（四）互利共享机制

（1）数据共建共享，应用多维多元。搭建适应区域大市场需要的涉及科研、税收、社保、金融、融资的大数据共享平台，助力征管项目、企业信誉、发票管理、涉税风险、关联交易等电子数据系统集成和开放共享。以数据流引领技术流、资金流、人才流等生产要素的全面融合，引导长江流域人口和产业合理集聚，理顺产业协同发展链条，为未来通过对整个区域内企业自由流动所形成的存量和增量利益分成破除行政权属藩篱。研发建立长江经济带生态红线管理信息系统、规划管理一体化协同平台和灾害管理信息系统，为严守生态红线、保护自然资源提供充分的数据支撑；建设经济带精细模型建设管理执法平台，有效推进数字化、精细化管理；建设重大危险源监控系统，为经济带重大危险源监督管理提供辅助决策支持；建设长江全域绿色发展信息系统，将信息与资源分享给社会公众；应用于提高服务效率，通过数字空间框架开发建设机制规划管理一体化协同平台，实现一体化数字化管理、统一数据模式，提高成果共享效能，为推进长江经济带石油化工产业绿色低碳发展提供信息化技术和数据支撑。

（2）机制先行先试，成果互利互赢。完善改革创新政策体系，打破行政和市场壁垒，推动产业转型升级。按照税源协商，研究长江流域跨区域投入共担，率先探索产业跨省（直辖市）迁移、重大产业项目跨省（直辖市）协作的财税分配和产业增加值统计试行机制。以重点实施压减、转移、改造、提升为抓手，通过不断完善产业园区共建、异地孵化、飞地经济、跨区域投资集团等合作模式，研究制定长江经济带石油化工产业绿色发展的税收政策适用规范标准，建立对迁出地区和迁入地区双方有利且为转移企业发展留存一定比例的税收发展基金的共赢税制。按照总部、研发、生产、销售等产业价值链节点位置和职能划分，以产业合作的利益共享机制促成更多产业合作项目落地，进一步打破行业壁垒，加强科学规划。鼓励长江经济带石油化工企业增加技术创新投入，突破技术难题，实现高效耦合。大力引导和促进关键技术、重大装备、核心软件的研发与创新，加快技术、装备的国产化进程，将创新转化为发展动能。根据产品需求和技术路线，做好产业布局，提高质量效益，化解资源环境矛盾。找准各方生态利益与经济的契合点，实现各地产业和财政政策的均等化、协调性，在更大范围内推动长江经济带石油化工产业绿色发展和利益共享。

（五）统筹协调机制

（1）稳扎稳打，实现全面的绿色发展。努力将长江经济带打造成为有机融合的高效经济体，要推动资本、资源、技术、劳动力的优化布局和科学配置，建立能源高效管理体系，推进企业能源管理中心建设，开展能源审计和节能诊断。实施长江化工园区循环化改造，做好园区内“三废”科学处理处置，建设与周边社区和谐共融的绿色生态系统和循环产业链。着眼于经济绿色性、生态绿色性和制度绿色性三大维度的统一，通过建设长江经济带综合立体交通走廊以及绿色生态走廊的形式全面推动产业转型升级，并在发展过程中加快区域协调发展体制机制建设，全面推动经济协调发展、实现经济和社会福利的稳定增长和区域经济的协调发展。要对实现既定目标制定明确的时间表、路线图，稳扎稳打，分步推进。要正确把握整体推进和重点突破的关系，努力做到全局和局部相配套、治本和治标相结合、渐进和突破相衔接，实现整体推进和重点突破相统一。

（2）构建区域协调合作体制，促进区域产业联动发展。长江上中下游地区应充分发挥各自优势，统筹规划、联动发展。在思想认识上形成“一条心”，在实际行动中形成“一盘棋”，从多头管理转变为综合管理，统筹研究长江流域总体规划、重大产业布局、重大基础设施建设等问题，减少沿线产业无序竞争，搭建起区域协调统筹、城市为重点、乡镇为基础、民政配合的管理模式。对涉及职责交叉或管理缺位、责任不清的事项进行汇总和梳理，归口管理单位、明确牵头主责、建立协作机制。落实主体功能区规划，严格按照长江流域、区域资源环境承载能力，加强分类指导，确定工业发展方向和开发强度，构建特色突出、错位发展、互补互进的工业发展新格局。实施长江经济带产业发展市场准入负面清单，加大重点生态功能区保护力度，实施环境污染联防联治。同时，沿线省（直辖市）还应协同加强流域生态系统修复和环境综合治理，协同实施联防联控政策，在打造一条“生态走廊”的同时，建设一条“经济走廊”，提升长江经济带发展的系统性和协调性，加快形成“协调性均衡”的发展格局。

（六）公共管理机制

（1）推进环境管理体制机制改革，强化省际协同。进一步推进长江经济带环境管理体制机制，强化保护督查机构，增强其协调处理跨行政区域污染防治的职能。根据影响绿色发展的区域性特征，构建党委领导、政府主导、企业主体、社会组织和公众共同参与的现代环境治理体系，建立和强化省际联合、部门联动的联防联控体制，研究探索划定跨行政区域的空气质量控制区或管理区，采取最严厉的环保规制，进一步优化制度供给，制定长江经济带统一的产业目录，明确限制、禁止、淘汰产业清单，协同控制高耗水、高污染、高排放工业项目新增产能，增强企业创新能力，提高企业绿色制造的技术水平。着力构建长江经济带“统一规划、统一监测、统一监管、统一评估、统一实施”的体制机制。推进省级以下环保机构监测监察执法垂直管理，省级环保厅直接管理市县监测监察机构，承担其人员和工作经费。做到“三个不能削弱”，即地方政府的环境保护法律责任只能加强不能削弱，法律赋予环境保护部门的职责和各部门所担负的环境保护责任不能削弱，现有的环保队伍建设和工作能力不能削弱，明确政府、企业、公众等各类主体的权责，旨在形成全社会共同推进环境治理的良好格局。

（2）加强舆论宣传引导，保障公众知情权。充分运用传统媒体和新媒体，发挥石油化工类国家新型工业化产业示范基地联盟的作用，积极传播石油化工产业绿色发展理念。加强科普活动创新，开展“爱生活、爱化工”等科普活动，树立石油化工产业良好形象。组织化工园区、石化企业开展公众开放日活动，邀请群众代表、公益组织进行实地考察，组织专家和专业机构提供咨询指导，及时解疑释惑，提高公众科学认知石油化工产业和参与政府决策的水平。加强信息公开，及时发布产业动态，积极回应舆情热点和群众合理关切，保障公众知情权，为石油化工产业绿色发展营造良好社会氛围。

（3）建立公众广泛参与机制。要充分调动公民、法人和社会组织构建生态长江的积极性。培育壮大环保志愿者队伍，引导公众及社会组织依法开展环保活动。支持公民、法人、新闻媒体和其他组织对生态环境保护工作进行监督，完善举报制度。

（4）通过制度建设引导合理消费、理性消费和清洁消费，培育生态文化。从需求侧高效利用石油化工产品，加快绿色清洁产品在工业、交通等领域的推广应用，减缓对石油消费需求的增长。鼓励资源再生，大力推进塑料等产品回收利用。在城市，全面禁止商场、医院等机构提供免费塑料包装，禁止旅馆、酒店、餐馆主动提供一次性用品。

专题二　长江经济带能源绿色发展战略研究

一、长江经济带能源消费与能源供给现状分析

从驱动因素（人口、城镇化率、GDP、产业结构）、能源消费（消费总量、碳排放、污染物、交通运输、建筑）、能源供给（煤炭、石油、天然气、电力）、绿电现状（水电、风电、太阳能电、生物质能）对长江经济带能源消费与能源供给现状进行了研究。

（一）驱动因素分析

从人口、城镇化率、GDP、产业结构 4 个角度，对驱动因素进行分析。

1. 人口

2018 年，长江经济带区域人口总数增至 5.98 亿人，占全国的 42.90%。人口增长率上游先上升后下降；中游相对稳定不变；下游逐年上升（专题图 2-1）。

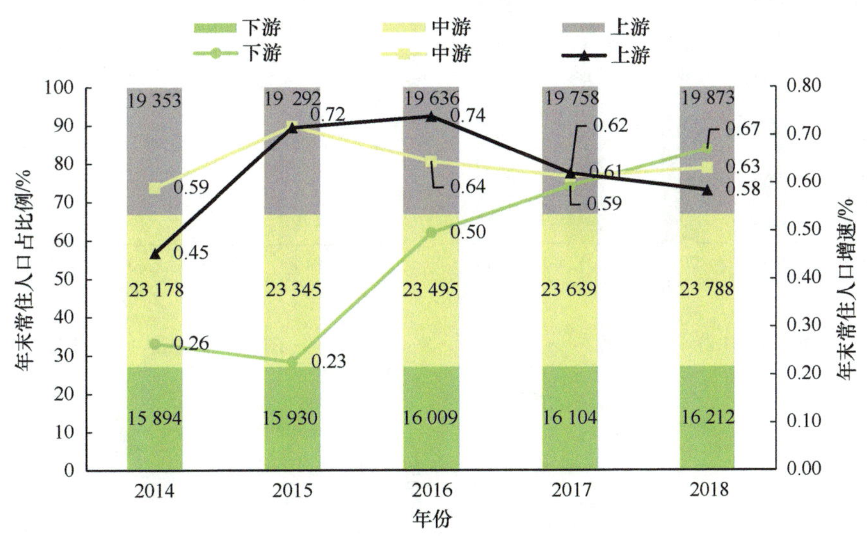

专题图 2-1　长江经济带人口现状

柱形上面的数字表示上游、中游或下游的人口数，其单位为万人

2. 城镇化率

2013～2017 年，长江经济带三大城市群城镇化率均有所增加（专题图 2-2）。下游

高于全国平均水平，而上游及中游则低于全国平均水平。下游城市群的中心城市上海市的城镇化水平始终最高；上游城市群的贵州省最低。

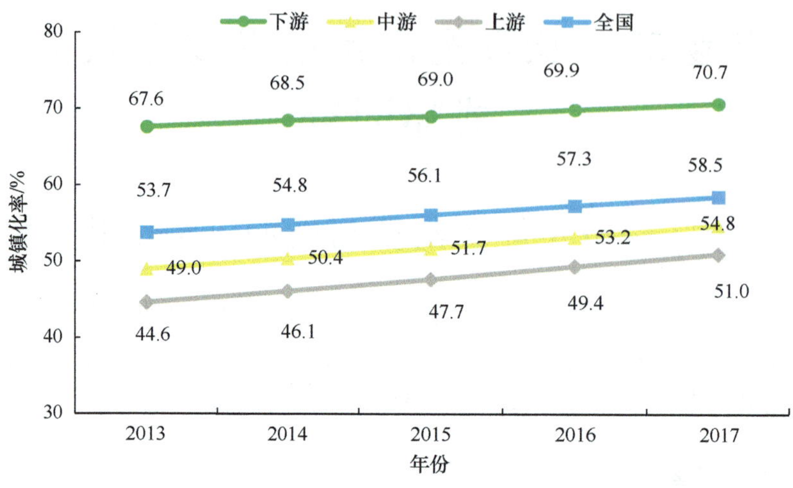

专题图 2-2　长江经济带城镇化率现状

3. GDP

长江经济带 GDP 增速高于全国平均水平，增速减缓（专题图 2-3）。

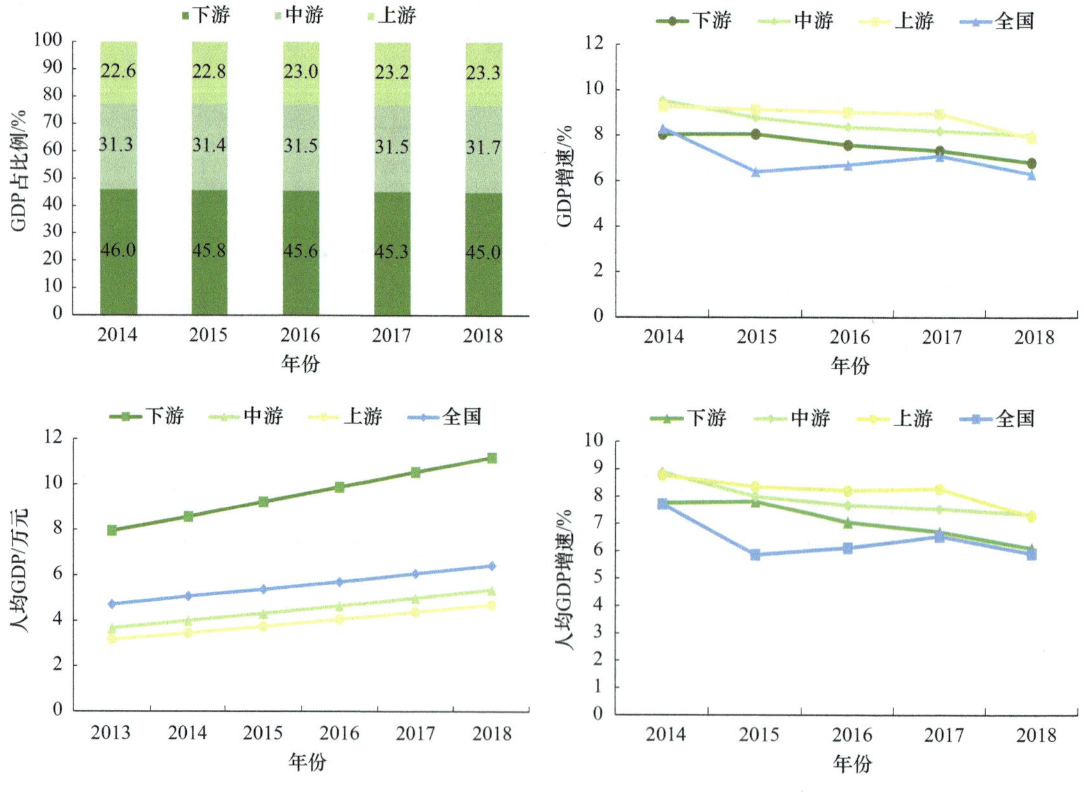

专题图 2-3　长江经济带 GDP 现状

4. 产业结构

长江经济带三次产业结构基本保持稳定，第三产业贡献地区生产总值最高（专题图 2-4）。

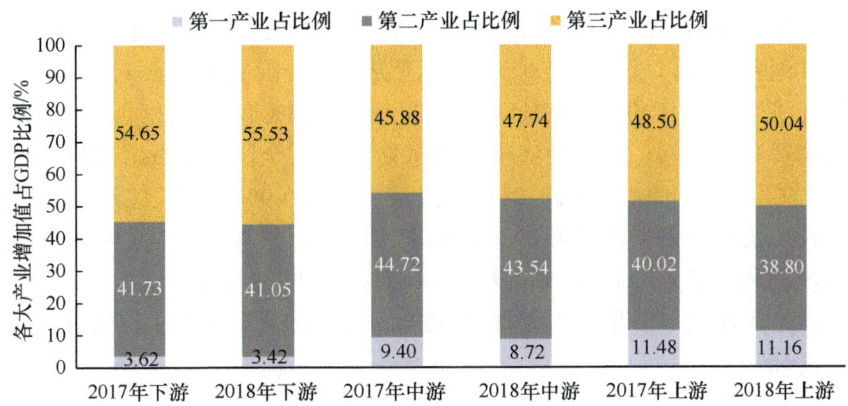

专题图 2-4　长江经济带产业结构现状

（二）能源消费分析

1. 消费总量

2017 年长江经济带能源消费总量为 16.89 亿 t 标煤，占全国的 37.7%。其中，下游城市群能源消费总量最多，为 6.43 亿 t 标煤，占 38.1%；其次是中游城市群，其能源消费总量为 5.44 亿 t 标煤，占 32.2%；最后是上游城市群，其能源消费总量为 5.02 亿 t 标煤，占 29.7%。2000～2017 年，长江经济带城市群能源消费总量除却在 2013 年有小幅度回落外，总体而言呈现逐年上升态势，但近五年的上升幅度有所放缓。（专题图 2-5）。

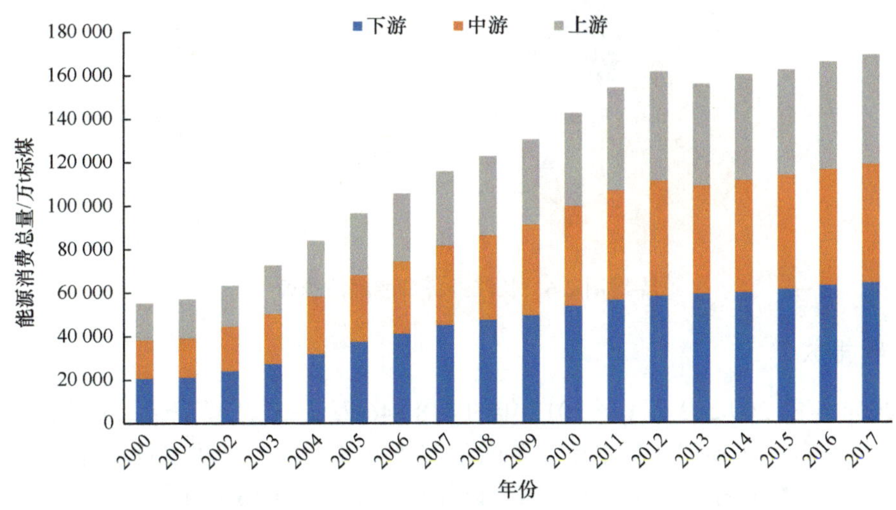

专题图 2-5　长江经济带能源消费总量

专题图 2-6 为长江经济带能源消费评价。从煤炭消费来看，长江经济带煤炭消费量占全国的32%，对煤炭消费量排序，可得：长江经济带下游（17%）＞长江经济带中游（8%）＞长江经济带上游（7%）。

从石油消费来看，长江经济带石油消费量占全国的39%，对石油消费量排序，可得：长江经济带下游（20%）＞长江经济带中游（10%）＞长江经济带上游（9%）。

从天然气消费来看，长江经济带天然气消费量占全国的37%，对石油消费量排序，可得：长江经济带下游（19%）＞长江经济带上游（14%）＞长江经济带中游（4%）。

从能源消费总量来看，长江经济带能源消费总量占全国的35%，对能源消费总量排序，可得：长江经济带下游（18%）＞长江经济带上游（9%）＞长江经济带中游（8%）。

总的来看，长江经济带横贯我国东中西三大区域，地域面积约205万km^2，以占全国21%的区域面积承载着全国40%的人口和40%以上的经济总量。相对的，能源消费量却只占35%，尤其煤炭消费量只占全国的32%，说明长江经济带在我国绿色低碳发展中作出了突出贡献。

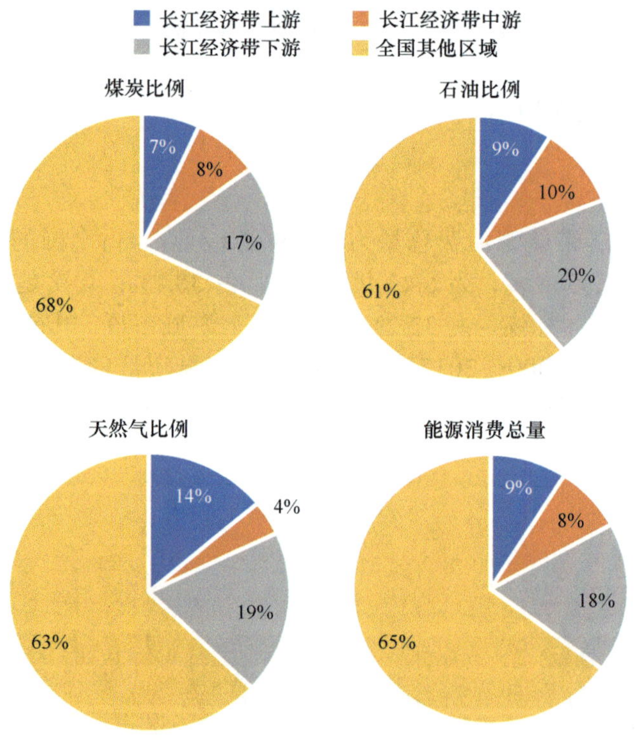

专题图2-6　长江经济带能源消费评价

2. 碳排放

从2004年的209 262万t至2012年的418 846万t，长江经济带二氧化碳排放总量增长了一倍左右；在各省（直辖市）全面落实执行《大气污染防治行动计划》《环境空气质量标准》等的影响下，2013年二氧化碳排放量下降，2016年下降至402 749万t（专题图2-7）。

其中，上游的碳排放占比例从2004年的28.1%增长至2015年的30.5%，2016年回落至 25.8%；中游的碳排放占比例从 2004 年的 24.8%增长至 2010 年的 25.6%，此后逐渐下降至 2016 年的 23.8%；下游的碳排放占比例从 2004 年的 47.2%下降至 2015 年的 45.7%，2016 年上涨至 50.5%。

长江经济带单位 GDP 碳排放由 2004 年的 2.17 万 t 标煤/万元下降至 2016 年的 1.16 万 t 标煤/万元，技术的进步带来了能源利用效率的提高。

从二氧化碳排放量来看，长江经济带二氧化碳排放量占全国的 35%，对二氧化碳排放量排序，可得：长江经济带下游（18%）＞长江经济带上游（9%）＞长江经济带中游（8%）（专题图 2-8）。

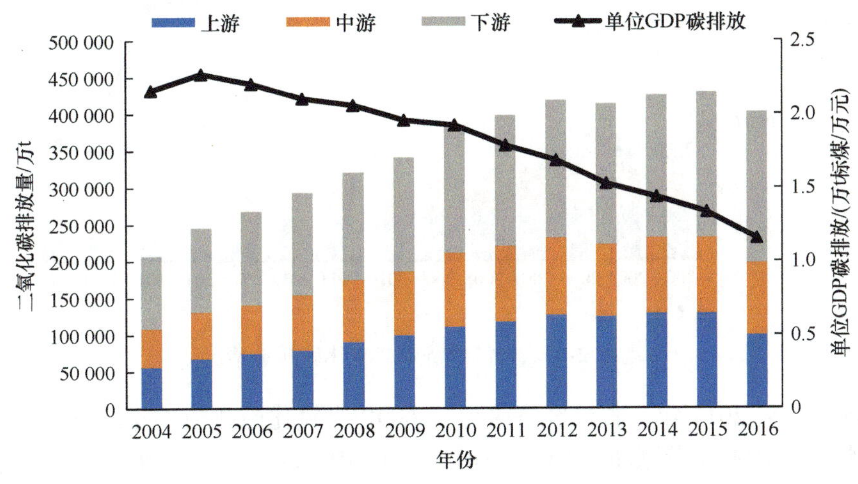

专题图 2-7 长江经济带二氧化碳排放总量

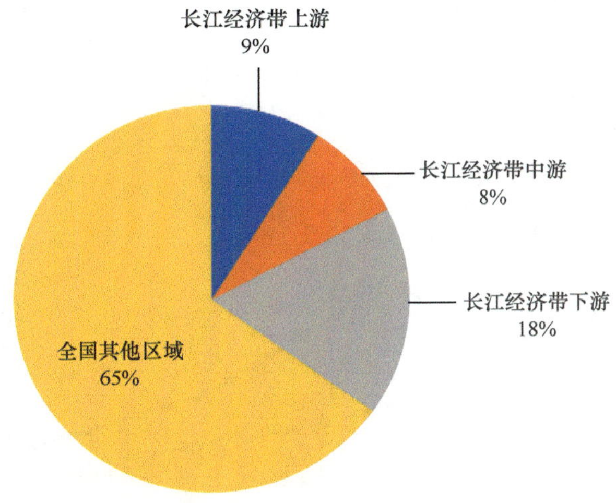

专题图 2-8 二氧化碳排放总量评价

3. 污染物

1）二氧化硫排放情况

2004～2017 年，长江经济带二氧化硫排放情况与全国接近，基本呈现波折递减的态势，尤其在 2016 年得到了一个较大幅度的削减（专题图 2-9）。2017 年长江经济带二氧化硫总排放为 322 万 t，其中上游、中游、下游占比例分别为 53%、27%、20%。从 2004 年至 2017 年，长江经济带下游二氧化硫排放在整个经济带中占比例由 28.2%下降到 19.2%，得到了大幅度的削减。上游二氧化硫排放量虽有下降，但其在全流域中占比例却在 2016 年、2017 年大幅度增加。中游占比例基本维持在 30%左右的水平。

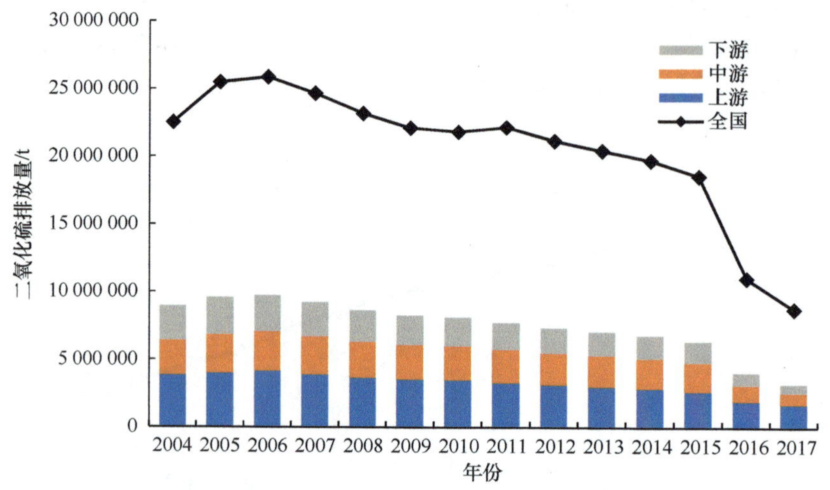

专题图 2-9　长江经济带二氧化硫排放情况

从 2004 年至 2017 年，长江经济带单位 GDP 二氧化硫排放逐年递减，尤其是上游得到了大幅度的削减（专题图 2-10）。下游单位 GDP 二氧化硫排放始终低于全国平均水平，中游和全流域与全国平均水平接近，但上游单位 GDP 二氧化硫排放为 19.7t/万元，仍远高于全国 10.3t/万元的平均水平。

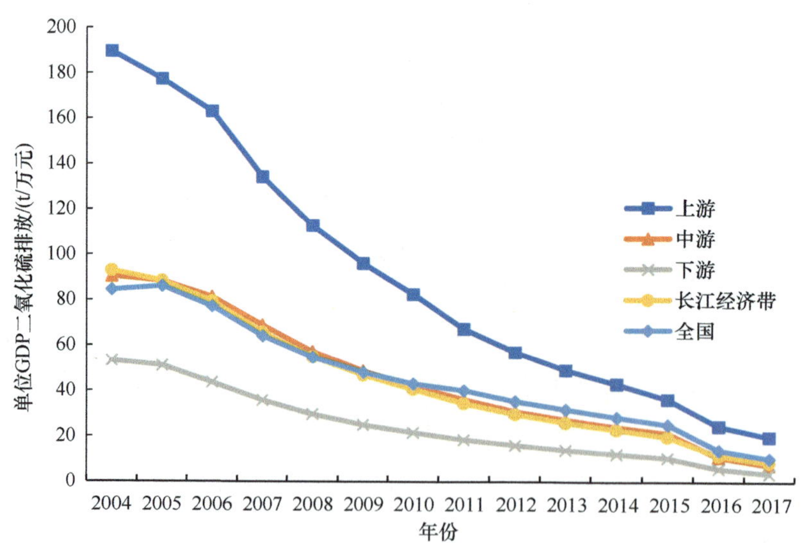

专题图 2-10　长江经济带单位 GDP 二氧化硫排放

2）氮氧化物排放情况

2011～2017 年，长江经济带氮氧化物排放情况与全国接近，基本呈现逐年递减的态势，尤其在 2016 年得到了一个较大幅度的削减（专题图 2-11）。2017 年长江经济带氮氧化物总排放约为 441 万 t，约占全国的 35%。其中上游、中游、下游在全流域中占比例分别为 29.3%、36.0%、4.8%。从 2011 年至 2017 年，长江经济带三大区域氮氧化物排放都得到了一定程度的削减，但它们在全流域占比例却基本没有什么变化，下游基本维持在 34%～35%的水平，中游基本维持在 36%～37%的水平。

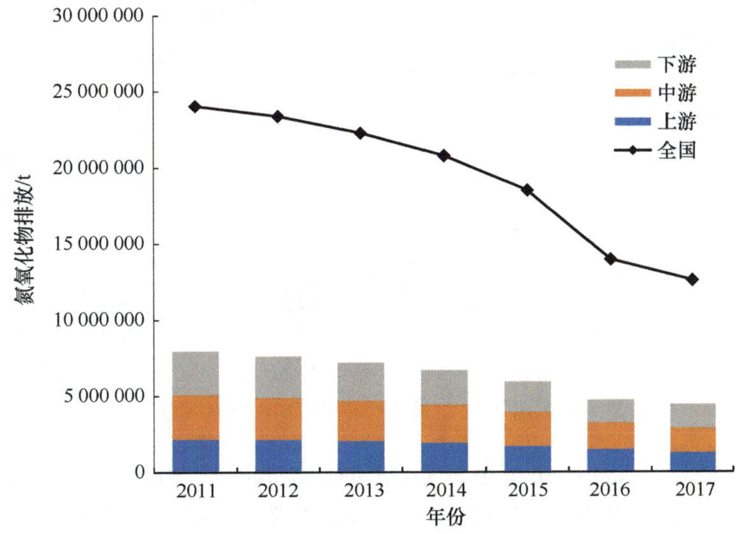

专题图 2-11 长江经济带氮氧化物排放情况

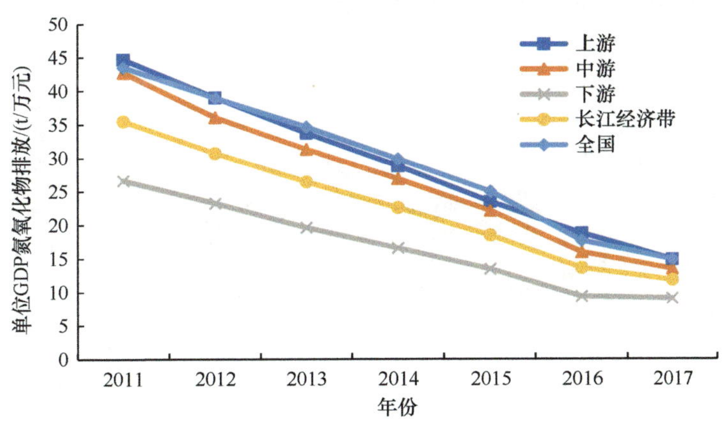

专题图 2-12 长江经济带单位 GDP 氮氧化物排放

从 2011 年至 2017 年，长江经济带单位 GDP 氮氧化物排放逐年递减（专题图 2-12），其中上游情况与全国平均水平基本接近，中游略低于全国平均水平，但下游单位 GDP 氮氧化物排放为 9.0t/万元，远优于全国 14.9t/万元的平均水平。

3）烟尘排放情况

2011～2017 年，长江经济带烟尘排放情况与全国接近，除却 2014 年出现大幅度增长外，基本呈现下降态势（专题图 2-13）。2017 年长江经济带烟尘排放总量约为 227 万 t，占全国的 28.6%。从 2011 年开始，长江经济带三大区域烟尘排放在全流域占比例基本没有大幅度变化，上游维持在 32%～33%的水平，中游维持在 42%左右的水平，下游维持在 26%左右的水平。

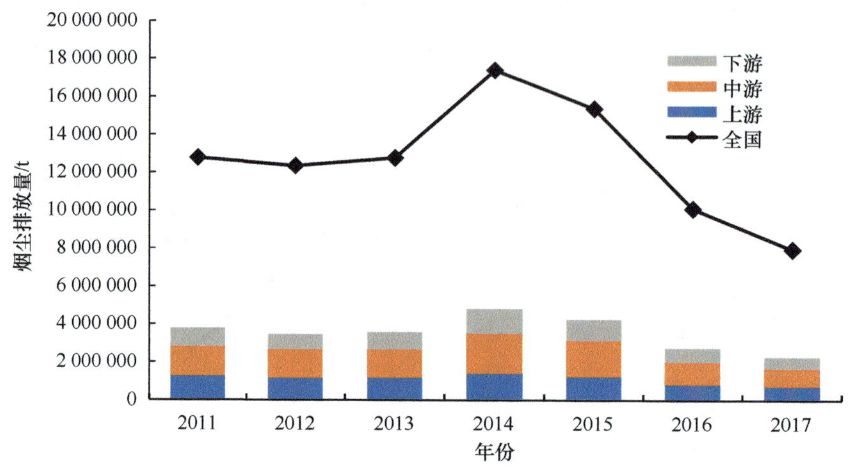

专题图 2-13　长江经济带烟尘排放情况

从 2011 年至今，长江经济带单位 GDP 烟尘排放除却 2014 年有显著上升外，基本呈现下降态势（专题图 2-14），2017 年长江经济带单位 GDP 烟尘排放为 6.1t/万元，低于全国平均水平。从 2011 年开始，长江经济带各区域单位 GDP 烟尘排放情况基本优于全国平均水平，其中下游情况显著优于全国平均水平。

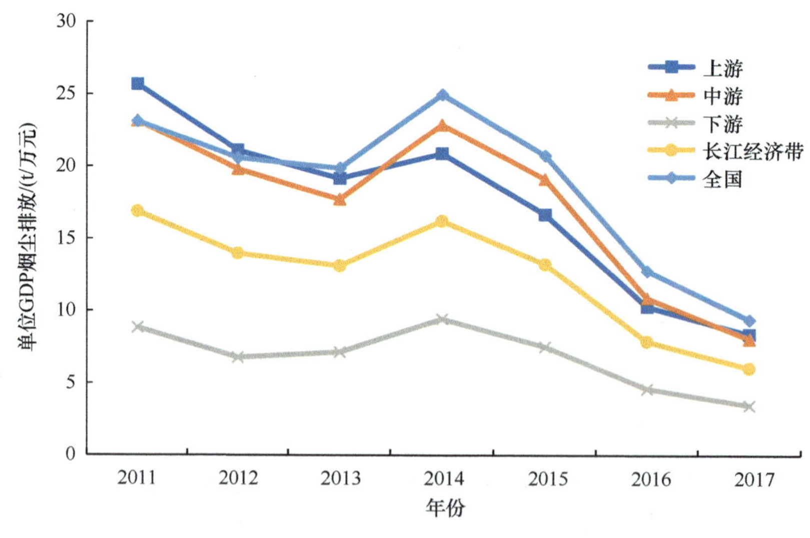

专题图 2-14　长江经济带单位 GDP 烟尘排放

4. 交通运输能源消费

随着近年来交通运输能力的持续增强和交通运输规模的不断扩大，交通运输行业能源消费量呈现快速增长态势，能耗主要以汽油、煤油、柴油、燃料油等油耗为主，电能消费比例相对较低。2016 年，交通运输领域能源消费量为 4.4 亿 t 标煤（标准煤当量），比上年增长 3.5%，占全国终端能源消费量的 10.0%。而发达国家交通运输能源消费量占终端能源消费量的比例为 20%～40%，因此，我国交通用能占全社会用能的比例仍将呈现上升态势。

如专题图 2-15 所示，2010～2016 年，长江经济带交通部门终端能耗年均增长率达 5.7%。虽然上游、中游、下游交通部门终端能耗总量逐年递增，但下游和中游交通能耗在整个长江经济带交通能耗占比例整体呈现下降态势。

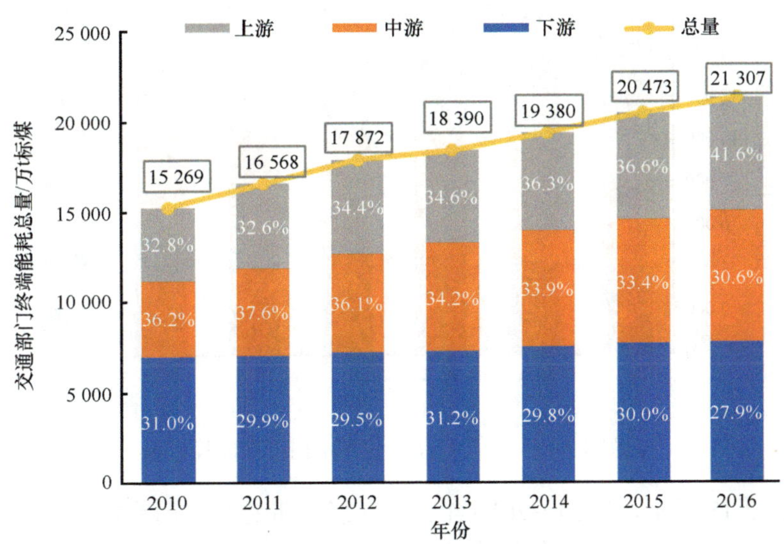

专题图 2-15 长江经济带交通部门能耗变迁

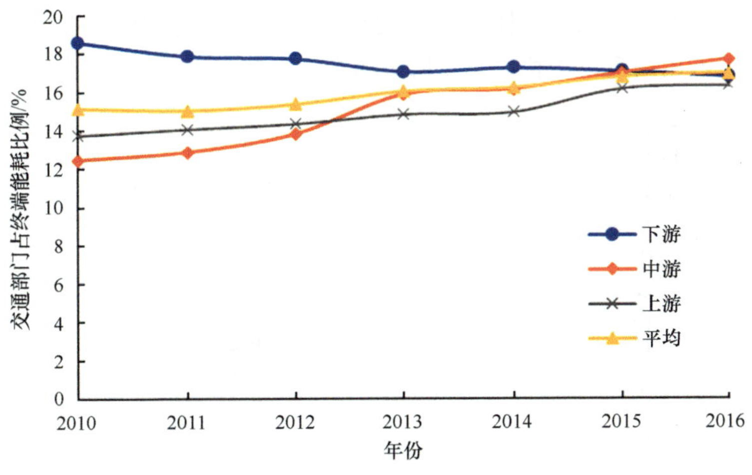

专题图 2-16 交通部门能耗在终端消费占比例的变迁

5. 建筑能源消费

如专题图 2-17 所示，2010～2016 年，长江经济带建筑部门终端能耗由 13 292 万 t 标煤增长至 18 935 万 t 标煤，年均增长率达 6.1%；上游、中游、下游年均增长率分别为 3.3%、3.9%、10.1%。虽然上游、中游、下游建筑部门终端能耗总量逐年递增，但下游和中游在整个长江经济带建筑部门终端能耗中占比例却呈现波折递减态势，与此同时，上游占比例逐年递增。长江经济带上游的经济发展相对落后于中下游较发达地区，因此在西部大开发的背景下要依托基建拉动经济。

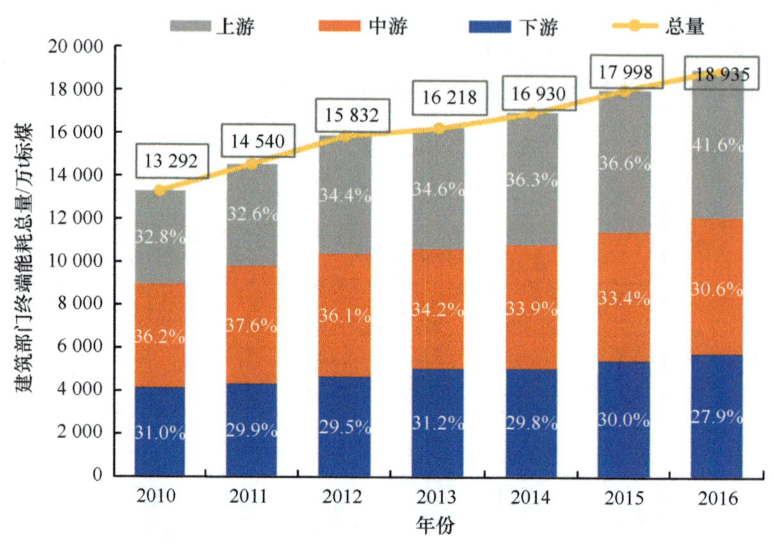

专题图 2-17　长江经济带建筑部门终端能耗总量

如专题图 2-18 所示，2010～2016 年，长江经济带建筑部门终端能耗由 100 917 万 t 标煤增长至 125 723 万 t 标煤，年均增长率达 3.2%；其中长江经济带上游、中游、下游建筑终端能耗年均增长率分别为 3.7%、3.0%、3.0%。2010～2016 年，长江经济带建筑部门终端能耗占终端能耗总量的比例从 13.2%增至 15.1%，总体呈现递增态势，其中上游占比例最高且占比例增速最快，从 14.7%增至 18.0%。

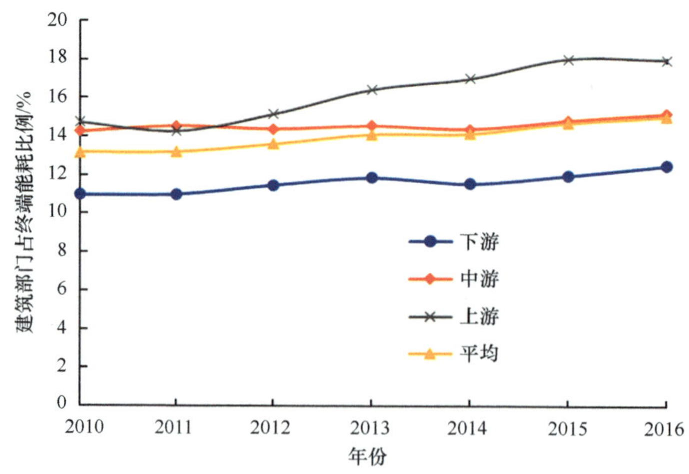

专题图 2-18　长江经济带建筑能耗占终端能耗比例

（三）能源供给分析

1. 煤炭

我国煤炭生产主要集中在以晋陕蒙为主的“三西”地区（68.9%），而煤炭的消费地高度聚集在华东和华南地区，煤炭下游需求约有 50%集中在火电行业，而我国火电装机及发电量大部分分布在山东、江苏、广东等东部地区，导致煤炭区域性供需失衡严重。煤炭生产和消费的逆向分布，使我国形成了“西煤东送，北煤南运”的物流格局，我国仍面临“西煤东送”运力不高、“北煤南运”通道不足的问题，包括湖北、湖南、江西等中部省份，以及川渝地区等“北煤南运”铁路直达运输比例需进一步提高。

自 2016 年煤炭行业推进供给侧结构性改革以来，贵州、云南产量适度增加，江西、湖北、湖南、重庆、四川产量下降，安徽由传统的煤炭调出省转为调入省；贵州煤炭调出规模减小；江苏调入规模不断扩大。

大宗干散货受高能耗产业转型、蒙华铁路通道建设等因素影响，货运量增速下降，导致长江干线货运量整体增速进一步放缓（马俊平等，2017）。集装箱是潜力较大的货种，尤其是随着腹地产业结构的调整，高附加值的适箱货源比例将持续提升。长江内河水运发展将以存量调整为主，主要体现在以综合物流成本最优为导向的江海直达、江海联运体系的完善。长江内河水运发展将呈现“中心港口特色优势进一步凸显”“整体协调性进一步增加”“服务功能进一步完善”的多重特点（丁敏和张婧姝，2017）。

2. 石油

长江经济带拥有江苏油田（江苏扬州）、江汉油田（湖北潜江）、浙江油田（浙江杭州）、滇黔桂油田（云南、贵州）、四川油田（四川成都）等，皆为中小型油田，原油年产量分别为 157 万 t、162 万 t、10 万 t、10 万 t、15 万 t。

受到自身储量及存储条件禀赋限制，长江经济带原油产量相对较少，原油消费主要来自海外进口，仅浙江年进口量就为 2300 万 t。长江经济带原油进口的主要省（省辖市）为浙江省、江苏省、上海市和云南省。

下游沿海地区拥有三座炼化基地，分别为江苏连云港、上海漕泾、浙江宁波，三大炼化基地不仅能够保证本地区成品油供应，而且余量成品油还远销东亚和南亚地区。

长江经济带上游以中小型炼化厂为主，尽管有小型生物原油生产厂但不成规模，中上游成品油主要用于内销。西南油气管线已经建成，但是存在严重的油气供应不足问题，若西南原油管线正常供应原油（设计能力 2200 万 t/a），位于昆明安宁草铺镇的 1000 万 t/a 和重庆长寿化工园 1000 万 t/a 的炼化厂将得以运营，彻底解决中上游成品油困境。石化行业皆为当地的支柱产业。

3. 天然气

2017 年长江经济带 9 省（直辖市）（此处主要涉及长江内河运输，不包括上海、浙江）天然气消费量 675 亿 m^3，2010 年以来年均增速 9%。从空间分布来看，天然气消费需求主要集中在中下游地区以及川渝等天然气主产地。其中，中下游湖南、湖北、江西、安徽、江苏 5 省天然气消费近年来呈现高速增长态势，2017 年达 365 亿 m^3，2010 年以来年均增速 17%，占区域比例由 2010 年的 34%提升至 54%。未来较长一段时期，长江经济带江苏、安徽等 9 省（直辖市）天然气需求仍将保持较快增长，初步预计 2035 年以前将维持 7%左右的年均增速。

从供应情况来看，未来沿江地区天然气管网建设将逐步推进，天然气供给能力不断增强（毕珊珊和刘长俭，2018）。其中，川渝地区气源仍以本地自产气为主；中下游 5 省将形成西气东输、川气东送、沿海 LNG 接卸共同服务的供应格局。长江 LNG 运输作为沿江地区天然气供应重要的补充方式，将在区域天然气调峰、液态天然气市场供应等方面发挥重要作用，为长江中下游地区形成多气源供应格局提供保障。为此，依托长江水运开展 LNG 运输，具备很大的潜在市场需求空间。

但是当前我国内河 LNG 运输受通航安全管理等因素制约，尚未开展。行业主管部门未对长江 LNG 运输通航是否放开、是否设置移动安全区等关键问题提出明确意见。例如，2016 年底江苏省实施“两减六治三提升”，提出“清理长江沿岸危化品码头和储罐，规范沿江危化品码头运行管理，严禁新增危化品码头”，限制江苏沿江 LNG 码头规划建设。长江沿线其他省份也对沿江新增岸线，特别是危化品码头岸线的审批更加严格，或直接限制（毕珊珊和刘长俭，2018）。

4. 电力

对长江经济带电气化水平进行分析，可以发现只有下游地区高于全国水平（下游 28%＞全国 23%），长江上游（19%）和中游（17%）与全国平均水平相比仍有较大差距（专题图 2-19）。其中，长江上游和中游电气化水平仅与 2011 年全球平均水平（17.7%）相当，距《电力发展“十三五”规划》重点提到的到 2020 年电能占终端能源消费比例要提升至 27%有较大差距。

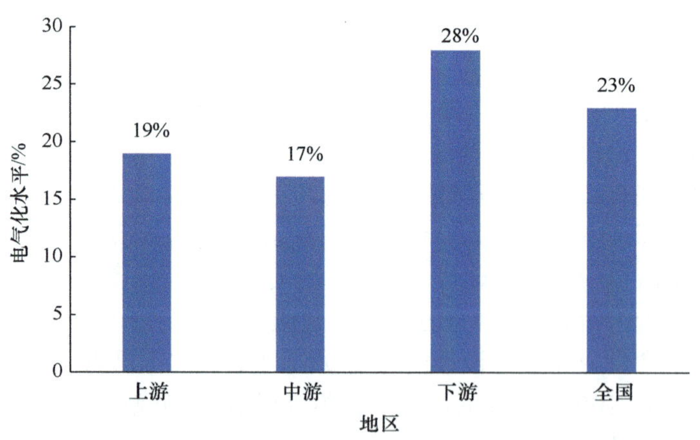

专题图 2-19　电气化对比图

我国经济新旧动能转化没衔接好，再加上气候影响等因素，西部地区基本上仍沿用投资增长拉动经济的传统模式，高耗能产能不能有效对接国内外终端产品消费市场，产业结构相对单一，造成产能过剩、产品库存积压，用电量增长受到抑制。云南等省份用电增速缓慢，都说明了我国电力消费正在经历经济转型的阵痛期。

（四）绿电现状分析

1. 水电

我国的国土面积和水资源总量都与美国相近，但水库蓄水能力，尤其水库的总有效库容，还不到美国的一半。我国水电资源按经济可开发量统计，总装机容量为 4.02 亿 kW，2018 年新增水电装机容量中国第一，为 8540MW。半数的全球大坝和积极的大坝建设规划都在我国，但目前我国水电年发电量只占到能源消费总量的 7%。

长江经济带水电情况如专题图 2-20 所示。长江上游作为“十二五”期间水电开发的主战场，已成为水电“大会战”场地（姚磊等，2016）。金沙江的金安桥、溪洛渡、向家坝等已开工建设，岷江上游水力资源开发殆尽，大渡河成了水电开发的超级大工地，嘉陵江已完成全线渠化；乌江也已全部完成水电开发，是我国水电开发程度最高的河流之一。

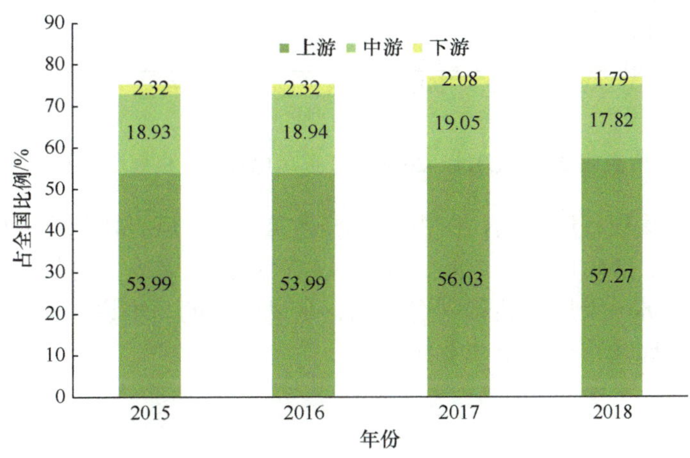

专题图 2-20 长江经济带水电发电情况

水利部、环保部（生态环境部）等十几个部委和沿江省市的政府职能部门都是长江流域的管理部门，而担负长江流域管理的职能部门——长江水利委员会只是水利部下属的副部级机构，对于地方和强大利益集团的“跑马圈水”无能无力（姚磊等，2016）。部分省（直辖市）将地方小水电管理权层层下放，把整条河流小水电开发权让渡给民营企业，小水电像 20 世纪 80 年代开小煤矿一样遍地开花。

2. 风电

长江经济带下游沿海及其岛屿，为我国最大风能资源区之一。有效风能密度大于、等于 200W/m^2 的等值线平行于海岸线，沿海岛屿的风能密度在 300W/m^2 以上，有效风力出现时间百分率达 80%～90%，大于、等于 8m/s 的风速全年出现时间 7000～8000h，大于、等于 6m/s 的风速也有 4000h 左右，如浙江的南麂、大陈、嵊泗等沿海岛屿上，风能都很大。

云南、贵州、四川、湖南西部为我国最小风能区。有效风能密度在 50W/m^2 以下，可利用的风力仅有 20%左右，大于、等于 3m/s 的风速全年累积时数在 2000h 以下，大于、等于 6m/s 的风速在 150h 以下。

以江苏省为例进行分析。江苏拥有 954km 的海岸线，海岸地形地貌、气候和水文条件良好，发展海上风电具有得天独厚的条件，风电行业装机规模连年增长（专题图 2-21）。中国华能与江苏省政府签署了战略合作协议，将举全公司之力，投资 1600 亿元打造基地型、规模化千万千瓦级海上风电基地。

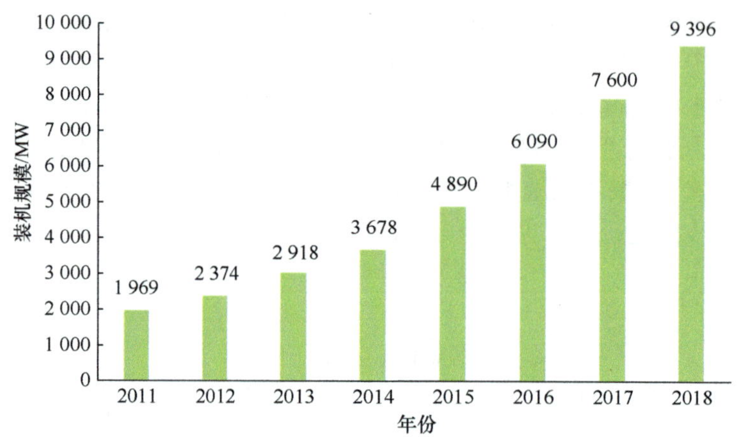

专题图 2-21　2011～2018 年江苏风电行业装机规模情况

江苏风电产业集聚程度较高，在相关地区建成了一批风电特色产业园区，主要有南京风电装备产业园、溧阳风电产业园、武进风电产业园、无锡风电产业科技园、如东风电产业园、大丰江苏海上风电装备制造基地、金风产业园、华锐（盐都）风电产业园、阜宁风电装备产业园和东台风电产业园等。

3. 太阳能发电

太阳能发电分为光热发电与光伏发电。光热发电利用大规模阵列抛物或碟形镜面收集太阳热能进行发电，目前在太阳能发电中占比例仅为 4%～5%。光伏发电是利用光生伏特效应直接将光能转化为电能的发电方式，适用范围更广，在太阳能发电中占绝对多数。

从全球范围看，截至 2018 年底，全球光伏发电装机容量达到 512.3GW，中国占 34.2%，为世界第一。2018 年，全球新增装机量与 2017 年水平持平，尽管中国增量明显缩小，但全球其他地区仍然显示出强劲的增长势头。

“十二五”规划以来，我国的光伏发电进入高速发展阶段。“十三五”期间，全国多数省市都出台了可再生能源发展规划，对光伏发电的发展目标进行了明确规划，我国的光伏发电建设规模不断扩大，技术进步和成本下降速度明显加快。目前，无论是年度装机量还是累计装机量，中国都位居世界第一。此外，长江下游的上海、江苏等地形成了光伏产业集群，统领全球太阳能制造业。

2018 年，为促进光伏行业健康可持续发展，提高发展质量，加快补贴“退坡”，国家发展改革委、财政部、国家能源局发布了《关于 2018 年光伏发电有关事项的通知》。这一新政直接导致了 2018 年光伏装机增速明显下降，提高市场化水平也成为光伏发电下一阶段的主要任务。未来，整体光伏新增装机规模逐渐减少，分布式光伏成为新增装机贡献主力，光伏逐步进入无补贴时代，平价上网成为趋势。

关于推进分布式发电的市场化交易机制，“隔墙售电”是一种新的尝试。这一模式可以让能源消费者成为“生产投资型消费者”，赋予他们参与可持续发展的权利，同时还可以促进电网企业向平台化服务的战略转型。江苏省作为分布式发电大省，已率先进行了分布式市场化交易园区试点，出台了征求意见稿。但“隔墙售电”面临着市场化交易程度低、公共服务滞后、管理体系不健全等问题，大规模推广仍困难重重。

4. 生物质能

国外生物质能应用具有了相当可观的规模。例如，美国和奥地利生物质能在一次能源消耗量中分别占4%和10%；美国生物质发电装机容量超过1万MW；巴西乙醇燃料占该国汽车燃料消费量的50%以上。

我国生物质能发展较慢。目前，我国可再生能源占12%，生物质能仅占可再生能源的8%，占总能源利用量的1%，占生物质能可利用量（约6亿t标煤）的9%。各类生物质资源中，我国农业剩余物、林业剩余物、城市固体垃圾及其他生物质资源的年产量分别为2亿t标煤、1.5亿t标煤、1亿t标煤、0.5亿t标煤，资源较为丰富，但开发不足。

在能源规划上，我国在“十三五”规划中对生物质能作出了一系列部署。同时，对生物质发电装机规模、生物天然气产量、生物质成型燃料、生物质液体燃料等制定了明确的指标。

长江经济带生物质能理论蕴藏量总体上分布不均，省份间差异较大，长江上游为长江经济带生物质能的主要分布区，其中四川、云南占据较大的地理优势，而长江经济带生物质能的可利用量与理论蕴藏量的分布接近。中上游的生物质蕴藏量与煤炭、石油、天然气等能源相当，在一定程度上能够与之形成互补。

但在生物质能源的利用上，长江中下游反而比生物质蕴藏量占据优势的上游要高出许多。以生物质发电为例，2017年，江苏、浙江、安徽三省的生物质发电量占据了长江经济带生物质发电量的一半，而四川、云南、贵州三省占据的份额约为七分之一。可见长江经济带的生物质储量与利用并不匹配，有待改善。

二、长江经济带能源消费与能源供给问题分析

（一）基于现状分析的问题分析

1. 能源供给问题

1）铁路运输

2019年底，北煤南运的第一大线路蒙华铁路已经通车，设计运输能力为2亿t/a，蒙华铁路投运后将逐步缓解中部地区的煤炭供应紧张局面。运输的煤炭预计50%到达湖北，30%到达湖南，20%到达江西。蒙华铁路建成后，“三西”地区的煤炭将可直接送达“两湖一江”。对内蒙古地区来说，最大的优势将是极大地节省运输时间，其中内蒙古运

至湖北的运费约降低 35 元/t，但运至湖南、江西的运费无明显下降；陕西地区运至“两湖一江”的运费将下降 40～50 元/t；山西地区运至湖北地区的运费无明显变化，但运至湖南、江西的运费约降低 40 元/t（张鹏，2019）。

但是，产地的高度集中以及市场调入区域由沿海扩散至中部，造成煤炭长距离调运量的增加和流向的变化，此外，受环保政策影响，长三角地区煤炭、钢铁等物资由汽运转为铁运，新增 1 亿 t 铁路运力需求，原有经过多年调整所达到的煤炭供需、运输的平衡格局被打破，新的供需格局需要运输、集散能力的匹配与调整，市场达到新平衡需要一定时间。

2）水路运输

从运量来看，大宗干散货受高能耗产业转型、蒙华铁路通道建设等因素影响，货运量增速下降，导致长江干线货运量整体增速进一步放缓（马俊平等，2017）。集装箱是潜力较大的货种，尤其是随着腹地产业结构的调整，高附加值的适箱货源比例将持续提升。长江内河水运发展将以存量调整为主，主要体现在以综合物流成本最优为导向的江海直达、江海联运体系的完善。

长江流域港口发展相对滞后，而且发展不平衡。除长江三角洲地区外，大多数内河港口相对于公路、铁路等交通设施发展滞后，存在资金不足、规模较小、缺乏经验等问题，在当地经济发展中所受到的重视程度不够。同时存在地区间发展不平衡、季节间发展不平衡和运力发展不平衡等问题。此外，还存在航道等级低、船舶小而杂乱、港口吞吐能力不足、管理相对落后等问题。

3）公路运输

2012 年以来我国公路货物运输量均超过 300 亿 t，占全社会货物运量的四分之三以上，但近年来，环保加严，国家出台了多项关于汽运的相关政策，治超取得成效，并逐步常态化，港口禁煤炭汽运、“公转铁”等政策不断出台。在不断收紧的“汽运煤”限令和“加码”的铁路运输规定的共同作用下，煤炭铁路运力将加速释放。同时也加速了这些线路煤炭等大宗货物“公转铁”的进程，未来煤炭长途汽运将逐步被铁路替代。

2018 年 6 月底，国务院印发《打赢蓝天保卫战三年行动计划》，旨在通过 3 年（2018～2020 年）努力，大幅减少大气污染、改善环境空气质量。政策明确提出，将优化调整货物运输结构，大幅提升铁路货运比例。同年，交通运输部等部门提出了钢铁、煤炭、矿石等大宗货物运输“公路转铁路”政策，要求长三角地区等为主战场，以推进大宗货物运输“公转铁、公转水”为主攻方向。受其影响，煤炭公路运输规模将会大大缩减。如果《打赢蓝天保卫战三年行动计划》严格实施，下游用煤企业纷纷建设铁路专用线，并将原料煤、燃料煤改由铁路运输，公路煤炭运输规模必然会受到显著挤压。

2. 绿电开发利用问题

1）水电

长江流域水利枢纽项目众多，其中小水电达 2.41 万座，过度、无序开发已给长江流域水生态环境带来严重影响。长江上游分布有鱼类 286 种，其中局限分布在上游各干支流的特有鱼类 124 种，约占 43.4%；长江鲟、白鲟等国家重点保护野生动物，主要在上游水域栖息，这些珍稀和特有鱼类，是上游水生生物多样性的典型代表，需重点保护。

然而，始于 30 多年前的“西电东送”，已在长江上游修建不少水电工程。2018 年 6 月 19 日，国家审计署发布的《长江经济带生态环境保护审计结果》显示，截至 2017 年底，长江经济带有 10 省（直辖市）建成小水电 2.41 万座；8 省（直辖市）930 座小水电未经环评即开工建设；过度开发致使 333 条河流出现不同程度断流，断流河段总长 1017km。这些小水电，一般建在流量较小的二级或三级支流，一些装机容量仅几百千瓦。20 世纪八九十年代，这些小水电确实缓解了当时能源短缺的困境，但它们数量多，并且大量引水式建设使河流断续脱水，而发电收入很可能不够抵偿对水域生态破坏造成的损失。毫无疑问的是长江上游水电开发已经完全处于过度状况。

2018 年 6 月，生态环境部印发《长江经济带小水电无序开发环境影响评价管理专项清理整顿工作方案》的通知。要求切实维护长江经济带河流生态系统健康，坚决制止以牺牲生态环境为代价的小水电开发，严厉打击未批先建、破坏生态环境等违法行为。自 5 月 23 日起至当年 12 月底，长江经济带 11 省（直辖市）原则上暂停受理新建、扩建小水电项目环评文件。

长江流域的水电开发已从三峡上溯到金沙江及其他上游支流（姚磊等，2016）。长江上游流域既是“西电东送”水电基地和矿产能源基地，也是世界地质和自然文化遗产保护区群，还是民族文化积淀深厚和多样性最为富集的地区之一，开发与保护的矛盾并存。

长江上游干支流一系列水库建设装机超限，上下游争水和南水北调都有可能导致汛后水库蓄不满水的问题，这不仅影响水电站实际经济效益，还将加剧长江流域用水矛盾，影响长江中下游及河口生态与环境需水。

2）风电

目前，弃水弃风仍是长江经济带重要问题。弃水方面，仅云南和四川两省的弃水量折合为电量就超过 200 亿 kW・h；弃风方面，流域弃风率达到 20%～28%。入网仍是水电、风电发展瓶颈。

（1）大规模风电并网加大电网安全运行风险。相对于欧洲风电分散式、小规模和接入中低电压等级的特点，我国风电发展是大规模集中接入中高压电网。随着装机容量的增加，风电对电网的影响逐渐从局部配电网发展到主网架。由于目前网架结构相对薄弱、缺乏电源支撑，风电的波动性和反调峰特性，使远距离大容量输电方式严重影响电网安全稳定运行。大规模接入电网的风电场即使发生较小故障也有可能造成接入电网的电压波动，由于风电机组低电压穿越能力较差，容易引起拖网运行，甚至导致区域电网震荡，引发停电事故（曹卫琴，2014）。因此，出于电网安全运行考虑，风电大规模并网发电也受一定限制。

（2）配套电源建设与风电规划不协调。由于风电的随机性和不确定性，且具有反调峰性，大规模风电并网需要电网配备相应的足够容量调峰调频电源。因此，其他电源的调节能力是决定电力系统可接纳风电规模的关键因素。欧美等国在大力发展风电的同时，注重建立配套的灵活调节电源，如抽水蓄能电站、燃油燃气电站等。而我国风电集中地区主要以煤电为主，且供热机组不参与调峰，水电装机偏少，系统调峰调频能力不足。尤其在冬季时，供热机组抢占了风电的供电容量，造成大量的弃风现象。随着风电的快速发展，系统调峰压力日益增大。

（3）调度模式不合理限制风电消纳。目前采用的分省电力平衡调度方式不利于风电在区域范围内消纳，分省就地平衡的调度方式，意味着风电的波动性、间歇性和反调峰特性等均需在本省范围内进行平衡。随着风电比例扩大，省内平衡无法满足风电在区域电网范围内消纳，制约风电的消纳。

（4）风电补偿金额不足。根据《中华人民共和国可再生能源法》的要求，电网企业应当全额收购可再生能源电力，为了支持新能源发展，新能源发电的上网电价也比传统电源要高。因此，电网企业每多收一度新能源电力，就意味着利润相应减少一些（曹卫琴，2014；黄天翔，2012）。虽然国家对电网企业收购风电给予一定的补偿，但是这些补偿相对电网企业总体收入微乎其微，不足以激励电网企业积极接纳风电。而对于电网不接纳风电没有相应的惩罚，对风电企业造成的损失没有补偿措施，使得电网企业没有压力积极接纳风电。

（5）补偿机制不够完善。开发大型风电基地涉及的工程项目众多，不仅需要投资建设风电场，同时需要规划建设跨区域高压输电工程，保证风电送出通道的畅通，另外，仍需建设配套调峰电源和无功补偿装置，以保障大功率风电的消纳问题。我国现行标准规定的风力发电接入系统的补贴费用过低，也缺乏完善的配套投资补偿机制，使得配套投资很难按时收回，在客观上限制了风电的大规模开发与消纳（黄天翔，2012）。

（6）项目审批漏洞。根据政策规定，对于 5 万 kW 以上风电项目由国家发展改革委审批，而 5 万 kW 以下的由地方政府审批，地方政府为了快速发展风电，将大型风电项目拆分建设，项目审批的漏洞导致风电建设缺乏统一规划，造成小型风电场飞速增加，电网建设相对风电项目发展落后，风电消纳困难。

（7）消纳政策不合理。根据政策要求，电网企业需要无条件收购风电，且收购成本不比常规电源低，而由于风电的随机性和波动性特点，电网企业需要付出额外的成本；对于其他电源企业，风电不仅占用了它们的发电空间，还需要为风电提供无偿的辅助服务；对于用户，无法直接从风电企业获得电能（曹卫琴，2014）。因此，当前电网收购风电的政策无法激励电网、电源以及用户主动积极地消纳风电。所以，在某种程度上，目前电力体制的陈旧，束缚了风电的健康有序发展，有必要探索适合我国未来风电发展状况的新政策。

3）太阳能发电

浙江省依托丰富的资源、成熟的技术和政策的支持引导，在光伏发电尤其是分布式光伏发电方面走在长江经济带各省份前列。浙江省计划至 2020 年，全省光伏发电总装机规模超过 800 万 kW，其中屋顶分布式光伏电站超过 360 万 kW，地面集中式光伏电站超过 440 万 kW，家庭屋顶户用光伏 100 万户以上。

目前，浙江省通过多种方式充分利用平原、盆地、海岛的太阳能资源，在沿海滩涂、荒山荒坡建设大规模集中式电站，利用大型园区、家庭屋顶建设分布式光伏电站，已经拥有秀洲等具有示范效应的成功案例。同时拥有众多生产光伏组件的龙头企业，已经初步形成技术创新体系，产生了良好的社会经济效益。

4）生物质能发电

四川与浙江在生物质储量以及生物质开发上存在着较大的反差，因此选取这两个省份作为重点研究对象，对长江经济带的生物质开发情况进行分析。就生物质可利用量而言，四川与浙江在禽畜粪便、农作物秸秆两类生物质资源上并无太大差异，而四川的林木薪柴可利用量约为浙江的 2 倍，因此总体而言，四川生物质可利用量高于浙江。但 2017 年，浙江的生物质发电量为 158 万 kW·h，四川仅为 44 万 kW·h，不到浙江的三分之一，表明四川庞大的生物质可利用量并没有得到充分的利用。

在政策上，浙江省出台《“十二五”及中长期可再生能源发展规划》，对生物质的开发利用进行了精细的部署：大力推广各种沼气利用、合理布局生物质燃料发电项目、稳步发展生物质成型燃料、积极推进生物质液体燃料、逐步发展生物基产业。在政策上，浙江省在生物质能利用上规划更全面，从而以较低的生物质可利用量实现较高的生物质能开发。

3. 交通建筑领域绿色发展问题

1）交通领域

交通运输是全社会节能的重点领域，我国交通运输部门不断加大节能减排的实施力度，从政策激励、专项行动、低碳体系及试点建设、示范项目、技术创新及应用等方面采取了积极措施，在技术、管理、结构节能方面均取得了一定成效，但近年来，我国交通运输能耗降幅收窄，节能减排潜力需进一步挖掘。

交通领域的电气化潜力巨大。我国电动汽车市场规模全球第一、技术创新高度活跃，预计 5 年内电池密度提高一倍/制造成本下降一半、2025 年前电动汽车寿命整体经济性高于传统燃油汽车。从细分方式看，铁路、轨道、公交等公共交通和轻型汽车、小型货运等道路交通已经展现出良好的电气化潜力，但动力电池还面临制造成本高、衰减折耗快、能量密度低等挑战，在补贴快速“退坡”背景下，电动汽车与传统燃油车的竞争压力有所加大；重型货运用电技术还很不成熟，短期内尚难见到电气化的可能。

2）建筑领域

当前，建筑领域用电技术非常成熟，存在 100%电气化的可能性。展望未来，电气化发展的主要趋势是迈向智能化，既包括通过先进控制技术、信息技术实现智慧建筑，也包括通过行为模拟与数据挖掘实现能源服务的自动化。此外，电能作为高品位的“二次能源”，直接用于空间加热的成本很高，若不考虑政策补贴、环境效益等外部性因素，电能尚不具备与廉价煤炭竞争的优势，居民冬季“电采暖”还需要政府财政补贴或廉价新能源电力支持。

本书通过调查问卷方式对城镇居民生活方式与节能状况进行了调查。样本分布如专题图 2-22 所示共发放调查问卷 6290 份，收到有效调查问卷 5270 份。

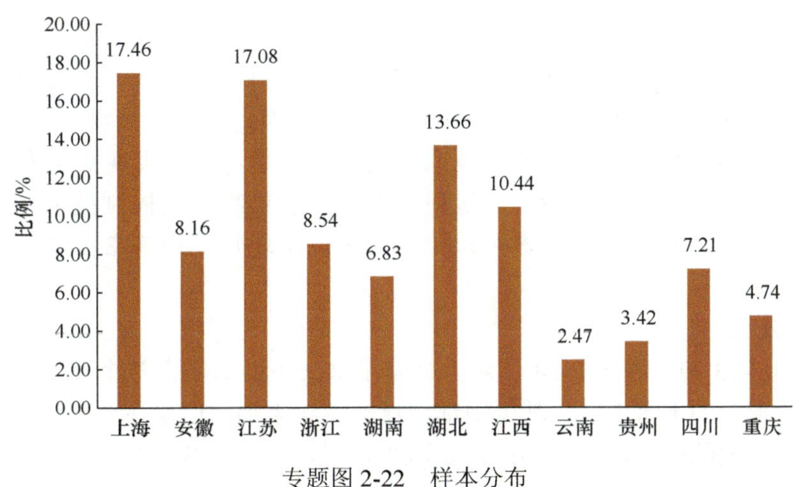

专题图 2-22　样本分布

长江经济带有86.34%的居民（4550人）冬天有采暖需求，且采暖需求集中在12月和1月（82.73%、82.73%），有54.46%的居民在2月仍有取暖需求。超过75%的居民采暖以电为主，大多数住宅装有分散采暖设施——冬夏两用的空调热泵，部分住宅有地暖或油汀等电热采暖装置。超过77%的家庭采取“有人开，无人关”的运行方式，采暖时间主要在傍晚和夜间（19时至翌日6时），81.4%的居民每日采暖时长低于8h，平均每台空调热泵每天开启的时间不超过10h，88%的住宅室温保持在15～22℃。大多数居民在空调使用的过程中主要考虑舒适和费用，半数居民会考虑节能等因素，不同用户之间使用习惯存在相似性也存在差异性。费用方面，超过82%的居民电费不超过1000元/月，其中采暖平均费用283元/月，每平方米每月平均采暖费用2.62 元。

结合气候特点可知，在长江经济带，冬季室内外温差要比北方小得多，使用空调热泵就能达到室内增温效果。室内外温差越小，空调热泵就越省电。因此，空调热泵这种分散的采暖方式最适合在长江经济带使用。进一步结合长江流域10个月的采暖空窗期，认为集中供热将是一种巨大的资源浪费。经统计，长江流域有供热需求的住宅达70亿m^2，每平方米集中供热消耗9kg标煤，南方集中供热增加采暖能耗至少4500万t标煤；按照2016年全国综合碳排放因子2.18kg CO_2/kg标煤，将排放9810 万t CO_2，将带来极其严重的大气环境污染。因此，在南方集中供热并不可行。寻找低能耗采暖方式，才是解决长江经济带居民采暖的必由之路。

（二）基于情景分析的未来关键问题识别

在长江经济带设定煤炭增量控制目标，需要确保煤炭消费量不超过生态红线，并通过能源结构调整实现二氧化碳强度减排目标的实现。在设定煤炭消费总量目标时，应充分考虑地区能源消费特点，明确政策目标，并进行充分的费用效益分析，对设置约束目标的成本进行量化分析；在设定地区碳排放约束目标时应充分考虑各地区经济发展情况，在“自上而下”制定碳排放约束目标的同时，需要“自下而上”对各地区经济、人口、产业结构、排放总量和减排成本等进行预测，科学合理分配地区碳排放约束目标，从而在碳排放和空气质量约束下满足不断增长的电力需求。

1. 污染物减排分析

碳减排政策限制高碳排行业的发展，并对化石燃料进行替代等，这也可以减少化石燃料燃烧的污染物排放和高污染行业的过程排放，因此具有污染物减排的协同效益。总量严控政策通过严控高排放行业产能或煤炭消费总量，可以实现CO_2和污染物的协同削减。末端控制政策更进一步，通过更为严格的污染物末端控制技术，使污染物排放量继续大幅削减。总的来说，多个政策协同可以实现长江经济带大气污染物排放量的大幅下降。

1）SO_2减排

如专题图2-23和专题图2-24所示，在基准情景下，对于占整个长江经济带SO_2排放总量很大一部分的上游地区，其民用部门排放持续增加；但是在低碳情景下，随着民用部门电气化程度的提高，民用燃煤消费减少，民用部门的SO_2排放也相应得到削减，但依然是不可忽视的排放源。

在长三角地区，工业锅炉以及发电供热部门是其基年 SO_2 排放的主要部门；在基准情景和低碳情景下，随着电力的清洁化，电力部门的 SO_2 排放显著减少，工业锅炉同样成为其 SO_2 排放的主要部门。相比其他情景，双约束情景对各个城市群的 SO_2 排放总量均有显著的削减效果。

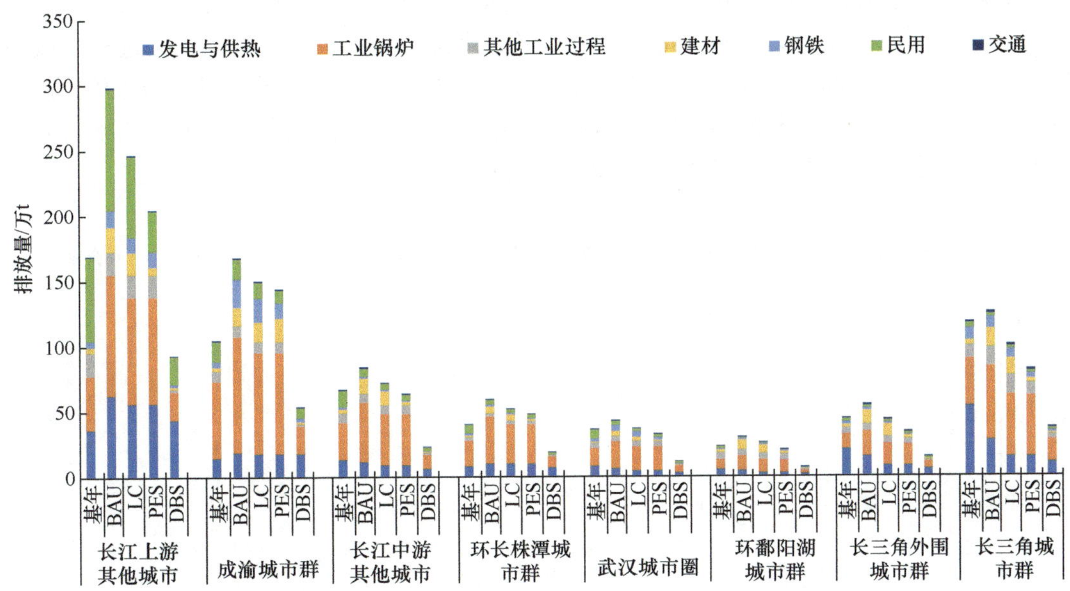

专题图 2-23　不同情景下各城市群 SO_2 排放的部门组成

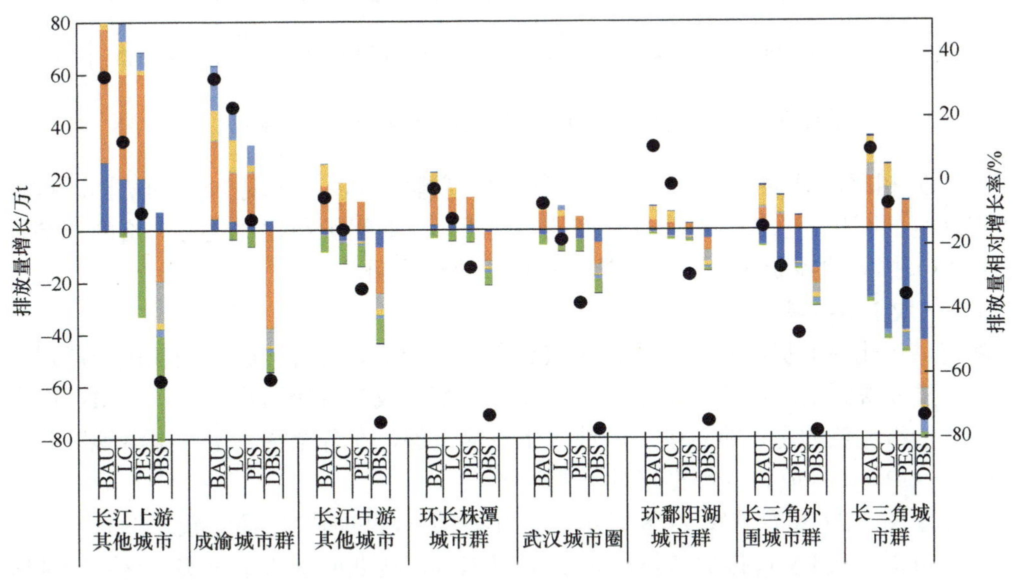

专题图 2-24　不同情景下各城市群各部门 SO_2 排放相比基年的变化

目前，我国燃煤电厂超低排放技术比较成熟，而工业锅炉实施的标准是《锅炉大气污染物排放标准（GB13271—2014）》，要求相对宽松，在未来有较大的减排空间。因此，更为严格的末端控制政策，如推广炉内脱硫技术、湿式电除尘和布袋除尘等，能够在燃煤工业锅炉的 SO_2 减排方面取得较好的效果。而对武汉城市圈、中游其他城市以及上游地区而言，由于目前燃煤电厂超低排放技术在该地区的渗透率不高，因此，进一步提高末端控制措施，推广超低排放技术也对其电力部门的 SO_2 减排有一定效果。

2）NO_x 减排

随着下游地区发电结构的变化，作为基年 NO_x 排放量最高的城市群——长三角城市群，其电力 NO_x 排放将会得到大幅削减。交通、建材、工业锅炉和其他工业过程将成为其 NO_x 排放的主要部门。其他城市群的 NO_x 排放部门与长三角城市群也有类似的特征。但是值得注意的是，在基准、低碳和总量严控情景下，长江中上游的 NO_x 排放增长幅度均大于下游地区，将成为长江经济带 NO_x 排放的主要来源。

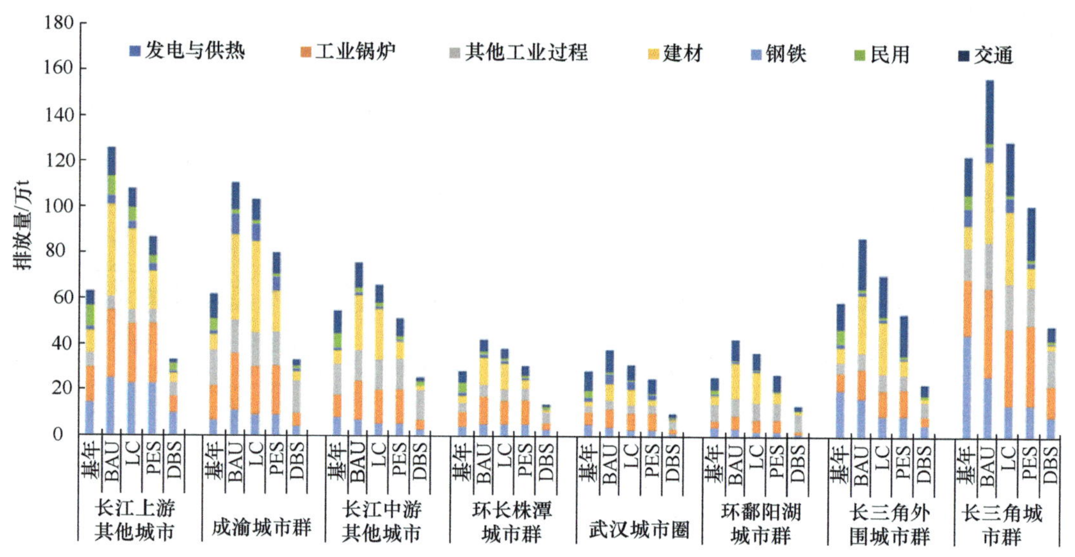

专题图 2-25　不同情景下各城市群各部门 NO_x 排放相比基年的变化

与 SO_2 相比，对 NO_x 而言，仅依靠现行碳减排政策较难实现 NO_x 的协同减排，控制重点地区的石化、水泥、石化行业产能，交通、工业锅炉和建材更为严格的末端控制措施在 NO_x 排放的控制和削减方面具有不可或缺的作用。

3）一次 $PM_{2.5}$ 减排

随着城市化率的提高和居民生活电气化程度的提高，来自开放燃烧和民用燃煤的一次 $PM_{2.5}$ 排放得到削减。因此，未来，工业部门都将成为各个城市群一次 $PM_{2.5}$ 的主要排放源。值得注意的是，随着中上游地区工业的发展，在各个情景下，上游地区和中游地区的一次 $PM_{2.5}$ 排放总量都将超过下游地区。

如专题图 2-27 和专题图 2-28 所示，基准情景下，目前空气质量较差的长三角地区和成渝城市群一次 $PM_{2.5}$ 排放依然增长 15%和 32%，基准情景政策对实现这两个地区空气质量达标的目标还远远不够。

更为严格的低碳政策在除成渝城市群以外的地区可以实现一次 $PM_{2.5}$ 相比基年的削减。低碳政策促进高碳排产业从下游向上游转移，进而引起上游建材需求的增加；因此，作为上游地区建材主要产地的成渝城市群在低碳情景下的建材行业污染物排放可能高于基准情景。考虑到成渝城市群目前的空气质量状况不佳，依然存在超标现象，这一现象值得引起警惕。同时，这一现象也说明了对重点城市、城市群实行产能控制政策的必要性。

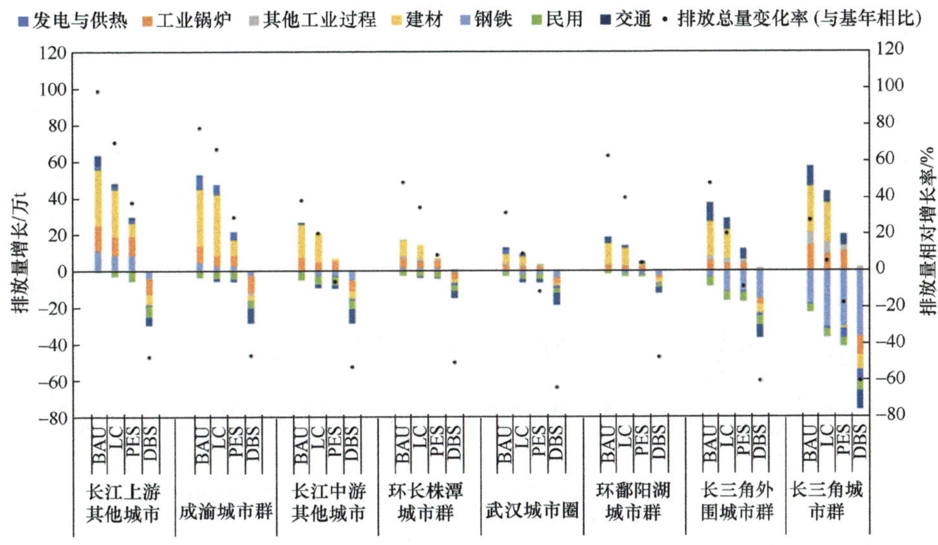

专题图 2-26 不同情景下各城市群各部门 NO_x 排放相比基年的增长变化

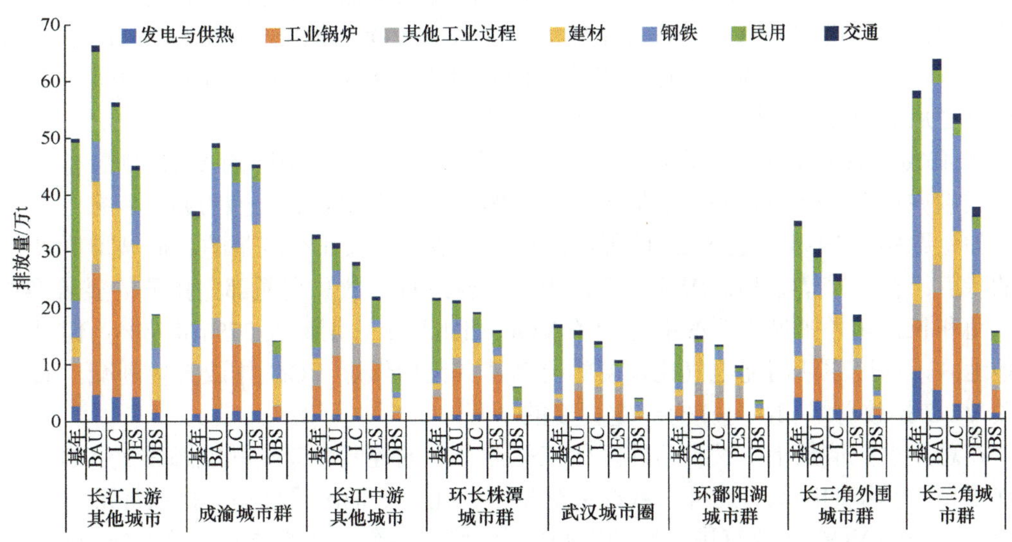

专题图 2-27 不同情景下各城市群一次 $PM_{2.5}$ 排放的部门组成

在总量严控情景下，所有城市群都实现了一次 $PM_{2.5}$ 排放相比基年的削减。对上游的成渝城市群和上游其他城市，这主要是由于当地建材部门的排放增长受到了控制。中游地区在这一情景下也实现了一次 $PM_{2.5}$ 排放相比基年削减 28%～39%。下游地区的排放量削减更大，可以实现相比基年削减 57%以上。双约束情景下，各城市群的一次 $PM_{2.5}$ 排放进一步得到削减。特别地，对建材、工业锅炉和交通部门的一次 $PM_{2.5}$ 排放，末端控制政策是其实现相比基年削减的主要政策。

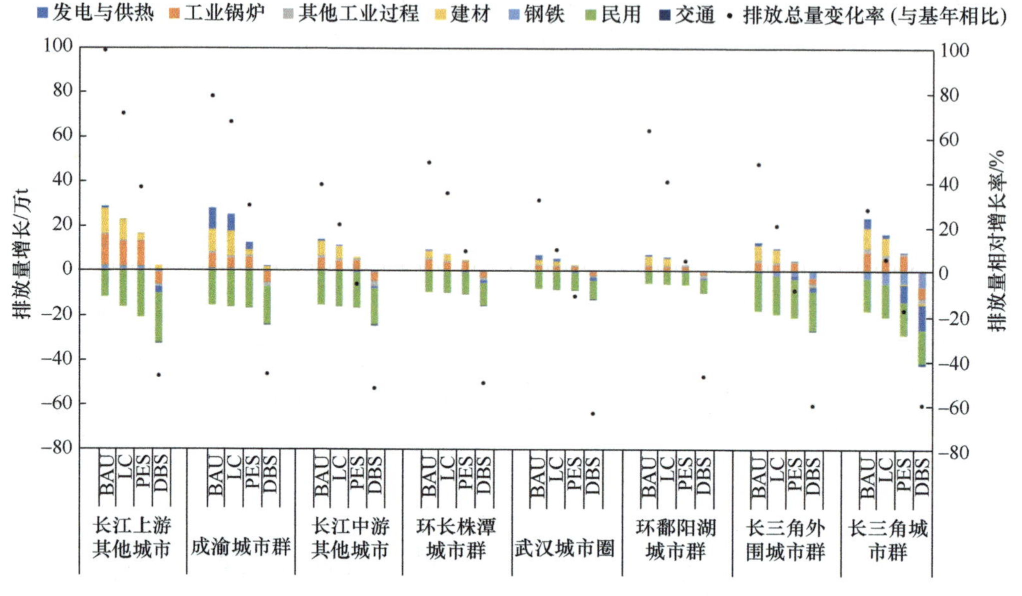

专题图 2-28 不同情景下各城市群各部门一次 $PM_{2.5}$ 排放相比基年的变化

4）挥发性有机物减排

在基准情景下，长三角地区作为我国的石油化工基地，其炼油、石化、化工等工业过程的挥发性有机物（VOC）排放量较大，导致其 VOC 排放总量较大。基准情景和低碳情景下，长三角地区的石油化工工业过程依然排放大量 VOC；但是在对炼化产业进行控制之后的总量严控情景下，长三角地区的工业过程 VOC 排放得到了控制，相比基年削减 40%。除工业过程排放以外，交通和开放燃烧也对该地区的 VOC 排放有一定贡献。成渝城市群 VOC 排放总量随着民用燃烧排放的削减也有一定程度的削减。

如专题图 2-29 和专题图 2-30 所示，长三角地区与长江经济带的其他城市群具有不同的特点。在基准情景和低碳情景下，由于工业过程排放和交通部门排放的显著增长，长三角和长三角外围城市群的能源相关 VOC 相比基年分别增长 27%和 17%；但是，在其他地区，居民生活用能电气化程度的提高使其民用燃煤 VOC 排放大幅削减，其能源相关 VOC 排放总量相比基年有一定程度的下降。

在总量严控情景下，长三角地区化工行业产能的控制政策使其能源相关 VOC 排放实现了相比基年的削减。此外，双约束情景下，在各个地区，机动车排放标准的提高都对交通部门的 VOC 排放有进一步的削减作用，使得各个地区的能源相关 VOC 排放总量进一步下降。

2. 各城市群碳排放及提前达峰分析

采用“自下而上”和“自上而下”相结合的方法，建立了长江经济带 130 个地级市和省直辖县级市的能源数据库，并据此计算了长江经济带城市级别的能源相关的 CO_2 排放清单。将长江经济带主要城市聚合为五大核心城市群（长三角城市群、武汉城市圈、环长株潭城市群、环鄱阳湖城市群、成渝城市群）与其他三个地区进行分析。

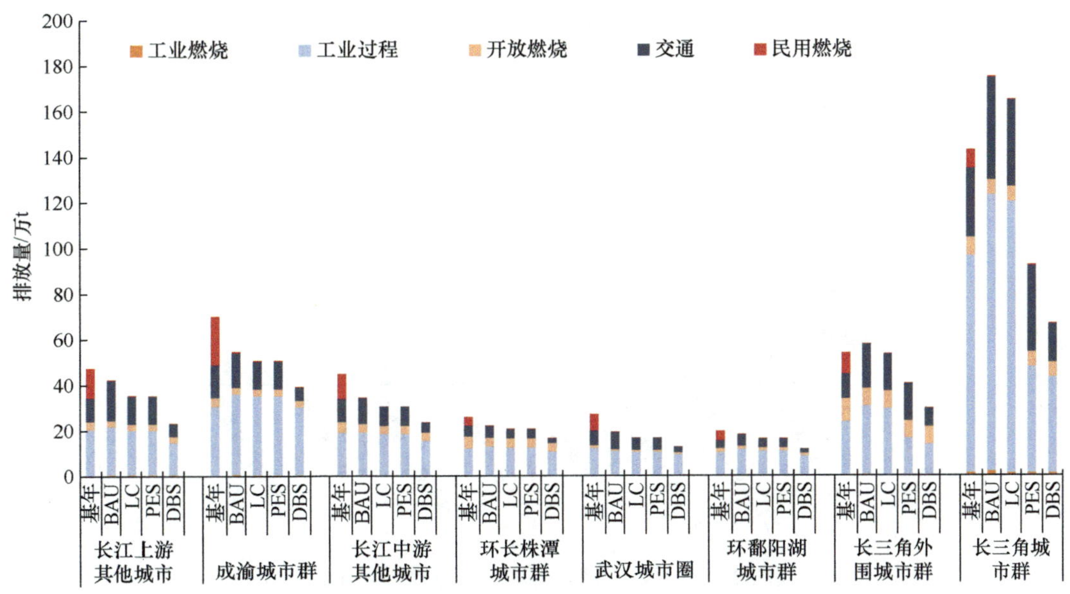

专题图 2-29　不同情景下各城市群能源相关挥发性有机物排放的部门组成

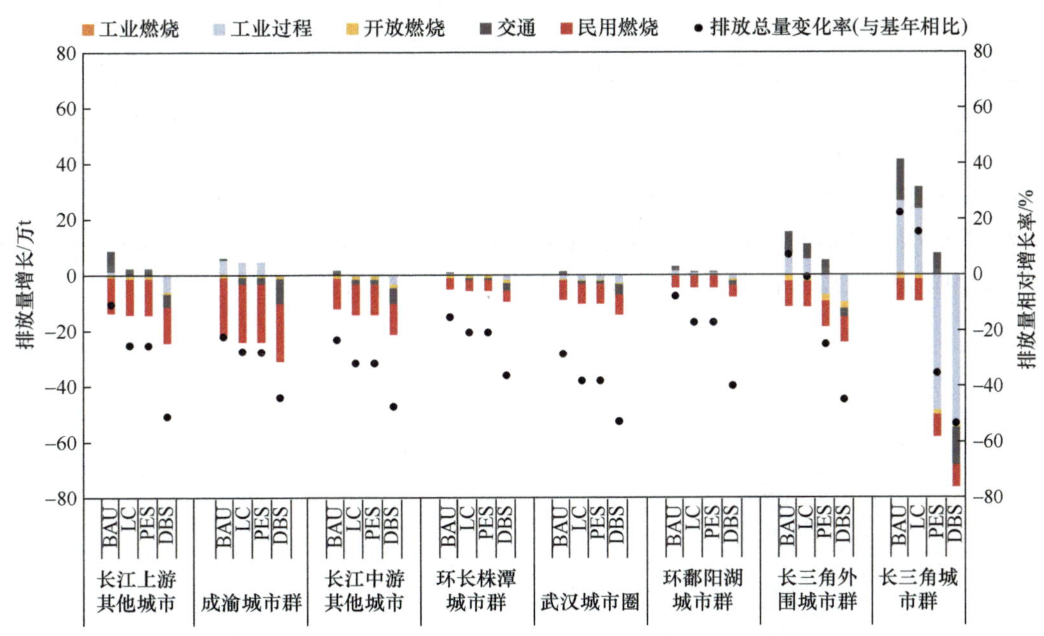

专题图 2-30　不同情景下各城市群能源相关挥发性有机物排放相比基年的变化

对于城市的碳排放核算，一般采用的有两种口径：城市行政区范围内发生的直接二氧化碳排放，以及城市行政区内的能源消费引致的碳排放量。对于后者，可以用直接二氧化碳排放量与调入电力的二氧化碳排放量之和近似估算。采用两种方法计算的长江经济带各城市和各城市群 2015 年的二氧化碳排放量如专题图 2-31 所示。无论采用哪种方法，长三角城市群均因其发达的经济、密集的人口和城市排放了超过 1400 万 t 二氧化碳，占长江经济带总体碳排放的 40%～50%。

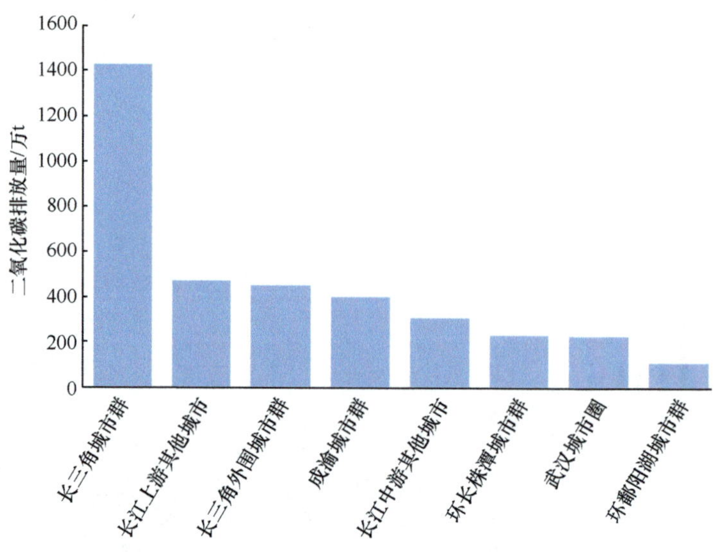

专题图 2-31 长江经济带各城市群直接二氧化碳排放

将城市调入电力引致的碳排放也计算在城市二氧化碳排放中（专题图 2-32），并对城市的调出电力做相应的调整，长江经济带各城市二氧化碳排放强度和其经济发展水平如专题图 2-33 所示。昆明、贵阳等省会城市均向第二象限移动，而淮南、六盘水、毕节等能源基地城市则向第三象限方向移动，第四象限的城市数量减少。这是因为省会城市一般依赖于调入电力，因此，将调入电力纳入计算之后会增加这些城市的碳排放量；相应的，能源供应城市的碳排放量则会减少。综合来看，第二种口径统计的城市碳排放更能反映一个城市的低碳发展情况，激励经济发达地区进行碳减排。因此，后文里各个城市的碳排放量均为该城市的直接二氧化碳排放与调入电力二氧化碳排放之和。

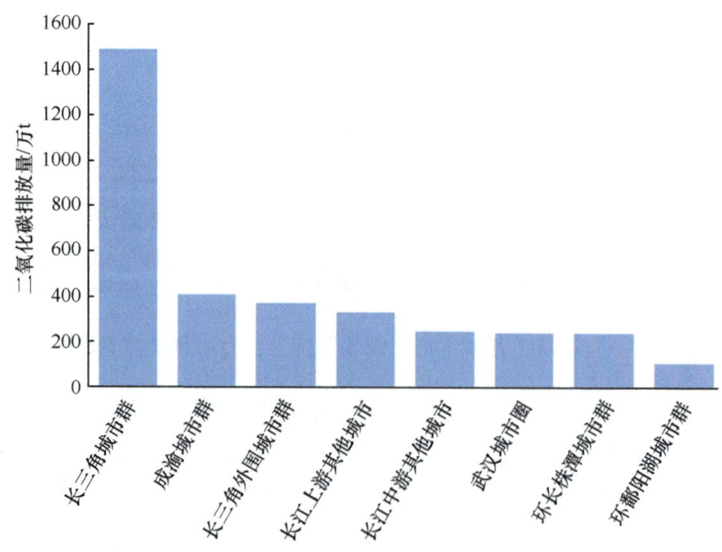

专题图 2-32 长江经济带各城市群直接二氧化碳排放与调入电力二氧化碳排放量之和

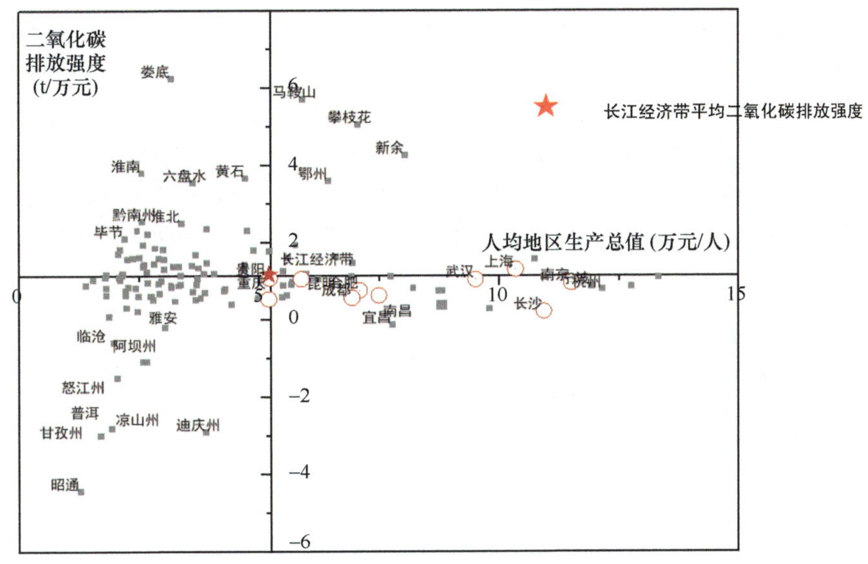

专题图 2-33　长江经济带城市二氧化碳排放强度*与人均地区生产总值

*直接二氧化碳排放与调入电力二氧化碳排放之和

对未来经济和能源系统的模拟基于张达构建的中国分区能源经济模型 C-REM。该模型以五年为一个步长，计算 2015～2035 年全国各省份在给定碳减排强度下成本最小化的能源系统和经济系统。通过将该模型输出的分省份、分部门、分品种能源消费结果，按各市各部门各品种的能源消费占比例进行“自上而下”的分配，得到各产业在各省份内部的布局不发生变化的假设下，各市 2035 年各部门的分品种能源消费量。

本书设计了两种碳排放达峰情景：政策情景与强化碳减排情景。政策情景下，长江经济带总碳排放量在 2030 年左右达峰，每年平均碳强度下降率为 4%，符合中国在《巴黎协定》下的承诺。强化碳减排情景下，长江经济带总碳排放量在 2020～2025 年达峰，长三角城市群碳排放量在 2020 年提前达峰。

1）政策情景

政策情景下，长江经济带总的一次能源需求将持续上升，在 2035 年达到 225 000 万 t 标煤（专题图 2-34）。煤炭消费总量将在 2030 年前得到控制，峰值为 120 000 万 t 标煤

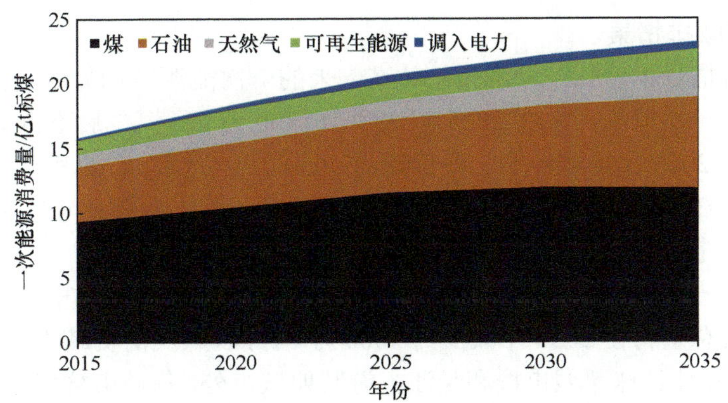

专题图 2-34　政策情景下长江经济带一次能源消费

左右。石油和天然气在一次能源中占比例将在 2035 年提高至 40%；使用电热当量法计算，包括水电在内的可再生能源电力在一次能源中占比例将提高至 7.8%。

各城市群的一次能源需求发展如专题图 2-35 所示。其中，长三角城市群以及长三角外围城市群的石油和天然气需求增长较大，相比 2015 年，2035 年煤炭消费总量基本保持不变。而长江中游的三个城市群和上游的城市 2035 年煤炭消费量高于 2015 年。特别是长江上游其他城市和长江中游其他城市，其煤炭消费总量在 2035 年相比 2015 年有较大的增加。

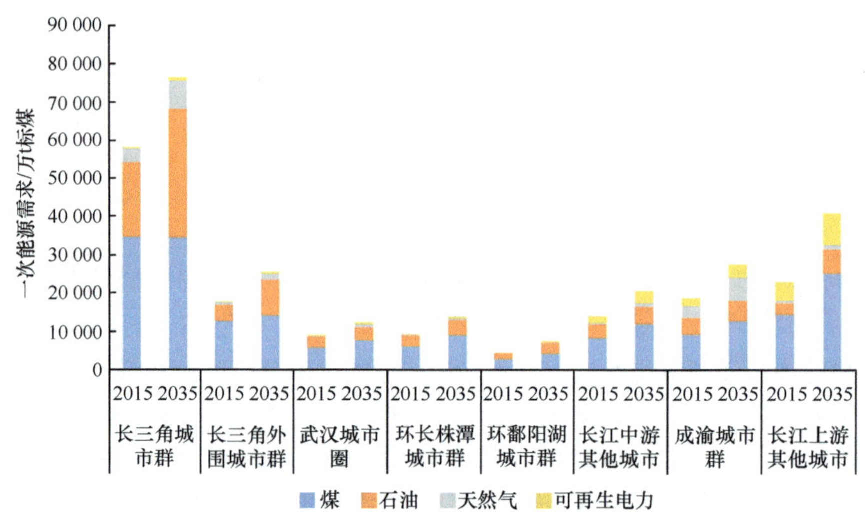

专题图 2-35　政策情景下长江经济带各城市群一次能源消费

各城市群分部门二氧化碳排放量如专题图 2-36 所示。由于电力结构的优化，长三角城市群的发电和供热部门直接碳排放将逐年减少，工业和交通排放依然持续上升。调入电力引致的间接碳排放在 2035 年达到 121 万 t，占长三角城市群总碳排放的 6%左右，不可忽视。对于其他城市群，同样地，电力结构的优化使得这一部门的碳排放量不再增加，或呈现下降趋势；而工业部门的碳排放则成为碳排放增长的主要驱动力。对于长江上游较为落后的云南、贵州和成渝城市群，民用部门的散煤、生物质燃烧导致的碳排放也不容忽视。

2）强化碳减排情景

强化碳减排情景下，长江经济带整体在未来的一次能源结构如专题图 2-37 所示。长江经济带总的一次能源需求在 2025 年达到 16 800 万 t 标煤之后不再上升。煤炭消费总量将在 2020～2025 年得到控制，峰值约为 9600 万 t 标煤。石油和天然气在一次能源中占比例将在 2035 年提高至 42%；使用电热当量法计算，包括水电在内的可再生能源电力在一次能源中占比例将提高至 11%。

各城市群的一次能源需求发展如专题图 2-38 所示。同 2015 年相比，长三角城市群的一次能源消费总量将在 2035 年减少约 3000 万 t 标煤，煤炭消费减少 14 600 万 t 标煤，实现大幅减少。除环长株潭城市群和长江上游其他城市外，各城市群煤炭消费不再增长。环长株潭城市群和长江上游其他城市煤炭消费增长的原因主要是强化低碳情景下长江上游的钢铁等高煤耗行业向中下游转移，所以在攀枝花、娄底等钢铁基地，钢产量大幅提高，导致其煤炭消费量比 2015 年有所增加。

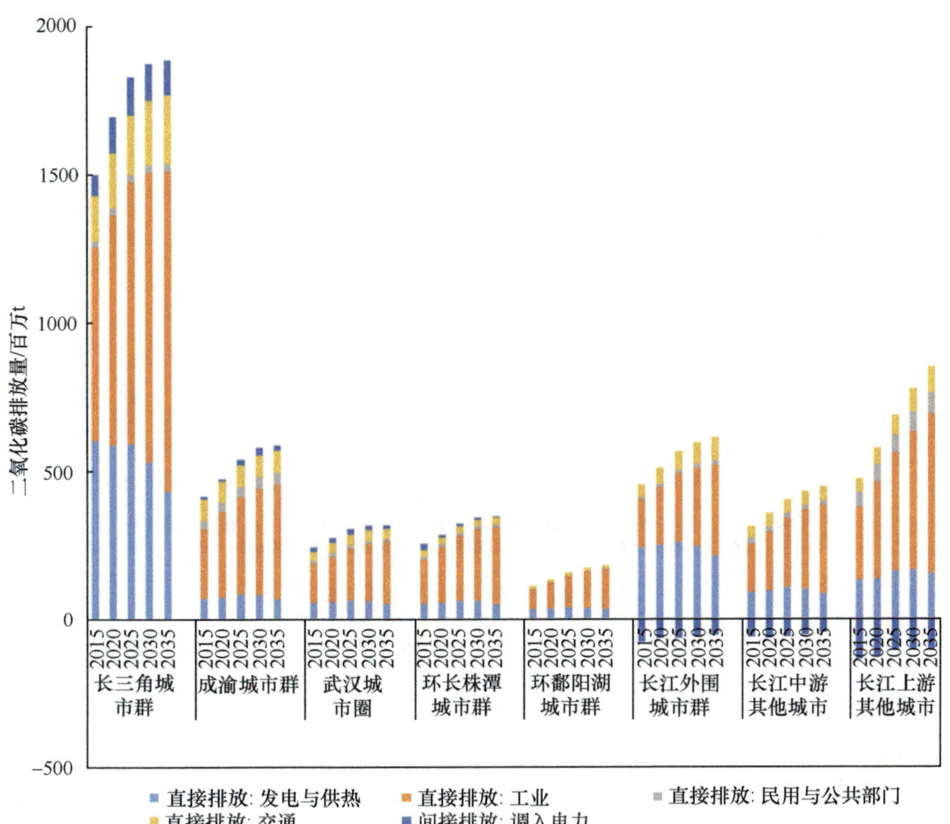

专题图 2-36　政策情景下长江经济带各城市群能源消费二氧化碳排放

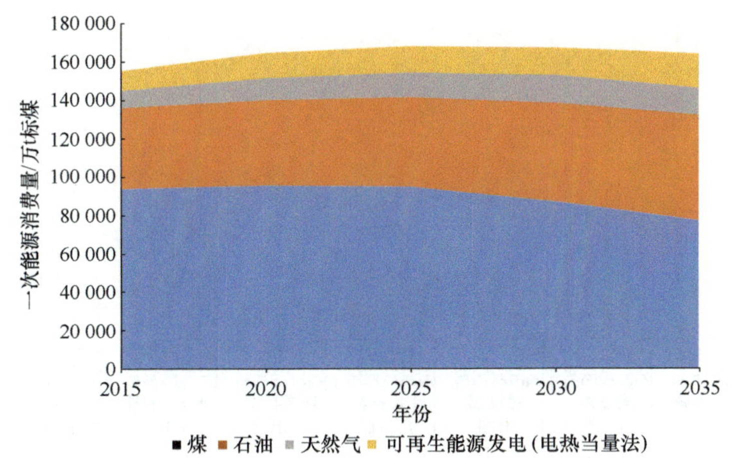

专题图 2-37　强化碳减排情景下长江经济带一次能源消费

各城市群分部门二氧化碳排放量如专题图 2-39 所示。由于电力结构的优化，各个城市群的发电和供热部门直接碳排放将逐年减少，在政策情景下增长迅速的工业部门碳排放，在本情景下的增长得到一定控制。在强化碳减排情景下，2035 年，长江经济带整体的二氧化碳排放量为 3284 万 t，相比政策情景减少 1589 万 t。

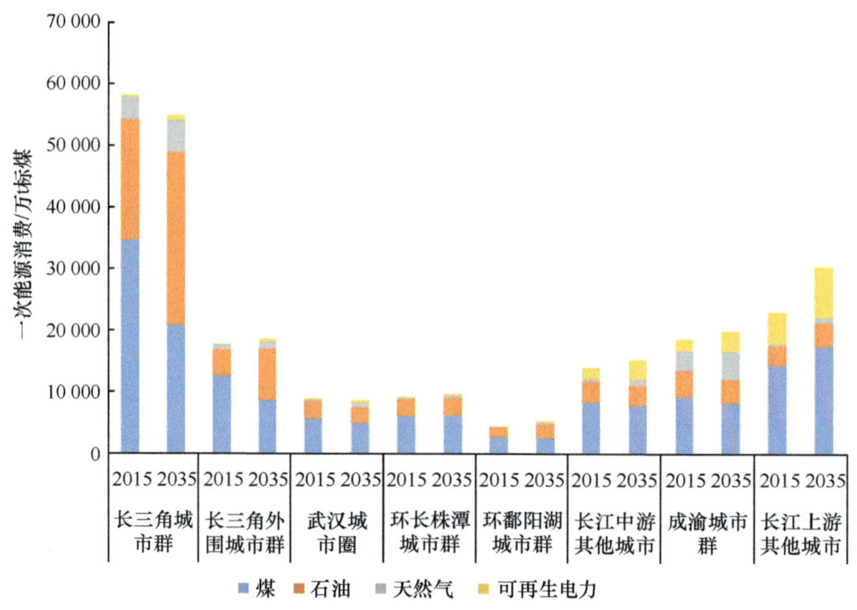

专题图 2-38　强化碳减排情景下长江经济带各城市群一次能源消费

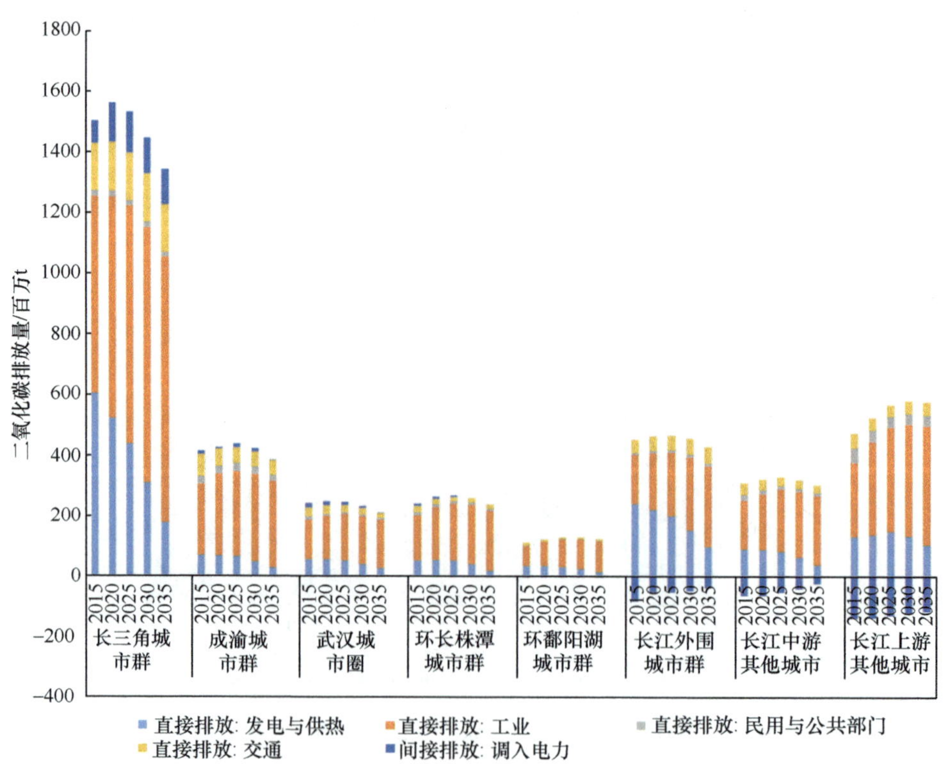

专题图 2-39　强化碳减排情景下长江经济带各城市群能源消费二氧化碳排放

碳减排政策对煤炭消费总量的控制，可以同时减少 SO_2、NO_x 和颗粒物的排放，从而实现减少污染物排放、改善区域空气质量和提升公众健康水平的协同效益。为区别污染物末端控制带来的污染物减排，引入末端控制情景。末端控制情景下，在强化碳减排政策的基础上，长江经济带各城市各部门的污染物排放末端控制水平相比基年将得到大幅提高，进而使得污染物排放总量进一步增加。

如专题图 2-40 所示，2015 年，五大城市群 SO_2 排放占长江经济带整体的 50%；在政策情景下，除五大城市群以外的贵州、云南等省工业城市 SO_2 排放的增长将主要驱动长江经济带整体 SO_2 排放的增长。在强化低碳情景和末端控制情景下，各地的 SO_2 排放将等比例下降。

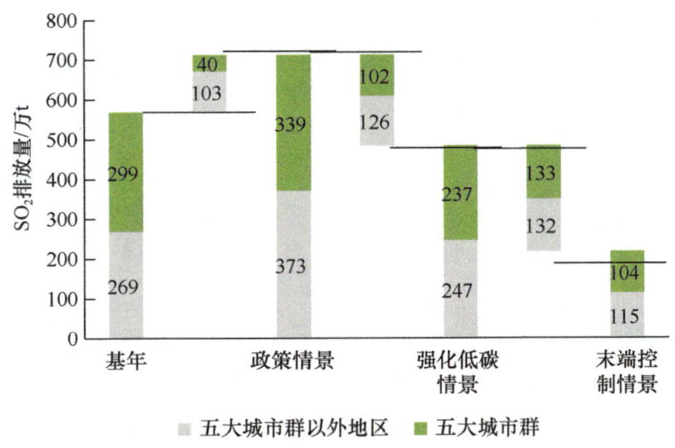

专题图 2-40 基年与不同情景下 SO_2 排放量

如专题图 2-41 所示，在碳减排情景下，各大城市群中 SO_2 削减的协同效益主要体现在发电与供热（PPCB）部门和民用化石燃料燃烧（DOFU）部门。长江中上游城市群

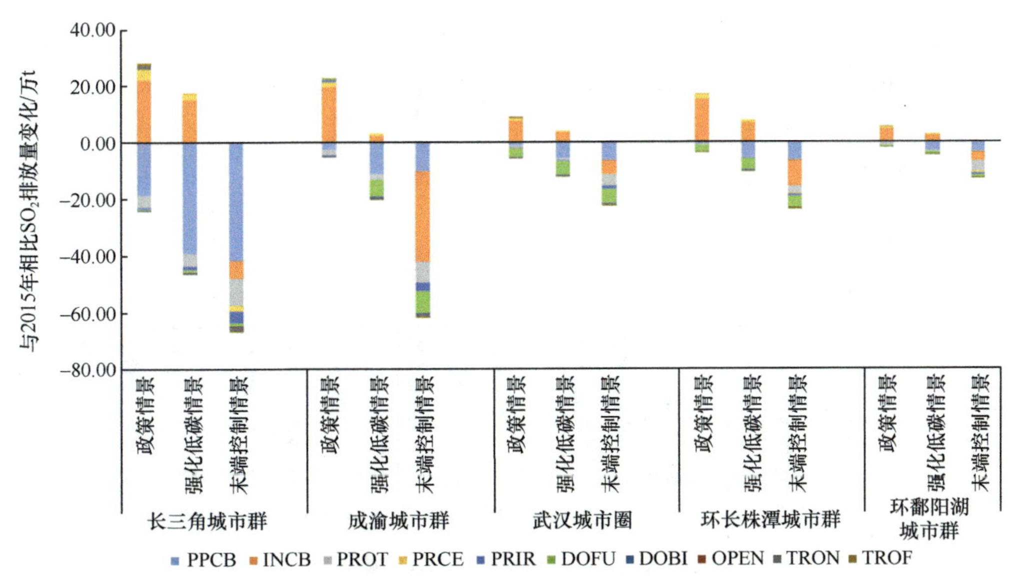

专题图 2-41 不同情景下 SO_2 减排量

的民用化石燃烧部门 SO_2 减排潜力较大。各城市群的工业燃烧（INCB）、非金属和金属部门的 SO_2 排放则在各个碳减排情景下都有所升高。在强化碳减排政策的基础上提高末端控制水平，则可以有效控制工业锅炉的 SO_2 排放量，在主要城市群实现 SO_2 排放的大幅度减排。

如专题图 2-42 和专题图 2-43 所示，在 NO_x 的排放上，强化碳减排政策和末端控制在五大城市群所起的作用更为明显，可以在五大城市群地区分别实现 111 万 t 和 175 万 t 的减排量。对碳减排在各部门所起到的协同效益进行比较，发现针对碳减排的政策在交通部门方面可实现的 NO_x 减排协同效益有限，因此在交通部门控制氮氧化物需要末端控制水平的相应提高。

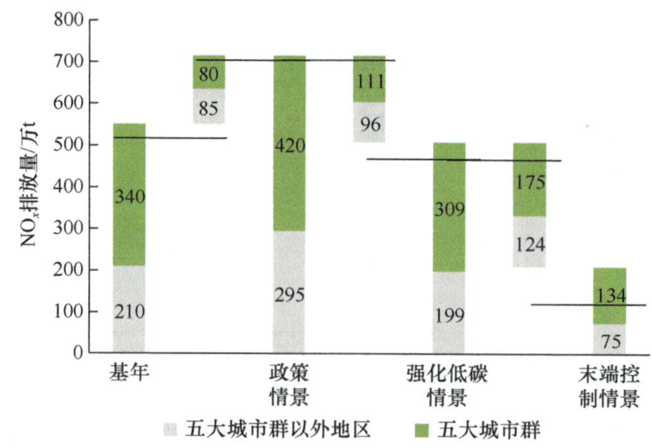

专题图 2-42　基年与不同情景下 NO_x 排放量

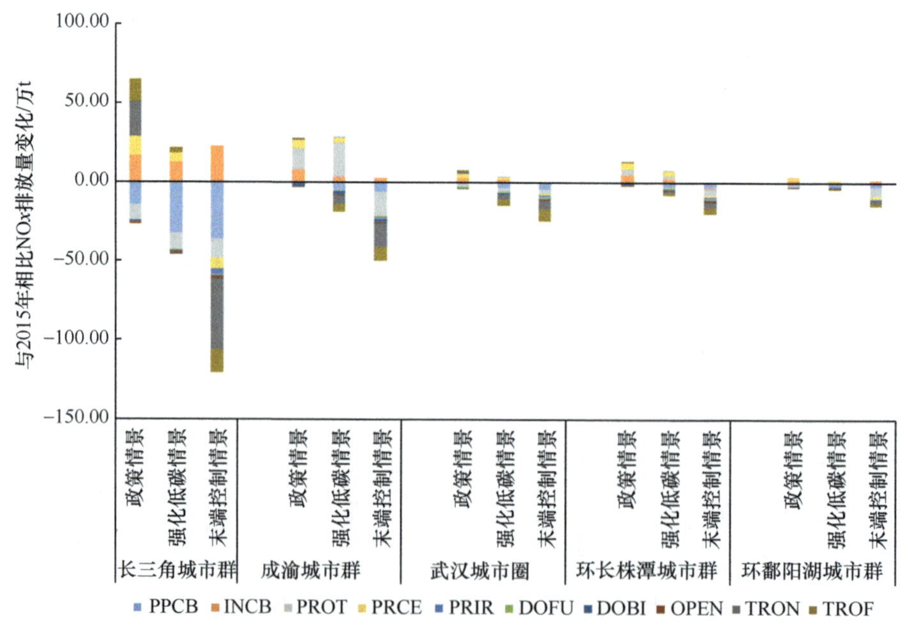

专题图 2-43　不同情景下 NO_x 减排量

3. 双约束情景下空气质量达标分析

利用 WRF/CMAQ 空气质量模拟系统对大气污染物排放量最低的双约束情景下长江经济带的空气质量进行模拟。$PM_{2.5}$ 和臭氧均为区域性污染物，其浓度能够反映区域大气环境质量的综合状况。因此，选取 $PM_{2.5}$ 浓度和臭氧浓度作为地区空气质量的指示性指标进行模型模拟与分析。

双约束情景下（专题图 2-44）长江经济带各市的污染物排放已经得到了较大程度的削减，但 1 月，依然在上游、中游、下游地区的核心城市群存在 $PM_{2.5}$ 浓度超标的现象（专题图 2-45）。

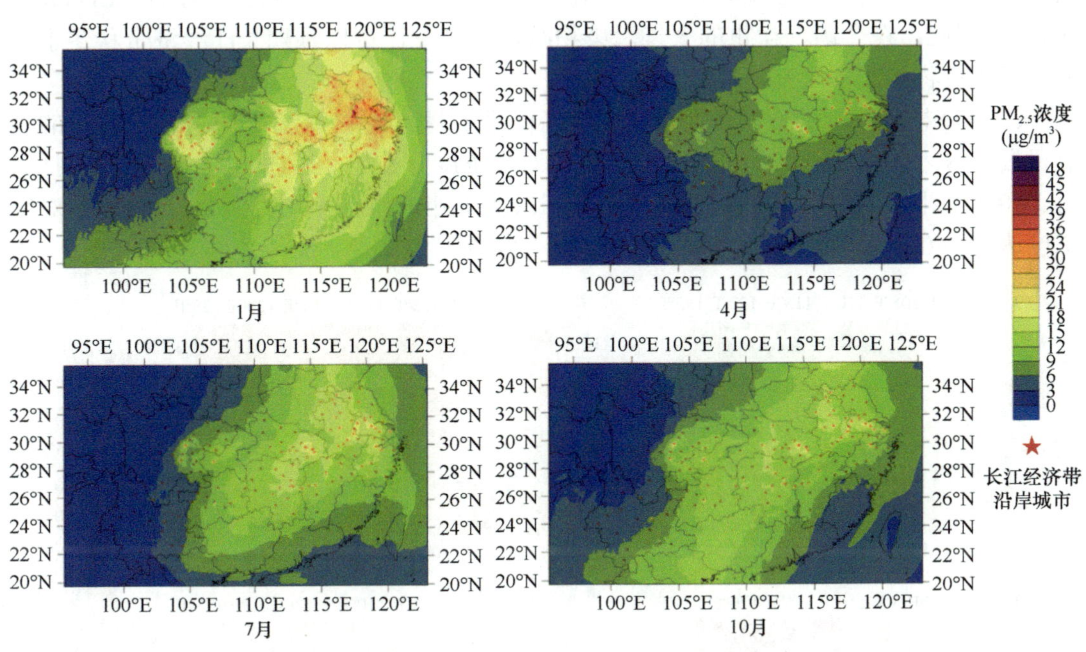

专题图 2-44　CMAQ 模型模拟双约束情景下长江经济带 $PM_{2.5}$ 浓度月均值

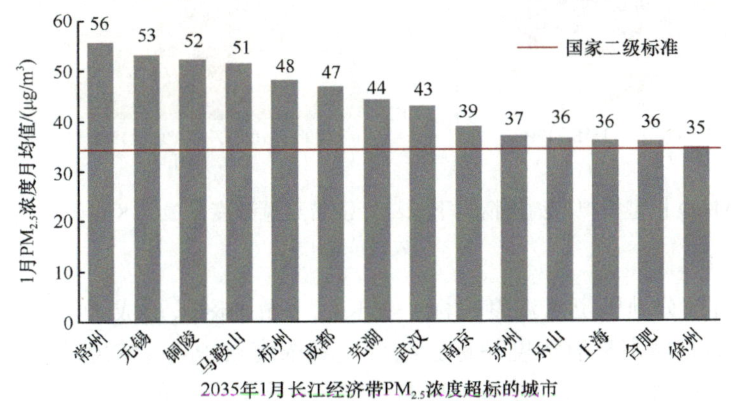

专题图 2-45　CMAQ 模型模拟双约束情景下 1 月长江经济带 $PM_{2.5}$ 浓度月均值超标的城市

一方面，这一现象与削减后依然较高的本地排放有关。长江下游地区工业城市分布集中，人口密度较大，单位面积污染物排放量较大，因此整个长江下游地区 1 月 $PM_{2.5}$

浓度较高，在核心城市出现了超标现象。在下游地区，需要在城市群联防联控的宏观思路下对整个下游地区的经济结构和产业布局进行调整，将重污染企业搬出下游；而在中上游地区，则重点控制其中心城市的工业产能，合理调整区域工业的空间布局，适当将中心城区的高排放企业搬迁至周围城市，从而实现经济发展和空气质量改善的“双赢”。

另一方面，除其本地污染物排放较高外，1 月部分地区 $PM_{2.5}$ 浓度不达标的现象也与气象和区域传输有关。从气象角度而言，冬季相比于其他季节降水量较少，气温较低，冷空气下沉，气象条件不利于 $PM_{2.5}$ 的去除和扩散。此外，本研究未考虑长江经济带以外地区的污染物排放削减。已有研究表明，华北地区污染物的长距离传输对长三角地区的大气质量也有着不可忽视的影响，特别是在秋冬季节，这一影响更为显著（Li *et al.*, 2019）。因此，在全国一盘棋的大气污染物减排政策下，可以预期长江经济带秋冬季节的空气质量将相比本研究模拟情景更优。

CMAQ 模型模拟的双约束情景下长江经济带 1 月、4 月、7 月、10 月 4 个月份的臭氧日最大 8 小时滑动平均月第 90 百分位数对应浓度分布如专题图 2-46 所示。1 月、4 月、10 月，长江经济带全域可以实现臭氧日最大 8 小时滑动平均月第 90 百分位数对应浓度达到 160μg/ m^3 的国家二级标准（专题图 2-47）。

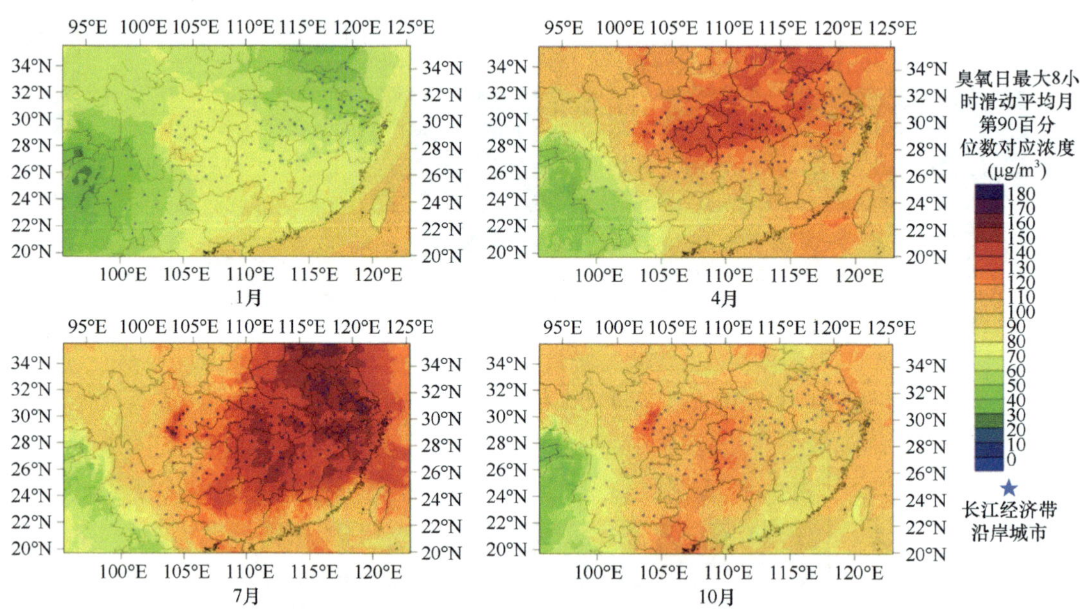

专题图 2-46　CMAQ 模型模拟双约束情景下长江经济带臭氧浓度日最大 8 小时滑动平均月第 90 百分位数对应浓度

但是，7 月部分地区臭氧浓度超标。在长江下游地区共形成了三个臭氧浓度的高值区，三个区域均有城市臭氧浓度超标。结合臭氧浓度与 $PM_{2.5}$ 浓度的空间分布来看，模型模拟的双约束情景下 7 月（夏季）$PM_{2.5}$ 浓度高于 4 月（春季），7 月局部地区出现了高 $PM_{2.5}$ 和高臭氧浓度并存的现象。长江经济带夏季 $PM_{2.5}$ 浓度较高的原因可能与光化学烟雾有关。夏季高强度的紫外辐射加快了光化学反应的进程，NO_x 和 VOC 等臭氧前体物进行光化学反应生成臭氧，增强了大气的氧化性，导致大气中 SO_2、NO_x 和 VOC 等气态前体物被氧化并生成二次颗粒物，在一定程度上增加了大气 $PM_{2.5}$ 的浓度。这一复杂的大气化学机制使得长江经济带在一次 $PM_{2.5}$ 和 SO_2 排放得到大幅削减的情景下，VOC 和 NO_x 排放的影响日益突出，在夏季出现高 $PM_{2.5}$ 和高臭氧浓度并存的现象。

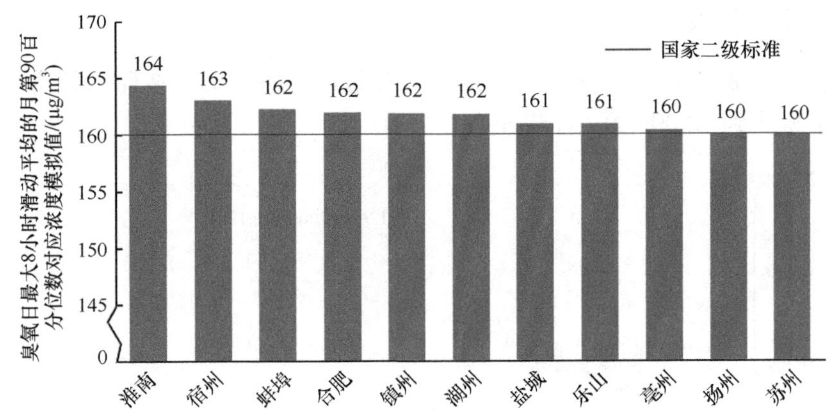

专题图 2-47 CMAQ 模型模拟双约束情景下长江经济带各城市 7 月臭氧日最大 8 小时滑动平均月第 90 百分位数对应浓度超标的城市

此外，四川西部和云南西部的 $PM_{2.5}$ 浓度和臭氧浓度均较低。除了当地人口稀少，工业活动较少以外，地处高原或山区的特殊地理条件也使得当地不易有重污染天气。因此，虽然当地空气质量在双约束情景下极佳，考虑到当地特殊的地理条件，也并不适宜大量引入工业。但是，江西和贵州地区具有一定的工业基础和较好的地理条件，在双约束情景下，其 $PM_{2.5}$ 浓度和臭氧浓度较低，这意味着该地区具有一定的环境容量引入部分重工业，成为长江下游产业的主要承接地之一。

三、长江经济带能源绿色发展路径与建议

（一）上中下游能源绿色发展路径与建议

十九大目标指出，到 2035 年生态环境根本好转，美丽中国目标基本实现。根据《巴黎协定》的要求，我国承诺到 2030 年碳排放达到峰值，并且逐步下降，2060 年达到碳中和的目标。

这对我国能源结构提出了明确要求，2035 年非化石能源占比例大于 25%，可再生能源占比例大于 20%；2050 年非化石能源占比例大于 50%，可再生能源占比例达到 40%。新增能源由可再生能源满足，进一步由可再生能源替代化石能源的存量，实质性改变能源结构。2050 年后和全球一道逐步完成由化石能源向非化石能源的过渡。我国煤炭占比例至今仍高达近 60%，而油气占比例较低，且对外依存度比较高。同时，我国可再生资源极其丰富，技术可开发的风能资源约为 35 亿 kW，技术可开发的太阳能光伏资源为 22 亿 kW。除此之外，还有非常可观的水电、地热、生物质、海洋能、太阳能的热利用以及固体废弃物的资源化利用，把这些都考虑进去，我国可再生能源的资源量是足够丰富的。可见，逐步发展可再生能源，使其达到高比例是完全可能的。

本部分选取长江经济带上游、中游、下游典型省份，按照削减 1%的煤炭消费总量情景计算出未来能源消费总量，再根据现在的发展模式或各省份给出的目标对绿色能源发展进行预测，找出差值，并结合各省份资源禀赋进一步分析能源绿色发展路径。

1. 上游典型省份

如专题图 2-48 所示，四川省历年能源消费总量有所波动，按照对数增长趋势，预计到 2035 年将达到 18 000 万 t 标煤左右。

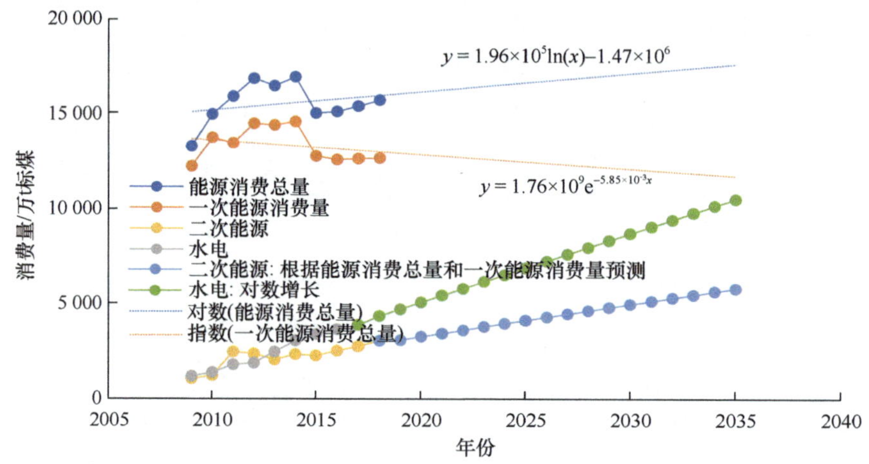

专题图 2-48　四川省能源消费总量、一次能源消费量、水电历史值及预测值

电力上，四川省近 5 年的发电量均大于用电量，为电力输出省。水电占比例明显高于其他类型的可再生能源，以 2017 年为例，水电发电量为 3164 亿 kW • h，风电发电量为 35 万 kW • h，太阳能发电量为 16 万 kW • h。将能源消费总量与一次能源（煤、石油、天然气）消费量相减，得到一差值，与水电进行比较，可以看出按照现有的发展速度，水电完全可以填补这一差值。四川省本身的太阳能、生物能源、风能、地热资源也较为丰富，但开发利用程度低。因此在短期内，水电将是四川省绿电的主要来源，其他类型的绿电也有开发潜力。四川省水能理论蕴藏量为 1.43 亿 kW，其中技术可开发量 1.03 亿 kW，占全国的 27.2%，经济可开发量 7611.2 万 kW，占全国的 31.9%。2015 年水电装机量为 6939 万 kW，到 2020 年装机量达到 8301 万 kW，这一数据已超过经济可开发量，加之四川全面停止小型水电项目开发，水电的增长速度将放缓。因此，未来因一次能源占比例减少而带来的能源缺口不能只依赖水电。四川省应该在发挥水电优势的基础上，逐步尝试其他类型的绿电。

根据 2013～2017 年四川省水电、太阳能、风电装机量数据，对 2030 年的装机量进行预测，如专题图 2-49 所示。由于水电存在技术可开发容量限制，故以 1.03 亿 kW 作为水电装机量的峰值。由于太阳能发电和生物质能开发率很低，且近五年的增长速度在不断加快，故不对两者设置增长上限，按照多项式增长进行预测。可以看出，到 2030 年，太阳能发电和生物质能发电的总和接近水电的一半。

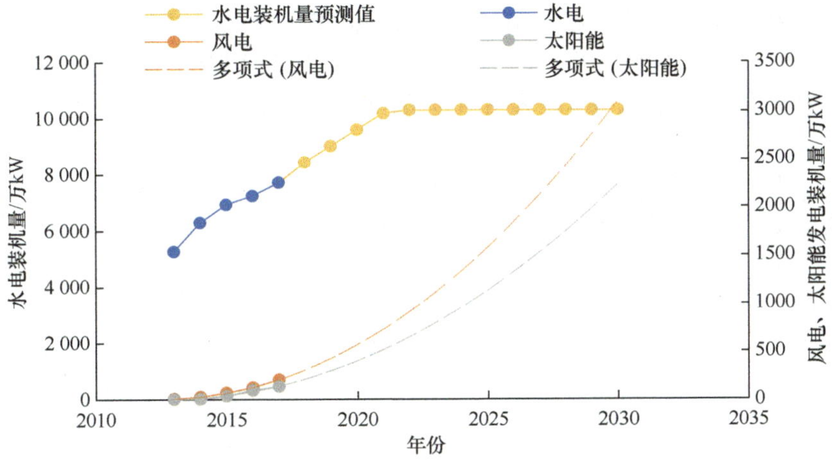

专题图 2-49　四川省三种绿电装机量预测

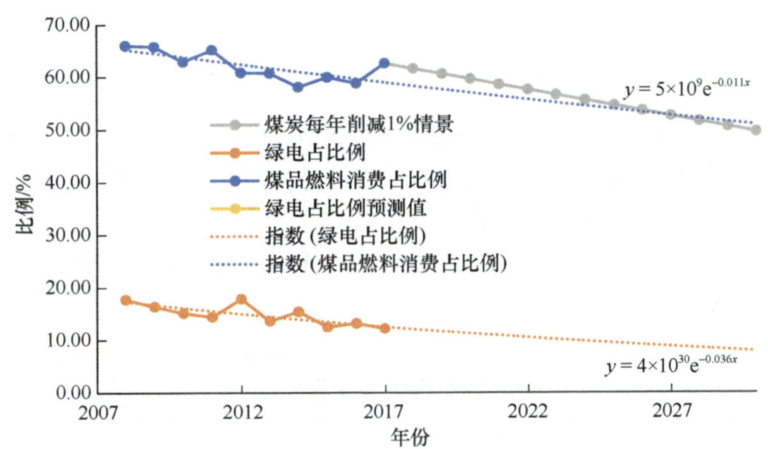

专题图 2-50　湖南省能源消费总量、一次能源消费量、水电历史值及预测值

2. 中游典型省份

2015 年，湖南省的煤炭消费在一次能源占比例为 59.92%，按照指数递减和每年削减 1%分别进行预测，得到的结果接近，即在 2030 年，湖南省煤炭消费占比例将下降至 50%左右。

2015 年，湖南省的非化石能源在一次能源占比例为 12.4%，到 2020 年达 15.6%。从历年数据来看，湖南的绿电占比例有下降趋势，2018～2020 年年均增长 1%达到 15.2%，距 15.6%的目标才会比较接近。

湖南省的煤品燃料消费、绿电消费占比例均有降低趋势，主要是由于油品和天然气的消费比例有所上升。

能源消费总量上，根据历史数据进行线性预测，如果按照原有的速度继续增长，2030 年湖南省的能源消费总量将超过 20 000 万 t 标煤。与煤炭占比例每年下降 1%的情景结合，可以看出煤品燃料消费量将稳定在 10 300 万 t 标煤左右。与绿电指数递减的情景结合，到 2030 年，绿电的消费量约相当于 1500 万 t 标煤。

再分别预测单个品种的绿电发电量。到 2030 年，水电、风电、太阳能发电量分别达到 800 亿 kW·h、210 亿 kW·h、24 亿 kW·h，折合 1271 万 t 标煤。尽管绿电占比例有下降趋势，但是绿电总量是在稳步上升的（专题图 2-51）。

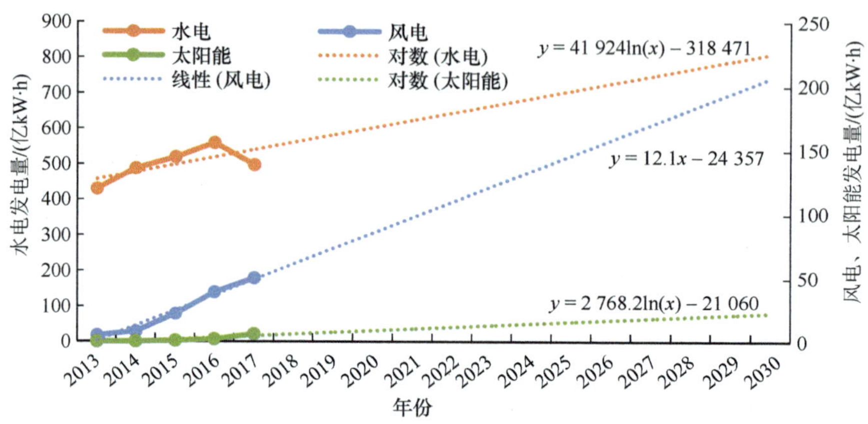

专题图 2-51　湖南省风电、太阳能、水电发电量历史值及预测

湖南省发电量占用电量的 55%～62%（专题表 2-1），外调入电力较多。作为能源输入省，湖南在未来应该稳定煤炭在一次能源中占比例，同时提高非化石能源在一次能源中占比例，尽量避免绿电在能源消耗中占比例下降。应依托已有的水电建设发展水电；发掘太阳能和风能，在适宜地区进行太阳能、风能发电；利用农业废弃物、城市垃圾等进行生物质发电。

专题表 2-1　湖南省发电量、用电量　　（单位：亿 kW·h）

项目	2013 年	2014 年	2015 年	2016 年	2017 年
发电量	1278	1261	1253	1334	1340
用电量	2311.8	2192	2134	2131	2315

3. 下游典型省份

如专题图 2-52 所示，2011～2017 年，江苏省能源消费总量稳步上升，按照对数增长形式对其进行拟合，预计到 2030 年将达到 43 000 万 t 标煤。同时期，江苏省一次能源消费量增长趋势稍有波动，但总体呈现稳步增长趋势，按对数形式拟合，预计到 2030 年将达到 34 000 万 t 标煤。以 2017 年为基准，一次能源消费占比例每年按 1%递减，则 2035 年预计达到 32 000 万 t 标煤。

按原增长模式进行计算，2030 年对二次能源的需求量将达到 9000 万 t 标煤；按一次能源消费每年递减 1%计算，2030 年该需求量将扩大为 11 000 万 t 标煤，接近 2017 年江苏省发电量的 2 倍。

根据 2014～2017 年江苏省太阳能、风电、水电、核电以及火电的发电量，分别对 5 种能源的发电量进行预测。保持现有趋势发展，2030 年火电仍为江苏省电力的主导力量，但太阳能发电比例将有大幅提高，其次为水电与核电，风电发展速度较慢（专题图 2-53、专题图 2-54）。一次能源消耗量按每年 1%递减情况下，2030 年总发电量与总能源消耗和一次能源消耗间的差值接近，但仍有 500 万～1000 万 t 标煤的缺口，需要外调能源进行补充。

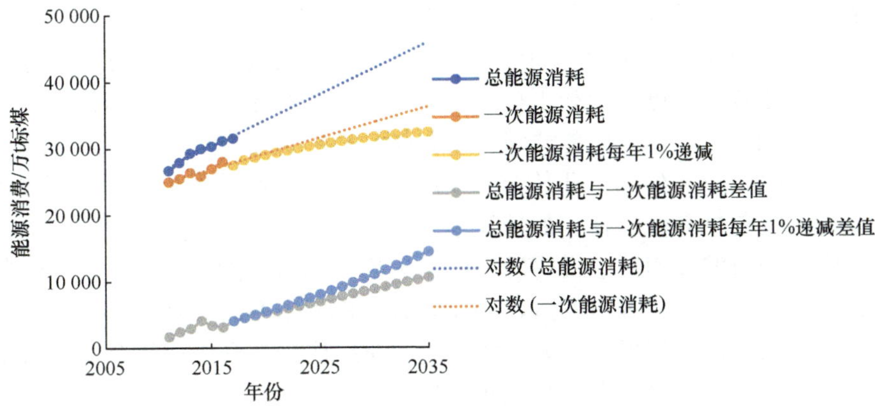

专题图 2-52　江苏省总能源消费、一次能源消费及预测

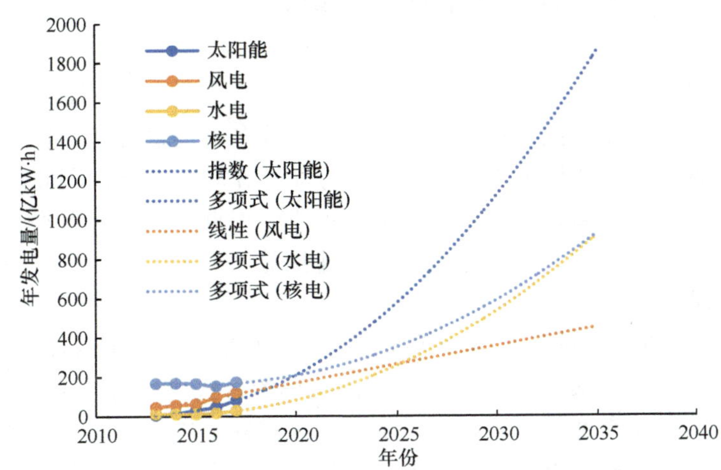

专题图 2-53　江苏省太阳能、风电、水电、核电发电量预测

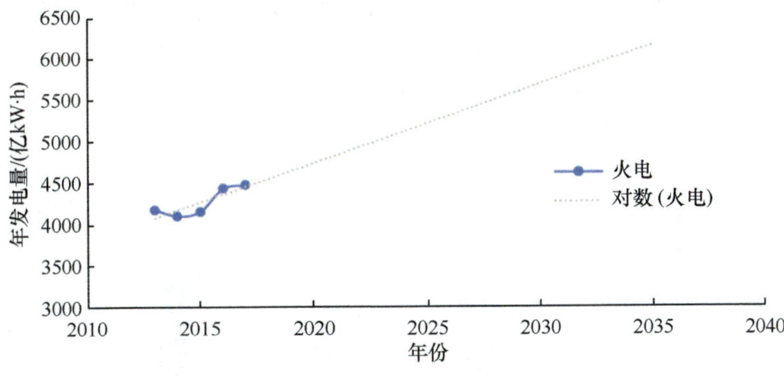

专题图 2-54　江苏省火电发电量预测

整体而言，江苏省绿电有较大的发展潜力，可着重发展太阳能，其次为水电及核电，但绿电仍不足以补充一次能源削减的缺口，需要火电及外调能源进行补充。

4. 总结

综上所述，可提出长江经济带能源绿色发展路径与建议如下。

四川等上游绿电丰富省份应利用资源优势，进一步发展绿电；江苏、上海等经济实力雄厚、技术发达省份应进一步利用技术优势和风电、海洋资源丰富的优势，广泛采取远方来和身边来相结合，规模化能源和分布式能源相结合的发展模式；而对湖南等中部省份来说，发展仍是第一位的，即使全力发展绿电，也不够其发展所需，要提前布局，做好外调能源的提前规划，以便更好地发展。

此外，中部城市的高消耗也说明当下的发展模式仍有问题，仅靠"腾笼换鸟"式的产业结构调整不足以实现"绿色发展，环境友好"的发展目标，应该注重"腾笼换鸟"式产业结构调整与"凤凰涅槃，浴火重生"式产业结构转型升级相结合，以产业结构转型升级为重点，实现工业产业高质量绿色发展。

（二）交通建筑领域绿色发展路径与建议

1. 交通领域

交通运输系统涵盖了公路、铁路、水运、航空等多种运输方式，且各运输方式又拥有多种类型的交通工具，在燃油类型、能耗等方面存在较大差异。因此，每种运输方式在结合整个交通领域节能减排路径及措施的情况下，根据自身用能种类、用能结构及用能特征的不同，均可以采取有针对性的节能减排措施。

1）前景预判

如专题图 2-55 所示，预计我国交通部门电气化水平从当前的 3%提升至 2035 年的 15%，2050 年的 32%，主要是电动汽车对燃油汽车的替代进程持续加快，电气化铁路、城市轨道交通成为公路交通的重要补充。从细分方式看，公路运输电气化水平从当前的 1%提升至 2035 年的 18%、2050 年的 37%，近期主要由公交汽车、私家汽车、城市货运等拉动，远期长途运输、重型货运等接续发力；铁路运输电气化水平从当前的 60%提升至 2035 年的近 80%、2050 年的约 95%，主要由高铁建设加快铁路电气化进程、城市发展带动轨道交通稳步发展；在航空、航运、管道运输等领域，当前电气化水平基本为 0，受技术所限预计 2050 年电气化水平仍不超过 5%。

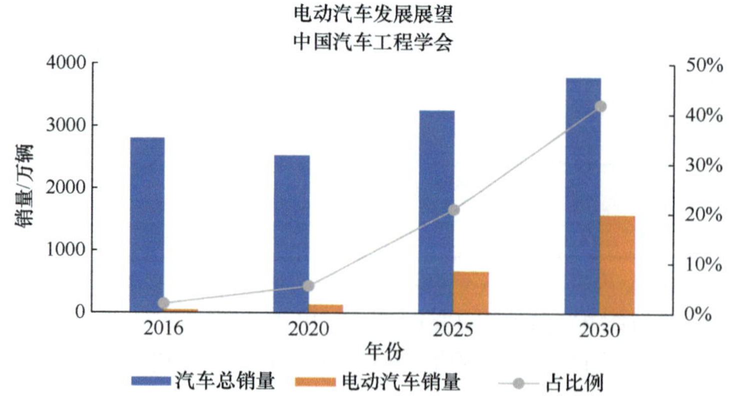

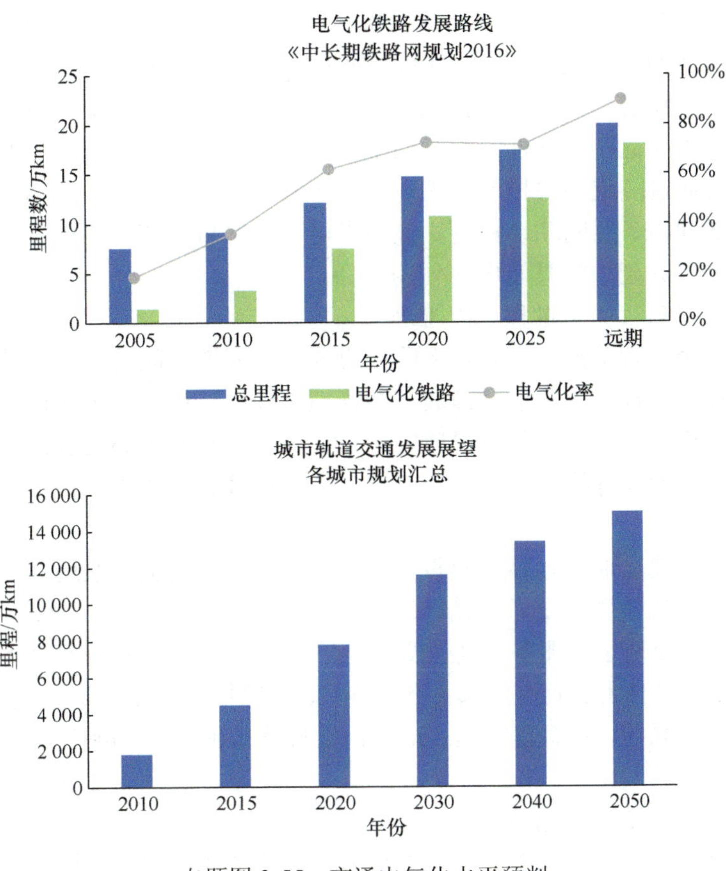

专题图 2-55　交通电气化水平预判

2）公路运输

（1）加强节能型汽车及新能源汽车的推广应用

通过汽车轻量化挖掘汽车节能潜力。根据工信部发布的《乘用车燃料消耗量第四阶段标准》，我国明确到 2020 年乘用车新车平均燃料消耗量达到 5L/100km，到 2025 年，乘用车新车平均燃料消耗量比 2020 年降低 20%，节能减排的压力较大。在当前诸多节能减排路径中，汽车轻量化是最容易实现、潜力相对较大的方式，对于乘用汽油车，每降低 100kg，最多可节油 0.39L/100km。另外，对于新能源汽车来说，也需要通过汽车的轻量化来提升续航能力。

持续加大新能源汽车推广力度。2017 年，受双积分政策、新能源车继续免征购置税和新能源车补贴调整等多因素影响，我国新能源汽车的销量持续增长。2017 年，我国新能源电动汽车全年实现 77.7 万辆销售规模，同比增长 53.3%。电池技术得到快速发展，续航里程持续提高，充电速度进一步加快，以经济型家用电动汽车为例，续航里程由 2015 年的 200km 提高到近期的 400～500km；充电设施建设持续高增长，截至 2017 年底，我国电动汽车公共类充电桩达到 21.4 万个，全年新增 7.3 万个，同比增长达 51%。

（2）加强节能新技术的推广应用

冷再生技术。采用大型冷再生设备对原破旧沥青路面的面层和基层，进行就地回收和破碎后，掺入一定比例的水泥，再进行现场拌和、摊铺并碾压成型。该技术实现了对破旧路面材料的充分利用，具有节约、环保、施工简便、路面使用性能好等优点。

公路隧道通风照明联动技术。隧道通风照明联动控制系统，主要是利用监控计算机，对隧道内交通运行状况、环境指标状况等进行有效的综合分析，根据隧道内环境的相关参数，并严格按照隧道监控条件，对各系统预设的控制方案进行预算、对比之后形成控制指令，然后再通过隧道中央控制系统以及各个相关区域的控制器，执行指令，从而实现隧道内的有效通风、照明联动控制。该技术可有效降低公路隧道的运营管理能耗，减少隧道运营费用，并延长灯具及电源使用寿命。

（3）开展公路项目的全过程节能管理

加强项目的全过程节能管理。公路项目的全生命周期节能管理是将节能环保的理念贯穿于项目设计、建设、运营全过程的节能管理工作。目前，我国交通运输部开始高度重视该节能管理模式，并开展了大量研究和试点工作，针对公路运输线路长、建设规模大、建设及运营周期长等特点，开展全方位节能分析及管理工作，该模式可大幅提升节能水平。

推进智能信息化交通运输体系建设。2017 年 12 月，我国交通运输部强调构建一体化、网络化、智能化的高效交通运输体系，提供更加安全、便捷、智慧、绿色、舒适、多元、经济的现代交通运输服务。高效交通运输体系是指在现有相对完善的交通基础设施上，将先进的信息技术、通信技术、控制技术、传感技术和系统综合技术有效地集成，并应用于地面运输系统，从而建立起大范围内发挥作用的实时、准确、高效的运输系统。

3）铁路运输

（1）构建节能型铁路运输结构

电气化铁路。电气化铁路作为优化铁路能耗结构的重要措施，近年来在我国得到了快速发展。至 2017 年底，全国电气化铁路营业里程达到 8.7 万 km，比上年增长 7.8%，电气化率 68.5%，比上年提高 3.7 个百分点。其中，高铁营业里程达 2.5 万 km。电气化铁路的发展优化了铁路能耗结构，“以电代油”工程取得积极进展。

移动装备。2017 年，全国铁路机车拥有量为 2.1 万台，比上年减少 372 台，其中，内燃机车占 40.4%，比上年下降 1.4 个百分点，电力机车占 59.5%，比上年提高 1.4 个百分点。全国铁路客车拥有量为 7.3 万辆，比上年增加 0.2 万辆。其中，动车组 2935 标准组、23 480 辆，比上年增加 349 标准组、2792 辆。全国铁路货车拥有量为 79.9 万辆。

（2）加大新能源和可再生能源的推广利用

在牵引动力上引入新能源和可再生能源替代技术。牵引能耗在铁路能耗中占有比较大的比例，有些国家甚至在 60%以上（周新军，2016）。目前的趋势就是采用新能源替代化石能源。例如，新能源发电替代传统的煤电、生物柴油替代燃油等。

在铁路车站、沿线设施等建筑推广新能源发电。我国在铁路客货枢纽和综合车站建设大量采用地源热泵、三联供热泵、太阳能等新能源技术，大力推广中水利用和节能光源，对提高铁路行业能源利用效率效果显著。

（3）加大节能技术及节能产品推广应用力度

重载列车的轻量化。重载运输的主要特点是轴重大、编组长、运量大、密度较小、效率高、成本低，重载运输较传统运输已经起到了较好的节能作用。我国重载列车主要采用钢制车体，美国新造高速重载列车 95%以上为铝合金车体，而铝合金具有质量轻、成型优、强度高、耐腐蚀、可再生等一系列特性，是减轻重载列车自重、降低能耗、提高运输效益的较好选择，因此，重载列车轻量化将进一步提升节能水平。

推广新型节能机车。列车能耗主要体现在机车上，因此，机车是否节能是降低列车运行能耗的关键，因此，我国加强新型节能机车的研发，积极开展铁路行业节能降耗。2018 年 6 月，我国首台 3000 马力节能环保型调车机车下线试运行，该机车采用柴油机和动力电池作为动力，装用 12V240H 型柴油机，装车功率 2500kW，机车最大运行速度 100km/h。并通过安装动力蓄电池，回收制动能量，为机车单机运行和辅助系统提供能量，从而减少柴油机的排放、噪声和工作时间，达到节能环保的目的。

（4）加强铁路运输管理节能

提高铁路信息化水平。利用现代化信息技术开发高度智能化的列车调度指挥系统、运行图编制系统、信息系统等，实现铁路运输资源的最优化设置，更科学合理地调度指挥，进而优化火车组的运用，设计好道路的衔接，减少空车等待，提高列车利用效率，降低能耗，节约能源。

对机车及车站等基础设施用能实现全过程监控管理。对机车用能，一是消除跑、冒、滴、漏；二是提高乘务员操作水平，保持机车的经济运行；三是加强空调客车制冷、制热管理，采用自控装置，降低能耗。对车站用能，如照明、取暖等进行严格监控，结合人员密集度、时间进行优化调整，减少能源消耗。

4）水路运输

（1）优化港口用能结构

在具备条件的港口推广港口岸电利用。港口岸电利用是指停靠在码头的船舶利用清洁、环保的“岸电”替代船舶辅机燃油供电。自 2010 年连云港首次采用高压岸电开始，靠港船舶使用岸电技术逐步在全国推开，交通运输部先后出台了《推进交通运输生态文明建设实施方案》《船舶与港口污染防治专项行动实施方案（2015—2020 年）》《推进长江经济带绿色航运发展的指导意见》，要求大力推广靠港船舶使用岸电，并在近年来取得了积极的节能成效。

（2）加大节能技术和设备的推广应用

LNG 驱动技术。柴油–LNG 双燃料船舶技术是在保持原有柴油机主体结构和燃烧方式不变的前提下，增加一套 LNG 供气系统和柴油–LNG 双燃料电控喷射系统，通过电子转换开关，实现单纯柴油燃料状态下和油气双燃料状态下两种运行模式的转换。

船用冷热全效热泵技术。船用冷热全效热泵系统是以江水（海水）作为冷（热）源的热泵系统：可在夏季提供冷量的同时提供生活热水，冬季充分利用江水（海水）里的低品位热能，满足空调采暖和热水的需求，完全（或部分）取代传统的燃油锅炉系统，实现冷热全效。

加大新能源船舶研发、推广力度。新能源船舶研发和推广改变了以往单纯燃油的船舶用能模式，开始逐步研发出电动船舶以及混合动力船舶，通过新能源的利用减少污染物排放。

（3）加强港口、船舶节能管理

船舶智能化管理。船舶智能化是在综合传感、通信、信息、计算机等多种先进技术的基础上，结合船舶具体应用环境，构建基于大数据、信息物理系统和物联网等特征的智能系统，使船舶航行、管理与服务更高效、更低耗、更安全和更环保。当前，船舶交通服务系统（VTS）、船舶自动识别系统（AIS）、港口调度系统、电子航道图、船岸一体化的应用构成了智能化的船舶管理系统。

加强能耗实时监测，加强能源管理。选取航运船舶作为监测对象，通过分析船舶燃料消耗影响因素，确定统计指标，通过整理船舶数据库，确定船舶燃料消耗统计调查方法、典型船舶及燃料消耗监测方法，将船舶燃料消耗模块纳入现有港航船舶综合监管系统，并根据船型选择合适的燃油监测设备，开发软件系统，实现对船舶能耗的实时监测。

2. 建筑领域

1）前景预判

据统计预计，我国建筑电气化水平从当前的较低水平加速提升，2035 年总体达到当前发达国家平均水平，2050 年进入领先梯队。分领域看，居民电气化水平预计从当前的略超 20%提升至 2035 年的 45%、2050 年的 70%，商业电气化水平预计从当前的约 33%提升至 2035 年的 55%、2050 年的 75%，主要得益于城市化进程的稳步推进、现代电器的推广应用、制热制冷的需求增长。

2）绿色发展路径建议

（1）大力发展分布式能源

分布式能源是近年来兴起的利用小型设备向用户提供能源供应的新的能源利用方式。与传统的集中式能源系统相比，分布式能源接近负荷，不需要建设大电网进行远距离高压或超高压输电，可大大减少线损，节省输配电建设投资和运行费用；由于兼具发电、供热等多种能源服务功能，分布式能源可以有效地实现能源的梯级利用，达到更高的能源综合利用效率。分布式能源设备起停方便，负荷调节灵活，各系统相互独立，系统的可靠性、安全性较高；此外，分布式能源多采取天然气、可再生能源等清洁能源为燃料，较之传统的集中式能源系统更加环保（韩晓平，2010；林世平，2011；钟史明，2012；侯健敏，2014）。热电联产是目前典型的分布式能源利用方式，在发达国家已得到广泛的推广利用。

（2）大力发展装配式建筑

装配式建筑是用预制部品部件在工地装配而成的建筑。装配式建筑以工厂生产为主的部品制造取代现场建造方式，工业化生产的部品部件质量稳定；以装配化作业取代手工砌筑作业，能大幅减少施工失误和人为错误，保证施工质量；装配式建造方式可有效提高产品精度，解决系统性质量通病，减少建筑后期维修维护费用，延长建筑使用寿命；推进住宅全装修，发展装配式装修，不仅提升了装修的品质，节约了资源能源，而且减少了噪声扰民和建筑垃圾的排放（侯博等，2014）。

（3）积极推广绿色建筑

在目前常用的绿色建筑节能技术中，集中空调系统排风全热回收技术节能效益最大，达到 35%的节能率，过渡季节充分利用新风，会带来 10%的节能率；合理设置可调节外遮阳和改变围护结构热工性能，可产生 7%左右的节能率；采用光控措施控制照明系统，可形成 12.3%的节能率；绿色建筑节能技术的选择及其应用效果受技术相互关联性影响较大，节能方案需要整体综合考量；节能技术的应用可使建筑在现行节能标准基础上再实现 46.9%的节能率，达到建筑节能 75%的要求（何玥儿等，2018）。因此推广绿色建筑对于建筑节能至关重要。

（4）推广建筑能耗监测平台

针对我国大型公共建筑的节能减排工作，财政部、住房和城乡建设部等在“十一五”期间便已相继出台了一系列大型公共建筑节能监管的导则、规范、标准及方案。截至 2017 年底，我国已在 33 个省份建立了机关办公建筑和大型公共建筑能耗监测平台，其中长江经济带的上海市、重庆市、江苏省和安徽省 4 省（直辖市）的公共建筑能耗监测平台已通过国家验收，初步建立了建筑节能信息化管理体系。

（5）BIM 技术应用

运用 BIM 技术，可减少建筑的耗能，实现建筑的绿色节能设计。在设计工作阶段，BIM 技术不仅可以方便快捷地绘制 3D 模型，还可以提高建筑的可施工性，提高资源能源的利用率，有利于建筑的可持续性设计（侯博等，2014）。传统的技术，是在建筑设计完成之后，再进行能耗分析，而 BIM 技术在设计初期就利用具备强大兼容性的三维模型，进行能耗分析，不仅注入可持续发展理念，也避免通过设计修改来降低能耗设计需求。除此之外，BIM 技术与多种软件数据兼容，大大提高了设计项目的整体质量。

（6）可再生能源建筑应用

可再生能源在建筑领域得到了大力推广，尤其是太阳能利用得到了大幅推广。太阳能建筑供热需求量达到 10 亿 m^2 以上（集热面积），是目前全国太阳能热水器保有量的 10 倍。

（三）碳排放与空气质量双约束下的能源绿色发展战略

根据我国碳减排和污染物减排的主要措施，设定了四个情景：基准情景（BAU）、低碳情景（LC）、总量严控情景（PES）和双约束情景（DBS）（专题表 2-2）。

专题表 2-2 各情景主要特点

2035 年情景	碳减排相关政策	大气污染物末端控制政策
基准情景（BAU）	碳减排约束维持现状，即与全国 CO_2 排放量 2030 年达峰的 NDC 目标基本保持一致	能源相关的排放末端控制技术应用比例保持基年水平；随着城市化率的提高，开放燃烧排放相比 2015 年削减 18%～25%
低碳情景（LC）	碳减排力度加大，重点地区于 2020 年提前达峰，其他地区于 2025～2030 年达峰	
总量严控情景（PES）	在低碳情景的基础上，出于对污染物减排的考虑，对重点地区的钢铁、水泥、化工等高排放行业产能进行控制，同时也达到一定的碳减排效果	工业部门保持基年水平；重点地区对民用散煤燃烧进行总量控制
双约束情景（DBS）		先进末端控制技术达到 100%渗透率，开放燃烧排放相对基年进一步削减至 2015 年的 10%～40%，VOC 排放总量削减约 42%（非能源相关排放削减 35%）

1. 不同情景下长江经济带能源发展路径

基准情景下，煤炭消费总量在 2030 年得到控制，控制在 12 亿 t 标煤；而在低碳情景下，随着新能源和外调电占比例增加，煤炭消费总量将进一步得到控制（专题图 2-56）。从整体上来讲，长江经济带的可再生能源开发潜力有限；核电的发展又受到社会和安全角度考虑的限制，无法承担太高的发电比例，因此长江经济带未来整体对调入电力的依赖性将增大。

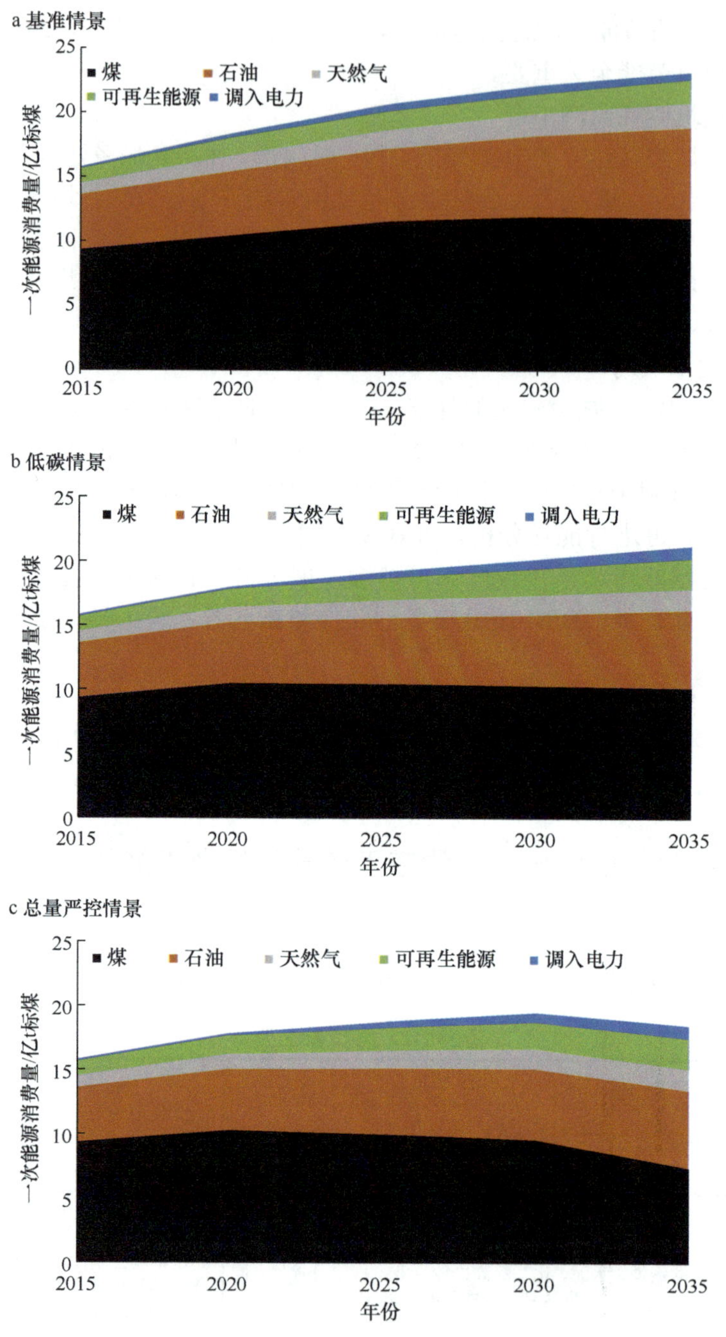

专题图 2-56 各情景下长江经济带一次能源消费量

总量严控情景发电结构与低碳情景一致。低碳情景下，长江下游地区的发电量增长将大大放缓，更多地依靠调入电力；而上游地区的发电总量在低碳情景下则增长得更快。因此，长江经济带的绿色转型发展还需依靠西电东输政策背景下的跨区域、长距离电网系统的完善。

如专题图 2-57 和专题图 2-58 所示，就各地区的电力结构来看，基准情景下，煤电的发展得到了一定的限制。特别是环长株潭、环鄱阳湖城市群和长三角外围城市群以及长三角城市群，气电逐渐替代煤电，成为未来满足其电力需求增长的主要化石能源。在低碳情景下，可再生能源电力和核电（以下简称绿电）比例进一步提高，下游绿电占比例提升最大。

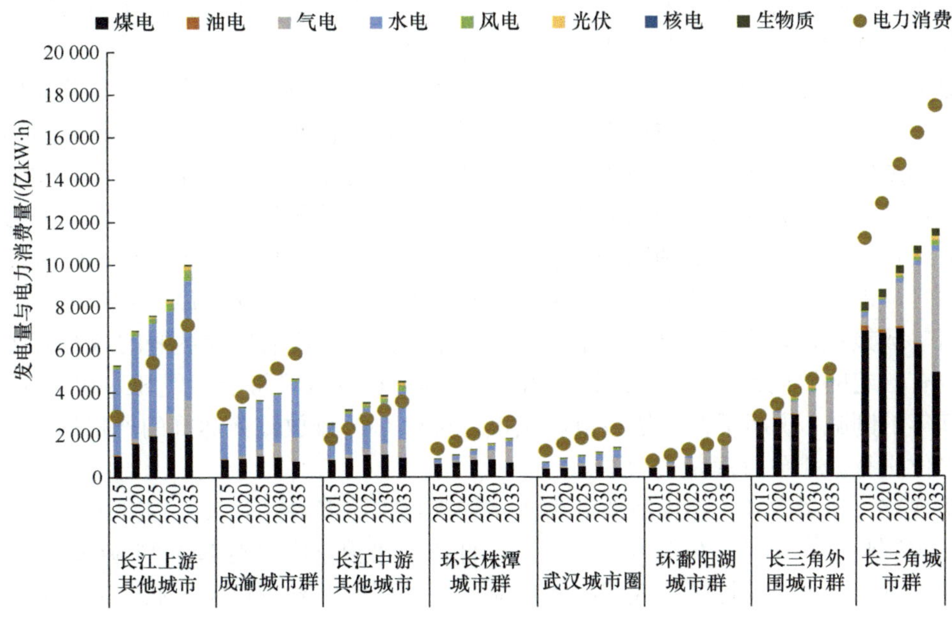

专题图 2-57 基准情景下各城市群发电量与电力消费量

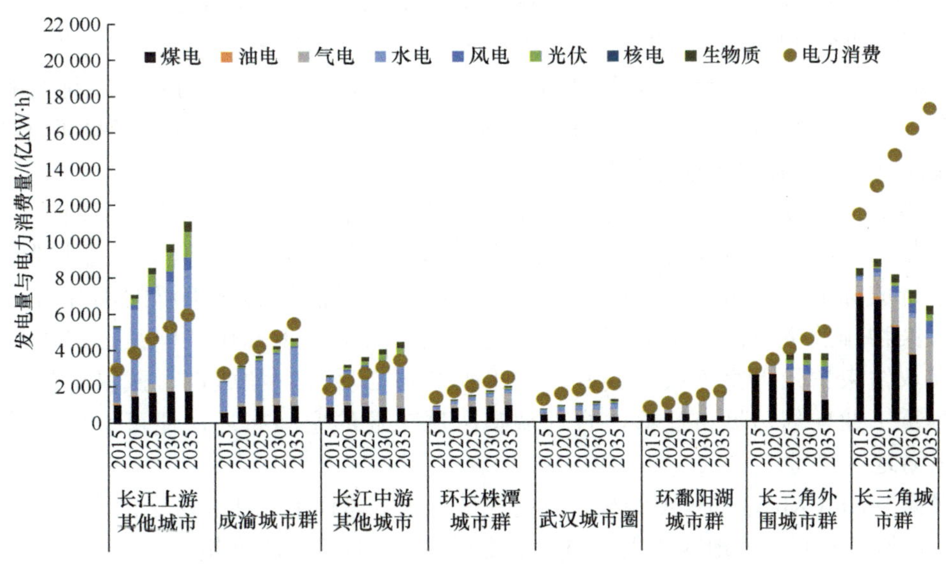

专题图 2-58 低碳情景下各城市群发电量与电力消费量

2. 碳排放和空气质量双约束下的政策建议

长江经济带整体的单位 GDP CO_2 排放强度低于全国水平，现行的碳减排目标未能使长江经济带的能源结构显著优化。长三角下游地区产业绿色化程度较高，现行碳减排政策（NDC 目标）对长江经济带的限制相对较为宽松。长三角地区仅依靠节能措施与电力结构的清洁化即可实现其 CO_2 排放强度目标，其高碳排、高污染的钢铁、化工和建材行业的产能依然在增加，且 CO_2 排放和污染物排放未能得到削减。中上游地区目前经济发展水平较为落后，未来有较大的经济增长潜力，使其能源消费和 CO_2 排放量增长幅度也较大。因此，现行碳减排政策和目标对长江经济带各城市污染物减排的协同效益十分有限，无法实现长江经济带未来空气质量达标的目标。

更为严格的低碳政策可以实现长江经济带部分地区提前达峰。在长三角及其周边城市以及中游的武汉城市圈，通过进一步节能措施提高能源利用效率，充分开发风电、光伏和生物质发电等可再生能源电力，在沿海地区发展海上风电和核电，在工业园区密集的地区通过分布式光伏和分散式风电充分利用绿电，完善区域电网，提高调入电力占比例等方式可以使其 CO_2 排放在 2025 年左右提前达峰。而在长江中上游目前经济尚不发达的地区，进一步提高工业部门、民用部门和交通部门的电气化程度，利用电力替代化石燃料等政策也可以实现对其 CO_2 排放增长的控制。CO_2 排放提前达峰的政策对污染物排放也有一定的协同减排作用。在长三角地区，提前达峰政策将能实现 SO_2 和一次 $PM_{2.5}$ 相比基年的削减，说明了在发达城市和城市群推行 CO_2 排放提前达峰的严格措施，以城市为单位进行碳排放管理是有效的。

实现空气质量改善，不仅需要低碳政策的支持，还需要针对污染物减排的总量控制与末端控制政策。对长三角及其周边地区，低碳政策很难实现对 NO_x 和 VOC 排放的大幅削减。对长江中上游地区，低碳政策仅能在一定程度上限制重化工业、工业锅炉和交通等部门排放的增长，无法从根本上改变其增长的态势，导致其总排放量依然相比基年增加。因此，在目前空气污染较重的地区，总量控制政策和末端控制政策是实现其污染物排放削减和空气质量达标的关键。具体来说，在长三角地区，应重点针对化工行业、钢铁和水泥工业进行产能控制，提高机动车和工业锅炉排放标准。在中上游地区的重点城市群，也应控制其钢铁工业的产能，控制民用燃煤排放量，并在各个工业部门普及先进末端控制技术，提高末端排放标准。

严格的低碳政策将在一定程度上促使下游地区的建材、发电等工业向上游地区转移。若上游地区的环境规制水平（如对核心城区的总量控制政策、末端控制水平、机动车排放标准等）未能及时提高，则有可能会在成渝核心城市群的部分城市出现大气污染物排放量不降反增的情况，使其空气质量进一步恶化。但是，由于其周边城市在双约束情景下空气质量较好，如果使其核心城区，如成都、武汉市的石化、建材等重工业向周边城市迁移，合理调整区域工业的空间布局，便可有更大的空间承接下游地区产业。

根据 WRF/CMAQ 的模拟结果，双约束情景下，总体上长江经济带的空气质量得到了改善，但依然有部分地区 1 月 $PM_{2.5}$ 浓度超标，7 月臭氧浓度超标。下游地区工业城市分布集中，人口密度较大，单位面积污染物排放量较大，导致整个下游地区 $PM_{2.5}$ 浓度均较高，部分城市超标。由于整个长三角地区和长三角外围城市在其本地排放大幅度削减的情况下空气质量依然比长江中游、上游地区差，该地区内部进行产业重新布局也很难从根本上实现其空气质量的大幅改善。因此，对该地区应当实行更为严格的工业产能控制和末端控制措施，将重污染企业向长江中游和上游地区搬迁，方能实现其环境空气质量改善的目标。上游地区成都和武汉也有 $PM_{2.5}$ 浓度超标的现象，但是在中上游的高值区周边即围绕成都和武汉的其他城市空气质量较好。因此，通过控制中上游城市群中心城市的工业产能，将中心城区的高排放企业搬迁至周围城市，可进一步改善其空气质量。

专题三　长江经济带工业园区绿色发展战略研究

一、长江经济带工业园区绿色发展的重要意义

（一）工业园区绿色发展对长江经济带高质量发展至关重要

1. 工业园区是长江经济带落实制造强国战略最重要的载体

中国工业园区建设始于 1979 年，是我国改革开放的一项重大创举，在社会经济发展中发挥着举足轻重的作用，是工业发展的先行者和中坚力量，在推动城市化进程中也扮演着重要角色。经过 40 余年的建设发展，中国建立了数量庞大的工业园区，有国家级和省级园区 2543 家，形成了丰富多样且较完整的现代工业体系，贡献了全国 50%以上的工业产出，经济增长率远高于国家平均水平，成为推动我国工业化、城镇化快速发展和对外开放的重要平台，对促进经济体制改革、改善投资环境、引导产业集聚和发展开放型经济发挥了不可替代的作用，所在区域产城融合协调发展日益加强。2018 年全国生态环境保护大会指出“推动工业企业向园区聚集”，工业发展园区化进一步加速。

长江经济带覆盖上海、江苏、浙江、安徽、江西、湖北、湖南、重庆、四川、云南、贵州 11 省（直辖市），面积约 205 万 km^2，人口和国民经济生产总值均超过全国的 40%。横跨中国东中西三大区域，具有独特优势和巨大发展潜力，同时也是工业园区建设的集中区域。制造业是国民经济的主体，是立国之本、兴国之器、强国之基；工业园区是制造业发展最重要的载体，因此，园区强则制造业强，制造业强则国强。工业园区是长江经济带落实制造强国战略最重要的载体。

2. 长江经济带工业园区人地矛盾尤为突出

工业园区的建设需要连续平整的土地，即在平原和盆地上建设工业园区。中国地理环境空间异质性显著，各地区可开发的平原和盆地面积差异很大。分析单位可开发平原和盆地面积上布局的省级及以上工业园区数量，长江经济带 11 省（直辖市）工业园区密度很高，其中重庆市每万平方千米土地布局园区数量居全国之首，其次是上海市，整个长江经济带工业园区密度均高于全国平均水平（每平方千米 8.5 个）。因此，工业园区对经济的突出贡献与发展中的人地矛盾问题，在长江经济带 11 省（直辖市）发展中尤为突出。

3. 工业园区环保欠账较多，在长江工业污染问题上能见度较高

改革开放以来，长江经济带已发展成为我国综合实力最强、战略支撑作用最大的区域之一。十八大以来，“长江经济带发展”作为我国深入实施区域协调发展的五大重大

国家战略之一，旨在推进区域发展，协同性不断增强，资源配置效率全面提高，为经济高质量发展注入澎湃动力。长江经济带发展以“共抓大保护、不搞大开发”为导向，以“生态优先、绿色发展”为引领，依托长江黄金水道，推动长江上中下游地区协调发展和沿江地区高质量发展。

从历史发展来看，长江经济带工业园区建设在促进经济社会发展方面成效显著，但在生态环境保护上总体欠账明显。工业园区生产活动集聚，资源能源消耗和污染物排放量大，对区域生态环境的影响大。工业园区在发展过程中，由于污染防治手段及环境管理能力未及时跟上园区产业经济发展的步伐，园区一度成为高污染、高能耗区域的代名词，因工业园区环境问题引发的新闻曝光和社会矛盾时有发生。近年来，中国雾霾天气公众关切加大，环境污染矛盾突出，资源约束日趋紧张，生态系统加速退化，气候变化的威胁日益凸显，工业园区的发展也相应地面临资源、能源及环境等诸多挑战。

以江苏省为例，2018 年底中央环境保护督察“回头看”及大气污染问题专项督察下发江苏省的整改方案中，对中央督察反馈的问题进行逐条分解，细化为 50 个具体整改事项，包括涉及“回头看”整改事项 34 个和大气专项督察整改事项 16 个。这些事项中，明确提及园区的有 11 项，涉及了大气污染、水污染、一般工业固废及危废处理、项目环评等方面。而其他整改事项的任务分解中，也有多数最终落实到园区对企业监管实施或区域环境管理的层面。可见工业园区环境污染和环境管理问题已成为环保督查关注的重点。

4. 工业园区绿色发展对长江经济带高质量发展至关重要

《长江经济带发展规划纲要》明确提出保护和改善水环境，重点是严格治理工业污染。之后，各地纷纷建立机制，鼓励距离长江干流和重要支流岸线 1km 范围内、具备条件的化工企业搬离 1km 范围以外，或者搬离、进入合规园区；城市建成区、城镇人口密集区内污染较重和高风险的化工企业也鼓励搬迁入园。

随着长江沿线企业逐步撤出和大量企业进入园区，园区发展面临的资源、能源及环境等诸多挑战加大。强化经济发展与节约资源、保护环境的关系，推进绿色发展、低碳发展、循环发展，是园区建设中始终要紧绷的一根弦。随着工业企业向园区进一步集聚，可以预见抓住长江经济带工业园区的绿色发展，就抓住了长江工业污染防治的牛鼻子。

（二）准确理解园区发展特点，把握好绿色发展方向

中国工业园区在发展过程中形成了以下基本特点。

第一，园区具有明确的物理空间，即四至范围。当前绝大部分省级及以上工业园区核心区已基本开发完成，园区实际开发面积及委托开发区、托管区域等已远超过国家发布的开发区名录中的四至范围面积。园区的空间管理，是进一步深化绿色发展的重要基础，也是实践中的难点。

第二，企业在有限的物理空间集聚，且企业进入园区已成为当前及今后一个时期产业集约化发展的必然趋势。企业在空间集聚，有利于形成以龙头企业为核心，带动上下游配套企业在园区形成产业链网，通过资源信息服务共享，提高生产效率、形成区域竞

争力；不利的方面在于园区资源能耗量大，污染物排放量大，安全生产风险加大，且生产活动在有限空间集中，成为区域资源能源环境问题的焦点。

第三，成熟且规模大的园区在持续发展中呈现出产城融合、宜业宜居的明显趋势。工业园区与母城产城融合发展、宜业宜居已成为国内众多园区发展的必然目标，这在长江经济带东部沿海地区尤为突出。

第四，基础设施共享。成熟的园区通常建有完善的基础设施，实现集中供热或热电冷多联供，建立集中治污乃至再生水回用等基础设施；通过基础设施共享，构建基础设施间的产业共生，扩展基础设施在解决区域环境问题中的功能，有利于提高园区及区域的资源能源效率和污染治理能力。此外，完善科技孵化、海关、金融、社会服务等公共服务平台等也是园区重要的基础工作。

第五，管理机制。管理模式是园区体制之“纲”，其实质上是解决园区由谁管理、怎么管理的问题。在实践中园区基本形成了准政府的管理委员会、公司开发模式以及混合型模式三种。管委会模式是最为常见的管理模式，政府派出机构（园区管委会）统一管理，行政管理服务效能高，以发展产业为第一要务。

本研究从工业园区的共性特点出发，从工业园区在长江经济带各省（直辖市）发展的经济贡献、区位分布、产业布局、能源基础设施、环境基础设施及取排水情况等方面，梳理长江经济带工业园区的发展现状。进一步分析上中下游园区在绿色低碳循环等相关的国家层面园区示范试点创建情况，并重点以发展最为成熟、普及最为广泛的国家级经济技术开发区为例，研究长江经济带园区 2015～2017 年的绿色发展水平，通过典型指标的变化情况，对长江经济带工业园区的绿色发展情况给出总体判断。在此基础上，提出长江经济带工业园区绿色发展存在的主要问题，提出长江经济带工业园区绿色发展的战略与实施途径。

二、长江经济带工业园区发展现状分析

（一）工业园区是长江经济带工业经济发展的主阵地

根据 2018 年《中国开发区审核公告目录》，长江经济带 11 省（直辖市）国家级经济技术开发区（经开区）、国家级高新技术产业开发区（高新区）及省级开发区等各类园区共 1045 家，其中国家级经开区 108 家，国家级高新区 69 家，省级工业园区或开发区 868 家。长江经济带分布的工业园区总体占我国省级及以上园区总数的 44.2%，其中，国家级经开区占 49.3%，国家级高新区占 44.2%，省级工业园区或开发区占 43.6%（专题表 3-1）。长江经济带地区集中分布了我国近一半的省级及以上工业园区。

专题表 3-1　长江经济带各类工业园区占比例

工业园区类别	全国/个	长江经济带/个	占比例/%
国家级经济技术开发区	219	108	49.3
国家级高新技术产业开发区	156	69	44.2
省级工业园区或开发区	1991	868	43.6
合计	2366	1045	44.2

长江经济带省级及以上 1000 余家工业园区在各省份的工业发展中占据了重要的位置。以地处长江经济带上游的贵州省为例，2018 年，全省工业园区规模以上工业企业完成工业总产值 8411.43 亿元，同比增长 14.6%，占全省工业总产值的 79%；完成工业投资 946 亿元（不含基础设施），占全省工业投资的 62%；园区规模以上企业达 4122 户，占全省规模以上企业的 73%。

在 2018 年对浙江省高新区进行的统计分析显示，高新区以占全省 0.2%的土地面积，创造了全省 1/4 的工业增加值、近 1/5 的出口额、超过 1/3 的高新技术产业产值。高新园区规模以上工业增加值达 5039.5 亿元，同比增长 12.6%，增速高于全省规模以上工业 4.28%，园区对全省规模以上工业增加值的贡献率达 40.5%。

可见，无论是上游、中游还是下游，各级各类工业园区对长江经济带各省份的经济都有至关重要的贡献，已经是各省份经济发展的主阵地和主引擎，已越来越多地成为进一步推进经济高质量发展的主战场。

（二）上中下游园区布局形成多中心但主导产业类型呈趋同态势

1. 上游到下游，工业园区数量分布整体增多

专题图 3-1 和专题表 3-2 为长江经济带上游、中游、下游各省（直辖市）省级及以上 1045 家园区的空间分布及具体数量。长江经济带上游四川、重庆、云南、贵州 4 省（直辖市）布局了 311 家园区；中游湖北、湖南、江西 3 省布局了 322 家园区；下游安徽、江苏、浙江、上海 4 省（直辖市）布局了 412 家园区。从上游到下游，工业园区数量分布整体增多。

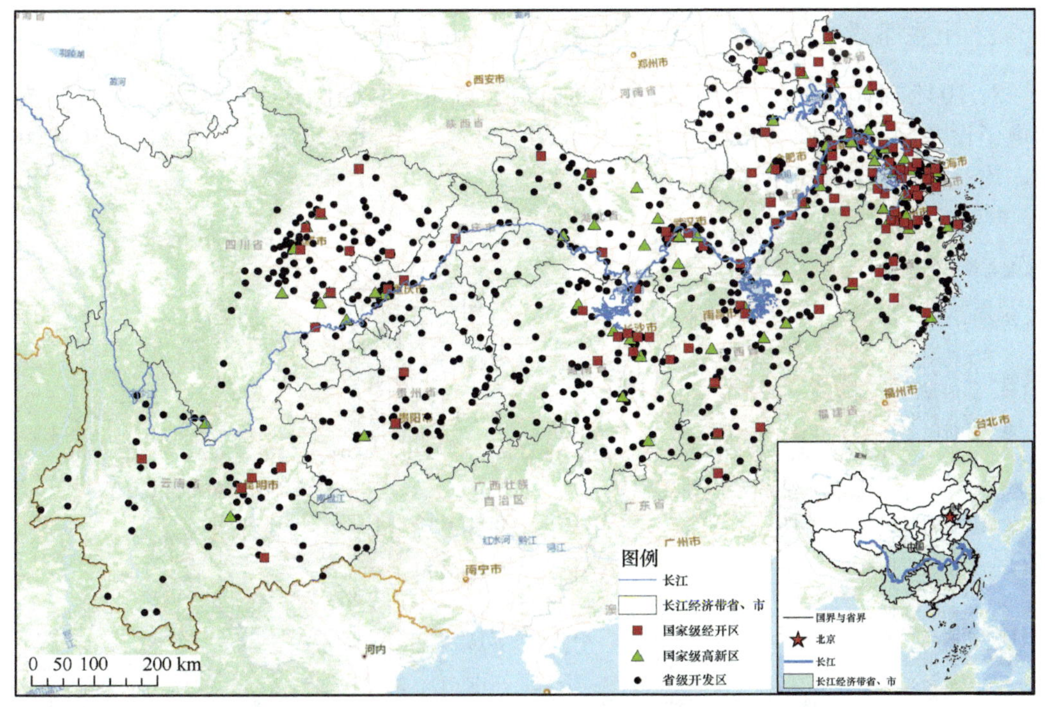

专题图 3-1　长江经济带省级及以上工业园区空间分布

专题表 3-2　长江经济带上中下游工业园区数量

工业园区类别	长江经济带全范围/个	上游		中游		下游	
		数量/个	占比例/%	数量/个	占比例/%	数量/个	占比例/%
国家级经济技术开发区	108	18	16.67	25	23.15	65	60.19
国家级高新技术产业开发区	69	14	20.29	23	33.33	32	46.38
省级工业园区/开发区	868	279	32.14	274	31.57	315	36.29
合计	1045	311	29.76	322	30.81	412	39.43

以国家级经开区为例，其集中分布在以上海市为中心的长江三角洲地区，共 65 家，占长江经济带国家级经开区总数的 60.19%；在上游和中游地区，则以四川省和湖南省分布相对集中。国家级高新区的空间分布特征与国家级经开区的空间分布特征相似。省级开发区的分布呈现出明显的空间聚集特征，其中四川省东部、湖南省和上海市省级开发区密度更高。

长江经济带工业园区的分布具有两个显著特征。

（1）从上游到下游，工业园区数量呈现出逐步增加的趋势，并形成一些明显的聚集区域。

（2）长江经济带工业园区布局呈现区域中心特点，上游主要以重庆市和成都市为中心的成渝城市群布局，中游以武汉市为中心的中游城市群布局，下游主要以南京市和上海市为中心的长江三角洲城市群分布。工业园区的发展以当地城市发展为重要依托，两者相互促进、共同发展。

2. 上中下游工业园区主导产业分布呈趋同态势

对 1045 家园区的主导产业按频次进行统计分析（专题图 3-2），可见，装备制造业和电子设备制造业出现频次最高，在国家级经开区、国家级高新区、省级以上工业园区中，均是占比例排名前两位的产业。

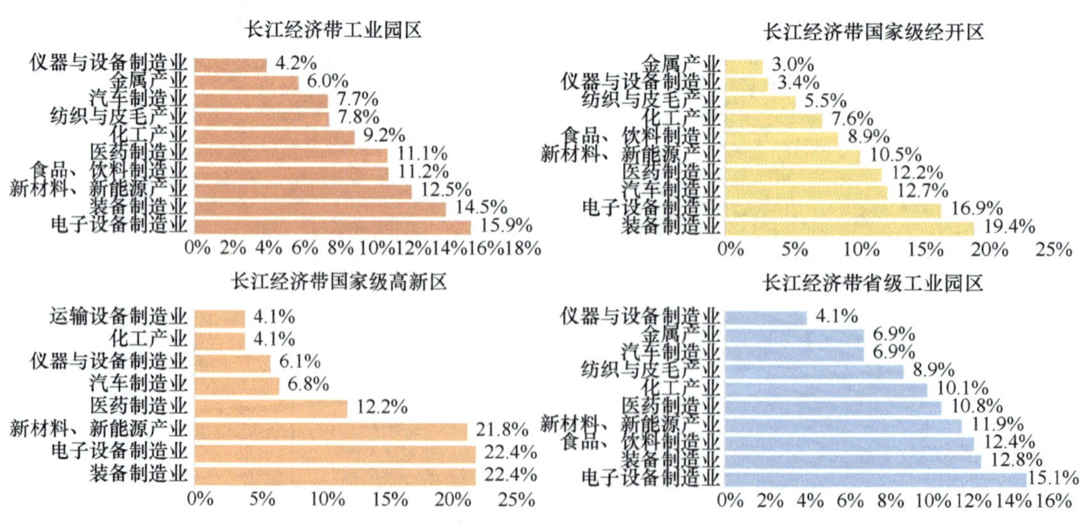

专题图 3-2　长江经济带工业园区主导产业分布情况

总体而言，长江经济带国家级经开区的主导产业以装备制造业，电子设备制造业，汽车制造业，医药制造业，新材料、新能源产业 5 个产业为主，出现频次占 69.4%；国家级高新区这 5 个产业出现频次则达到 80.3%。在省级工业园区中，各类产业作为主导产业的频次分布比较均衡，制造业类占比例有所下降，化工产业、纺织与皮毛产业、金属产业占比例上升。

长江经济带上游、中游、下游工业园区的主导产业分布情况见专题图 3-3。上游工业园区的主导产业，出现频次前 5 位依次为食品、饮料制造业（17.3%），装备制造业（15.4%），化工产业（14.4%），医药制造业（13.2%），电子设备制造业（11.7%）；中游

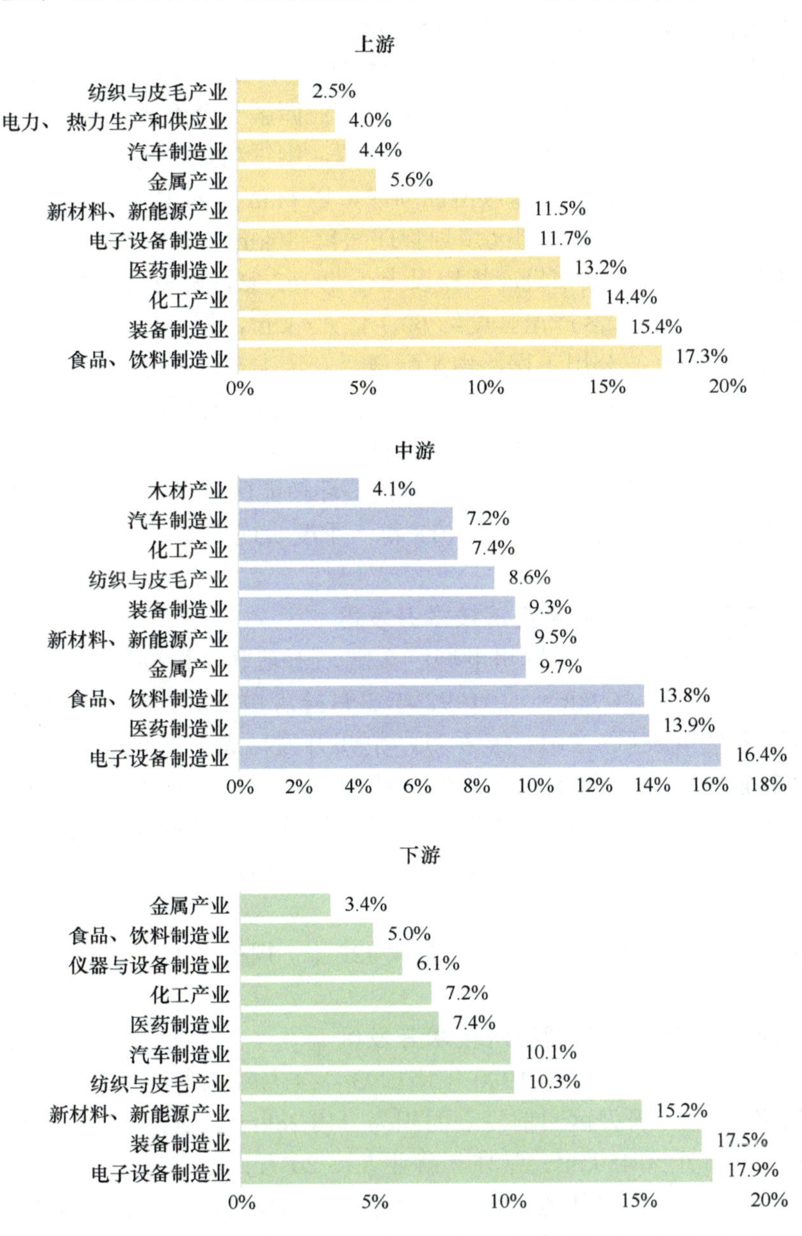

专题图 3-3 长江经济带上游、中游、下游工业园区主导产业分布情况

工业园区的主导产业类别整体较为分散；下游工业园区的主导产业较多集中在电子设备制造业（17.9%）、装备制造业（17.5%）和新材料、新能源产业（15.2%）这3类产业。值得注意的是，上游地区以化工作为主导产业的园区较多；上游、中游、下游主导产业的差异反映出区域经济发展水平对高科技、高附加值、低污染产业的吸引力差异。近年来，产业结构优化升级和供给侧结构性改革，推动了东部发达地区产业向中西部转移，需要重视园区产业升级、“腾笼换鸟”过程中，污染产业向中上游转移的风险隐患。

根据对上中下游工业园区主导产业的分析，选取了主导产业有代表性的三家园区，简要介绍如下。

1）上游典型园区——长寿经济技术开发区

长寿经济技术开发区是国务院2010年11月11日批准升级的国家级经济技术开发区，由原重庆（长寿）化工园区和重庆市晏家工业园区整合而成，规划面积约70km^2，重点发展天然气化工、石油化工、新材料新能源、钢铁冶金、装备制造五大产业集群。

长寿经济技术开发区，紧邻重庆两江新区，以6km宽的生态绿带与长寿城区相连，以5km宽的山体与长江相隔。园区规划管理面积80km^2，其中规模以上企业占地面积14km^2；引进企业320家，其中投产规模以上企业163家，规模以下企业47家；累计完成工业投资2211亿元，园区产出强度约60.7亿元/ km^2，累计投入强度62亿元/ km^2。园区始终秉承产业项目、公用工程、物流配送、安全生态、管理服务“五个一体化”发展方式，经过十多年创新发展，先后荣获全国循环经济试点园区、国家新型工业化产业示范基地、国家知识产权示范园区、国家新材料高新技术产业化示范基地、国家级产业废物综合利用项目示范基地、中国十大最佳投资环境园区称号。2017年实现规模以上工业产值840亿元，实现利润32亿元。2018年一季度实现规模以上工业产值167.9亿元，实现利润8.7亿元。

2）中游典型园区——荆州经济技术开发区

荆州经济技术开发区位于荆州市城区东端，下辖联合街办、滩桥镇、沙市农场、岑河农场，辖区面积约209km^2，于1992年5月挂牌成立，并于同年8月经湖北省人民政府批准为省级开发区。2011年6月，荆州开发区晋升为国家级荆州经济技术开发区，设有新能源汽车及装备智能制造产业园、军民融合产业园暨光通讯电子信息产业园、绿色循环产业园、绿色建筑产业园和临港物流产业园五大产业园区。区内主导产业初具规模，基本形成了机械电子、化工、纺织服装、生物医药和农产品加工五大产业。

截至2017年底，园区规模以上工业企业427家，规模以上工业总产值961.88亿元，高新技术企业77家。

3）下游典型园区——芜湖经济技术开发区

芜湖经济技术开发区设立于1990年，1993年4月经国务院批准为国家级经济技术开发区。芜湖经济技术开发区目前规划面积为118.28km^2，包括北区和东区两部分，其中北区73.28 km^2、东区45 km^2，常住和就业人口20万人，成为集综合保税区、汽车电子产业园、汽车零部件出口基地、新型工业化产业示范基地、高新技术创业服务中心、外贸码头、国家知识产权试点园区7个国家级发展平台于一体的综合经济园区。芜湖经济技术开发区已形成汽车及零部件、家用电器、新材料三大主导产业，新型显示、高端装备等新兴产业 2017 年实现地区生产总值 505 亿元，同比增长 9.4%；规模以上工业总产值 1862.5 亿元，同比增长 13.7%；规模以上工业增加值 370.4 亿元，可比价增长 9.6%；实现财政收入 81.4 亿元，同比增长 2.1%。

3. 长江沿线 10km 范围内工业园区布局及主导产业分布

为揭示长江流域沿江工业园区空间布局和产业结构特征，报告研究了长江一级支流 10km 范围内工业园区的布局。研究发现，长江一级支流及沿江 10km 范围内，布局有工业园区 349 家，占全流域工业园区总数的 33.4%；其上下游空间分布与长江经济带整体的工业园区分布情况一致，从上游到下游逐渐增加（专题图 3-4）。主导产业出现频次排名靠前者为装备制造业，新材料、新能源产业和医药制造业（专题图 3-5）。与整体产业分布情况相比，医药制造业分布占比例上升。

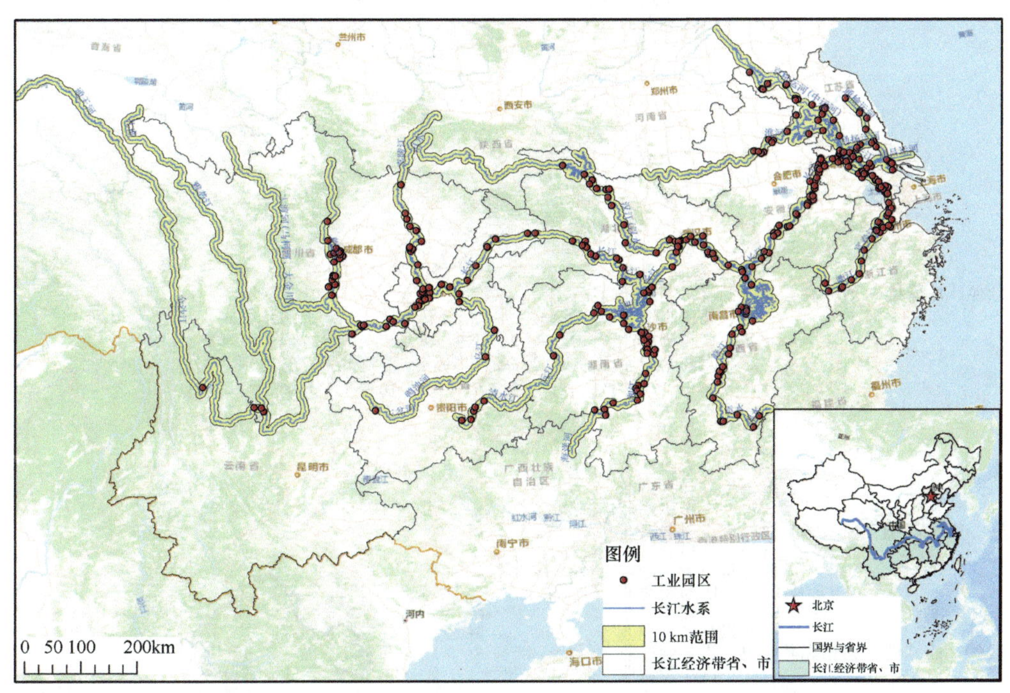

专题图 3-4 沿长江水系 10km 范围内工业园区空间分布

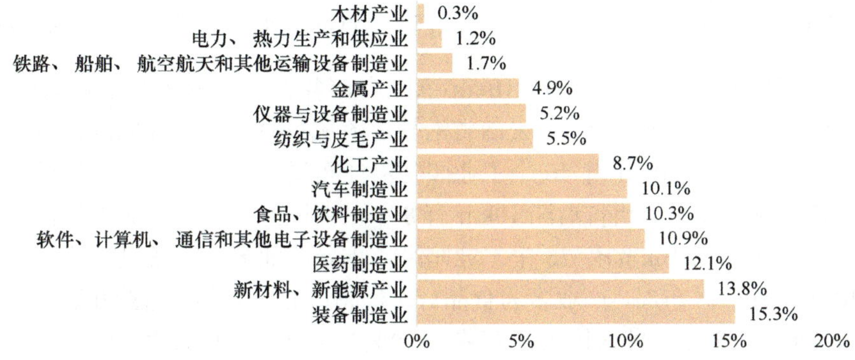

专题图 3-5 沿长江水系 10km 范围内工业园区主导产业情况

从长江上中下游来看（专题图 3-6），沿江 10km 范围内，上游工业园区有 82 家，主导产业出现频次排名靠前的为医药制造业，食品、饮料制造业，新材料、新能源产业，装备制造业。中游有工业园区 122 家，高频主导产业为医药制造业，食品、饮料制造业和装备制造业。下游有工业园区 145 家，主导产业主要为装备制造业，新材料、新能源产业。

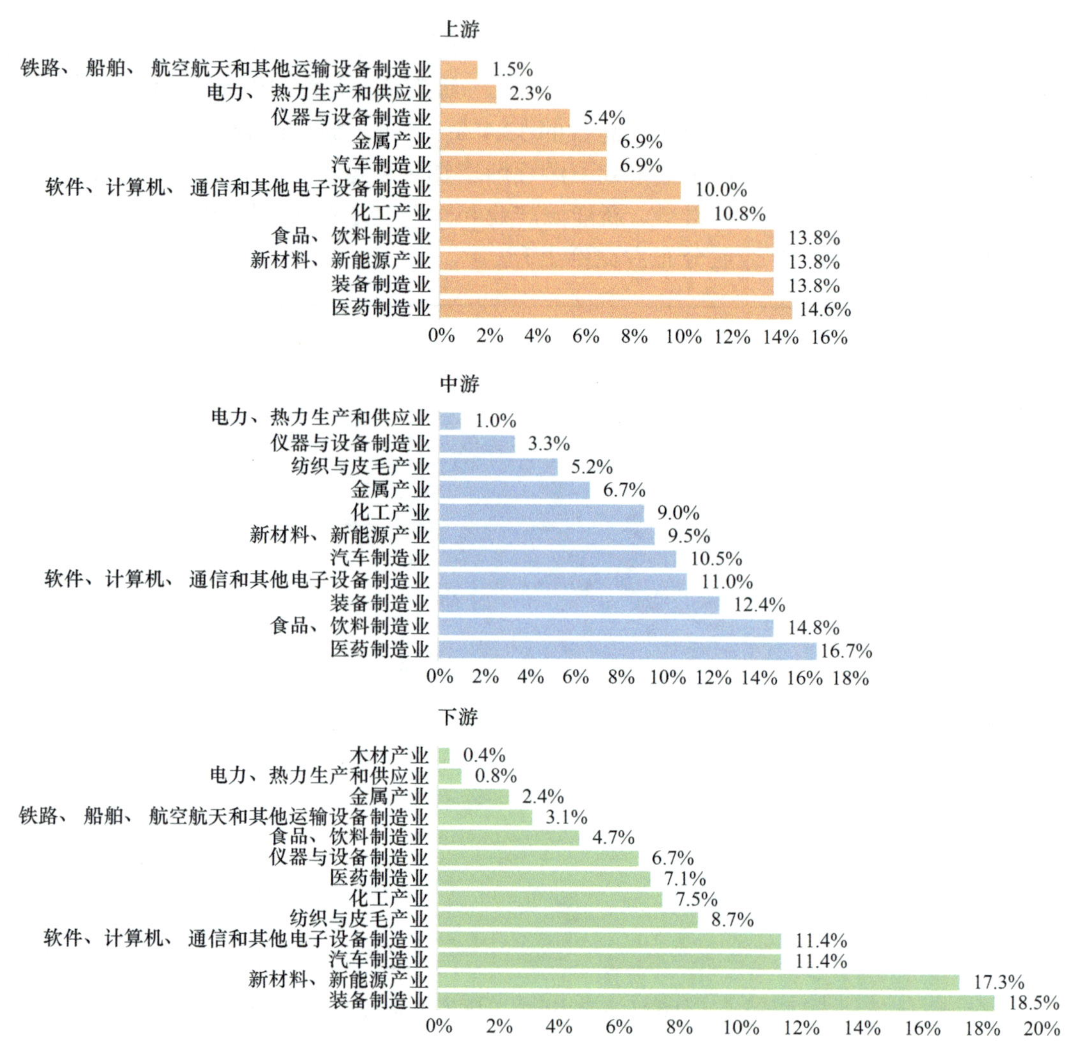

专题图 3-6 沿长江水系（上游、中游、下游）10km 范围内工业园区主导产业情况

从 11 省（直辖市）来看，沿江 10km 范围内，各省（直辖市）工业园区及其主导产业如专题表 3-3（除上海）所示。云南省沿长江流域只有 2 个工业园区，主导产业为医药制造业。四川省沿江 10km 有 46 个工业园区沿江布局，主导产业为新材料、新能源产业，食品、饮料制造业。贵州省沿江 10km 有 8 个工业园区，主导产业为装备制造业和医药制造业。重庆市沿江 10km 有 26 个工业园区，主导产业多为装备制造业。湖北省沿江 10km 有 48 个工业园区布局，产业多为食品、饮料制造业，医药制造业和装备制造业。湖南省沿江 10km 有 43 个工业园区近江布置，产业主要为医药制造业、金属产业。江西省沿江 10km 有 31 个工业园区临江，医药制造业和软件、计算机、通信和其他电子设备制

造业占了较大份额。安徽省沿江 10km 布局了 32 个园区，主导产业多为装备制造业。江苏省沿江 10km 布局的工业园区数量最多，共有 89 个，主导产业中新材料、新能源产业，装备制造业尤为突出。浙江省沿江 10km 有 24 个工业园区，也以装备制造业居多。

专题表 3-3 长江水系 10km 范围内各省份工业园区与产业情况

省份	云南省	四川省	贵州省	重庆市	湖北省
沿江 10km 园区总数	2	46	8	26	48
装备制造业/%	—	8.22	33.33	20.00	15.00
新材料、新能源产业/%	—	19.18	—	8.89	6.25
汽车制造业/%	—	—	—	—	15.00
医药制造业/%	33.33	15.07	33.33	8.89	16.25
软件、计算机、通信和其他电子设备制造业/%	—	10.96	—	11.11	3.75
化工产业/%	33.33	10.96	—	11.11	12.50
食品、饮料制造业/%	—	17.81	11.11	8.89	16.25
纺织与皮毛产业/%	—	—	—	—	11.25
仪器与设备制造业/%	—	2.74	—	11.11	1.25
金属产业/%	33.33	10.96	—	—	—
铁路、船舶、航空航天和其他运输设备制造业/%	—	1.37	11.11	—	—
电力、热力生产和供应业/%	—	2.74	11.11	—	2.50
木材产业/%	—	—	—	—	—
省份	湖南省	江西省	安徽省	江苏省	浙江省
沿江 10km 园区总数	43	31	32	89	24
装备制造业/%	11.69	9.43	20.97	16.88	21.05
新材料、新能源产业/%	12.99	9.43	14.52	18.83	15.79
汽车制造业/%	5.19	11.32	14.52	10.39	10.53
医药制造业/%	15.58	18.87	9.68	4.55	13.16
软件、计算机、通信和其他电子设备制造业/%	12.99	18.87	12.90	13.64	—
化工产业/%	6.49	7.55	9.68	7.14	5.26
食品、饮料制造业/%	11.69	16.98	6.45	3.25	7.89
纺织与皮毛产业/%	1.30	1.89	8.06	8.44	10.53
仪器与设备制造业/%	7.79	—	3.23	9.09	2.63
金属产业/%	14.29	5.66	—	0.65	13.16
铁路、船舶、航空航天和其他运输设备制造业/%	—	—	—	5.19	—
电力、热力生产和供应业/%	—	—	—	1.30	—
木材产业/%	—	—	—	0.65	—

（三）长江经济带园区能源基础设施现状及效益分析

基础设施共享是工业园区的主要特征，与企业生产活动及能源环境问题密切相关的主要基础设施为能源基础设施和环境基础设施，这两类基础设施服役周期长，运行过程的能源消耗及环境排放在园区整体消耗或排放中往往占有较大比例。园区基础设施的绿色低碳转型对于支撑园区绿色发展，实现区域环境质量改善和应对气候变化目标等具有重要现实意义和普遍性。项目重点研究了工业园区的能源基础设施和环境基础设施。研究过程中一个主要难题是基础数据获取难度大，因为园区在国民经济统计体系中不是一个独立的统计单元，园区大量的数据在统计体系中难以获得。

目前，中国工业园区普遍建有的集中式能源基础设施的形式以热电联产、热力厂、发电厂等为主。能源基础设施是园区物质能量代谢的关键节点，将能源、水、污染物等要素耦合在一起，同时也是园区温室气体和大气污染物排放的主要来源。中国工业园区能源基础设施存量仍在持续积累，能源基础设施投运后服役期长，其性能对能源效率有着决定性影响。因此能源基础设施一旦投运，则对于园区环境影响具有长期的锁定效应。应对气候变化和改善环境质量需实现能源服务与温室气体、大气污染物排放的解耦，能源基础设施是研究园区绿色低碳发展的关键着力点。

本研究定义园区能源基础设施应满足以下两个属性，一是布局在园区物理边界内部，二是为园区提供公共的能源服务，如直接供应能源（如热力）或间接供应能源（如电力）。

专题图 3-7 为园区能源基础设施功能示意图。发电或热电设施对园区的电力供应是间接的，产出的电力输送至电网，企业从电网购电；产出的热力直接供给园区企业。通常，一座能源基础设施包含若干个机组，每个机组由燃烧系统（以锅炉为核心）、汽水系统（由汽轮机、各类泵、给水加热器、凝汽器、管道、水冷壁等组成）、电气系统（以发电机、主变压器等为主）及控制系统等组成。

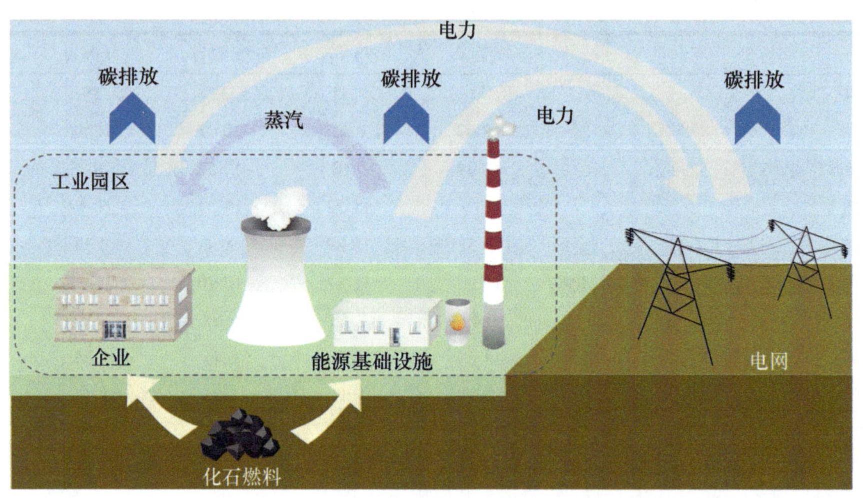

专题图 3-7　工业园区能源基础设施功能示意图

限于园区统计数据的可得性，本研究以清华大学环境学院清洁生产与工业生态研究中心多年积累的工业园区基础设施数据库为依托，以 2015 年为时间节点，分析园区行政边界内在役的热电联产、热力厂、发电厂、垃圾发电厂、生物质发电等能源基础设施的建设发展，包括各园区所有机组的投产时间、装机规模、燃料类型、能源输出类型及技术类型等参数。基于机组规模结构、服役时间、能源输入输出及技术类型多角度分析园区能源基础设施存量的结构演化，从燃料类型的多样化及低碳化、机组规模及技术类型变化、能源基础设施多功能化发展等角度识别园区能源基础设施存量的演化特征。分析能源基础设施建设与园区建设、园区主导产业发展之间的关系。

1. 长江经济带工业园区能源基础设施建设情况

长江经济带 1000 余家园区中，共 386 家园区在其物理边界内建设有集中式能源基础设施（热电厂、发电厂、供热厂等），共包括 1820 个在役机组，总装机容量 209GW，占 11 省（直辖市）同年发电装机总容量的 37%。从专题图 3-8 可见，长江经济带园区在役基础设施机组的容量结构呈现“大容量机组少，小容量机组多”的特点，具体表现为：300 MW 及以上的大容量机组占总容量的 79%和总数量的 19%，而 30MW 及以下的小容量机组占总容量的 7%和总数量的 65%。总体而言，大容量机组的能源效率高于小容量机组，因此将园区的小容量机组进行规模升级将带来显著的节能减排潜力。

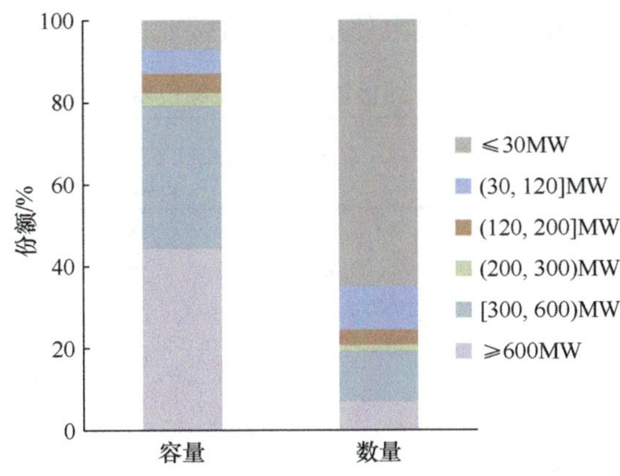

专题图 3-8　园区能源基础设施机组容量结构

从机组燃料结构来看（专题图 3-9），长江经济带园区在役基础设施机组总容量的 84.2%为燃煤机组，远高于当前全国燃煤机组容量占比例（61%），表明园区能源基础设施对煤的依赖度仍较高；其次是燃气机组，占总容量的 11.3%；园区的可再生能源机组虽然总装机容量较小，但类型丰富多样，包括生物质、太阳能、地热能等；此外还有一些园区有柴油、煤矸石、煤气、余热、生活垃圾、污泥等非常规能源驱动的机组，装机容量共计占 3.6%。总体来看，长江经济带工业园区集中式能源基础设施的燃料具有多

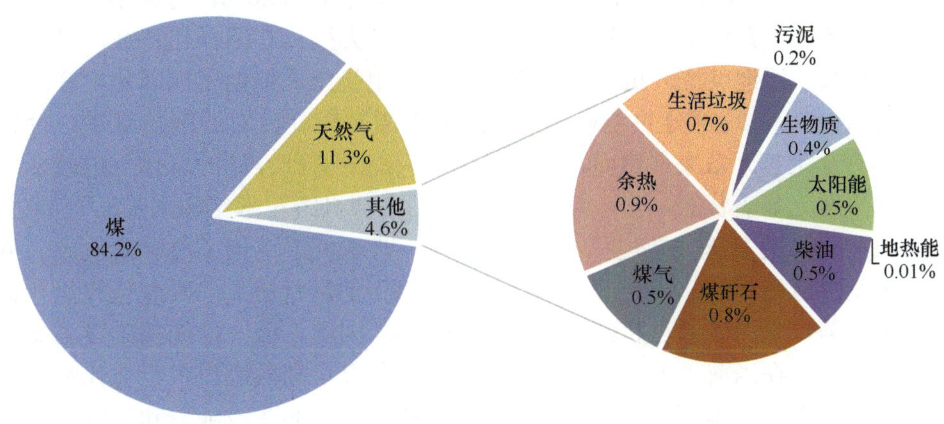

专题图 3-9　园区能源基础设施机组燃料结构

样化特征，但燃煤机组和天然气机组仍占绝对主导，共计占95.5%。因此，一方面要下大力气提高园区化石能源的使用效率，另一方面要大力发展非常规能源和可再生能源驱动的能源基础设施，因地制宜地替代现有燃煤设施存量，持续推进园区能源基础设施的绿色化和低碳化。

专题表3-4为长江经济带工业园区在役能源基础设施存量的技术结构。研究发现，纯凝机组，即纯发电机组的容量占比例最高，达到58.5%；抽凝热电机组数量最多，占总数量的42.6%和总容量的27.8%。从能源产出来看，热电联产是机组的主要输出形式，包括抽凝机组、背压机组以及部分煤气联合循环机组。2014年全国热电机组总容量为283GW，占火电机组总容量的30.8%，可见长江经济带园区中热电机组容量占比例高于全国平均水平。这与工业园区蒸汽热力使用集中直接相关。

专题表3-4　园区能源基础设施技术结构

技术类型	容量		数量	
	数值/MW	占比例/%	数值/台	占比例/%
纯凝（PC）	122 061	58.5	591	32.5
抽凝（EC）	57 993	27.8	775	42.6
背压（BP）	3 446	1.7	257	14.1
天然气联合循环（NGCC）	22 862	11.0	101	5.5
煤气联合循环（CGCC）	285	0.1	2	0.1
仅供热或可再生能源（无汽轮机）	1 958	0.9	94	5.2
总计	208 605	100	1 820	100

2. 园区能源基础设施绿色低碳转型的能源环境绩效研究

通过进一步量化分析长江经济带工业园区在役能源基础设施的能源效率和环境绩效，将设施绩效和全国平均水平及先进水平分别进行对标分析，以识别园区能源基础设施的发展水平和提升潜力。

从能源效率来看，根据清华大学环境学院清洁生产与工业生态研究中心的研究，全国1820个园区在役能源基础设施机组的平均供电效率为39.0%，与同年全国供电效率平均水平（38.5%）基本持平。考虑到园区虽然燃料类型具有多样化特征，且部分非常规燃料（如垃圾、污泥焚烧）机组效率低于常规火电机组，但由于园区热电联产机组的数量占主导（60%），这部分热电机组的供电效率通常较高，对园区能源基础设施的平均能源效率有一定拉升效果。然而，研究发现园区能源基础设施的总体供电效率相比于全国平均水平并无显著优势，进一步分析其原因：结合机组技术结构来看，严格按照“以热定电”原则设计的背压式热电机组仅占1.7%，背压机组避免了冷凝器造成的热力损失，蒸汽压差发电后其余热力全部外供；而抽凝机组的运行机制与纯发电机组相似，并无明显效率优势，且两者共占机组总容量的86.3%。因此，园区能源基础设施如要进一步提升能源效率，在当前“上大压小”措施（新建大容量高效燃煤机组替代小容量低效机组）受限的条件下，本研究提出优先将200MW及以下的在役纯凝和抽凝机组改造为背压式热电机组。

从环境影响来看，长江经济带工业园区能源基础设施 2014 年度温室气体排放、二氧化硫排放、氮氧化物排放分别为 8.6 亿 t、80 万 t 和 113 万 t，分别占长江经济带 11 省（直辖市）总排放的 26%、12%和 17%。园区能源基础设施的年淡水消耗 11 亿 m^3，占同年长江流域工业园区工业耗水量（工业取水量 708.2 亿 m^3，按耗水量与取水量比值为 0.1 估算得出工业耗水量为 70.8 亿 m^3）的 16%。结果显示，长江经济带工业园区能园基础设施对长江经济带的环境影响较为显著。

进一步分析其环境绩效，长江经济带工业园区能源基础设施平均每度电温室气体排放、二氧化硫排放、氮氧化物排放、淡水消耗分别为 832g/（kW•h）、0.64g/（kW•h）、1.00g/（kW•h）、1.16kg/（kW•h），而同年全国火电温室气体、二氧化硫和氮氧化物排放绩效和淡水消耗率分别为 850g/（kW•h）、1.47g/（kW•h）、1.47g/（kW•h）、1.6kg/（kW•h）。通过对比分析，园区能源基础设施总容量的 99.5%为火力发电，其环境绩效整体优于全国火电平均水平，这是由于园区设施燃料消费具有多样化特征。但进一步看，除煤、天然气之外的其他能源品种仅占 4.6%，表明非常规能源消费份额仍具有较大提升空间。

特别地，随着我国垃圾分类工作的推进和污水处理厂在园区中建设的普及，生活垃圾和污泥的焚烧资源化将成为今后的主流废物消纳和能源回收方式，尤其是园区人口稀疏，离居民区普遍较远，且工业企业的热力需求稳定，相对于城区而言布局垃圾焚烧设施进行废物能源化处理更具优势。此外，在资源禀赋条件具备的园区部署分布式光伏与风力发电，也将是重要的园区能源基础设施绿色低碳发展途径，产生的可再生能源电力就近消纳，避免长距离电力传输损耗和弃风限电现象。

总体来看，长江经济带工业园区能源基础设施在区域环境中具有较显著的影响，园区能源基础设施总体的能源效率与全国平均水平相当，环境绩效则明显优于全国水平。针对其存量设施的技术特征和发展水平，建议从设备升级提效和燃料低碳化两个方面入手推进园区在役能源基础设施的绿色低碳转型，具体而言：①推进在役 200MW 及以下抽凝/纯凝机组改造为背压式热电机组，进一步提升能源效率；②推进园区建设垃圾/污泥焚烧设施，为园区企业供应热力和电力，并因地制宜部署分布式光伏与风电设施满足园区企业的部分电力需求，进一步将这 2 类设施连接形成园区综合能源供应微网，为园区低效燃煤设施的改造或退役提供基础条件。

（四）长江经济带工业园区水环境基础设施及取用水分析

1. 长江经济带工业园区环境基础设施建设情况

根据《水污染防治行动计划》（以下简称《水十条》）要求，2017 年底前，工业集聚区应按规定建成污水集中处理设施，并安装自动在线监控装置，京津冀、长三角、珠三角等区域提前一年完成；逾期未完成的，一律暂停审批和核准其增加水污染物排放的建设项目，并依照有关规定撤销其园区资格。生态环境部、国家发展改革委于 2018 年 12 月联合发布《长江保护修复攻坚战行动计划》，要求规范工业园区环境管理，工业园区应按规定建设污水集中处理设施并做到稳定达标运行。

根据生态环境部公布的数据，截至 2018 年 9 月底，全国 2411 家涉及废水排放的工业园区污水集中处理设施建成率为 97%，自动在线监控装置安装完成率为 96%。长江经济带工业园区污水集中处理设施建设平均完成率为 96.8%，其中上海、江苏、浙江、重庆、四川的省级及以上园区全部完成污水集中处理设施建设，其他 6 省（直辖市）还有 58 家园区尚未完成《水十条》规定的污水集中处理设施建设任务。长江经济带工业园区在线监控装置建设平均完成率为 96%。

目前园区工业废水处理方式分为园区自建集中式污水处理厂和依托城镇污水厂处理两种方式，分别占总数的 40%和 60%。

在具体废水排放情况上，限于数据可得性，研究以长江经济带 108 家国家级经开区为例，研究了其 2016 年用排水及节水潜力。全国有 219 家国家级经开区，长江经济带布局了 49.3%的国家级经开区。长江经济带 108 家国家级经开区物理边界内共建有 209 座集中式污水处理厂，总设计规模 1060 万 t/d。绝大多数集中式污水处理厂同时处理园区内的工业废水和园区外的生活污水。长江经济带国家级经开区每年实际处理污水 29.7 亿 t，其中 21.1 亿 t 为生活污水，占 71%，8.6 亿 t 为工业废水，仅占 29%。

长江经济带不同区域的国家级经开区工业废水排放去向差异较大（专题图 3-10）。上游和中游地区工业废水排放量分别为 1.1 亿 t/a 和 1.0 亿 t/a，下游地区为 9.8 亿 t/a。通常，水污染物排放量与废水排放量呈正相关关系。园区的 COD 排放量基本满足这种相关关系，而氨氮的排放量则不完全与废水排放量成正比。下游地区园区总的工业废水排放量为 9.8 亿 t，其对应的氨氮排放量仅为 0.6 万 t，氨氮排放浓度的算术平均值仅为 6mg/L，已经接近污水处理厂排放标准对氨氮排放浓度的要求（一级 A 标：5mg/L，一级 B 标：8mg/L）。这间接说明下游地区的园区对氨氮的去除率较高，一个原因是下游部分地区较为严重的水环境污染倒逼园区及企业加强生产废水的处理及水污染去除技术的升级所致。

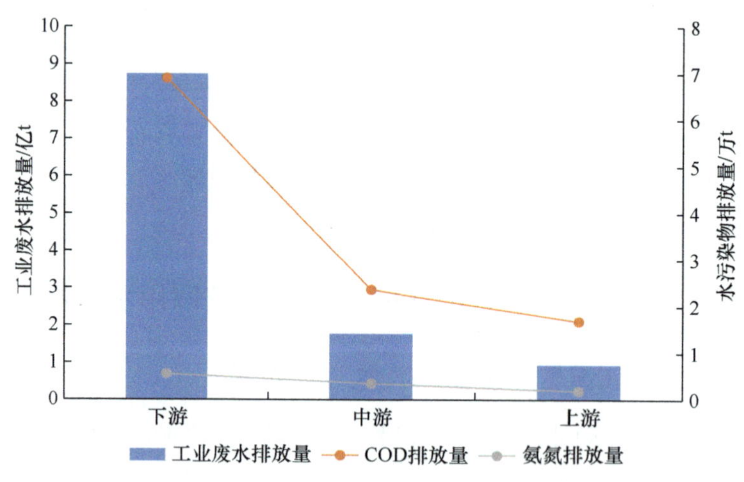

专题图 3-10 分区域园区工业废水及水污染物排放情况

2. 长江经济带工业园区取用水特征

长江经济带 108 家国家级经开区的总取水量为 57.5 亿 m^3，占当年全国总供水量（6040 亿 m^3）的 0.95%。相比于全国平均水平，园区的单位水资源产出效率较高。

按园区地理边界划分，取水量由园区用水量和外供水量两部分构成。其中，外供水量指园区内的取水设施向区外供水的量。园区总外供水量为 27.9 亿 m^3，占总取水量的 49%；总用水量为 29.6 亿 m^3，占当年全国工业用水总量（1307.8 亿 m^3）的 2.3%。共有 78 家园区的用水量大于外供水量。

园区取水水源类型丰富，但结构不均。如专题图 3-11 所示，园区取水来自 10 种水源。其中，“自来水”为区外水源通过市政给水管网向区内供水；其余水源为区内自备水源。与中国整体水源结构类似，地表淡水仍为最主要的用水来源。园区共取地表淡水 38.2 亿 m^3，约占取水总量的 68%。区外自来水供应为园区第二大水源，共供给 15.4 亿 m^3，占总取水量的 27%。“地下淡水”水源共向园区供给 0.88 亿 m^3 新鲜水，约占总取水量的 1%。

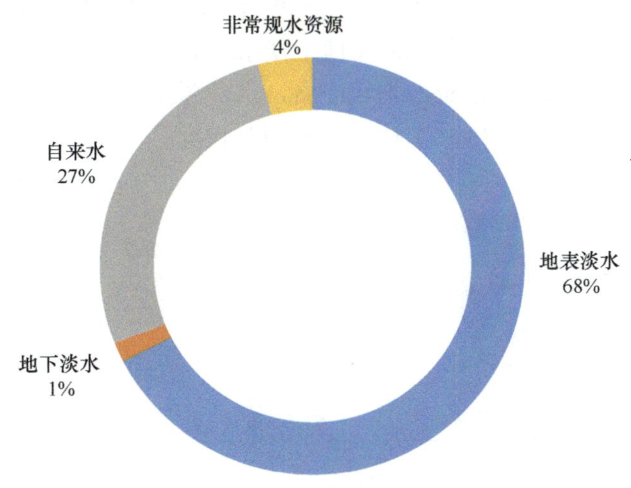

专题图 3-11　园区取水水源结构

1）上中下游园区取用水情况

108 家国家级经开区中，下游共有 75 家园区，分别为中游（15 家）和上游（18 家）地区园区总数的 5 倍和 4.2 倍；其中又以江苏、浙江两省分布最为密集，共 47 家园区。因此，下游地区园区的总取用水量也远高于中游和上游地区。下游地区的园区取水量总计 43.2 亿 m^3，分别为中游（8.3 亿 m^3）和上游（6.0 亿 m^3）地区园区的 5.2 倍和 7.2 倍（专题图 3-12）。从取用水结构上看，下游园区内总新鲜水用量（24.2 亿 m^3）高于总外

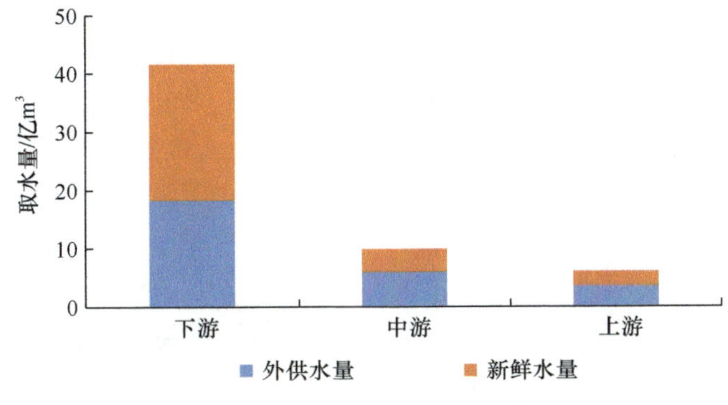

专题图 3-12　分区域园区取用水结构

供水量（19.0 亿 m^3）。与此相反，中游和上游地区园区内总新鲜水用量均高于其外供水量。主要原因有两个：一是下游地区工业企业向园区的聚集度更高，园区内工业需水量相较区外更大；二是中游及下游地区的园区大多依水而建，园区内有充沛的淡水资源，因此也承担着向区外供水的任务。

如专题图 3-13 所示，上游、中游、下游区域园区的水源结构差异较大。下游地区地表淡水供水比例相对较小（65%），区外自来水供水比例较大（29%）。而中游和上游地区园区取水量主要来源于地表淡水，供水比例分别占区域总取水量的 79.2%和 69%。值得注意的是，下游地区取地下淡水比例极少，共 0.43 亿 m^3，仅占下游园区总取水量的 1%；而中游和上游地区园区不仅取地表淡水比例高，取地下淡水比例也较下游地区高，占比例分别为 1.6%和 5.2%。这是由于下游地区，尤其是长三角地区，工业废水排放导致了区域的水质性缺水，部分地表及地下淡水资源遭受污染，水环境压力较大；而中游和下游地区地表和地下淡水资源均较丰富，水资源流动性强、水循环速度较快，加之工业远不如下游地区发达，因此水环境压力相对较低。

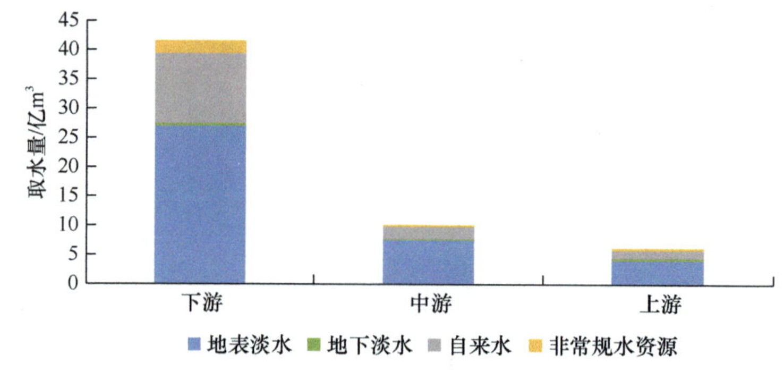

专题图 3-13　分区域园区取水水源结构

2）各省份国家级经开区取用水情况

长江经济带江苏、浙江、安徽、江西 4 个省份国家级经开区数量最多，分别为 26 家、21 家、12 家、10 家，共占长江经济带国家级经开区总数的 64%。各省份园区的取用水量与园区数量有一定关联，但不完全呈正相关关系。如专题图 3-14 所示，江苏和浙江取水量分别为 19.8 亿 m^3 和 17.8 亿 m^3，显著高于其他省份。而取水总量位于第三、

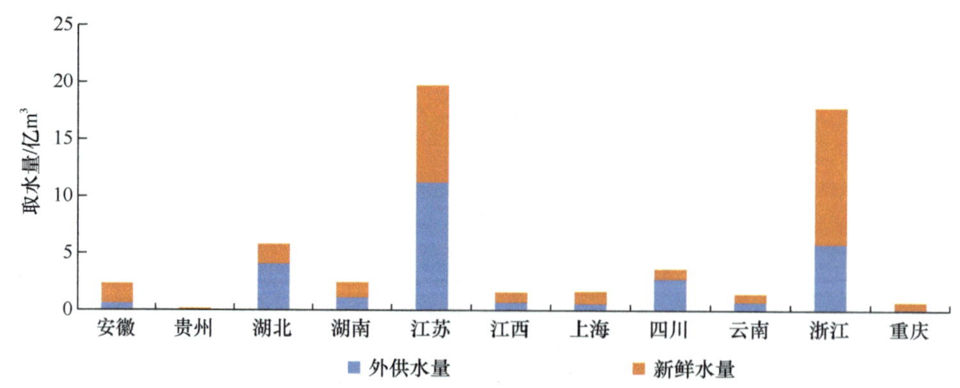

专题图 3-14　分省份园区取用水结构

第四位的省份分别是湖北（7 个园区，5.8 亿 m^3）和四川（8 个园区，3.7 亿 m^3），而不是园区数量位于第三、第四位的安徽和江西。从取水结构来看，除江苏、湖北、四川、云南 4 个省份外，其余省份园区内新鲜水用量均大于外供水量。总体来看，除江苏外，下游地区其他省份园区向外供水量均较少，这与该地区工业向园区高度集中有关。

不同省份国家级经开区的取水水源类型也呈现出明显的地域特征。如专题图 3-15 所示，尽管所有省份国家级经开区均以地表淡水和自来水为第一和第二取水水源，其比例却差异较大。江苏、浙江、上海的地表淡水取水量分别为 14.4 亿 m^3、10.7 亿 m^3、0.67 亿 m^3，分别占各自省份总取水量的 73.1%、60.3%、39.4%；而中游和上游省份国家级经开区的地表淡水取水量绝对值虽然较小，但占取水总量比例却较高。例如，湖北、云南、四川的国家级经开区地表淡水取水量分别为 4.8 亿 m^3、1.2 亿 m^3、2.7 亿 m^3，分别占各省份园区总取水量的 83.4%、77.7%、73.7%。

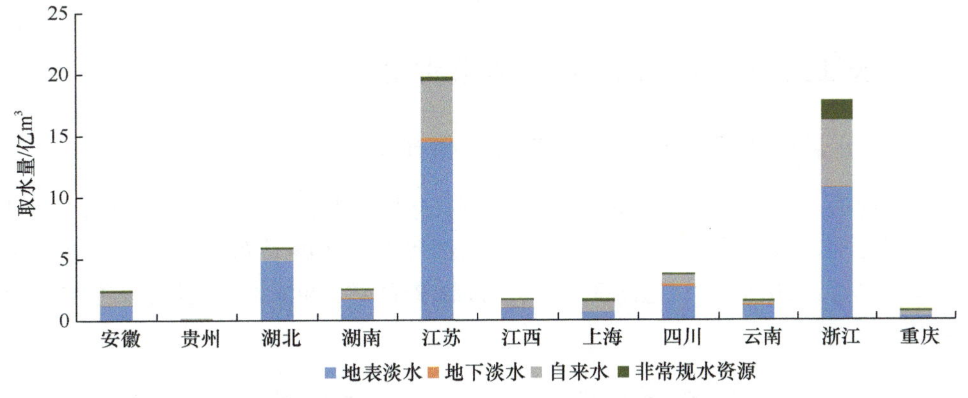

专题图 3-15　分省份园区取水水源结构

对于非常规水资源的利用，各省份也有其鲜明的特征。无论是非常规水资源取水总量还是占比例，长三角地区国家级经开区均较高。浙江、江苏、上海的国家级经开区非常规水资源取水总量分别为 1.6 亿 m^3、0.33 亿 m^3、0.19 亿 m^3，占各自园区取水总量的 8.9%、1.7%、11.1%。值得注意的是，浙江的国家级经开区非常规水资源取水量已经超过了江西、云南、重庆、贵州 4 省（直辖市）各自的园区取水总量。浙江省国家级经开区的非常规水资源主要来自于再生水、雨水，也有少部分来自于海水淡化水、陆地苦咸水等。上述现象从侧面反映出，下游尤其是长三角地区的淡水资源相对较为匮乏，因此国家级经开区在非常规水资源利用方面较为领先；而中游和上游地区的淡水资源较为丰富，推进国家级经开区非常规水资源利用，尚缺乏经济和环境的双重驱动力。

水资源利用方面，各省份也有各自鲜明的特征，这些特征与省份的地理位置和经济发展状况存在一定关联。如专题图 3-16 所示，浙江的国家级经开区平均新鲜水用量和消耗强度呈现“双高”特征，平均新鲜水用量和消耗强度分别为 0.57 亿 m^3 和 22.8m^3/万元；而贵州则呈现“双低”特征，平均新鲜水用量和消耗强度分别为 0.03 亿 m^3 和 1.7m^3/万元。虽然江苏和湖北的国家级经开区平均新鲜水用量绝对值较高，分别为 0.33 亿 m^3 和 0.25 亿 m^3，但其消耗强度相对较低，分别为 8.7m^3/万元和 8.3m^3/万元。总体来看，除浙江的国家级经开区平均新鲜水消耗强度（22.8m³/万元）较高外，其余园区新鲜水消耗强度均处于相对合理的水平。

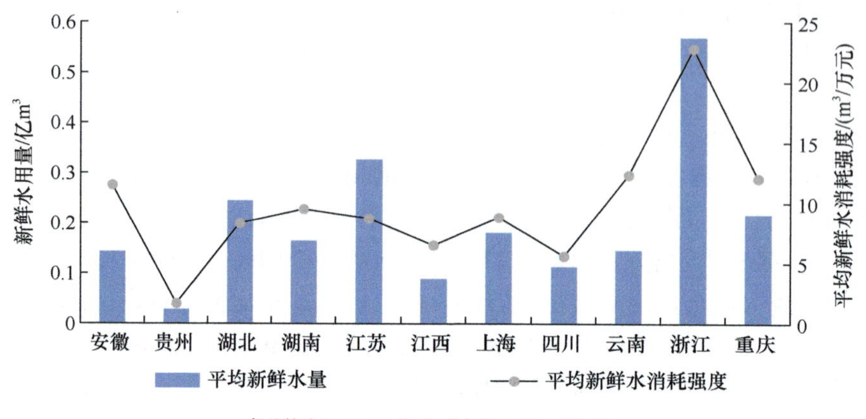

专题图 3-16　分省份园区用水特征

（五）长江经济带工业园区绿色发展评价

1. 园区开展国家级绿色发展示范试点创建情况

中央政府大力推进工业园区的绿色、低碳、循环、生态发展。生态环境部、科技部、商务部、工信部、国家发展改革委、国土资源部等部委相继发布各项政策，推动园区绿色发展（杜真等，2019）。专题图 3-17 为上述部委针对工业园区开展的绿色发展相关示范试点项目。

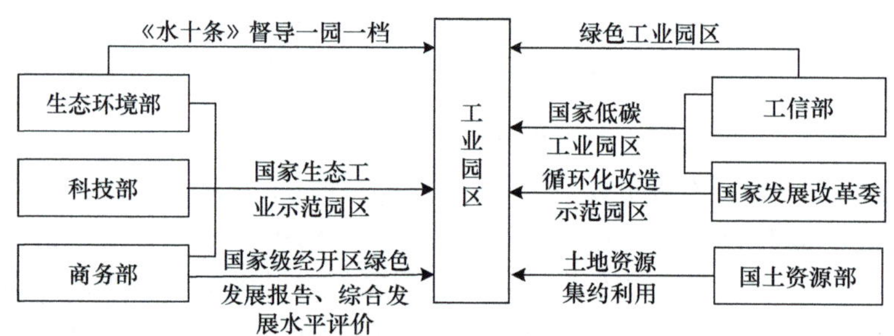

专题图 3-17　各部委推进工业园区绿色发展示范试点项目示意

长江经济带的工业园区中，较多园区积极开展了专题图 3-17 所示的绿色发展相关创建工作，并获得了国家相关部委的认证。其中，有 38 家园区已经被生态环境部、商务部和科技部三部委联合命名为国家生态工业示范园区，有 21 家园区被三部委批准创建国家生态工业示范园区。有 59 家园区被工信部评选为绿色工业园区，24 家园区被工信部和国家发展改革委两部委联合列为低碳工业园区试点单位。有 56 家园区获得国家发展改革委支持开展循环化改造示范试点工作。

专题图 3-18 是长江经济带各省份示范试点园区数量分布示意图，可以看出，下游 4 省（直辖市）获得各部委认证的绿色发展类园区，在总体数量上明显占据优势。以国家生态工业示范园区为例，下游地区已被命名和批准创建的国家生态工业示范园区共有 49

家，而上游和中游地区一共只有 10 家园区。

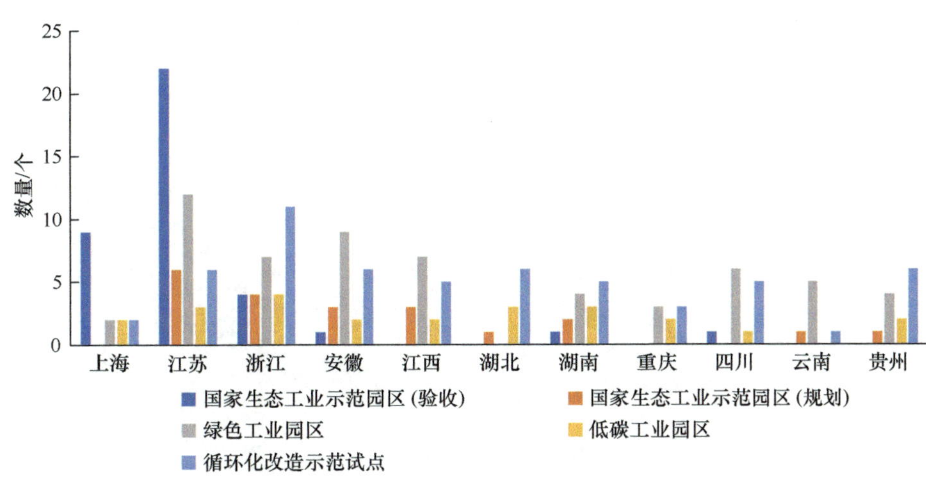

专题图 3-18　长江经济带各省份示范试点园区数量

在开展上述绿色发展相关的示范园区创建过程中，园区在企业清洁生产、园区基础设施建设、资源循环利用、污染物治理、产业结构优化等方面开展了大量针对性的工作，切实提升了园区的环境管理水平和绿色发展绩效，对长江经济带其他工业园区实现绿色化转型起到了积极的示范作用。

这些示范项目在推进过程中总体形成了“有标准可依、依标准建设、据标准考核、示范试点带动、建立长效机制”的发展路线图。由政府、市场和企业三个方面共同推进，从微观、产业集群、园区和社会四个层面建设实践。微观层面“以企业为主体”，通过理念革新和技术进步提高资源生产力和资源能源利用效率，减少废弃物产生量。产业集群层面引入龙头企业带动产业集群，构建“园中园”的发展模式，提升竞争力和环境管理能力。园区层面完善基础设施，积极发展热电冷多联供，实施清洁能源和可再生能源替代，以及再生水回用。宏观层面实现基础设施和服务在更大区域内的延伸共享，加强社会分工，鼓励公众参与，提高公众生态环保意识，实现经济、环境和社会和谐发展。

2. 基于典型指标的园区绿色发展绩效评价

国家级经开区是地区经济发展质量的排头兵，在一定程度上代表了地区绿色发展水平。本书从能源方面（能源产出率）、水资源方面（水资源产出率）、碳排放强度、污染物排放方面（COD 排放强度和二氧化硫排放强度）对长江经济带国家级经开区 2017 年绿色发展绩效以及 2015～2017 年绿色发展趋势进行分析。

1）能源产出率

长江经济带国家级经开区能源产出率指标分布见专题图 3-19。长江经济带国家级经开区能源产出率范围在 0.40 万～82 万元/t 标煤。能源产出率在 5 万元/t 标煤及以上的国家级经开区占 47%；能源产出率在 15 万元/t 标煤及以上的国家级经开区占 16%，其中上游 4 家，中游 7 家，下游 6 家。

2）水资源产出率

长江经济带国家级经开区水资源产出率指标分布见专题图 3-20。国家级经开区水资源产出率范围在 0.01 万～3.75 万元/ m^3，各经开区之间的水资源产出率差异较大。

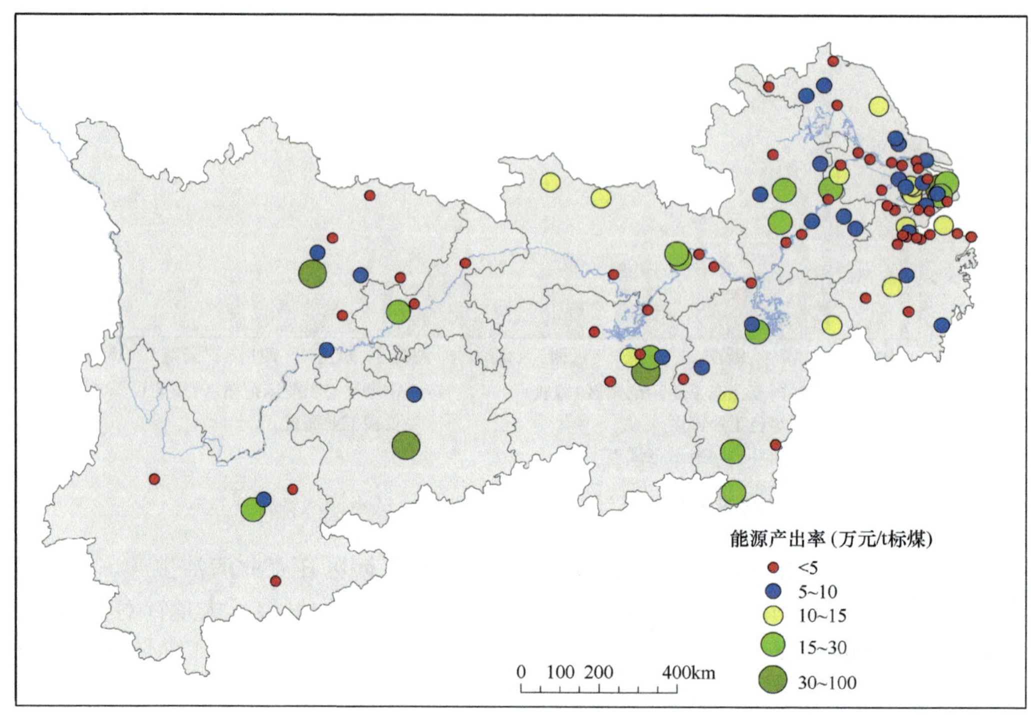

专题图 3-19 长江经济带国家级经开区能源产出率分布

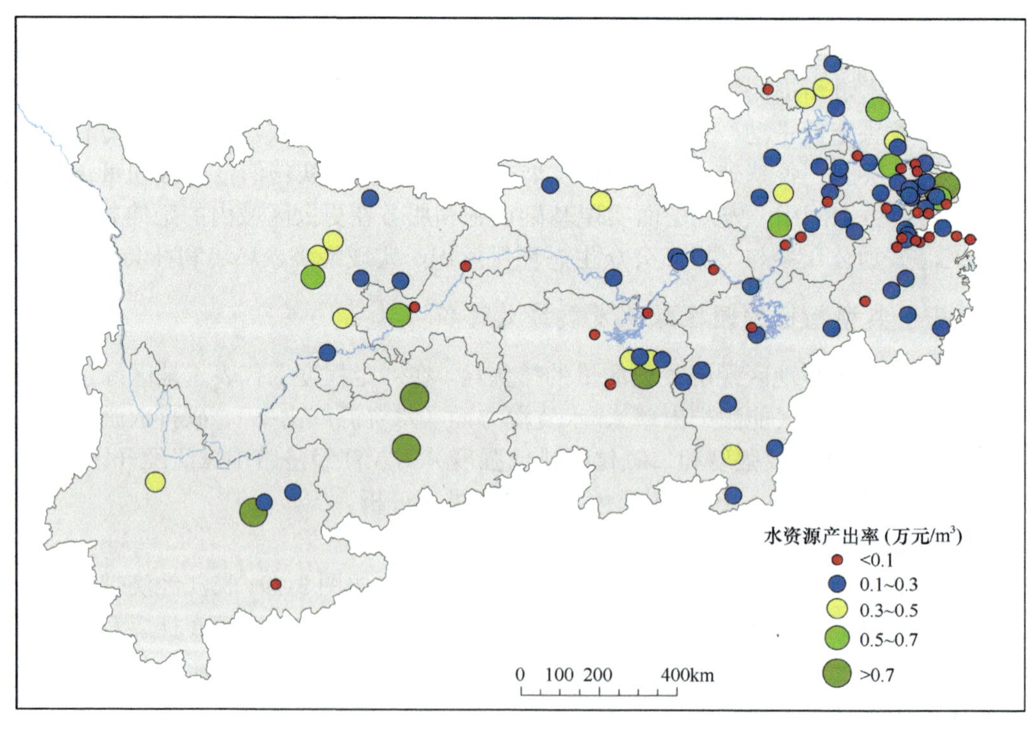

专题图 3-20 长江经济带国家级经开区水资源产出率分布

3）水污染物

水污染物排放以化学需氧量指标为代表进行分析，长江经济带国家级经开区单位GDP化学需氧量排放分布见专题图3-21。

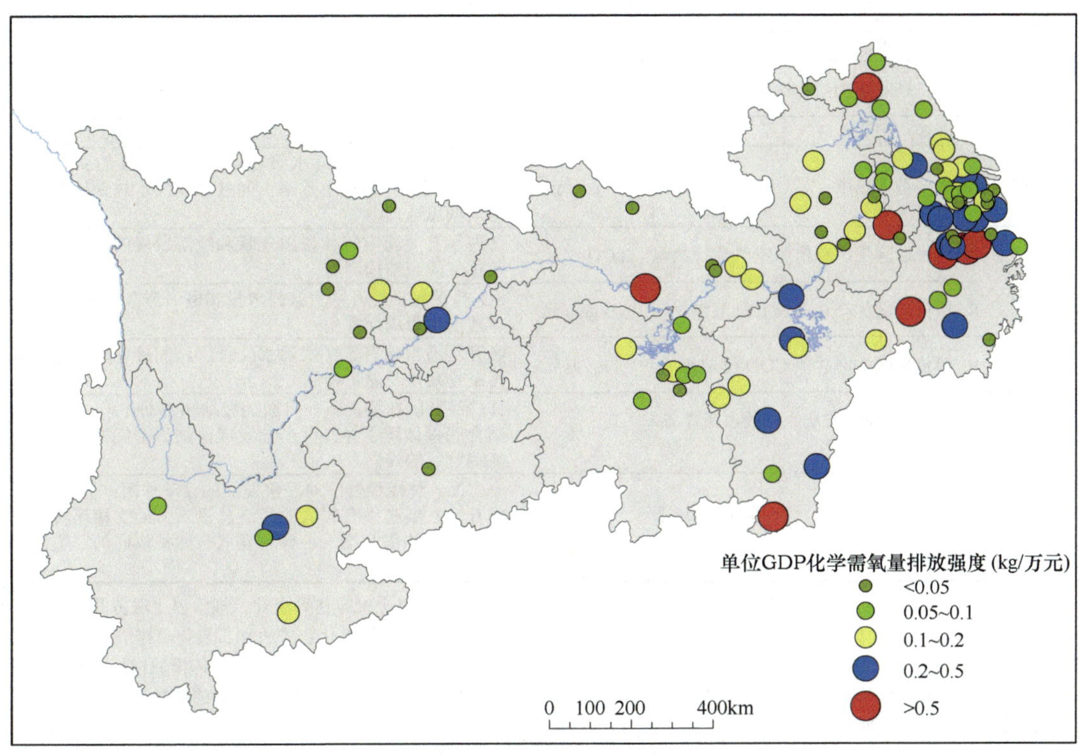

专题图3-21 长江经济带国家级经开区单位GDP化学需氧量排放强度分布

国家级经开区GDP化学需氧量排放量范围在0.01万～2.98kg/万元。单位GDP化学需氧量排放量低于0.1kg/万元的国家级经开区占51%；单位化学需氧量排放量高于0.2kg/万元的国家级经开区占25%。中下游园区污染排放集中。

与2015年相比，单位GDP化学需氧量排放量增加的国家级经开区占12%，主要集中在中下游地区；单位GDP化学需氧量排放量下降60%以上的国家级经开区占53%。多数园区在近五年污染物排放强度呈下降趋势，但减排压力仍存在，且园区间差异较大。

3. 长江经济带工业园区绿色发展指数评价

1）绿色发展指数评价方法

报告通过建立绿色发展指标体系，对长江经济带和其他国家级经开区进行横向和纵向比较。本研究报告提出国家级经开区绿色发展指标体系（田金平等，2018），由经济发展、资源能源、生态环境、区域带动4个准则层共11项基本指标构成（专题表3-5）。

绿色发展指数方法是在评价指标体系基础上，进一步将各项指标经无量纲化处理和加权得到单一指数表征的园区综合绩效的方法，便于进行园区间的量化比较。指数计算

专题表 3-5　国家级经开区绿色发展指标体系

一级指标	二级指标	单位	指标含义
经济发展	1. 人均 GDP	万元/人	体现经济发展的质量，间接体现产业的自动化、信息化水平和科技水平
	2. 单位土地面积地区生产总值产出	亿元/ km^2	体现土地集约程度和发展的质量
	3. 单位土地面积税收收入	亿元/ km^2	
	4. 第三产业增加值占比例	%	体现经济发展中二类、三类产业结构的演变，体现国家级经开区产城融合的发展趋势
资源能源	5. 能源产出率	万元/t 标煤	体现能源利用效率，间接体现控制能源消费总量的目的
	6. 水资源产出率	万元/ m^3	包括直接消耗的新鲜水量和电力消费间接的新鲜水用量；体现水资源利用效率，间接体现用水总量控制及生命周期思考理念
生态环境	7. 单位地区生产总值温室气体排放量	t CO_2e/万元	体现经开区温室气体排放现状和经济发展的碳足迹，间接体现能源结构调整
	8. 单位地区生产总值 SO_2 排放量	kg/万元	SO_2 排放包括经开区直接排放量和电力消费的间接排放，体现全生命周期视角
	9. 单位地区生产总值 COD 排放量	kg/万元	经开区通常建有集中式污水处理厂，间接体现经开区水污染物减排及总量控制
区域带动	10. 四上企业年末从业人数占所在省份常住人口的比例	%	体现经开区在解决就业方面的吸纳和带动作用，与指标 1 结合间接体现了经开区产业发展向知识密集型和价值链高端发展的导向
	11. 园区地区生产总值占全国 GDP 比例	%	一方面，体现经开区对经济发展的带动作用；另一方面，经开区发展必须有较大的经济总量，方能支撑环境改善和社会公共事业投入，体现发展与保护协同的环境保护理念

注：①“四上企业”是规模以上工业企业、资质等级建筑业企业、限额以上批零住餐企业、规模以上服务业企业这四类规模以上企业的统称。②指标体系中未选择氮氧化物和氨氮相关指标，是基于氮氧化物排放和二氧化硫排放，以及 COD 和氨氮排放之间有很强的相关性。③未选择非化石能源或清洁能源相关指标，是基于已选择温室气体排放指标，两类指标之间关联性强。④科技创新及管理相关的指标未纳入，是基于指标选择原则之 5——突出绿色发展的绩效，科技创新及管理提升是促进绿色发展的关键行动。

过程分为数据预处理、权重确定和综合指数计算。对指标 1～11 按此流程进行处理，得到综合指数。

（1）数据统计分析

首先对各指标的数据特征进行统计分析，为减少各项指标中极值对指数结果的拖动效应，根据统计分析结果对指标分别进行缩尾处理并二次赋值（专题表 3-6）。以人均 GDP 为例，将指标按从小到大排序，前 5%的园区的实际值重新赋值为 5%所在点的值；后 10%的经开区其实际值重新赋值为 10%所在点的值。缩尾前后指标分布变化见专题图 3-22（以人均 GDP 和单位土地面积 GDP 产出为代表）。

各指标数据处理采用极值法进行归一化处理。

$$\text{正指标：} Z_{ij} = (X_{ij} - X_{i\min})/(X_{i\max} - X_{i\min})$$

$$\text{逆指标：} Z_{ij} = (X_{i\max} - X_{ij})/(X_{i\max} - X_{i\min})$$

式中，i 为某项指标；j 为某个国家级开发区；X_{ij} 为该指标的实际值；$X_{i\min}$ 为 2015 年该指标的最小值；$X_{i\max}$ 为静态评价为 2015 年该指标的最小值；Z_{ij} 为 j 开发区的 i 项指标得分。

专题表 3-6　各指标缩尾程度

准则层	指标	缩尾范围
经济发展	1. 人均 GDP	[5%；90%]
	2. 单位土地面积地区生产总值产出	
	3. 单位土地面积税收收入	
	4. 第三产业增加值占比例	—
资源能源	5. 能源产出率	[5%；75%]
	6. 水资源产出率	
生态环境	7. 单位地区生产总值温室气体排放量	[25%；90%]
	8. 单位地区生产总值 SO_2 排放量	
	9. 单位地区生产总值 COD 排放量	
区域带动	10. 四上企业年末从业人数占所在省份常住人口的比例	[5%；95%]
	11. 园区地区生产总值占全国 GDP 比例	

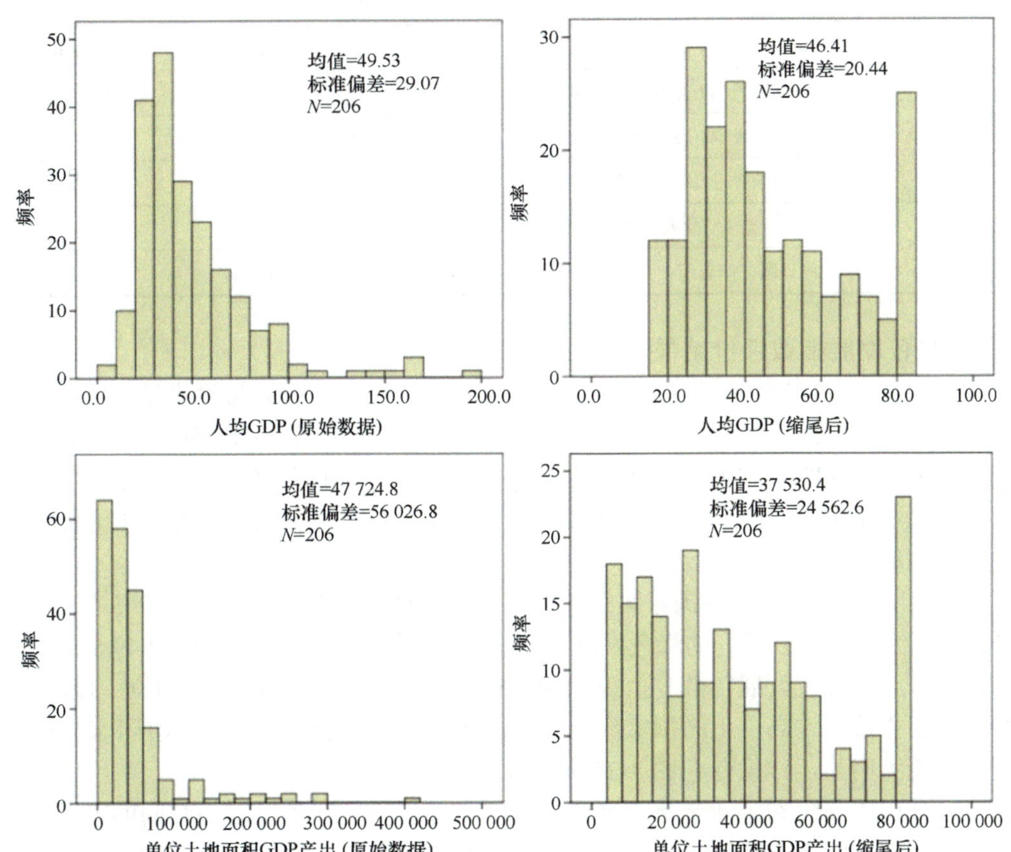

专题图 3-22　指标原始数据缩尾预处理前后统计分布特征

（2）确定权重（W）

采用专家评分法确定权重。

（3）各园区绿色发展指数计算（EPI_{i_0}）

$$\mathrm{EPI}_{i_0}=\sum_{j=1}^{p} w_j Z_{ij}$$

式中，w_j 为第 j 项指标的权重值。

国家级经开区绿色发展指标体系权重设置见专题表 3-7。

专题表 3-7　国家级经开区绿色发展指标体系权重设置

准则层		指标层			
指标	权重	指标	权重	指标缩写	单位
经济发展	40	1. 人均 GDP	10	GDP/Cap.	万元/人
		2. 单位土地面积地区生产总值产出	10	LandProd.	亿元/ km^2
		3. 单位土地面积税收收入	5	Tax/Land	亿元/ km^2
		4. 第三产业增加值占比例	15	TertiaryInd.	%
资源能源	20	5. 能源产出率	10	EnergyProd.	万元/t 标煤
		6. 水资源产出率	10	WaterProd.	万元/ m^3
生态环境	25	7. 单位地区生产总值温室气体排放量	5	GHG/GDP	t CO_2e/万元
		8. 单位地区生产总值 SO_2 排放量	10	SO_2/GDP	kg/万元
		9. 单位地区生产总值 COD 排放量	10	COD/GDP	kg/万元
区域带动	15	10. 四上企业年末从业人数占所在省份常住人口的比例	10	Labor%	%
		11. 园区地区生产总值占全国 GDP 比例	5	GDP%	%

2）绿色发展指数评价结果

长江经济带各国家级经开区与其他国家级经开区的评价结果与对比见专题图 3-23。长江经济带国家级经开区绿色发展指数为 6～86 分，其中在平均分（50 分）以上的国家级经开区上游占 13%，中游占 22%，下游占 65%，下游园区绿色发展指数得分较高。

长江经济带国家级经开区绿色发展指数分布并不均衡，主要表现在以下方面。

（1）地域差异

2015 年长江经济带上游国家级经开区的绿色发展指数分值为 15.7～75.5 分，平均为 47.7 分；中游国家级经开区的绿色发展指数分值为 5.27～85.7 分，平均为 49.8 分；下游国家级经开区的绿色发展指数分值为 18.0～81.6 分，平均为 53.4 分；中下游国家级经开区绿色发展指数平均高于上游国家级经开区，地域差异明显，尤其是下游国家级经开区发展差异更为明显，详见专题图 3-24 和专题图 3-25。

（2）开展国家生态工业示范园区建设与国家级经开区绿色发展指数间的关系

国家生态工业示范园区是生态环境部、商务部、科技部联合推进的面向全国工业园区推动产业转型升级，实现节能、低碳、绿色发展的重要抓手，是中国最早开展的面向工业园区的生态化发展实践活动。在已命名和列入创建名录的国家生态工业示范园区中国家级经开区占了大多数。专题图 3-26 列出了国家级经开区国家生态工业示范园区建设与绿色发展指数之间的关联。

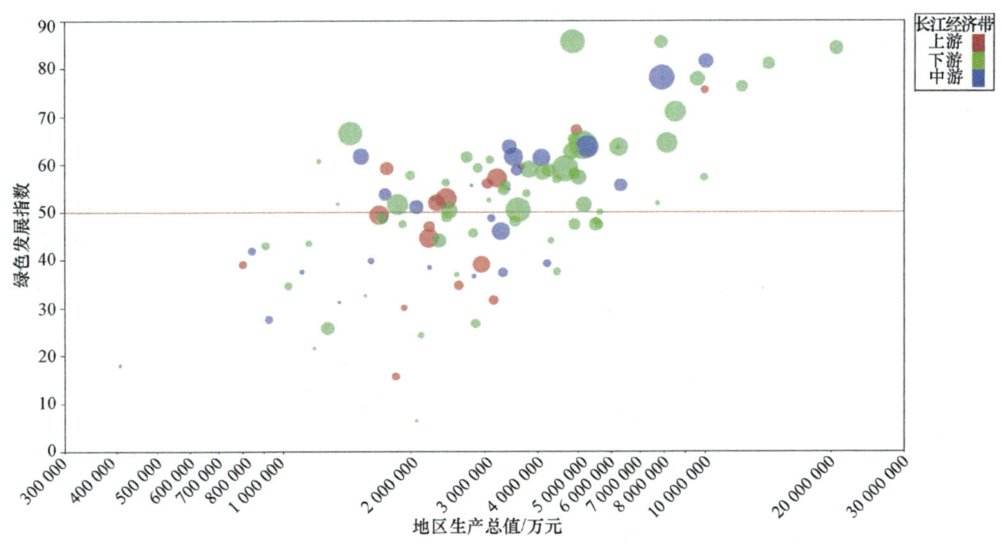

专题图 3-23 长江经济带国家级经开区绿色发展指数

图中三条线分别代表全国国家级经开区的最高水平、平均水平和最低水平；图中气泡大小依照水资源产出率，产出率越高气泡越大

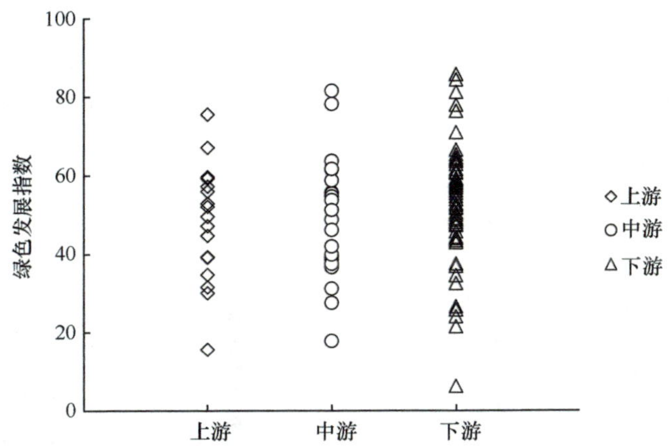

专题图 3-24 2015 年长江经济带上中下游国家级经开区绿色发展指数分布

总体而言，已命名为国家生态工业示范园区的国家级经开区，其绿色发展指数优于批准建设中的国家级经开区和尚未开展国家生态工业示范园区建设的经开区。在已命名为国家生态工业示范园区的国家级经开区中，绿色发展指数分值为 32.6～85.8 分，平均为 65.8 分；而批准建设中的 22 家国家级经开区其绿色发展指数为 50.5～81.6 分，平均为 60.7 分；尚未开展国家生态工业示范园区建设其绿色发展指数为 6.37～65.4 分，平均为 46.4 分。这说明了国家生态工业示范园区建设对促进国家级经开区绿色低碳循环发展的积极作用。

4. 长江经济带工业园区绿色发展案例

1）上游地区——贵阳国家高新技术产业开发区

（1）园区概况。贵阳国家高新技术产业开发区（以下简称贵阳高新区）于 1992 年

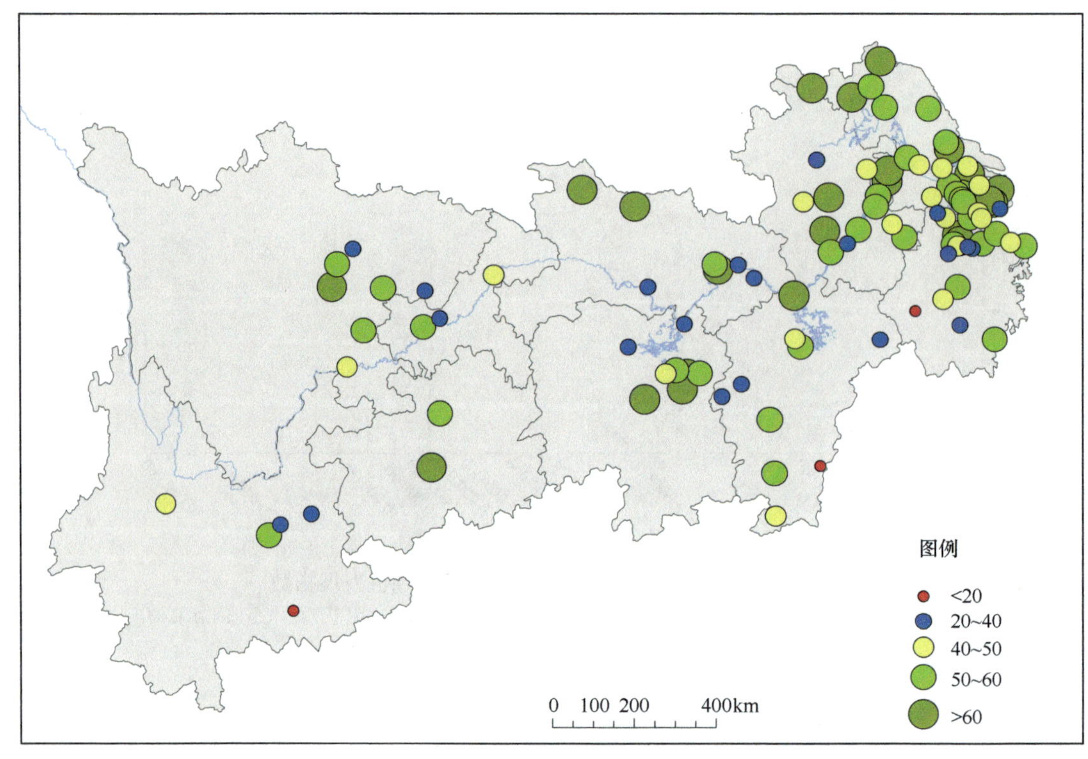

专题图 3-25 2015 年长江经济带国家级经开区绿色发展指数分布

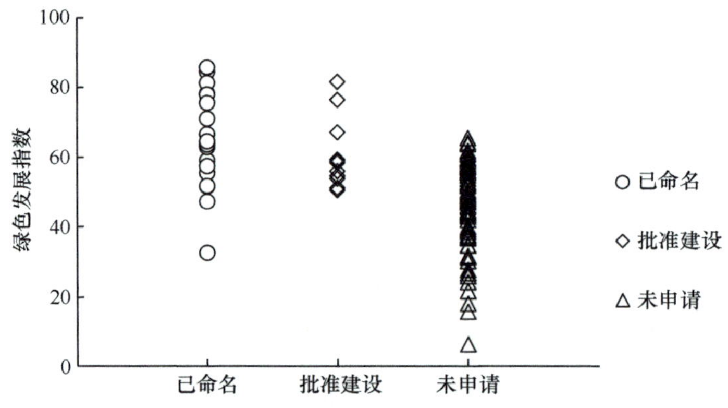

专题图 3-26 2015 年按生态工业示范园区建设状态分类的绿色发展指数分布

经国务院批准设立，是贵州省首家国家级高新区和唯一的人才特区。贵阳高新区总规划面积 31.02km^2，是一区三园的格局，包括新天高新技术工业园 1.31km^2，金阳科技产业园 2.34km^2 和沙文生态科技产业园 27.37km^2（其中，新天高新技术工业园已托管至贵阳市乌当区全权管理）。贵阳高新区致力于打造贵阳产业新高地、大数据引领产业转型先行区。重点发展了大数据、大健康、高端装备制造、高端服务业，生物医药、大数据医疗等大健康产业，以及新材料新能源、高端装备制造、电子信息等现代制造业，软件研发、数字内容、信息技术服务等现代服务业。

（2）绿色发展概况。经过 20 多年的积淀和发展，贵阳高新区已经获得了“国家新型工业化产业示范基地”“国家电子元器件高新技术产业化基地”“国家科技兴贸创新基地”“中国产学研合作创新示范基地”“国家级文化和科技融合示范基地”“国家创新人才培养示范基地”“全国创业孵化示范基地”“全国优秀科技企业孵化器”“国家级政务服务标准化试点”“全国电子基础元器件产业知名品牌创建示范区”“全省首个国家知识产权试点园区”等国家级牌子，并建成了“国家片式元件产业园”“国家科技企业孵化器”等特色专业园区和孵化器。

2014 年，贵阳高新区获批成为“第一批国家级低碳工业园区试点”，以此为契机，贵阳高新区主要通过打造大数据产业技术创新实验区的核心区，促进产业和技术升级换代，借助“大数据+工匠精神”，构建起大数据产业新体系，从而带动园区经济向低排放、低耗能、低污染、低材料消耗的方向转型。在 2017 年公布的国家级高新区排名中，贵阳高新区排名 42 位，比 2010 年的 62 位上升了 20 位，成为全国位次上升最快的国家级高新区之一。

除了产业绿色化发展之外，在能源利用、资源利用、基础设施、生态环境、运行管理、科技创新等多个维度同时发力，于 2018 年被国家工信部列为绿色园区。目前，贵阳高新区正准备规划创建国家生态工业示范园区。

（3）绿色发展特色工作。

a. 大力培育高附加值产业，推进产业低碳化发展

贵阳高新区积极把握发展机遇，把大数据作为园区产业绿色低碳转型的重要抓手，全力打造大数据发展 2.0 版，聚焦大数据生态、区块链应用、人工智能三大领域，大力发展大数据实体经济，全力推进贵阳大数据走廊建设。重点建设了贵阳大数据创客公园、贵州科学城、贵州大数据城，培育出朗玛信息、世纪恒通、东方世纪等骨干企业。

同时，借助“大数据+工匠精神”，按照“1+N”的产业发展路径（其中“1”即指数据中心），构建起大数据产业新体系，重点发展大数据、大健康、高端装备制造、高端服务业，生物医药、大数据医疗等大健康产业，新材料新能源、高端装备制造、电子信息等现代制造业，软件研发、数字内容、信息技术服务等现代服务业。建设了贵阳国际电子商务产业园、国安社区贵州大扶贫服务云、云上贵州产业园、乾鸣国际信息产业园、朗玛公司大健康产业园、神奇大健康大数据融合示范基地等项目。园区 503 家大数据及关联产业企业中数据采集分析挖掘和可视化企业 19 家，数据采集传输存储分析企业 11 家，数据应用服务企业 64 家，其余关联企业 400 余家。

同时，以国家工信部国家绿色数据中心为核心，通过打造“贵阳云计算中心产业园项目”，引领云计算中心、呼叫中心及相关产业低碳化的建设；中电高新、高新翼云、翔明科技、力创科技这四家数据中心均成功申报成为国家绿色数据中心试点单位。其中，高新翼云绿色数据中心拥有 1200 台服务器机架的大型云计算机中心。云计算资源利用率可以达到 80%左右，比传统的 IDC（互联网数据中心）高 5～7 倍。同时，可实现低能耗，低 PUE（能源利用效率）（PUE≤1.4），碳排放小于 53 000t/a，年用水量控制在 12.4 万 m^3。贵阳中电高新云计算中心通过采用建筑热工节能设计、采暖通风和空调节能设计、室内环境节能设计，采用 LED 灯和 T5 高效荧光灯，选用节水设备，选用节能型服务器、节能型机房空调、节能型 UPS 等实现了数据中心 PUE 值年降低 5%以上，

数据中心碳排放量下降 8%以上。

b. 引领大数据技术创新，构筑自主创新高地

贵阳高新区位于我国西部地区，产业基础较为薄弱，与国内一流高新区相比，经济实力差距明显。同时，以“互联网+”为代表的新技术革命又使其有机会重新与发达地区站在同一起跑线上。贵阳高新区强调科技体制改革，全面推动建立以企业为主体的技术创新体系，极大释放科技人员的创新活力，提高企业的创新动力和创新实力。这成为贵阳高新区摆脱在传统产业领域起步晚、积累少的后发劣势，享有成为创新领导者、赶超者的后发优势的关键。

贵阳高新区把深化改革与创新驱动发展相结合，大力推进以科技创新为核心的全面创新。全国首个大数据领域国家工程实验室落户高新区，培育了一批高新技术企业和高成长企业，已建成贵州科学城。截至目前，全区累计聚集研发机构 143 家、创新服务机构 200 家，获批“国家知识产权试点园区”。 通过“项目+资本+人才”“职位+年薪+股份”等创新模式，成功引进包括共聚焦高分辨率显微镜研发团队、LED 蓝宝石材料研发团队为代表的一批研发创新团队，园区共有各类人才 5.5 万余人，其中院士 16 人，“千人计划”专家 10 名，高层次人才 2272 名。

在创业孵化方面，建成各类众创空间、孵化器和加速器 47 个，其中：国家级孵化器 4 个，国家级众创空间 4 个，孵化场地 181 余万平方米，在孵企业 760 家。国际华人科技工商协会贵阳国际创新中心、中国·贵阳海外留学生创业园挂牌运营，启林创客小镇、联合智造、数创易、梦空间、新三线咖啡等 20 个实体众创空间投入运营，12.5 万 m^2 的“中国西部众创园”获批“国家级创客空间”，吸引了全国 600 余个创客团队入驻，带动就业 5000 余人。

2）上游地区——成都经济技术开发区

（1）园区概况

成都经济技术开发区（以下简称成都经开区）位于成都平原东缘、龙泉山西侧，面积 557km^2。成都经开区于 1990 年创办，2000 年 2 月获批为国家级经济技术开发区。2010 年 10 月被国家工信部批准为国家汽车产业新型工业化示范基地创建单位，是四川省和成都市确定的以汽车及关键零部件为主导的先进制造业基地，四川省重点培育的“特色成长型千亿产业园区”，天府新区龙泉高端制造产业功能区。成都经开区也是国家级天府新区高端制造产业功能区，是中德合作智能网联汽车示范基地和全国新能源汽车（动力总成及零配件）产业知名创建示范区，大力发展以汽车整车、零部件和工程机械为重点的现代汽车产业。

2017 年，成都经开区全区规模以上工业总产值突破 2000 亿元大关，达 2196.7 亿元，整车产能突破 200 万辆，产量达 128 万辆。全区聚集了一汽大众（新捷达、新速腾）、一汽丰田（普拉多、考斯特）、东风神龙、吉利（标致 4008、全球鹰运动型多用途汽车）、沃尔沃（S60L、XC60、插电式混合动力）等 11 个整车（机）企业，一汽大众发动机、富维江森等 300 余个关键零部件项目，博世力士乐、哈工大机器人、星网宇达等高端装备企业，共落户世界 500 强企业 67 家、上市公司 57 家。

2019 年，成都经开区和成都龙泉驿区实施“政区合一”体制机制优化调整和改革，围绕建设“先进汽车智造区、美好生活品质城”的目标，力求实现“人城产”协调发展，

提升区域综合实力。

（2）绿色发展概况

成都经开区于 2011 年开展了申报国家生态工业示范园区创建工作。2014 年，经环保部、商务部、科技部三部委联合发文正式同意成都经开区开展国家生态工业示范园区建设。

2014 年，依据中法两国元首见证签署的《关于生态园区经贸合作的谅解备忘录》，在成都经开区北拓区内规划建设了“成都中法生态园”。以神龙项目为核心，初步规划面积 22.32km^2，辐射成都经开区北拓区 77km^2。以西陵大道为轴，打造“园区生活商业综合发展轴”。围绕西江河、车城大道、东干渠自然水渠，构建生态廊道和自然水系有机结合的生态社区，包括具有法国及欧盟产业特点的高端制造、创新研发，以及具有法式特色、法国元素的城市中心、生活服务配套、国际文化交流等多板块城市集约化发展模块。

2018 年，广州召开的第三届国家级经济技术开发区绿色发展论坛暨绿色金融论坛上，成都经开区成为获得 2017 年度绿色发展最佳实践园区奖的十个园区之一。

21 世纪经济研究院发布的《2019 年全国经开区营商环境指数报告》以商务部发布的国家级经开区综合排名前 30 名为基础，针对营商环境的发展水平进行了测算分析。根据报告，成都经开区的营商环境指数在 30 个经开区中位列第 6 名，在软环境指数一项位列全国第 3 名，经济总量位列西部地区第 1 名。2019 年，成都经开区被国家工信部列为绿色园区。

（3）绿色发展特色工作

a. 建设世界级汽车产业城，生态产业链网不断完善

成都经开区不断扩大汽车整车制造规模，整车品牌体系不断健全，同时，坚持整零互动，依托神龙汽配园、兵装工业园，促进汽配企业加快融入整车产业链，形成了以汽车产业研发为依托，以零部件生产、整车制造为核心，以汽车贸易和服务支撑完善的产业集群，为不同企业之间资源能源及废弃物的综合利用提供了更多可能性，实现了九鼎科技与拓鑫玄武岩的含铬废水利用余热处理项目，川雅木业利用拓鑫玄武岩的余热产生高温蒸汽烘干木材项目，金固车轮、神户钣金与云内动力的废钢材产业共生利用项目，贝洱汽车热系统、成都炭素、成都富晟－四维尔汽车配件、神钢建机的木质托盘共生项目等。

成都经开区根据国际汽车城全产业链搭建的思路，围绕一汽大众、一汽丰田、吉利、沃尔沃等主要整车企业和博世、德尔福、麦格纳等进入全球供货体系的独立零部件配套企业，大力发展汽车核心零部件配套体系，已经初步形成了围绕五大总成的配套体系。一汽大众年产 60 万台 EA211 发动机项目、吉利动力总成系统、德国博世底盘系统等重大主机项目和美国江森、加拿大麦格纳、法国彼欧、日本住友、德国汉高等 200 余个关键零部件项目聚集发展，变速器、底盘控制系统等总成和关键零部件本地配套率达 30%，主导产业链条不断完善。

在汽车整车及零部件制造之外，促进汽车服务业蓬勃发展。以成都国际汽车博览城为龙头，中国兵装万友汽车博览中心、吉利汽车超市城市综合体、九峰国际汽车博览城等一批汽车贸易博览重大项目为代表，促进汽车贸易千亿产业集群加速形成。全球汽车

论坛、全国超级卡车越野赛、成都汽车精英赛、汽车文化节等一批汽车文化娱乐项目提升了成都国际汽车城的知名度、美誉度。基本实现了经开区骨干路网与高速路网、泸州港、重庆港等港口、货站的有效对接；嘉里物流、中国外运建成投运，成都公路口岸项目竣工，海关国检进驻龙泉物流中心开办业务，康华国际、意大利维龙项目、保税物流中心（B 型）项目的建设促进了汽车物流业的快速发展。

此外，汽车产业高端要素加快聚集。成都经开区连续多年荣获国家科技进步考核先进区称号，成功申报四川省知识产权示范园区、成都市创新驱动发展试点区。美国哈曼国际、德国汽车智创中心、成都瑞华特电动汽车检测中心以及宁波卡培亿电控研发中心、孔辉科技、汽车研究院等一批研发检测项目落户经开区，汽车产业自主创新能力得到提升。

b. 完善基础设施建设，打造国际化生活品质城

近年来，成都经开区累计完成基础设施投资 362.5 亿元，建成骨干路网 173km，城市“四路”被建设部评为示范样板；建成 110～500kV 各型变电站 13 座，区域供电能力达 440 万千伏安；天然气配站 5 座，日输配气能力 310 万 m^3；民生物流、一汽物流等项目建成投运，大型商场、宾馆、教育、卫生、文化、体育等一大批城市生活配套设施日益完善，以天鹅湖片区、皇冠湖片区、东山国际片区为重点的 45km^2 生活配套服务区加速形成，产城互动发展的承载能力不断增强。

自 2017 年以来，成都市新一轮城市总体规划推动成都跨越龙泉山脉向东发展，由“两山夹一城”的锦江时代转向“一山连两翼”的龙泉山时代，成都经开区实现了“从单一到协同、从节点到中心、从靠山到拥山、从立城到优城”的华丽转身，抢抓成都“东进”、国际赛事“两大机遇”，开展城市形态整体转型“三年攻坚行动”。在成都城市新中心东安新城投资合作深圳推介会上，引进重大项目 18 个，总投资 732 亿元。积极推动东安湖体育中心“一场三馆”加快建设，东安湖公园、万象城购物中心、威马汽车全球总部及西部运营中心等重大项目都在建设中，产城融合不断发展。

此外，位于成都经开区北拓区的“成都中法生态园”在规划初期就尝试了“以‘城’的概念来规划中法成都生态园”，构建具有法式特色和法国元素的城市中心、生活服务配套、国际文化交流等多板块城市集约化发展模块。目前，在神龙项目和洛带镇之间，以目前已有的洛水湿地公园为基础，打造了中法国际自然生态公园及两个小型配套城市花园。这个湿地景观也是“海绵城市建设和水生态处理”的试点示范，遇到降雨时，能够就地或就近吸收、存蓄、渗透、净化雨水，并补充地下水、调节水循环。而在干旱缺水时，蓄存的水就释放出来加以利用，从而让水在带状公园中的迁移活动更加“自然”。

在成都中法生态园的西端，临近成都市区，将大力汇聚创新研发、生活服务和商业配套产业，打造充满国际高端气息的“现代极”；在成都中法生态园的东端，在洛带古镇现有中国传统客家建筑群落基础上，积极融入法式文化元素，打造既饱含历史厚重又展现中法风情的“历史极”。依托自然生态公园，将建设两条生态观光通道，以自然生态连接园区“现代极”和“历史极”，构建适宜生态出行、绿色观光的“慢速走廊”。

3）中游地区——长沙经济技术开发区

（1）园区概况

长沙经济技术开发区（以下简称长沙经开区）成立于 1992 年，2000 年升级为国家级经济技术开发区，是湖南首家国家级经济技术开发区。近年来，长沙经开区紧紧围绕

“率先打造国家智能制造示范区、率先建设5000亿国家级园区”发展目标，坚持区县一体、融合发展，以智能制造为抓手，以项目建设为支撑，大力实施智能制造与现代服务业“双轮驱动”、智慧园区与人才高地“双臂支撑”，经济发展呈现稳中有进、进中向好态势，已成为湖南综合实力最强、产业聚集度最好、开放度最高的开发区，成为中部地区工业发展的核心增长极和重要驱动力。

经过27年的发展沉淀，长沙经开区逐步形成了工程机械、汽车及零部件、电子信息（含集成电路）、军民融合的“两主一特一融合”产业格局。其中，以三一集团、铁建重工、中联工起、山河智能为代表的工程机械产业在坚持做强做优主业的基础上，加快转型创新，实施跨界经营，品牌知名度与市场覆盖率触及全球，正加速打造世界级工程机械产业集群，2018年成功晋级千亿产业集群。三一重工、铁建重工、山河智能跻身全球工程机械制造商50强。以上汽大众、广汽菲克、广汽三菱、长丰集团、众泰汽车、北汽福田、博世汽车、索恩格汽车、住友橡胶为代表的汽车制造及零部件产业发展迅猛，集聚了六大整车知名汽车品牌，是园区首个千亿产业集群。2018年，整车产能超过100万辆，产量达59万辆，广汽三菱祺智EV、长丰猎豹CS9 EV300、众泰汽车云100PLUS等系列新能源车型相继上市，汽车全产业链加快形成。以蓝思科技、国科微电子、维胜科技、纽曼数码为龙头的电子信息（含集成电路）产业发展平稳，产业链条向下游制造、封装、测试等不断延伸。截至2018年底，长沙经开区拥有规模以上工业企业191家，年产值100亿元以上企业5家、10亿元以上企业21家、亿元以上企业94家。在商务部2018年国家级经济技术开发区综合发展水平考核评价中综合排名第20位。

（2）绿色发展概况

早在十七大会议之后，武汉城市圈和环长株潭城市群就被国家确定为“两型”社会（资源节约型和环境友好型社会）试验区并被赋予先行先试的政策创新特权。长沙经开区就以长株潭“两型”社会建设为契机，依托产业、区位和市场等比较优势，以循环经济和生态工业理论为指导，以实现区域资源高效利用、最大限度地减少环境污染、改善区域环境质量、提高经济增长质量为目标，力争建设成为经济高效型、资源节约型、环境友好型的湖南省“两型”社会示范园区。在建设过程中，长沙经开区先后获得了“国家新型工业化（装备制造）产业示范基地”、“国家知识产权示范园区”、“中国最具投资潜力十强开发区”、“湖南省优化经济发展环境示范区”和“湖南省发展开放型经济先进单位”等荣誉。

长沙经开区早在2008年就启动了国家生态工业示范园区的规划建设工作，是湖南省最早开展生态工业园区建设的开发区，2011年长沙经开区国家生态工业示范园区的创建获得三部委正式发文批准。2016年长沙经开区正式被三部委命名为国家生态工业示范园区，是湖南省唯一一家被命名为国家生态工业示范园区的开发区。

（3）绿色发展特色工作

a. 加强政策保障，引领绿色发展

长沙经开区产业生态环境的持续优化，离不开经开区管委会相关政策的扶持。重奖节能减排先进企业，是经开区多年来推行和倡导的一项政策举措。自2012年国家生态工业示范园区批准创建初期，长沙经开区先后出台了《长沙经济技术开发区关于推进国家生态工业示范园区建设的若干意见》、《创建生态园五年行动计划（2011—2015年）》、《专利驱动创新发展鼓励办法》和《促进集成电路产业发展试行办法》等一系列文件。

此外，长沙经开区出台了《生态园专项资金管理办法（试行）》，建立长沙经开区推进生态园建设专项资金。专项资金由区财政预算每年安排 1000 万元创建专项资金以支持园区企事业单位开展污染源治理、生态化改造和循环经济项目的实施。重点向自觉开展生态化改造的现有企业，已获省市命名的“两型企业”和采用最新生态改造技术或进行生态改造研发取得突出成效的企业倾斜。优先安排有行业示范作用企业的资金；优先支持企业加大生态改造及生态技术创新投入，增强自主创新能力；优先安排环保产业企业环保技术改造及产品升级。

在长沙经开区管委会出台的各项政策的引导下，园区企业突出绿色主题、生产绿色产品、采用绿色设计、打造绿色工厂、建设绿色园区。远大科技集团有限公司的非电空调、空气净化器等绿色节能环保产品名扬国内外，广汽三菱汽车有限公司轻型越野车、凯德防水涂料等均通过了中国环境标志产品认证，上汽大众汽车有限公司长沙分公司获得了国家绿色建筑设计标识（GBDL）三星认证，远大科技集团有限公司的绿色建筑标志着粗放建筑业迈向高端制造业。在生产过程中，企业也更加注重技术改造。广汽菲亚特涂装车间秉承“绿色工厂”建设理念，使用无铅电泳漆，减少涂装废水中的有害物质及重金属的排放，涂装过程中产生的有机废气则由焚烧炉净化处理，转化为二氧化碳和水。山河智能装备股份有限公司利用屋顶光伏发电、采用 LED 照明设备、改进产品生产工艺、降低成本等手段降低能耗 25%。绿色制造全面推进，在工业绿色转型发展方面取得了明显成效。

b. 强化节能减排，大力发展低碳经济

根据主导产业的特性，长沙经开区把节能工作作为企业“实施节能减排，发展低碳经济”工作的重点，并实施了一系列有针对性的措施。第一项工作是开展了固定资产投资项目节能备案与审查工作。对所有能耗预计达到 200 万 kW • h、综合能耗达 2000t 标煤的入区项目，在立项之前要求其通过节能评估和审查。第二项工作是能源审计工作。除了节能评估与审查之外，针对重点用能单位，实施能源审计。在能源审计过程中，对锅炉的热效率、排烟温度等进行了专业检测，结合产业政策以及行业对标，对审计出部分能耗指标超标的问题逐一给予了改进的意见和建议。政府补贴型的能源审计强化了能源审计的强制性和权威性，促进了企业能源利用效率的提高，并通过能源审计完善了能源管理体系。第三项工作是开展能源管理体系评价。区内的山河智能被指定为长沙市能源局组织开展的能源管理体系评价的试点单位，也是湖南省首批开展能源管理体系评价工作的单位。长沙经开区以山河智能开展能源管理体系评价工作为契机，进一步制定了“能源管理体系三年行动方案”。

多项举措的切实实施营造了长沙经开区良好的节能氛围。通过增加节能专项资金的投入，安排财政资金作为能源审计补贴费用，提高了用能单位接受能源审计的积极性。对实施节能评估的企业，加大了对企业节能技改项目的支持力度，从税收及资金奖励等方面给予企业实惠。同时还积极指导企业项目申报，有效争取专项资金。

4）中游地区——武汉经济技术开发区

（1）园区概况

武汉经济技术开发区（以下简称武汉经开区）始建于 1991 年，1993 年经国务院批准为国家级经济技术开发区，2000 年 4 月国务院批准设立湖北武汉出口加工区。从 1996

年开始，历经托管蔡甸区沌口街、沌阳街、军山街，到 2013 年，经湖北省委省政府同意，武汉经开区整体托管汉南区，武汉经开区规划控制面积由 31km^2扩大到 489.7km^2，下辖 7 个街道，实有人口 45.9 万人（其中户籍人口 28 万人、流动人口 17.9 万人）。经过近 30 年的发展，武汉经开区已形成以汽车及零部件、电子电器、生物医药等为支撑的产业集群，有排名世界 500 强第 68 位的东风集团公司总部，神龙、东风本田和东风雷诺等整车企业，康明斯、法雷奥、格特拉克等世界知名零部件厂商以及格力、海尔等重点家电企业，累计引进世界 500 强企业 54 家。

2017 年，武汉经开区汽车产业产值实现 2587.4 亿元，约占全市四分之三、全省三分之一，成为全市、全省工业经济的主战场、主支撑、主引擎。实现地区生产总值 1443 亿元，约占全省 4%；规模以上工业总产值 3403.8 亿元，约占全市 25%、全省 8%；规模以上工业增加值 782.9 亿元；固定资产投资 869 亿元，其中，工业投资 566 亿元，约占全市 24%、全省 4%；一般公共预算总收入 364.3 亿元，约占全市 14%、全省 6.7%。地区生产总值、规模以上工业总产值、规模以上工业增加值、工业投资、一般公共预算总收入、地方一般公共预算收入六项主要指标总量全市第一。

（2）绿色发展概况

2000 年，经国务院批准，湖北武汉出口加工区成立，这是全国首批 15 家试点之一，也是当时中部地区唯一的一家出口加工区。2003 年，科技部批准在武汉经开区建立“国家电动汽车研发、产业化及示范运营基地”。2006 年，商务部、国家发改委批准在武汉经开区设立“国家级汽车及零部件出口基地”。2011 年，武汉经开区获环保部、商务部和科技部联合发文同意创建国家生态工业示范园区。2018 年，武汉经开区在国家级经济技术开发区综合发展水平考核评价排名 12。2019 年，武汉经开区被列为国家知识产权示范园区。

（3）绿色发展特色工作

a. 切实开展污染治理，多管齐下提升环境质量

武汉经开区一直是武汉市乃至湖北省经济发展的主战场，主要经济指标居武汉首位，走在全省最前列。2017 年，武汉经开区地区生产总值实现 1443 亿元，约占全市十分之一；一般公共预算总收入 364.3 亿元，其中，地方一般公共预算收入 159.4 亿元，两项指标总量约占全市七分之一；地区生产总值等六项主要指标总量全市第一。作为工业发展的主战场，武汉经开区切实将污染减排作为加快经济发展方式转变、推动生态文明建设的重要抓手，强化减排考核和责任追究，取得了明显成效，各类污染物排放量全面下降。

在大气污染治理方面，制定了大气污染防治、秸秆禁烧、淘汰和改造燃煤锅炉、工业挥发性有机物治理等工作计划和方案。2017 年，武汉红金龙印务通过技术改造，采用 RTO 焚烧炉废气处理设备，每年减少印刷尾气 VOC 排放 570 多吨。2018 年，东风本田一厂、神龙一厂、东风乘用车等整车企业改用水性涂料工艺，每年减少 VOC 排放 260 多吨。通过努力，区域空气环境质量持续改善。在全市改善空气质量综合考核中，武汉经开区的排名不断攀升，2017 年排名第 11 名，2018 年排名第 2 名，到 2019 年 1～5 月，在全市 15 个区中排名榜首。

此外，武汉经开区水资源丰富，全区有 26 个湖泊被列入武汉湖泊名录，占全市 166

个湖泊的16%。区内长江岸线62.9km，占武汉长江左岸岸线约50%，其中港口岸线占全市的30%。2017年以来，武汉经开区工委（区委）、管委会（区政府）主要领导亲自抓水环境治理，明确要求以治水为突破口，铁腕治水，加快转型升级步伐。出台了《武汉开发区（汉南区）全面推行河湖长制实施方案》，全区所有河流和湖泊涉及的相关街道分别制定了街道级实施方案。围绕系统治水、源头治水、科学治水、依法治水、全民治水，建设幸福美丽灵秀“车都”总体目标，高标准推进“四水共治”，加速推进排涝泵站建设，提升供水能力和污水处理标准，全面整治畜禽养殖、农业面源污染等问题，探索运用生态方式、微动力实现农村污水全收集、全处理，仅2018年就实施“四水共治”项目74项。

b. 加快培育新兴产业，实现产业优化升级

被称为“车都”的武汉经开区，多年来汽车产业“一枝独大”。2016年，武汉经开区汽车产量达到134万辆，汽车及零部件占该区产值的70%以上。然而，一枝独秀，不无隐忧。近年来，武汉经开区从“一车独大”向“多产业支撑”转型升级。由武汉经开区政府出资5亿元成立经开产业基金，充分发挥财政杠杆效应和市场的资源配置能力，实施招商引资“一号工程”，坚持招商引资与产业研究相结合。聚力“机器人之都”“智能家居之都”“通用航空之都”建设，聚集新能源、新材料等战略性新兴产业，提升现代服务业占比。

针对园区主导产业的汽车产业，规划整零协调促发展，引进高附加值的核心零部件企业，形成具有系统开发、模块化供货和国际竞争力的汽车零部件生产集群；全产业链促升级，构建完备的汽车工业服务体系、汽车消费服务体系和汽车创意产业集群；发展新能源汽车和智能网联汽车，引导汽车产业与信息产业融合，建立整车及零部件研发机构，提升汽车制造技术水平，聚焦“下一代汽车产业”。

5）下游地区——苏州工业园区

（1）园区概况

苏州工业园区位于苏州市城东，1994年2月经国务院批准设立，同年5月实施启动，行政区划面积278km^2，其中，中新合作区80km^2，是中国和新加坡两国政府间的重要合作项目，被誉为“中国改革开放的重要窗口”和“国际合作的成功范例”。苏州工业园区率先开展开放创新综合试验，成为全国首个开展开放创新综合试验的区域。

目前，苏州工业园区基本形成以电子信息和装备制造业为主导产业，以生物医药、纳米技术和云计算为战略性新兴产业的“2+3”产业发展格局，且呈现主导产业高新化、服务产业现代化和战略性新兴产业规模化的良好发展态势。高新技术产业与战略性新兴产业的加速发展，促进了低碳经济与新兴产业的融合发展。2018年，苏州工业园区共实现地区生产总值2570亿元，公共财政预算收入350亿元，进出口总额1035.7亿美元，社会消费品零售总额493.7亿元，城镇居民人均可支配收入超7.1万元。在全国百强产业园区排名第3，在全国高新区排名上升到第5。

（2）绿色发展概况

作为中新两国政府间的旗舰合作项目，苏州工业园区自开发建设以来，始终坚持“环境立区、生态立区”理念，逐步形成了以生态环境保护规划为龙头，以转变经济发展方式为核心，以源头控制与全过程治理为重点，以全民参与为基础，以体制机制创新为保

障的绿色管理体系，探索出一条集科技创新、经济循环、资源节约、环境友好于一体的绿色发展之路，较好体现了经济发展、社会进步以及人与自然的和谐统一，获得多项荣誉。2008 年，成为首批国家生态工业示范园区。2014 年，被国家发改委、工信部确定评为国家首批低碳工业园区试点单位。2017 年，被工信部评为首批绿色园区。2017 年，被国家能源局评为能源互联网示范园区。

在商务部公布的国家级经开区综合考评中，苏州工业园区连续三年（2016 年、2017 年、2018 年）位列第一，并跻身建设世界一流高科技园区行列，入选江苏改革开放 40 周年先进集体（2018 年）。

（3）绿色发展特色工作

a. 规划先行，立足产城融合

和其他地方开发区的“产业主导”、产业先于城市发展的理念不同，苏州工业园区从建设初期就开始贯彻产业发展与城市建设并进，奉行产业发展与城镇建设同步的现代化发展理念，从一开始就摒弃单一发展工业的模式。在发展早期，就明确提出了建设“具有国际竞争力的高科技工业园区和国际化、现代化、园林化的新城区”的发展目标。随着目前开发区逐步发展，苏州工业园区作为国内开发区“产城融合”的先行者值得其他开发区学习借鉴。

摒弃单一发展工业的模式，着眼于“产城融合、以人为本”的定位，20 多年来，苏州工业园区按照“先规划、后建设”“先地下、后地上”的原则，通过科学的开发程序，实现各种资源要素的集约高效利用。尤为注重科学布局工业、商业、居住等城市功能，构成了广覆盖、多层次、全方位的科学规划体系。对区内大气、土壤、水体保护及固废处理等设定相应指标。充分关注城市建筑形态协调、各种业态合理布局以及绿色生态的有机融合，通过严格执法管理实现了“一张蓝图绘到底”，保持了城市规划建设的高水平和高标准。

以绿为脉、以水为魂的园区，绿化覆盖率达 45%以上。精心设计的雨水搜集和排水系统，令园区成为一座没有内涝的城市。以“九通一平”为标准，建成发达的城市地下管网和高密度的城市路网，通过立体化多层次的交通枢纽与周边发达的高速公路、高速铁路、城际轨道交通实现无缝对接，打造便捷高效的综合公共交通体系。以金鸡湖为核心展开，环金鸡湖区域布局中央商务区，构成园区的城市级中心；围绕 $80km^2$“中新合作区”，布局商务、科教创新、旅游度假、高端制造与国际贸易四大功能板块，形成“产城融合、区域一体”的城市发展架构。

近年来，秉承“精明增长”理念，围绕有序控制开发强度，倡行绿色低碳生产生活方式和城市建设运营模式，不断提升城市发展的宜居性。园区人均 GDP 约 4.5 万美元，单位面积 GDP 产出达 8.6 亿元 / km^2，居全国前列；单位 GDP 化学需氧量、二氧化硫排放强度为全国平均水平的 1/18 和 1/40，万元 GDP 能耗 0.249t 标煤，接近国际先进水平。

b. 注重资源能源节约，推进生产生活方式绿色化

在推进循环经济试点方面，设立环保引导资金，引导企业在生产全程中，开展清洁生产、中水回用、节能降耗和减污增效等循环经济试点，建成循环经济重点示范企业 100 余家，省级环境友好企业 1 家，市级绿色等级企业 115 家，尚美、德尔福电子成为国

际绿色工厂和绿色供应链企业。同时，构建以电子废弃物回收综合利用为主体的静脉产业链，先后引进瑞环化工、富士施乐爱科等一批高水平资源回收企业，园区一般工业废弃物综合利用率超过 98%，安全处置率和危险废物处理处置率均达 100%。

能源利用方面，推进智能电网建设，鼓励合同能源管理模式，超过 100 家企业参与项目试点，逐步构建起数字化电网体系。2017 年，园区实现地区生产总值 2350 亿元，同比增长 7.2%；单位 GDP 能耗 0.248t 标煤/万元，同比降低 2.1%。针对园区存在污泥产生量大、污泥干化能耗高、污泥有机质高、热值高等情况，将区内第二污水处理厂污水处理过程中产生的湿污泥（含水率 80%）送至污水干化厂进行干化。为实现热电厂的余热利用，污泥干化厂的二段干化设备利用热电厂的余热蒸汽间接换热，将含水率 80%的湿污泥干化至含水率 10%～20%的干污泥。由于污泥中含有有机质，干化后污泥热值为 2600～2800 大卡（1 大卡=1000cal[①]），可作为低热值燃料进行循环利用。为此，污泥干化厂通过输送带将其送至热电厂的干煤棚内，与 5500 大卡的优质煤以 30%左右的比例掺和燃烧，充分回收利用干化污泥中的热值。干污泥和优质煤燃烧产生的热量除发电外，余热蒸汽再次被用于污泥干化和月亮湾地区的集中供热和制冷；干化污泥后的余热 90～100℃的蒸汽冷凝水，全部送回热电厂循环利用，以回收热能，形成“污泥干化—热电”的产业共生模式。

在推广新能源利用方面，推动区内企业建设光伏发电项目，建成并网发电的 20 个光伏项目，总装机容量达到 47.6MW；全面推广使用 LED 等高效照明光源产品，2007 年以来，新建小高层以下住宅和改扩建公共建筑均安装太阳能热水系统；国际学校、朗诗国际街区、金龙客车等先后建成太阳能光伏发电、风能发电系统以及地源、水源热泵空调。

大力发展绿色建筑，以独墅湖科教创新区、中新生态科技城等区域为重点，积极推广以节能环保、自然采光、雨水收集为特色的绿色建筑，累计已有 94 个项目通过各级绿色建筑认证，7 个项目取得绿色建筑运行标识，占全国获得运行标识项目的 10% 以上，获评省级建筑节能与绿色建筑示范区。

注重完善公共交通网络，通过“以桩促车、以车引桩”，累计建设电动汽车充电桩 1590 个，投放清洁能源和新能源汽车 2000 余辆；建成智能公交系统，实现公交车辆的统一调度、统一管理、实时定位和站点预报。累计建成公共自行车站点 400 余个，投放公共自行车 1 万余辆，每辆车使用频次 8.2 次/d，社会反响良好。

6）下游地区——嘉兴港区

（1）园区概况

嘉兴港区位于浙江省嘉兴市，2001 年嘉兴市委、市政府调整理顺乍浦开发管理体制，设立嘉兴港区并成立港区管委会，管理范围为乍浦镇域 $54km^2$，辖区内有国家一类开放口岸嘉兴（乍浦）港、国家级嘉兴出口加工区、国家级化工新材料（嘉兴）园区、省级乍浦经济开发区、乍浦镇、九龙山旅游度假区。经过十多年统一开发建设，嘉兴港区已形成港口、新材料制造、现代服务业、出口加工区、综合保税区（申报中）等多功能区块协作的产业格局，经济社会实现了又好又快发展，已成为嘉兴市发展海洋经济的主战场。2018 年，港区实现 GDP 180.0 亿元，同比增长 11.5%，列全市第一位。

① 1cal=4.1868J，下同。

（2）绿色发展概况

自建区以来，嘉兴港区始终坚持全面贯彻落实科学发展观，深入实施省委“创新强省、创业富民”总战略，以嘉兴市滨海开发带动战略为引领，大力实施联动发展、新型城市化、创新强区、生态立区战略，着力打造国内特色临港产业新高地、长三角国际化现代新港口、环杭州湾和谐生态新港城。

先后荣获了“浙江省工业循环经济示范园区”“国家新型工业化产业示范基地”“全国智慧化工园区试点示范单位”等荣誉称号，综合物流园区连续3年被评为全国优秀物流园区，化工新材料园区连续5年入围全国化工园区20强，被评为“浙江省产业集群两化深度融合试验区”“全国循环经济工作先进单位”“中国智慧化工园区试点示范单位”。

2012年，嘉兴港区开始开展国家生态工业示范园区创建工作。2015年，环境保护部、商务部、科技部联合发文，嘉兴港区被列入国家生态工业示范园区创建名录。

（3）绿色发展特色工作

a. 实施产业链招商，构建生态链网

园区内企业与企业之间按产品链及产业网络关系有机组合，实现原料供应、资源共享。围绕嘉兴化学工业园的氯碱和酸，适时发展了有机硅、气相二氧化硅、聚碳酸酯、环氧乙烷、丁基橡胶等化工新材料项目。结合外购乙烯发展了环氧乙烷项目及其下游系列产品。通过废弃物梯度利用发展了过氧化氢、氯化石蜡、脂肪酸、磺酸盐等项目。

企业之间还形成了基于分工基础上的竞争性配套与合作，如三江、嘉化等公司回收的氮气、二氧化碳、氢气等可供园区里的德山化工、赞宇科技作为生产原料；汇信合成生产丁基橡胶所需的11种原料，其中有9种在园区就能找到。园区目前着力构建了以环氧乙烷、聚碳酸酯（芳烃深加工产业链）、丁基橡胶（碳4深加工产业链）、硅材料领域产业链等循环经济产业链。例如，以合盛硅业、德山化工、联合化学为主，构成“硅—有机硅单体—硅橡胶材料”硅材料产业链；以美福石油、鸿基化工、三江化工、兴兴新能源等为主，构成“丙烯、聚丙烯—环氧乙烷—表面活性剂”环氧乙烷产业链；以浙江信汇丁基橡胶、帝人聚碳酸酯、湖石化学、晓星化工等为主，构成橡胶、塑料材料的产业链。此外，嘉兴石化PTA项目的投产及下游产业的延伸，将逐步形成PTA为原料的下游产业链。

利用化工行业的特点，加快化工新材料产业链的强链补链和循环链的提升完善，通过引进上下游产品和配套企业，引导园区内企业的合资合作，巩固和培育行业龙头企业，一方面，推动化工新材料产业发展向产业链两端延伸和价值链高端攀升；另一方面，提高了物质资源的利用率。

b. 完善绿色基础设施，推动园区生态化发展

嘉兴港区引入嘉化能源集中供热企业、嘉兴市危废处置企业、和惠污泥处置企业等配套企业，并于2018年投资5.26亿元新建了园区工业集中污水处理厂。由园区统一规划引入基础设施，并由基础设施共享推动园区生态化发展。

作为港区化工园区唯一的集中供热源，嘉化能源兴港热电厂不断加大环保投入，在生产过程中应用先进的管理和技术强化环保设备设施管理，确保实现达标排放。从2011年开始，企业先后投入约2.5亿元，完成了8台锅炉的脱硫脱硝改造，并于2017年底完成超低排放改造。嘉兴电厂8台机组、总容量530万kW均已实现烟气超低排放，是全国实现烟气超低排放机组最多、容量最大的燃煤电厂。按照年发电利用小时数5000h计

算，8 台机组相比改造前每年可减排烟尘、SO_2、NO_x 分别约为 1800t、2600t、3200t，社会效益与环境效益十分显著。该项技术获得了 2017 年度国家技术发明一等奖。

三、长江经济带工业园区绿色发展问题分析

（一）上中下游园区绿色发展水平存在较大差异，部分园区生态文明建设意识薄弱

长江经济带工业园区，因经济发展而建，因长江而兴。工业园区的首要任务是发展经济，通过集聚集约的生产方式，实现企业集群、产业集聚、基础设施共建共享，获得经济效益的最大化，提升本地区产业竞争力和特色化。但同时，工业园区集聚发展，也带来了污染的集中排放，加剧了区域环境保护的压力。

长江经济带 11 省（直辖市）在资源环境、经济基础、交通环境等方面发展条件差异较大，造成长江经济带 1000 余家园区中，园区发展和管理水平存在显著差异，地区间发展差距明显。党的十八大以来，国家尤其重视园区绿色创新转型，各类国家层面重要文件中，提出了许多与园区生态化、绿色发展相关的内容。但上游地区与中下游地区之间、国家级园区与省级园区之间在园区开展生态文明建设意识层面存在较大差异，多数园区对生态环保建设的理念仍停留在“合规”层面，未能在主观层面形成绿色低碳循环生态化发展的理念。上游、中游省份和省级园区在国家推行的各种园区绿色发展相关创建工作中明显落后于下游地区。

（二）工业园区产业空间布局缺少流域一体化规划统筹

长江流域是化工产业、装备制造等产业的集聚之地，上中下游园区主导产业布局特征不明显。长江经济带上游地区以化工作为主导产业的园区较多，造成了上重下轻的产业布局态势，上游、中游、下游主导产业的差异也反映出上中游区域经济发展水平对高科技、高附加值、低污染产业吸引力差。

沿江运输、取水、排污等支撑工业发展的基础条件十分优越，诸多工业园区沿江而建，与长江经济带休戚与共、紧密相连。工业园区推动了长江经济带的工业发展，但空间布局的敏感性、脆弱性，让长江长期背负着过重的包袱，也给长江带来了重大隐患。

缺少对沿长江整体的产业空间布局的优化，产业布局不尽合理，长江上游以化工为主导产业的园区较多。此外，在管理上还存在思维误区，认为只要将园区空间区域搬离长江沿岸就可解决各种生态环境问题。“没有污染的企业，只有企业的污染”，不做到真正地将工业企业的污染问题解决好，仅仅靠搬离长江岸线远一点，解决不了根本的问题，而且往往会适得其反，老污染源没有解决，又开辟了新的污染源。

（三）园区绿色发展潜力仍待挖掘，精细化科学化环境管理能力亟待提升

当前工业园区的污染控制大多仍以末端治理及达标排放为重点，缺乏全链条统筹清

洁生产、过程减排、废物资源化利用等系统优化的控制措施；工业园区内部产业共生、清洁生产、循环经济、生态产业等污染预防和资源能源效率提升等工作还有潜力可挖，园区资源能源利用效率仍较低，循环利用程度仍偏低，污染物产生量仍较大。部分园区管理机构对企业及园区整体环境管理的底数不清，对区内企业用水和用能特点、特征污染物排放等基本信息不掌握或掌握不清。

以水污染排放为例，现阶段，在《水十条》要求下，省级及以上工业园区虽已基本做到污水集中处理设施全覆盖，但污染治理理念仍存在偏差。园区工业废水水质成分复杂，在现行标准及实际管理中过于重视 COD、氨氮等常规指标，缺少对有毒有害、持久性有机物等特征污染物和新兴污染物，以及生态安全等指标的考虑，污水处理厂工艺设计难以满足工业废水特征污染物的消除问题，存在用生活污水作为难降解工业废水的稀释剂的现象，污染物总量未得到削减，带来严重的环境风险，制约了区域环境质量的改善。

在对江苏、浙江的国家级经开区现场调研过程中发现，这些园区均完成了《水十条》规定的任务，在集中治污、实施在线监测、达标排放等方面均执行较好，但所调研园区在水管理方面也存在共性问题，主要表现为：园区或企业管理者普遍认为区域水量丰沛，用水成本在生产成本中占比例很小，尚未控制从河湖取水的总量，对全过程水管理的认识尚不到位，缺少从生命周期的角度认识园区及企业用水的直接成本和间接成本，尚未建立从取水到排水的全流程水管理体系。

工业固废管理机制仍有欠缺，大多数园区一般工业固体废物产生种类、数量以及去向未建立完善的动态统计机制，一般工业固体废物的全口径统计、全过程监管不全面；缺少固体废物信息管理平台与再生资源流通交易平台，固体废物的循环再生和综合利用仍有缺口。

园区精细化环境管理能力亟待提升。工业园区企业数量多、污染物种类复杂，对园区精细化环境管理能力要求高。但是，大部分园区存在环境管理机构人员配置不够，人员业务能力不高，管理技术手段落后，监管能力薄弱等困难。此外，园区存在数据缺乏、数据不准确的现象。调研发现，大多数园区尚未建立完善的环境信息档案，一些园区的环境管理部门对园区内企业污水排放量和主要污染物种类等基本信息掌握不足，园区精细化管理水平偏低。

（四）科技要素不足，工业园区绿色发展软实力欠缺

科技创新在工业园区绿色发展中的地位不突出，园区转型动力机制不足。在产业发展方面，大数据+、智能制造、互联网+已成为大多数园区转型发展的目标与方向，但多停留在口号阶段，如何围绕科技创新来增强技术底蕴和创新资源，实现现有制造业和研发相结合，逐渐增加制造业的科技含量水平，实现创新成果快速转移转化并推动产业结构转型升级，仍是发展的难点。

就是国家级园区，也存在“高新区不高”的现象。以长江中游沿江某国家级园区为例，园区规模以上高新技术企业仅占全部规模以上企业的三分之一，多数企业生产工艺低端、产业链短、科技含量较低，园区基础设施老旧，不能有效支撑园区经济发展转型。

在管理方面，长江经济带许多园区都在建设以安全、环保管理为核心的园区“智慧”管理平台。但目前，园区智慧平台建设多以基础的环境监测和安全管理为主，完成监督性监测任务安排、社会化环境检测机构管理、水气自动站数据采集等，强化重点污染源自动监控体系建设，发展“一企一策”的环境监管模式。而基于大数据驱动的园区精细化环境管理能力仍然不足，数据挖掘与二次开发尚待深入，真正实现智慧化管理仍处于早期阶段。

四、长江经济带工业园区绿色发展建议

（一）加快工业园区绿色转型升级，构建流域产业和生态空间一体化

1. 上中下游协同发展，构建以工业园区为载体的现代产业体系

树立全流域一盘棋，统筹上中下游，充分发挥长江东中西部交通运输的黄金水道作用，积极发挥沿江城市纽带作用，放大发挥对内对外两个优势，注重发挥地理条件优势、资源禀赋优势、产业基础优势、水运港口优势，打造特色园区、科技园区、智慧园区，提升园区智能化、绿色化水平，构建现代化工、汽车制造、新材料等现代产业体系。

建立“三线两单”，即生态保护红线、环境质量底线、资源利用上线和环境准入负面清单、环境准入绿色正面清单环境管控体系。根据长江上中下游不同的生态功能定位，对限制性开发区、禁止性开发区的正面清单产业给予扶持。在满足空间管控和总量管控的前提下，提出生态环境准入门槛和标准；限制下游、中游重化产业结构往上中游转移。

一园一策，大力推动园区特色化，深化要素优化配置机制，推动产业平台产业链延链强链。依托长江经济带已有产业基础，进一步聚集资源要素，整合产业链上下游优质资源，延伸全产业链，不断打造一流产业链，育强特色产业集群。

2. 加强科创引领，全面推进企业及园区产业数字化、生态化转型

全面推动长江经济带园区企业数字化转型，加速线下产业线上化，推进产业互联网平台加速赋能实体产业，解决制造业在产业链协同、供给需求匹配方面的不足。加大技术服务，推动更多企业运用云计算、大数据、人工智能等技术实现产业数字化。

加快各类工业园区绿色化、生态化改造，深入推进绿色工厂、绿色设计产品、绿色园区、绿色供应链管理，构建绿色制造体系。在园区大力实施能源和资源利用高效化改造工程，进一步提升工业用能效率、用水效率和亩均效益。

推进先进制造业和现代服务业深度融合发展。一方面加快生产型制造向服务型制造转变，传统产业与新一代信息技术融合；另一方面，加速制造业服务化转型，发展服务衍生制造，鼓励服务企业向制造环节延伸。

3. 推动化工园区发展变革转型，破解“化工围江”局面

大力开展沿江化工企业污染专项整治，大幅压减沿长江干支流两侧 1km 范围内、环境敏感区域、城镇人口密集区、化工园区外、规模以下等化工生产企业，鼓励探索和尝试具有地方特色的解决方案，针对压减的化工园区和企业，采取关停、搬迁、转移、

承接等措施，综合施策，破解“化工围江”之困。

抓住入园契机，实施入园化工企业和合规接纳园区共同改造提升，提前规避产能过剩、同质化竞争等问题，实现上中下游地区化工园区差异化、联动发展，促进化工园区布局与长江生态环境资源相协调。

鼓励建设智慧化化工园区，强化环境风险防控与应急能力建设，在上中下游开展重点化工园区环境风险预警和防控体系建设试点示范，努力打造绿色高质量发展示范区。

（二）推进工业园区生态化建设，实现资源节约环境友好绿色发展

1. 深化园区能源、水资源双控，推动国家级园区率先脱钩发展

深化能源结构调整，落实能源消费革命。鼓励工业园区开展余热暖民，推进能源梯级利用。完善企业及园区能源管理体系、计量体系和能耗在线监测智慧管理系统。深入开展重点企业能源、水资源总量和强度“双控”行动；深化用能权、用水权、排污权改革，在能耗强度/能耗绩效达标的前提下，保障能效标杆企业、制造业重大项目，保障制造业高质量发展优势平台、优势企业、优势项目。

2. 深入园区循环化改造，显著提升园区资源能源利用水平

立足于园区资源禀赋优势和区域地理条件优势，通过引导园区企业形成上下游关系，建设园区内部的循环经济产业链；通过采取“飞地模式”等途径，规划园区间的循环经济产业链。引导推进园区和产业统一规划、整体布局，促进产业、管理、资源等要素在上中下游园区和产业之间高效流动，提高产业协同发展效率，减少园区之间同质竞争，实现园区差异化发展，推动长江经济带工业园区组团循环化发展整体水平的提高，打造绿色低碳循环园区升级版。

3. 强化工业园区可持续水管理，构建多级水风险防控体系

深入开展长江入河排污口整治提升专项行动，严控排污口设置，一个园区只设一个排污口，封堵并取消多个排污口。加强排污口监控，设立明显标志牌，完善入河排污口在线监测设施，加强入河排污口监督管理的科技支撑。

园区工业污水和生活污水实行统一纳管，且工业废水必须达到园区处理厂纳管标准，实现园区企业污水处理全覆盖。推动园区污水处理厂提标改造，为提升和保障长江流域水质作出贡献。

巩固“政府–部门–园区–企业”四级应急管理和污染事故联防联控体系，修订完善区级重大环境污染和生态破坏事故灾难应急预案，制定实施园区特别是沿江岸线环境风险防控方案，完成沿江沿岸化工园区突发环境事件应急预案备案。

4. 加大基础设施建设与改造提升，夯实绿色发展基础

推进园区污水集中处理设施建设。加快园区污水收集管网全覆盖工程建设，鼓励有条件的地区对化工企业废水实行“分类收集、分质处理”。加强园区工业固废运转处理管控。制定化工园区 VOC 排放及控制标准，加强监测技术、监管体系建设。提升

能源基础设施效能，在新规划建设的热电基础设施或已有设施升级改造中，应积极拓展其服务功能，在实现蒸汽、电力、热水、冷水、纯水等多联供的同时，引导能源基础设施成为解决区域环境问题的重要载体，在区域循环经济发展中承担分解者作用的独特优势。

通过“集约建设，共享治污”，帮助中小企业降低污染治理成本。例如，因地制宜建设焚烧污泥供热工程，在解决污泥问题的同时，增加了蒸汽热能；在印染、喷涂集聚区，兴建印染同质废水预处理设施、喷涂污染集中治理设施等。发挥集中治污优势，降低一次性固定设施投资，发挥治污规模经济优势，降低治污成本，提升专业化治污水平，积极打造低成本竞争力工业园区。

（三）创新政策制度保障，助力园区经济高质量发展转型

1. 推动长江经济带工业园区绿色发展纳入国家规划

全面落实《长江经济带生态环境保护规划》《长江保护修复攻坚战行动计划》，以及国家各项专项行动计划，细化出台具体实施方案。积极推动把长江经济带工业园区绿色发展纳入长江经济带“十四五”规划，推动将园区绿色发展共性关键问题纳入国家攻关计划，争取在国家污染防治“十四五”规划中列入工业园区专题。同时，推动长江经济带11省（直辖市），专门出台面向“十四五”工业园区绿色发展专项，从政策、资金、科技等予以倾斜、重点支持。

2. 制定《长江经济带工业园区绿色发展指导意见》

建议由生态环境部牵头，会商工信部、商务部、科技部等部门，针对国家级经开区、高新区，省级开发区，整合已出台的各类园区优惠政策，又突出各类园区重点，对各级园区绿色发展提出不同标准要求，分级、分类提出绿色发展指导意见。

发挥国家级经开区和高新区标杆引领示范作用，重点创建国家生态工业示范园区。省级园区和上游、中游地区的大部分园区，着重于环境基础设施和管理能力建设，同时学习先进园区的绿色发展经验和方式方法，改造传统“高投入、高消耗、高污染”的产业发展模式。

3. 运用经济手段，激发园区绿色发展新动能

从国家及省市层面建立政策激励机制，鼓励和引导园区绿色发展，加强政策研究，力争从财政、税收、奖励等多方面开辟渠道，给予优惠。鼓励园区推进绿色供应链、绿色信贷、环境保险、风险防控平台、第三方环境治理、环保管家等改革试点。加强对先进园区经验的总结和传播，总结绿色发展较好的园区的典型经验与可推广的实施方法，梳理不同园区、不同产业特色的绿色发展典型，树立可推广、可复制的创新模式。

搭建绿色金融平台，集聚银行、券商、产业资本等各类金融服务机构，为企业提供“一站式”绿色金融服务。实行企业环境信用评价，建立环保诚信企业名单，为环境信用好的企业提供绿色金融支持。积极开展环境污染强制责任保险试点。妥善引导形成园区排污企业与污水处理厂洽商机制（纳管标准）、园区企业废物交换机制。

4. 强化信息公开，建立园区绿色发展报告制度

充分调动企业、园区、公众积极性，积极投身工业园区绿色发展事业。维护公众生态环境权益，规范公众环保行为，引导公众参与，及时化解矛盾，多元化提供法律服务。依法保障企业合法权益，强化排污企业环境信息公开。分年度由园区组织或委托第三方编制《长江经济带工业园区绿色发展报告》，客观、专业、科学地对工业园区绿色发展的实践及成效进行评价，发现实施“生态优先、绿色发展”中存在的短板，提出针对性的政策建议。

参 考 文 献

毕珊珊, 刘长俭. 2018. 顺应新需求　超前谋划长江 LNG 运输. 中国水运, (10): 14-15.

曹卫琴. 2014. 我国风电消纳问题研究. 电气制造, (6): 42-45.

陈庆俊, 吴晓峰. 2018. 长江经济带化工产业布局分析及优化建议. 化学工业, 36(3): 5-9.

丁敏, 张婧姝. 2017. 新形势下长江内河水运发展趋势. 中国港口, (11): 8-13.

杜真, 陈吕军, 田金平. 2019. 我国工业园区生态化轨迹及政策变迁. 中国环境管理, 11(6): 107-112.

傅向升. 2017. 学习与思考创新做强新时代石化产业: 访问日本韩国带给我们的启示. 中国石油和化工, (11): 4-7.

高尚荣. 2019. 南京江北新材料科技园跻身 2019 中国化工园区 30 强前三甲. 化工职业技术教育, (3): 19.

龚健勇. 2013. 加强石油化工环保管理 创建环境友好型企业. 广东化工, 40(3): 82, 91.

顾宗勤. 2004. 我国化工园区的建设和发展. 国际石油经济, 12(6): 52-55.

韩晓平. 2010. 分布式能源系统的称谓与定义. 中国电力教育, (2): 58-61.

何玥儿, 丁勇, 刘猛. 2018. 夏热冬冷地区绿色建筑的节能效益. 土木建筑与环境工程, 40(1): 113-121.

侯博, 李蒙, 姜利勇, 等. 2014. 浅析 BIM 技术在建筑节能设计评估中的应用. 建筑节能, 42(12): 38-41.

侯健敏. 2014. 多因素影响的中国分布式能源并网策略研究. 南京: 南京航空航天大学博士学位论文.

胡祖友. 2008. 宁波化工区的可持续发展之路. 宁波通讯, (2): 30-31.

黄娟, 程丙. 2017. 长江经济带“生态优先”绿色发展的思考. 环境保护, 45(7): 59-64.

黄天翔. 2012. 基于风电消纳能力最大化的博弈分析与机制研究. 北京: 华北电力大学硕士学位论文.

黄伟才. 2013. 以生态型基地促环大亚湾新区发展. 广东经济, (12): 60-63.

雷英杰. 2017. 专访工业和信息化部节能与综合利用司司长高云虎: 长江经济带工业绿色发展有了明确指引. 环境经济, (17): 18-21.

李昌军, 段玉科. 2012. 我国炼油化工产业存在的问题及对策. 科学技术创新, (3): 56.

李春艳, 文传浩. 2015. 长江经济带合作共赢的理论与实践探索:“长江经济带高峰论坛”学术研讨会观点综述. 中国工业经济, (2): 44-49.

李海涛, 张顺. 2018. 韩国绿色发展战略及其对中国的启示. 东疆学刊, 35(1): 83-87.

林丽钦. 2011. 新加坡裕廊石化产业集群的发展及启示. 石家庄经济学院学报, 34(3): 74-78.

林世平. 2011. 分布式能源系统中能源与环境耦合特性及优化集成模型研究. 武汉: 武汉理工大学博士学位论文.

刘录三, 黄国鲜, 王璠, 等. 2020. 长江流域水生态环境安全主要问题、形势与对策. 环境科学研究, 33(5): 1081-1090.

马静, 邓宏兵. 2016. 国外典型流域开发模式与经验对长江经济带的启示. 区域经济评论, 20(2): 147-153.

马俊平, 袁慧, 孟浩华, 等. 2017. 基于 WBEM 的网络资源管理系统的设计与优化. 安徽理工大学学报 (自然科学版), 37(5): 70-76.

宁立苗. 2010. 长江三角洲经济区发展战略探究: 借鉴欧洲莱茵河流域经济发展的经验. 特区经济, (11): 45-46.

阮清鸳. 2017. 公众参与环境治理, 环保组织在行动. 世界环境, (3): 40-43.

沈梦姣. 2017. 长江经济带产业空间布局优化研究. 南京: 东南大学硕士学位论文.

宋玉春. 2018. 宁波石化开发区: 向世界一流绿色石化基地迈进. 中国石化, (11): 26-28.

田金平, 臧娜, 许杨, 等. 2018. 国家级经济技术开发区绿色发展指数研究. 生态学报, 38(19):

7082-7092.

王璟. 2017. 供需视角下化工园区安全生产第三方管理研究: 以宁波石化经济技术开发区为例. 宁波: 宁波大学硕士学位论文.

闫彦明. 2016. 新加坡石化产业践行“绿色发展”之路. 北京: 社会科学文献出版社.

姚磊, 陈盼盼, 胡利利, 等. 2016. 长江上游流域水电开发现状与存在的问题. 绵阳师范学院学报, 35(2): 91-97.

叶振宇, 汪芳. 2016. 德国莱茵河经济带的发展经验与启示. 中国国情国力, (6): 65-67.

张厚明, 秦海林. 2017. 长江经济带“重化工围江”问题研究. 中国国情国力, (4): 38-40.

张璐璐. 2013. 论莱茵河流域管理体制之构建: 以德国段为例. 赤子, (7): 133.

张鹏. 2019. 我国煤炭供应格局变化研究. 煤炭经济研究, 39(8): 75-79.

张万益, 崔敏利, 贾德龙. 2018-7-3. 美国密西西比河流域治理的若干启示. 中国矿业报, 第A3版.

郑人瑞, 杨宗喜, 杜晓敏. 2018-6-20. 莱茵河流域综合治理经验与启示. 中国矿业报, 第A1版.

中国石油和化学工业联合会. 2016. 石油和化工行业绿色发展的总体要求. 化工管理, (22): 17.

钟史明. 2012. 调整能源结构 发展分布式能源. 燃气轮机技术, 25(1): 1-6.

周新军. 2016. 国外铁路节能减排发展新趋势. 铁路节能环保与安全卫生, 6(2): 90-94.

Li R, Mei X, Wei L, *et al*. 2019. Study on the contribution of transport to $PM_{2.5}$ in typical regions of China using the regional air quality model RAMS-CMAQ. Atmospheric Environment, 214: 116856.